U0673213

国家社科基金项目

SHEHUI HUIYING JIZHI YANJIU

社会回应机制研究

戚 攻◎等著

人民出版社

序

始于20世纪末的中国大改革、大开放波澜壮阔。这场“深刻的社会变革”不仅促进了中国经济社会的大发展和人们思想的大解放，而且促成了中国由农业社会向工业社会、传统社会向现代社会的转型。在中国社会主义制度的建立先于其整体工业化进程的背景下，自改革开放以来由国家工业化、现代化和市场化使然的社会结构转型，一方面具有不同于19世纪西方先发国家社会转型的政治、经济、社会结构的非同源性特质与特征，另一方面，正如马克思在《资本论》中曾经指出的：“工业较发达的国家向工业较不发达的国家所显示的，只是后者未来的景象……一个社会即使探索到了本身运动的自然规律……它还是既不能跳过也不能用法令取消自然的发展阶段”①；因此，作为对国家工业化和市场化改革一种必然回应的社会转型，又与世界其他国家因工业化使然的社会转型具有某些同源性的特征，即我国改革开放以来的社会转型，是与工业化相联系的、且作为工业化的一种必然的回应，具有某种“自然历史过程”的属性。

工业化对于现代社会结构转型是一种自发机制——依据一定的

① 《马克思恩格斯选集》第2卷，人民出版社1995年版，第100～101页。

规律自然地、历史地形成的社会运行机制，①因而在工业化和由工业化促成的现代社会结构转型之间，客观上存在一种内生的回应关系；而随着这种关系的持续建构，便成了李培林所说的推动社会发展的“另一只看不见的手”②。从“自发机制”的角度来解析改革开放以来国家工业化与社会结构转型之间的回应关系，是“观察特定时期一个系统变化的实例是社会学中的‘自然史’方法”；③而且这一方法是认知改革开放以来社会转型的一个重要维度。然而，理解中国社会转型仅仅依据社会学的“自然史方法”又是不够的。因为，中国已经建立的社会主义制度和“走自己的路”的政治独立性及选择，始终在努力矫正着人类已有工业化进程曾经自发产生的一些累积性回应关系，如我们以“统筹兼顾”回应工业化、市场化进程的各种风险。因而以中国社会转型作为理论分析背景，还需要坚持和运用恩格斯关于从已有的历史和正在发生的过程，得出确切的结论的一般方法。这是我们理解当代中国社会转型的另一个重要维度。正是自然史方法和经济社会研究方法这两个视角和维度的契合，决定了我们选择从政治社会学研究“构建社会主义和谐社会的社会回应机制”课题的思维方式和取向。

社会和谐是社会主义的本质属性和全社会的共同诉求（共同回应命题）；在这一动态的平衡过程中，事物的发展要呈现出和谐的特征及发展趋势，离不开各种社会回应关系的良性建构，如从互动主体的角度看，有政府与社会、公众相互回应的良性关系的建构和这一社会建设过程的持续。

---

① 郑杭生主编：《社会学概论新修》（第三版），中国人民大学出版社 2003 年版，第 34 页。

② 李培林：《另一只看不见的手：社会结构转型》，社会科学文献出版社 2005 年版，第 3 页。

③ 詹姆斯·S. 科尔曼：《社会理论的基础》（上册），社会科学文献出版社 1999 年版，第 4 页。

社会回应关系的重构需要依托社会建设。社会建设是一个系统并与一定的经济、政治发展水平相联系。在通常情况下,一个国家或一个地区的社会建设,是该系统基于进化的渐变过程。然而"改革开放是一场革命"的逻辑思路和行动方式,决定了中国的社会建设,不仅要回应由工业化使然的社会结构转型,而且还蕴涵着实现更高远的政治目标——社会和谐。因而中国的社会建设,既不是经济发展的"副产品",更不能落后于一定的经济建设和民主政治发展的水平。在这个意义上,研究回应、社会回应和促进社会和谐的社会回应机制,既是中国社会转型的必然,也是加快我国社会建设的应然要求。

"回应"作为一种理论及实践范式,长期以来是政治学(公共管理学)研究的命题;因而突破政治学或公共管理学研究"回应"的传统理论及实践界域,提出"社会回应"理论范式及实践对策,既是创新政治社会学理论研究界域的一次尝试,又属于发展社会建设理论。

通过比较中外学界研究"回应=政府回应"的逻辑传统,我们揭示了中外学界如何转向研究更广泛的"社会回应"的取向与历史沿革;在此基础上,我们突破了我国学界长期以来囿于政治学(公共管理学)研究"回应"的路向,创造性地提出并论证了"回应"包括"政府回应"、"社会回应"和"共同回应"三个基本理论命题、三种基本类型和其相互联系的理论与实践关系。我们作出这一理论区分的依据是:在任何一种回应关系中都客观存在"诉求主体"和"回应主体"之分,因而判断一种回应关系的属性,在方法上应首先审视关系中"谁"是首要的诉求主体,"谁"是回应主体;进而依据"谁"是首要的回应主体来明确回应的类型;同时,我们还提出并建立了从政治社会学研究"回应"(政府回应、共同回应、社会回应)及其理论范式的系统化理论路径与基本方法。

"回应"是公共管理学研究的范畴,也是政治社会学研究的范畴。它是指多元主体在一定社会结构中基于共同利益、诉求的应答、认同、实化及实践的互动过程。从政治社会学研究政府与社会关系的视域看,它还是一个有别于社会学"连续谱"界说的、具有连续统结构及特征的社会科学范畴。如回应是一种研究范式。它包含多重理论命题、回应关系和类型、理论架构、研究传统和方法;而且相关范畴和类型在理论及实践中的应用是互为参照和有时相互转化的。但不同学科研究回应范式的路向及方法存在区别。由此,社会回应是回应范式中的一种基本类型,它与政府回应和共同回应命题相对应,并在实践中互为参照。社会回应(society response 或 societal response——从机制的角度)是指在一定社会结构中公众依据社会和自身价值准则对公共政策以及公众之间的诉求的应答、认同、实化及实践的互动过程;同时,这一界说还有广义与狭义之分,广义的"社会回应"等同于"回应";狭义的社会回应是指回应范式中包含的三种回应类型之一的"社会回应"。社会回应作为一种研究范式,包括一组相关理论命题、三种基本类型和理论研究框架及研究方法;而且社会回应还是促进社会良性运行的一种基础性的社会机制。

在市场化的社会转型中,坚持科学发展和建设和谐社会,需要建立一套能够维护和促进社会良性运行的社会回应机制和机制链。社会运行机制是一个系统,狭义的社会回应机制是这个系统中最基础的机制,而广义的社会回应机制即社会回应机制链是社会良性运行系统的重要组成部分。社会回应机制链本身也是一个系统,并由七个相互联系的子系统构成,那就是:社会回应机制,社会协商机制,社会动员机制,社会控制机制,社会合作机制,社会整合机制和社会团结机制等;各子系统的链接构成了社会回应机制链,但有些子系统之间存在交叉,且有其特定的运行机理并发挥着互补性的不同功能与作用。

社会主义和谐社会的社会回应机制建设是一个长期的、依托社会建设的过程,并始终包含着历史传承性、主题时代性和制度阶级性基元有机统一的价值向度。因此,建设社会主义和谐社会的社会回应机制，必须明确其指导思想、原则和建设的价值取向；同时，建立促进社会和谐的社会回应机制，是政府与社会的共同责任。

在工业化、现代化、市场化和全球化背景下，随着我国改革开放不断深入、社会转型加快、经济社会持续发展和政府职能转化，一些深层次的社会矛盾与问题逐渐显现；因而以“构建社会主义和谐社会的社会回应机制”为主题，把“回应”纳入政治社会学研究范围，并以此建立“社会回应”理论范式和建立一种基础性的社会回应机制及机制链等，来化解各种矛盾、控制社会风险与冲突、增强社会认同与团结、实现社会良性运行，既是当前我国构建和谐社会实践的重要内容，又体现着党的十七大报告关于“加快以民生建设为重点的社会建设”的新要求。在这个意义上，我们的研究、探索与创新是有理论与现实意义的。

戚　攻

目　录

第一章 回应及研究范式

在我国现代汉语谱系中，如《辞海》、《现代汉语词典》、《简明政治学词典》、《社会学简明词典》和《社会学百科词典》等，[①]都没有"回应"这一原词条；而在西方语系中，如在斯蒂尔编著的《牛津中阶英汉双解词典》中，[②]有 response: an answer or reaction to sb/sth（回答、回复、回应）的解释；在霍恩比编著的《牛津高阶英汉双解词典》中，有 response: a positive response（积极的反应）一说，如"The product was developed in response to customers' demand"（"为了满足顾客的需要开发了这种产品"）；如"The law was passed in response to public pressure"（"在公众的压力下法律得以通过"）等；[③]在英国培生教育

① 夏征农主编：《辞海》（缩影本），上海辞书出版社2000年版；中国社会科学语言研究所词典编辑室编：《现代汉语词典》，商务印书馆1979年版；编辑组：《简明政治学词典》，吉林人民出版社1985年版；李建华、范定九主编：《社会学简明词典》，甘肃人民出版社1984年版；袁方主编：《社会学百科词典》，中国广播电视出版社1990年版。

② 斯蒂尔编著，严维明等译：《牛津中阶英汉双解词典》，商务印书馆、牛津大学出版社2005年版，第989页。

③ 霍恩比著，石孝殊等译：《牛津高阶英汉双解词典》，商务印书馆、牛津大学出版社（中国）有限公司2005年版（第6版），第1480页。

出版有限公司编著的《朗文当代高级英语辞典》中,①有 responsiveness: willing to give answers or show your feelings about sth(积极回应的、敏于响应的)的解释。另外,还有如"A reaction, as that of an organism or a mechanism, to a specific stimulus"("一种有机体或机制对特定刺激的反应")的适用。②

第一节 研究命题的提出及讨论的情景

"回应"是一个社会科学范畴，它是基于现代治理理论、服务型政府建设、公民社会发展等而创造出来的一个新的复合词，其本义是指回复、应答与响应的互动过程并隐含着人们的社会行动(实践)。

一、"回应"现象产生的社会情景

随着20世纪50年代后期管理理论变革及20世纪六七十年代的全球民主化进程展开,西方发达国家的政府改革及职能调整,逐渐由传统的政府管理(管制)向治理转变。而治理理论及实践的发展,催生了"回应"这类互动现象、过程及问题的发生。

(一)治理理论及研究视角

"治理"一词最早出现在1989年的世界银行报告中,即在"1989年世界银行第一次提出非洲的'治理危机',并提出'良好治理'的制

① 英国培生教育出版有限公司编,责任编辑杨镇明:《朗文当代高级英语辞典》,外语教学与研究出版社2004年版,第1681页。

② "金山词霸(2005)":这一词义在2006年1月12日中央电视台新闻联播国际时讯"世界卫生组织官员呼吁确保对新型流感的快速反应能力"中有提及。

度框架”[1],世界银行1992年的年度报告也是以“治理与发展”为题的。[2] 国际经济合作与发展组织在1996年还发布了一份名为“促进参与式发展和良好治理的项目评估”报告。[3] 由此,“治理”概念逐渐发展为一个内涵丰富、适用广泛的理论及实践过程,并在世界各国的民主政治发展、行政及社会管理改革中得到广泛应用,进而形成了一套评估社会发展和管理优劣的价值标准。

1. *治理理论与回应*

治理理论的主要创始人詹姆士·N. 罗西瑙在其《没有政府统治的治理》一书中认为,所谓治理,它是一种由共同目标支持的活动,这些管理活动的主体未必是政府,也无须依靠国家强制力量来实现。[4] 詹·N. 罗西瑙在强调治理结构及主体时,并非否定了政府在治理中的作用,而是指出了治理过程客观上存在某种不需要政府或国家强制力量介入的情形,指出了一种相对于“政府治理”的“社会治理”概念,即“治理”包含政府治理和社会治理两个命题。

伴随政府治理的发展,社会治理也随之发展起来,政府治理结构及关系网络的发展与社会治理结构及关系网络发展之间形成了一种联系与互促关系,“回应”作为对这一类互动现象、关系、过程及问题的理论规制,也随之发生并逐渐范式化。正如在社会治理中,西方国家还主张并强调企业以回应政府和回应社会的方式参与治理,格

---

① 张璋:《公共行政的新理念》,载中国人民大学书报资料中心:《公共行政》2004年第1期。

② World Bank: Governance and Development, Washington, D. C.: World Band, 1992.

③ 赵景来:《关于治理理论若干问题讨论综述》,载《世界经济与政治》2002年第3期。

④ 詹姆士·N. 罗西瑙:《没有政府统治的治理》,江西人民出版社2001年版,第5页。

里·斯托克在他的《作为理论的治理:五个论点》[①]中和在他与戴维·奥斯本、特德·盖布勒合著的《改革政府——企业精神如何改革公营部门》[②]中,都既强调了以企业精神和管理方式改造政府进而提高政府绩效的问题,又提出了企业通过回应政府和回应社会承担其责任的问题。

2. 研究治理的两种学科比较

"治理"作为一个理论范式,是现代政治与公共行政在国际发展理论比较研究中的一种投射,包括政府治理和社会治理两个方面。从不同学科审视"治理",存在着理论及实践路向的差异,如公共管理学关于"社会治理"的解释是:政府通过制定社会政策和法规,依法管理和规范社会组织、社会事务,化解社会矛盾,维护社会公正、社会秩序和社会稳定;而社会学的解读是:社会治理是指政府与社会力量在法治架构中,共同管理和规范社会组织、社会事务,化解社会矛盾,维护社会公正、社会秩序和社会稳定的多元回应与互动过程[③]。但是,两种理论视角既相联系也相区别,如表1所示:

表1　关于"治理"研究的两种学科比较

公共管理理论的视角	社会学理论的视角
把政府视为治理主体并形成主次关系	强调治理主体多元并形成同构关系
社会治理是政府已有管理的局部变化	社会治理是政府与社会新的互动模式
反映管理与被管理文化及行政理念	彰显回应与协商文化和服务理念
重塑一种纵向治理结构及关系网络	重构一种横向治理结构及关系网络

由表1所示,公共管理学研究社会治理,是研究政府基于治理而

---

① 格里·斯托克:《作为理论的治理:五个论点》,载《国际社会科学杂志》1999年第2期。

② 戴维·奥斯本、特德·盖布勒:《改革政府——企业精神如何改革公营部门》,上海译文出版社1996年版。

③ 戚攻:《论"共同治理"中的社会回应》,载《探索》2004年第3期。

设置一种新的社会管理结构和公共管理的关系网络，实质仍是强调政府为管理者和以政府为中心建立比较开放的纵向关系网络；而基于社会学，社会治理是构建政府并非唯一主体的一种新型治理结构和政府与社会之间具有横向特征的同构关系网络。①

需要说明的是：中外学界讨论"公共政策"、"社会政策"、"发展型社会政策"、"公共社会政策"的话语方式显示，②加上两种研究视角并不对立。

（二）治理理论与共同治理的发展

在全球民主化、市场化和制度化进程中发生的政府治理与社会治理的耦合——两种或两种以上的体系或运动形式之间通过各种相互作用而彼此影响的现象，③催生了共同治理的现象及过程。

1. 共同治理的发展

共同治理是指政府基于治理建立的与公众分享权利、分解责任和义务，从而实现互动与同构的一种治理模式及过程，其基本特征是："政府治理＋社会治理→共同治理"④。在这一关系模式中，回应既是对政府与社会同处于一个系统中的内生性关系的一种描述，又是对互动关系及要素耦合的前提条件和机制的揭示。在共同治理中，"共同"强调多元主体之间的平等关系，治理强调互动方式及过程的同构性，因而"共同治理"是政府与社会之间相互回应的新型关系的总和——结构。共同治理关系及模式也是政府回应、社会回应和共同回应关系建构的条件。

---

① 戚攻：《社会转型·社会治理·社会回应机制链》，载《西南师范大学学报（人文社会科学版）》2006年第6期。

② 安东·尼哈尔、詹姆斯·梅志里：《发展型社会政策》，社会科学文献出版社2006年版。作者在《发展型社会政策：区域性、全国性以及全球性维度》中分析了社会政策的概念化及其应用，以及在不同社会发展阶段和当代世界发展背景下的概念的变化。

③ 夏征农主编：《辞海》（缩影本），上海辞书出版社2000年版，第2189页。

④ 戚攻：《政府治理与促进社会和谐》，载《理论学刊》2005年第1期。

2. 治理理论与发展理论的嬗变和实践

国际社会在20世纪后期推行政府改革并提出治理,既与全球发展理论的嬗变相联系,又因此而得到巩固。自19世纪以来的这一趋势,在人类社会的演进中逐渐形成了两种发展理论:一是马克思主义发展理论,即"一种社会理论,这一理论不仅具有一种普遍性,是分析所有人类社会的构架,而且更是资本主义社会中的工人阶级的理论"①;二是作为西方古典理论"负产品"的发展理论。两种发展理论因历史观和价值观的不同而分道扬镳。其差异性源于:历史观(唯物、唯心)、视角及取向(合理、不合理)和最终目的的追求(消灭、维护)等方面。但是,两种发展理论又因为都是基于对人类工业社会这一生产力技术结构和系统变迁的分析与把握,因而在20世纪后期又出现了两种理论相互借鉴和吸取的新特点,②如全球在20世纪的90年代逐渐形成追求"可持续发展"目标的共识,马克思主义理论与现代市场经济理论在中国的结合——"社会主义市场经济",西方国家在20世纪后期提出"以人的发展为中心"和我们提出"执政为民"、"以人为本",等等。

从实践看,治理理论的提出和实践,既促成了西方发达国家政府自身的"再造",又促成了全球性"社团革命"(associational revolution)重组"第三部门"(the third sector)的实践,随着公民社会和民间组织的迅速发展,与政府部门、市场部门"共同构成了现代社会的三大支柱"。③ 与全球民间力量的发展相适应,"这些组织的吸引力表现在它们的数量和规模的迅速增长上……真正的'全球结社革命'

---

① 托马斯·博特莫尔:《马克思主义社会学》,吉林人民出版社1985年版,第42页。

② 戚攻:《发展理论与马克思主义逻辑传统》,载《重庆大学学报(社会科学版)》2004年第5期。

③ 王名、刘国翰、何建宇:《中国社团改革:从政府选择到社会选择》,社会科学文献出版社2002年版,第12页。

已经出现，在世界的每一个角落都呈现出大量的有组织的私人活动和自愿活动的高潮"；于是"公民社会组织在寻求介于市场信任和仅对国家信任之间的'中间道路'中的战略重要性已经呈现出来"。①

3. 治理理论与公共社会学的视野

治理理论强调政府与社会与公众互动并建立多元合作的取向，这与公共社会学强调其研究视域的多样性②——强调公众是流动的，强调工具性维度而不是反思性维度，强调把非有机的、不可见的、私人的事物和政治场域中不可见的公众行动者变为可见的和公共的取向，是有机联系的。但我们没有基于公共社会学的视野来研究公共领域中的回应问题，既是因为"回应"包括多种类型并涉及公共领域和非公共领域，又因为麦克·布洛维所说的，"我们应该确信通过公开的对话，通过自由平等的参与，通过深化我们内部的民主来达到公共位置。公共社会学的多样性不仅反映了不同的公众，也反映了社会学家不同的价值取向。"③社会学家不同的价值取向尤其是"美国式术语"的公共社会学，不利于研究我国"社会回应"的本土基元。

4. 我国的发展与治理

在我国，党的十六届三中全会提出了"五个统筹"的社会政策和目标，即落实科学发展观的"根本方法"。在2004年开始把经济建设与管理型政府转变为服务型政府，在落实"依法治国"方略中同时推进"依法行政"和"依法自治"的实践，等等，客观上都为政府治理

---

① 莱斯特·M. 萨拉蒙等：《全球公民社会——非营利部门视界》，社会科学文献出版社2002年版，第4~5页。参见谢岳：《后现代国家"第三部门"运动评析》，载《复旦大学学报(社会科学版)》2000年第4期。作者认为：20世纪60年代以来，英、美等一些后现代国家发生了一场范围广泛的所谓"结社革命"，即"第三部门"(the third sector)运动。这一时期，成千上万的"第三部门"组织出现在上述这些国家，范围涉及环保、医疗、宗教、慈善、教育等。另参见洪毅生：《第三部门与政府行政关系探析》，载《求实》2005年第1期。作者认为：第三部门是西方制度文明的产物……

② 麦克·布洛维：《公共社会学》，社会科学文献出版社2007年版，第8页。

③ 麦克·布洛维：《公共社会学》，社会科学文献出版社2007年版，第13页。

和社会治理的发展建构了新的"场域"。

"场域是各种客观位置中的一种关系网络,场域的结构限制着能动者,无论是个人还是集体";同时,场域是关系的条件,关系为场域的发展提供着资源①。当我国因为改革开放而逐渐形成新的发展场域时,一方面政府治理与社会治理之间的相互回应问题凸显出来,另一方面新的发展场域要求在政府治理与社会治理之间建立起新的互动关系和同构与互促的机制——回应与回应机制。于是,"回应"作为对一类社会互动现象、关系及过程的理论规制,开始应用于社会科学的相关研究中。

二、中外学界基于治理理论研究"回应"的理路

"回应"命题的早期适用主要是在政治学(公共管理学)中,并形成了"政府回应 = 回应"的研究范式和理路。

(一)国外学者研究理路的简评

在西方发达国家"政府再造"运动需要"社团革命"回应的情形中,许多中外学者基于全球经济结构变迁和后发国家的社会转型,市场化背景下的政府治理结构、特征和方式的演化,以及社会治理的提出、发展和民间力量的广泛参与,逐渐把研究"回应"的视角转向了政治社会学,并开始积极关注非营利性组织(学界也有以非政府组织、民间组织等表述的)的发展,以及多元社会力量在治理中的角色扮演和作用。但无论是西方学者还是我国学者,对政府治理与社会治理之间的耦合方式及耦合机制问题却关注较少,对共同治理关系及耦合机制的研究不深入,也没有对"回应"作为一种研究范式作"政府回应"、"社会回应"、"共同回应"等理论区分,没有专门研究"回应"这一理论范式的基元和参考架构等问题。

在关于"回应"的已有研究中,国外学界主要是基于公共管理学

---

① 侯钧生主编:《西方社会学理论教程》,南开大学出版社 2001 年版,第 13 页。

的视角。美国学者格罗弗·斯塔林在《公共部门管理》中认为，公共管理责任的基本概念之一就是回应，即一个组织对公众提出的政策变化要求做出迅速的反应与行为。① 罗伯特·丹哈特在其《公共组织理论》一书中的研究视角比较广泛，他在"思想传统：马克思、韦伯和弗洛伊德"部分，强调了社会学的理论传统，并在"公共行政理论的最新发展趋势"中作了社会学与政治学的比较研究。罗伯特·丹哈特认为，政治与组织之间关系存在持续的紧张，使得公共行政学者不是将其研究精力集中在政治问题，如回应与责任，就是集中在组织问题上。但是，罗伯特·丹哈特在涉及"效率与效能"问题时，没有讨论公共组织与其他组织之间的回应问题，也没有涉及政府回应与社会回应的关联机制问题，而是在强调公共组织与其他社会组织的区别与不同功能时，只是隐语了某种新的回应关系。② 盖伊·彼得斯关于《政府未来的治理模式》一书讨论了"参与管理"、"对话式民主"和"弹性治理模式"，并涉及未来政府治理中的政府回应、组织回应问题。他评述他人观点时说，"所谓参与是指员工对有关其工作、生活以及某些层级节制方面的组织决策的介入"，这种"介入和参与是激励员工最有效的方法，是将可能性变为可操作性的实践"；"组织要创造一种从各方面鼓励参与和沟通的机制，而不是仅仅凭借由上而下的方式来从事管理活动"；同时，他在"对话式民主"的讨论中强调，"政府的任务就是平衡及时决策的需要和参与的需要，同时制定出采纳未来参与者提出相关意见的标准"等等。③ 然而盖伊·彼得斯也没有明确提出政府回应或社会回应命题，他的论述同样只是关于政府回应和社会回应的一种隐语。

---

① 格罗弗·斯塔林：《公共部门管理》，上海译文出版社 2003 年版，第 132 页。

② 罗伯特·丹哈特：《公共组织理论》，华夏出版社 2002 年版，第 21、191 页。

③ 盖伊·彼得斯：《政府未来的治理模式》，中国人民大学出版社 2003 年版，第 62 ~ 63、70 页。

（二）我国学界的研究视角

我国学者俞可平在《治理和善治：一种新的政治分析框架》一书中归纳了中外学界关于“治理”的五类基本观点。在评价全球治理委员会1995年发表的《我们的全球伙伴关系》报告中提出的关于治理的定义时，他认为，治理是各种公共的或私人的个人和机构管理其共同事务的诸多方式的总和，而且有四个基本特征：一种过程、过程的特征是协调、主体包括公共部门和私人部门，以及表现为持续互动。他在解释“善治”的主要特征时，对其中“回应”的解释是：“它的基本意义是公共管理人员和管理机构必须对公民的要求作出及时的和负责的反应，不得无故拖延或没有下文。在必要时还应当定期地、主动地向公民征询意见、解释政策和回答问题。”①从总体上讲，俞可平关于治理或善治的认知和理解是经典的，但他是基于政治学（公共管理学）的视角，基于“治理”是“上下互动的管理过程”的视角来解释“回应”的。在这样的逻辑语境中，“回应”仍然首先是一种单向过程，即强调政府对公众或“上对下”的纵向互动关系及结构。正是在这个意义上，有学者直接把政府回应称为“政府反应性”，认为这是“政府治理的一种重要方式”②和一种“反应和回复的过程”③。

程杞国先生的研究前进了一步，他在《从管理到治理：观念、逻辑、方法》一文中强调：“治理结构是一种互动组织”，“治理从一产生就不是单向度的而是采取互动的方式”。④ 毛寿龙先生在《现代治理与治理变革》中，厘清了治理发展的四个“制度平台”的关系，以及四个制度平台建构的复杂过程，⑤但他没有讨论和涉及制度平台的关

① 俞可平：《治理和善治：一种新的政治分析框架》，载《新华文摘》2001年第12期。

② 李伟权：《政府回应论》，中国社会科学出版社2005年版，第35页。

③ 何祖坤：《关注政府回应》，载《中国行政管理》2000年第7期。

④ 程杞国：《从管理到治理：观念、逻辑、方法》，载《南京社会科学》2001年第9期。

⑤ 毛寿龙：《现代治理与治理变革》，载《新华文摘》2001年第12期。

联要素——多元主体及多元主体之间的相互回应关系和回应机制问题。王名、刘国翰、何建宇等主编的《中国社团改革——从政府选择到社会选择》一书，也主要是从公共管理学的角度讨论了中国社团发展的历史沿革、现状、问题和改革的路径及方向，并在相关分析中涉及了新中国成立以来的中国社团改革对政府改革的支持与回应问题。① 杨冠琼先生的《政府治理体系创新》一书，虽然提出了"回应型整合"及"职能分享与后验控制"中的"社会评估的绩效准则"等一系列问题，②但对于政府回应、社会回应与共同回应以及互动机制等也没有专门论及。

从总体上看，由"回应"派生的政府回应、社会回应和共同回应等范畴，是与治理理论及实践的发展深刻关联的，与研究"回应"的政治学（公共管理学）视角逐渐转向政治社会学视域相联系的。但中外学界关于政府回应、社会回应与共同回应等关联范畴及互动机制的研究却不充分。西方发达国家提出并建构的治理理论和评价政府社会管理中的价值维度，由于与其政治制度、价值观和文化传统相联系，因而只是为我们提供了理解这些问题的思路和一些可以借鉴的经验。

第二节　回应（response）

回应是公共管理学研究的范畴，也是政治社会学研究的范畴。在不同的学科视界中，研究回应的向度和理论适用虽然存在差异，但也是互补、互促和相互参照的。

一、回应的基本含义

回应作为对一类社会互动现象、关系及实践过程的理论规制，它

---

① 王名、刘国翰、何建宇：《中国社团改革——从政府选择到社会选择》，社会科学文献出版社 2001 年版。

② 杨冠琼：《政府治理体系创新》，经济管理出版社 2000 年版，第 87、343 页。

与社会学范畴——社会互动指社会上个人与个人、个人与群体、群体与群体之间通过信息的传播而发生的相互依赖性的社会交往活动的界说相联系。

(一)回应与互动

回应是对一类互动现象的理论规制,但回应与互动也存在区别,表现在:一是回应研究的重点是政府与社会、政府与组织、社会与个人等关系。二是回应关系中的互动主体包括政府、非政府力量及社会群体、公民等。三是多元主体之间的互动(回应)有明确的目的,并通过共同行动实现其共同目标。四是回应(互动)关系及过程的发展与持续,一般要产生某种制度化或半制度化的结果,前者如法律、法规(规章)、政策等;"半制度化"包括自治规范、村规民约等。乔纳森·特纳认为,"当各种不同取向的行动者(根据他们的行动和价值取向的配置)互动时,便逐渐产生了约定,并维持互动模式,这就是'制度化'";而"以帕森斯的观点来看,这种制度化模式可称之为社会系统"。[①] 在这里,乔纳森·特纳揭示的"互动"与"约定",表达着多元主体之间的回应与同构关系的程度及性质。

由此,我们基于政治社会学的视角认为,"回应"是指多元主体在一定社会结构中基于共同利益、诉求的应答、认同、实化及实践的互动过程。

(二)回应命题的理论意蕴

我们关于"回应"作为一个理论命题的界说,包含以下五个相互联系的方面:

1. 关于"多元主体"

所谓"多元主体",既可能涉及全体社会成员,也可能只是涉及部分社会成员;既可能包括政府,又可能不包括政府而是非政府组织

---

① 乔纳森·特纳:《社会学理论的结构》(上册),华夏出版社 2001 年版,第 33 页。

(非营利组织)、草根组织、社会群体和具有民事行为能力的社会精英和公民个人。

2. 关于"共同利益"

所谓"共同利益",指在一种回应关系中的某种诉求或期望与社会发展的整体利益具有某种一致性,并涉及所有参与这一回应关系建构及互动的成员;虽然非直接利益相关者也可能在回应关系发展的某一阶段介入到回应中,但在更多情况下,由"共同利益"使然的回应关系的维系和再生产,意味着在共同利益实现中和实现后直接回应主体的共同分享,因而非直接利益相关者的情况,在这里不包括在我们界说的"回应"范畴内。

3. 回应是多元主体的关系建构的过程

政治社会学视界中的"回应"是多元主体(包括政府)互动关系建构的过程。有学者指出:"新公共管理者的主体不仅包括政府,也包括非政府组织、公民等。从公共产品提供者的角度看,新公共管理者包括了政府部门、非政府部门、私人部门……非政府组织是指第三部门,包括民间团体、非营利性中介机构、自愿性的公共团体、群体性组织、基层自治机关等等;私人部门主要指以民间资本为主的私营企业或公私相互参股的股份制企业"等。① 同时,多元主体在参与回应关系建构的过程中,基本的取向将是遵循和坚持互惠原则、公平原则和平等原则。

4. 关于"实化与实践"

"实化"(reification)是社会学范畴,指一种将抽象概念视为真实存在并以其为真实存在来对待的过程;②"实践"是哲学范畴,指人类

---

① 沈亚平、吴志成编:《当代西方公共行政》,天津大学出版社 2004 年版,第 14 页。

② 蔡文辉、李绍嵘编撰:《简明英汉社会学辞典》,中国人民大学出版社 2002 年版,第 185 页。

有目的改造自然、社会及人自身的一切实际活动；[①]从实化到实践，是人们把通过回应达成的共识和对共同情境的认同转化为社会行动（实践）的过程及具体的实际活动。

5. 关于"一定社会结构"

"一定社会结构"包括社会的制度条件（包括法律、政策）、体制与机制、经济社会及文化的发展水平；多元主体在社会结构中的位置（社会成员的身份、职业、地位、收入等）；一个社会的累积性关系以及各种可能发生的关系等潜在因素。

（三）回应是具有连续统结构及特征的范畴

从政治社会学研究政府与社会关系的视域看，"回应"是一个具有连续统结构及特征的社会科学范畴。所谓"连续统"，在于强调"回应"是多重特征递进变化并连续呈现的互动过程；它在横向上是指一种关系及关系网络，其要件包括回应主体、回应类型和回应方式等研究维度；在纵向上，它是指一种递进并连续变化的互动过程，包含和体现着多元主体的主观能动性——感受、认知（评价）与判断和认同，以及在实化基础上产生的社会行动——响应（选择）和实践。这一概念与社会学的"连续谱"指某一特定的特征在数量上渐进变化的连续系列，即形成直线增加或直线下降，期间无法划分出绝对阶段[②]的界说是有区别的，而且这些区别体现了"回应"的特点。表现在：一是回应概念并非仅仅表现为直线增加或直线下降的过程，而是同时包含着回应内容和回应方式的变化，因而回应作为对一类社会互动现象及过程的理论规制具有分层性和时空特征；二是回应关系中的主体是多元的和动态变化的甚至有时是交叉并发生相互转换的，因而回应关系及关系网络具有多种形式或类型，而且不同的形式或类型有不同的社会属性；三是回应作为一种过程，能划分出比较明确的阶段，

---

① 宋原放主编：《简明社会科学词典》，上海辞书出版社1984年版，第685页。

② 夏征农主编：《辞海》（缩影本），上海辞书出版社2000年版，第1263页。

以及可以区分出多重回应关系相互嵌入和相互转化的结构。

二、回应关系的理论分层[①]

回应虽然是一个连续统,但回应作为对一类社会互动现象的理论规制,其发展过程本身又存在分层特征。因而需要对回应关系发展的过程作理论分层。

(一)回应关系的理论分层图

回应作为一个具有连续统特征的概念和研究范式有三个层次(或作为过程有三个基本阶段):第一层次表现为回应过程中不同主体对诉求及期望的感受与认知过程;第二层次是回应主体依据社会一般价值准则和自身价值取向对某种诉求或期望作出评价、判断、认同或不认同的过程;第三层次是回应主体的互动方式选择和把诉求、期望或承诺转化为社会行动的过程。这三个层次是一种递进关系和网络结构,如图1所示:

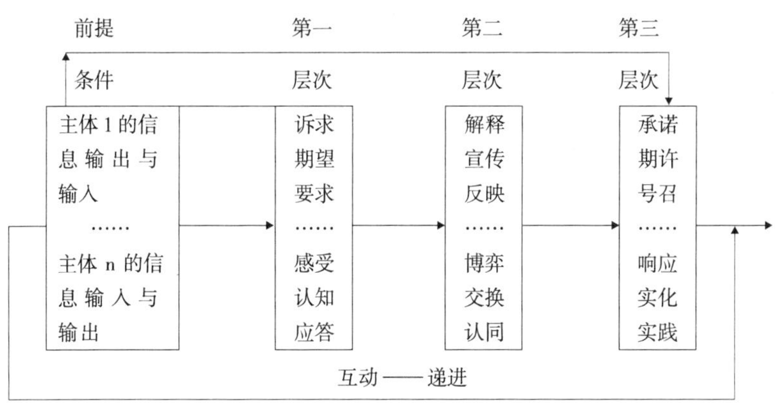

图1 回应关系的理论分层图

① 戚攻:《社会转型·社会治理·社会回应机制链》,载《西南师范大学学报(人文社会科学版)》2006年第6期。

（二）对回应关系理论分层的解读

1. 关于“主体1”与“主体n”的解释

回应关系发生的前提条件是多元主体之间的信息输出与输入，因而“信息输出与输入”是作为前提条件来设置的，即“主体1”和“主体n”互动关系发生的前提条件。“主体1”与“主体n”在一个回应关系中首先表达的是一种平等的互动关系，即他们同为主体；但为了说明有诉求然后才有回应关系及过程的发生，因而我们先设定“主体1”表示利益与期望的诉求者（符号），“主体n”表示回应者。同时，回应关系中的“主体1”和“主体n”虽然同为主体，但事实上又存在“诉求主体”与“回应主体”之分。在一个回应关系中区分诉求主体与回应主体，不应是基于社会纵向结构中的权力关系及因素，而应是基于互动关系发生时的角色扮演。

“主体n”有多重含义：一是表示主体的不确定，如当社会中一部分成员是诉求主体（“主体1”）时，回应主体（“主体n”）既可能包括政府、民间力量和其他社会成员，又可能不包括政府而只是民间力量或其他社会成员，即“n”是非确定性的。二是表示某种特定性，如当社会及公众是“主体1”，即诉求者时，回应关系链中的“回应主体”就是政府，即“n”表示确定性。三是表示主体多元，如当政府是“主体1”（诉求主体），而社会及公众是“主体n”（回应主体）时，这时的“n”表示主体多元（全部或部分）。四是表示主体的交叉与重叠现象，如在共同回应关系链中，诉求主体与回应主体往往是交叉、重叠的甚至在一定条件下是会相互转化的。

总之，在由回应形成的关系链中，所有的互动者都是主体，但主体的角色扮演事实上存在“诉求主体”与“回应主体”的区分。我们认为，判断一种回应关系是什么类型，应考察在这一具体的回应关系链中，“谁”是首要的或扮演着回应主体的角色。现实中有很多类似的事例：在讨论“烟花爆竹限制燃放”的回应关系中，社会公众应是诉求主体，而政府显然扮演着回应主体的角色；关于中国农民走出改革"第一步"的经典史实,不可能被理解为"响应",而只能是一种典型的"社会回应";另外,"环境保护"是包括政府在内的全社会的共同诉求和共同回应过程,而由此建构的回应关系就应分属于"共同回应"。

2. 关于角色理论的解释

我们基于米德(George Herbert Mead)关于"角色领会"的理论:一种视他人态度和意向而行动的能力,以及角色领会的过程是互动行为发生的基本机制等,[①]来解释在第一层次中预设"主体 1"和"主体 n"同为互动主体的对应关系及过程;这里的"角色领会"关系及过程,没有特指纵向结构中的关系的意思,即没有特指"上"与"下"的关系。同时,我们借助斯特赖克(Sheldon Stryker)关于角色领会是"对某种社会行为中他人的反应进行揣度"的判断,[②]以及林德史密斯(Alferd Lindesmith)与斯特劳斯(Anselm Strauss)关于角色领会是对他人思想的立场和观点进行想象性假设的认知等,[③]来解释图 1 中从第一层次向第二层次转化的逻辑关系和回应内容的变化。

3. 回应是一个具有连续统特征的互动过程[④]

在回应关系的不同发展阶段,可能包含多重回应关系的交叉和重叠,即有新的回应内容嵌入和对应着不同的回应方式;但一个回应关系链或回应网络发展的最终目标或目的,是要把社会的、公众的或者政府的诉求或期望实化进而转变为社会行动(实践)。因此,对图 1 中的第三层次或第三阶段而言,从行动理论看,当"行动者彼此自觉地意识到对方的存在并赋予共同的情境以相同的意义时,社会行

---

① 乔纳森·特纳:《社会学理论的结构》(下册),华夏出版社 2001 年版,第 23 页。

② Sheldon Stryker, "Symbolic Interaction as an Approach to Family Research", Marriage and Family Living 2, (May 1959), pp. 111 - 119.

③ 乔纳森·特纳:《社会学理论的结构》(下册),华夏出版社 2001 年版,第 23 ~ 24 页。

④ 蔡文辉、李绍嵘编撰:《简明英汉社会学辞典》,中国人民大学出版社 2002 年版,第 215 页。

动就出现了"①,即响应和把诉求与期望实化进而转化为行动的过程就开始了。但由此展开的实践,已不是诉求主体或回应主体某一方的单独行动,而是共同行动;而且这时所有行动者的行动,都既受环境因素的影响又受规范价值的牵制。例如,对某种公共产品的价格听证,诉求主体和回应主体将围绕公共产品价格形成的各种"环境因素"展开讨论,如关于市场需求因素、生产资料价格因素、管理成本因素、一般公众承受能力(对"一般公众承受力"的判断,将借助经济学的"短边理论",即关注社会中低收入人群的承受力)等的讨论,通过互动形成共识——新的"规范价值",从而既牵制公共产品最终价格决定者的决策,又制约该价格的所有实际执行者和承受者。

4. 关于围绕某个回应主题的解释

在围绕某个主题(诉求与期望)的回应关系中,一般包含两个或两类及以上数量的互动主体在同时建构回应关系或多重回应关系,所以回应中的互动是双向的或多元的,关系也是交叉的甚至是重叠的。这里的"重叠"有两层含义:一是在某些回应关系中的诉求主体与回应主体的角色扮演本身存在交叉或重叠的现象;二是回应主体的回应并非仅仅是一种单纯的"响应"或执行,而是同时包含着某种新的诉求,即一方面回应主体的"回应"可以称之为"回应性诉求",另一方面回应主体在回应中又可能包含着一些新的诉求。在某些情境下,双向的或多元主体之间的回应关系形成,既可能是围绕某个主题(诉求或期望)多次的相互回应(反复),又可能在持续的互动过程中嵌入新的回应内容(诉求)和形式,即突破"连续谱"的"直线增加或直线下降"模式。在政府向社会征求医疗体制改革意见时,社会参与者构成愈复杂,不同利益群体愈多,其嵌入新的回应性诉求及形式也会愈多、愈复杂;同时,就回应形式而言,"参与"只是回应的前

---

① 乔纳森·特纳:《社会学理论的结构》(下册),华夏出版社2001年版,第16页。

提条件(回应者的权力),而社会沟通、社会协商,以及在社会动员基础上的合作、社会团结与整合(相关研究在《社会回应机制链》中展开)等,是比“参与”更高层次的回应形式及过程。因而图1中关于回应的三个层次表现的是一种递进关系和连续互动的过程,而且仅仅是一种最简单和基本结构的演示。当这一连续互动过程中的任何一个环节发生中断现象时,主体间关于同一诉求或期望的回应关系及关系链即被中断或改变。

5. 关于图1中三个层次或阶段的整体解释

就图1而言,三个层次的互动过程只是表现了诉求主体与回应主体之间“一次”回应关系的建构,即图1表示的只是回应关系的最基本结构。而多个“基本结构”的同构现象在现实中是存在的。当回应关系中的诉求发生变化(扩大、缩小、改变)时,诉求主体与回应主体都既可能增加也可能减少;而且在这个连续统的每个环节,都可能存在新的回应关系的嵌入(诉求主体和回应主体),换言之,一种回应关系中可能存在诸多潜在的诉求主体和回应主体,如“保护环境”是政府与社会及公众的共同诉求,因而存在着多重回应关系——政府与企业、企业与社会、政府与公众、公众与企业、公众之间等。当然,在共同回应关系链建构的不同阶段,有些“关系”是会暂时处于一种潜在状态的。由于“保护环境”是政府、社会及公众的共同诉求,因而在这一共同回应的关系链中,政府、企业、社会及公众等,都既是诉求主体又是回应主体;而要具体区分他们是诉求主体还是回应主体,需要在一个具体的回应关系中考察,即对共同回应关系的不同发展阶段和时空特征进行分解。

第三节 回应范式

回应是一种研究范式,并包含多重回应关系、理论命题、研究类型、理论架构、研究传统和方法,而且相关范畴和类型在理论及实践中的运用是互为参照和相互对应的。

一、回应是一种研究范式

“范式”一说有多重释义,较为经典的最早由美国科学哲学家库恩在其1962年的《科学革命的结构》一书中提出并运用,主要指科学共同体成员所共有的“研究传统”、“理论框架”、“理论上和方法上的信念”、科学的“模型”和具体运用的“范例”,还包括自然观和世界观等。在库恩看来,范式是科学活动的实体和基础,科学的发展正是范式的运动。① 但现在,关于范式的界说更广泛,指社会科学理论和研究的架构,即指基本的观点和参考框架以决定哪些是被认为适合于对事件的诠释、了解的规范和方法等。②

(一)理解回应范式的视角

理解“回应”范式有两种视角:一是回应范式包括政府回应、社会回应和共同回应三种或三大类互动现象、关系及过程,而且这三种或三类互动现象、关系及过程是相互依存、相互承继和互促甚至是相互转化的。二是“回应”等同于广义的“社会回应”。“社会回应”有广义与狭义之分。广义的社会回应包括“政府回应”、狭义的“社会回应”和“共同回应”。这一区分与“科学社会主义”范式有广义与狭义之分一样,广义的科学社会主义包括马克思主义理论谱系中的哲学、政治经济学和科学社会主义三个组成部分;而狭义的科学社会主义是指“三个组成部分”之一的科学社会主义。③ 两种研究视角的逻辑关系不相悖,但为了提高理论研究的科学性与准确性,我们在使用这些概念时,首先从第一种视角展开,同时,当我们需要从第二种视角说明政府回应与社会回应的关系时,我们将严格地加

---

① 编委会:《辞海》(缩影本),上海辞书出版社2000年版,第700页。

② 蔡文辉、李绍嵘编撰:《简明英汉社会学辞典》,中国人民大学出版社2001年版,第152页。

③ 高原主编:《科学社会主义》(修订本),湖北人民出版社1983年版。

以说明和诠注。①

(二)回应范式的关系结构

在理论上把“回应”范式作“政府回应”、“社会回应”和“共同回应”三种类型的区分,是基于回应关系中的主体有“诉求主体”与“回应主体”之分。② 同时,政治社会学(political sociology)主要是研究政府与社会之间的关系,特别是政治领袖的性格、权力应用和领袖与人民之间的互动等。但基于我国国情,考察政治领袖的性格和个人的权力应用并不实际,因而我们的研究侧重于政府与社会的关系应是一种合理的取舍。

毛泽东在《矛盾论》中指出,“科学研究的区分,就是根据科学对象所具有的特殊的矛盾性。因此,对于某一现象的领域所特有的某一种矛盾的研究,就构成某一门科学的对象”。③ 由此,要揭示“回应”作为一个具有连续统特征的社会科学范畴,一种研究范式,需要对其内在的逻辑关系与结构进行梳理,如图 2 所示:

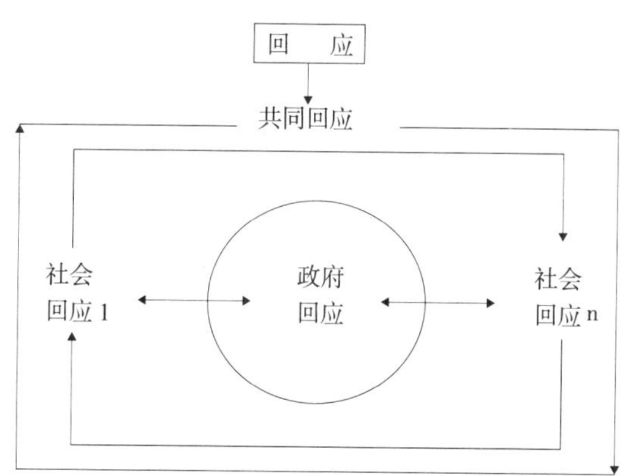

图 2　回应与政府回应、社会回应、共同回应的逻辑关系

① 我们在对应使用“政府回应”、“社会回应”范畴时,其中的“社会回应”命题是基于狭义使用的。

② 戚攻:《论回应范式》,载《社会科学研究》2006 年第 4 期。

③ 《毛泽东选集》第 1 卷,人民出版社 1991 年版,第 309 页。

由图2揭示的逻辑关系及结构表明，它们既相联系又有区别：一是我们课题的研究重点是狭义的社会回应命题，并主要以"回应"、"政府回应"等相关范畴作为理论及实践的参照。因为，在"共同回应"中，常常包含政府回应与狭义的社会回应关系，而且在共同回应与政府回应、社会回应之间的相互转化现象也是经常发生的，即共同回应现象及过程，相比较于政府回应和社会回应范畴而言，更具有回应主体和研究界域的不确定性和复杂性。二是我们对政府回应与社会回应研究对象的对应性关系的梳理，将主要依据政治社会学研究政府与社会关系的理论界域，因而将主要采用比较研究的方法展开；同时，我们将依循不同研究范畴的对应性关系和研究对象的交叉性和关联性等，来研究社会回应机制及机制链的建设问题。

二、回应范式的理论适用

回应是基于现代治理理论在实践中的运用和发展而创造的一个新的复合词，它作为对现实社会中一类社会互动现象、关系及过程的理论规制，正逐渐被广泛运用于社会科学研究之中。但不同学科研究视角的差异，决定了对回应的不同诠释和对其使用范围、研究界域的规制。

（一）公共管理研究的回应范式

在已有的研究中，回应概念运用于政治学（公共管理）研究领域的较多。行政管理学者斯塔林（Grover Starling）在其《公共部门管理》一书中认为，回应是政府对公众关于政策变革的接纳和对公众的要求做出反应并采取积极措施解决问题。[1] 在斯塔林看来，回应包含着应答、回复和把承诺（诉求和预期目标）转化为实践的过程，而且这一过程是通过政府对公众的互动（回应）实现的。与斯塔林

---

[1] Graver Starling: Managing in the Public Sector, The Dorsey Press, 1986, pp. 115 -125.

的观点相似，我国一些学者在公共管理研究中也认为，政府回应的表现形式就是公共政策，而公共政策是政治系统“对全社会的价值做权威性分配”①，“回应指的是政治领域对社会领域的响应”②或社会诉求被政治组织通过制度整合而转化为公共政策的过程。这样的认识在《人民日报》刊载的文章中也能看到：《人民日报》的文章指出，“健康的领导与群众的关系是一种互动的关系，一方面是领导对群众呼声的积极回应，另一方面是群众对领导号召的积极响应。……回应不是被动的工作程序，而是一种主动的领导方式……回应人民的过程，就是分析、判断人民根本利益所在的过程，也就是坚持‘三个代表’的过程”。③ 虽然在《人民日报》文章中关于“回应”的使用是有多重含义的：上对下的互动关系、领导方式或程序、一种过程或一种判断等，但总体上仍是把“回应”视为一个具有连续统特征的范畴，且表现为一种纵向关系。

政治学（公共管理）解读回应，主要是基于“政府—社会”二元关系结构及研究范式，其认知方法是“二分法”，视角在于对现实社会纵向关系的一种重新认知和判断。所以，在政治学的视野中，关于回应概念的典型表述是：上对下的互动关系即是回应，如“领导回应”与“群众响应”，“政府回应”与“社会响应”等。实际上，“响应”与“回应”在一定社会情境中是同义词，但这两个概念又存在明显的区别。在“政府号召”、“群众响应”或“上级号召”、“下级响应”的关系链中，所谓“号召”，实质是一种诉求或期望的表达，而“响应”恰恰是一种典型的回应方式及过程。举例来说：中央号召实行计划生育——1980 年 9 月 25 日《中共中央关于控制我国人口增长问题致全体共产党员、共青团员的公开信》，只能解释为是基于中国国情及

---

① 张国庆：《现代公共政策导论》，北京大学出版社 2000 年版，第 4 页。

② 谭亦玲：《浅析政府回应性及中国政府回应面临的挑战》，载《社科纵横》2004 年第 2 期。

③ 邵柏、田申：《回应力与号召力》，载 2000 年 11 月 2 日《人民日报》。

经济社会发展需要而发出的号召，而众多家庭和广大社会成员在这种情景下的所谓“响应”，实质是全社会对中央号召的现实回应。如果我们一定要把《公开信》解读为“回应”，那么一种可行的解释是：中央在回应中国的国情，而全社会的家庭、个人尤其是党员和共青团员对中央号召的“响应”，实质就是对中央号召的再回应。另外，对于我国改革开放以来的“孔雀东南飞”现象及过程，无论如何都不能以“响应”来解释，但这却是一种典型的社会主体自我回应现象及过程。

（二）回应范式研究的拓展

“回应”是基于治理理论、服务型政府建设、公民社会发展等提出的新概念，这本身也是理论界对这一系列理论及实践过程的回应，并被广泛地运用于政治学（公共管理）研究中。但是，政治学（公共管理学）研究并运用“回应”概念却侧重于一个方面，那就是主要表达或反映了现实社会中政府对社会、领导对群众、管理者对被管理者，即“上”对“下”之间的一类互动现象及过程。我们认为，回应作为多元主体（包括政府）在一定社会结构中基于共同利益、诉求的应答、认同、实化及实践的互动现象与过程，主要还是政治社会学研究的理论命题，即它是借助政治社会学这一交叉学科的理论谱系创造的一个新概念，或者说“回应”是政治社会学这一交叉学科的研究范式。

虽然政治社会学也重在考察政府与社会的关系，但我们的研究还希望通过拓展政治社会学的研究界域，即不仅仅把政府与社会的关系视为一种纵向关系及结构。从近年来中外学界研究“回应”这类社会互动现象及过程看，一方面“回应”概念的使用，正逐渐拓展和分化，另一方面，目前中外学界对回应这一概念的应用，已远远超出了传统政治学和政治社会学的理论视域，再者，在围绕一个主题形成的回应关系及关系链中，应当通过考察“谁”是诉求主体、“谁”是回应主体的方式与角度，来判断和确定回应关系的性质、类型和回应关系中主体角色的扮演。

第四节 回应范式中的政府回应与共同回应

回应范式包括政府回应、社会回应和共同回应三种基本的类型。本节仅讨论政府回应与共同回应。“社会回应”放在本书第二章中作专题论述。

一、回应范式中的政府回应[①]

政府回应是“回应”作为研究范式中的一种基本类型,因而审视政府回应现象及过程,既是系统研究回应范式的必然,也是开展相关比较研究的需要。

(一)政府回应界说

从政治社会学看政府回应(government response),它是指政府在一定经济社会发展条件下,基于公众利益最大化原则对社会及公众的诉求与期望进行制度整合的一种互动过程及类型。这一界说包括七个方面的含义:一是需要政府力量介入并由政府扮演制度整合或制度回应角色的回应现象及过程,属于“政府回应”范畴。二是政府扮演着运用公共权力、掌控公共资源和提供公共产品的角色,并具有权威性、唯一性和某种不可替代性。三是政府回应的基本特征和主要方式是制度回应(提供公共政策和规章制度)等。四是政府回应因受制于一定社会的经济文化发展条件而具有阶段性和局限性。五是政府回应(制度整合)必须遵循维护和实现公众利益最大化的原则。六是政府回应同时具有内敛与内聚性特征和外溢与外溢性特征;内敛、内聚性特征主要表现为政府系统内部的回应关系建构,外

① 戚攻:《论回应范式》,载《社会科学研究》2006年第4期。

溢与外溢性特征主要表现为与社会回应、共同回应之间关系的建构。七是社会是一个系统,政府是其中一部分,因而政府回应是回应范式中一种重要的形式与类型,但不是回应范式中唯一的形式与类型。

(二)政府回应的基本类型

政府是社会大系统中一个重要的子系统,而系统都必然具有开放性和与其他子系统同构(互动或交换)的特征。虽然对政府回应的分类有多种视角,但我们从回应主体的角度进行分类。我们认为,“政府回应”主要包括四种类型:一是国家或政府对一定经济社会发展需要及趋势作出判断后的回应,如实行“改革开放”战略、“实行计划生育”、“构建社会主义和谐社会”等。二是地方政府回应国家(中央政府)的有关法律、法规,如国家出台和实施《行政许可法》后,重庆市人民政府出台了“规范性文件审查”、“行政许可听证”、“行政许可评价”、“行政许可统计”等 8 项配套制度。三是地方政府行政运行系统的内部回应,包括政府行政系统内部各职能部门之间的相互回应,但典型的是下级政府组织对上级政府组织指示、指令的回应,以及行政部门对行政首长指令的回应等。四是政府对社会组织及公众诉求的回应。由此,政府回应四种类型的结构由图 3 所示:

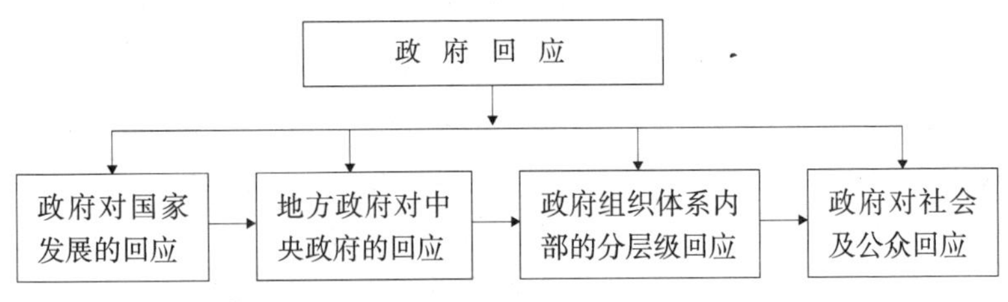

图 3　政府回应的四种类型及结构

在政府回应的四种基本类型中,前三种类型有别于公共管理学研究回应的传统视域,即我们的研究视域突破了公共管理学研究回应命题的传统路向——政府对社会组织及公众的回应。事实上,在国家(中央政府)层面、在政府行政系统运行的内部(权限),都客观存在回应关系的建构问题，并具有政府系统自我回应的特征，所谓“坚决贯彻”就是一种正向回应，而“上有政策、下有对策”的话语，即是一种反向的证明，而且在前三种回应类型中，政府自身（不同层级）通常扮演着诉求主体和回应主体的双重角色（这里并不是说在政府回应的前三种类型中不涉及社会发展的新趋势和人民群众的新期待）。在这个意义上，回应范式的研究，突破了政治学（公共管理学）研究回应的传统视域。

如果将“政府回应”作广义与狭义的区分，那么，广义的政府回应包括四种基本类型，而狭义的政府回应就是特指政府回应中的第四种类型——“政府对社会组织及公众的回应”，也就是我国学界尤其是公共管理学者通常研究“回应”的视域。我们注意到：政府回应中的第四种类型（政府对社会组织及公众的回应），具有与社会回应中的某一种类型有比较直接的“对应”关系，即在社会回应的类型中，存在着政府扮演诉求主体，社会组织及公众扮演回应主体的情况——“社会组织及公众回应政府”，①而且这是我们研究的重点。在这个意义上，我们关于对政府回应中的前三种类型的系统研究，将只能在以后的相关研究中再展开。

（三）政府回应的形式

从制度化的角度看，政府回应有高级形式与初级形式之分。政府回应的高级形式是指政府的制度回应或对社会多元诉求的制度整合过程，其结果一般表现为新的制度安排和公共政策或规章制度。这种情况不仅是典型的政府回应，而且在现实中存在大量的例证：政府因公众对医疗药品价格虚高反映强烈（诉求），于是政府举行了各种形式和不同层级的关于医疗药品价格的听证会。“听证会”本身只是政府回应的初级形式，而政府由此出台的一系列限制医疗药品价格虚高的相关政策，就是政府回应的高级形式——“制度回应”。

---

① 关于社会回应基本类型的划分在第二章“社会回应及范式研究”中展开。

政府回应的初级形式主要表现在政府回应的第四种类型中(政府回应社会组织及公众)。政府回应的初级形式主要包括两种情况:一是指一个回应关系链中的初级形式(政府制度回应的前期),如听证会、政府网络调查、委托起草、现场论证和政策解析等;二是指政府针对部分社会成员的诉求的非制度化回复和应答,如信访中的一部分非制度性回复、政府有关部门开展的社会调查、政府公开电话等形式。当人们以"制度化"作为衡量和判断政府回应度的重要标志时,只有政府回应的高级形式——制度回应才具有达到回应"极致"的特征和可能性。在这个意义上,政府的制度回应及制度整合过程,具有"高"回应度的特征,而政府非制度回应的众多初级形式,则具有"低"回应度的特征。

另外,政府制度回应的成果一旦形成,对"成果"本身的再回应过程,就具有了政府与社会共同回应的性质。这是因为:一方面制度化成果将促使政府的再回应过程坚守"依法行政";另一方面,制度化成果将引导和规制社会组织及公众的回应过程走向"依法自治"。因此,政府的制度回应不仅仅是为社会回应关系发展提供了资源,而且也为政府自身的"制度化回应"①提供了资源。

(四)政府回应的动力机制

在社会主义制度基础上和环境中,我国政府回应的动力机制形成应是一个组合系统,主要包括以下几个层面:

基于政治社会学的视角。社会主义制度的规定性决定了我国各级政府本质上是"人民政府",因而无论是广义的政府回应还是狭义的政府回应,都是其基本的政治责任。政府回应是保持"人民政府"本质属性和彰显其政治合法性的内在要求,尤其是针对政府回应中的第四种类型——"政府回应社会组织及公众"。由此,政府回应的动力机制应首先源于社会主义制度的规定性和政府自身对合法性的

---

① 关于"制度化回应与回应制度化"的研究在本书的第八章展开。

认知。

基于中国共产党的领导地位。加强和确保中国共产党的执政地位,是坚持社会主义制度的核心内容和国家宪法精神的体现。贯彻落实党的重大方针政策和战略部署,是各级政府的基本政治责任和职能的体现。党的重大方针政策和战略部署是对中国社会发展的新要求、大趋势和人民群众新期待的回应,因而也是各级政府回应的动力机制形成的重要方面。

基于法学的视角。我国宪法明确规定,国家的"一切权力属于人民",所以社会主义制度人民"当家作主"。这里存在一个事前"约定",之所以称之为"约定",在于社会主义国家的法权实质上或归根结底是人民授权,即人民把解决整体性事物和处理整体性社会基本关系的权力事前让渡于国家。各级人民政府作为国家法权的实施机关,内含着政府受国家委托就是受人民委托的实质,因而在受人民委托运作公共权力并掌控公共资源时,政府有责任和义务提高回应性和建立制度化的回应机制。

基于行政管理的视角。政府行政体系的分层结构和其权力运行的分层性,决定了政府回应中的第二和第三种类型——"地方政府对中央政府的回应"和"政府组织体系内部的分层级回应",是政府行政系统自身运行的客观要求和基本原则。同时,党的十七大报告还明确指出,"实现好、维护好、发展好最广大人民的根本利益是我们一切工作的出发点和落脚点",并在此基础上提出了加强服务型政府建设的新要求。按照这一要求,我国各级人民政府扮演回应主体,不仅是服务型政府、责任型政府建设的重要内容和政府自身改革、转变职能、增强政府公信力的应然需要,而且是政府适应社会发展新要求、人民群众新期待,进一步厘清政府与市场、政府与社会力量互动中的权利边界的客观要求。因此,政府回应的动力机制建立和形成,既源于自觉地坚决贯彻落实党的大政方针、政策和战略部署,又源于党的十七大报告提出建设服务型政府、有限责任政府的内在要求，还源于政府促进社会和谐、适应社会发展新要求和人民群众新期待的发展趋势。

另外，基于公务员职责和行政伦理的视角，还包括公务员个体的敬业精神、职业操守、业务技能等构成的内在动力机制。

（五）政府回应的特殊情形及角色

在现实社会中，制度回应是服务型政府的基本职责，但并非是政府回应的唯一方式。詹姆士·N.罗西瑙就曾描述过某种不需要政府或国家强制力量介入的情形。① 在现实中，当某一特定的回应关系建构中存在一定范围的多元主体的诉求不一致时，各种单位组织（企业）、组织化的民间力量以及各种非正式群体甚至社会个体（主要指社会精英）等，会对社会成员的差异性诉求做最大化的自整合。"自整合"是指多元社会主体内部的互动关系建构（回应）不需要国家或政府强制力量介入的整合过程及交换模式。虽然"自整合"从制度化的角度看只具有初级形式的特征，即行业规范和村规民约的建立等，但不需要政府或国家强制力量介入的情形是客观存在的。当然，在社会及公众的自整合过程中，国家或政府力量的介入也是可能的。但这不仅有条件，而且政府的角色扮演也是特定的，那就是：当多元主体的诉求不能以自整合方式实现，并同时孕育了某种较大的社会风险时；当社会力量自整合的成本远大于政府制度整合的成本时；当部分社会主体虽然能实现自整合，但自整合的过程及结果可能危及更大范围的公共利益或损害到更大范围的公众权益时。在政府力量介入社会回应关系时，政府是人民的政府，政府与人民在根本利益上是一致的，因而政府力量的介入并非是以对立姿态或居于对立面出现的，政府主要扮演制度资源的提供者，互动关系的参与者、裁判者和协调者，以及更大公共利益的维护者和对互动中弱势群体

---

① 詹姆士·N.罗西瑙：《没有政府统治的治理》，江西人民出版社2001年版，第5页。

利益的保障者的角色。

从总体上讲，政府力量对社会回应关系的介入，是服务型政府的基本职责和政府治理的基本任务之一。这一方面说明"社会回应"与"政府回应"是相互关联的，另一方面说明政府回应（必要的、合理的介入）是社会回应关系良性发展的重要条件。

二、回应范式中的共同回应①

共同回应也是回应范式中一种基本类型，但它比政府回应、社会回应的理论界域更广泛，而且从回应主体的角度看也更复杂。

（一）共同回应界说

共同回应（common response）是指包括政府在内的多元主体基于共同利益、诉求相互回应的互动现象、关系及过程。这一界说包括五个方面：一是共同回应是回应这一理论研究范式中的一种类型；这一类型是由政府回应与社会回应互动发展和整合而发生的。二是共同回应中的"诉求"一般是较重大的公共性"问题"，即涉及全体社会成员或某一地区和范围的全体成员的诉求与回应关系。三是共同回应关系中的"主体"，无论是诉求主体还是回应主体都可能是多元的、交叉的或相互转化的，因而共同回应关系的演化也较复杂。四是共同回应中的"互动"首先体现的是多元主体之间一种平等、互惠的同构关系，而非政治学、管理学意义上的"领导"与"被领导"或"上"与"下"关系。五是在共同回应结构中常常包含多个或多种回应关系的相互嵌入与耦合，且具有长期性。

（二）共同回应与政府回应和社会回应的主要区别

"共同回应"区别于"政府回应"、"社会回应"主要有四个方面。一是在同一个持续的回应关系链中，诉求主体与回应主体的角色扮演往往具有交叉性和重叠性；因而不同主体之间未必表现为公共管

---

① 戚攻：《论回应范式》，载《社会科学研究》2006年第4期。

理学意义上的所谓"上下"关系，而是主要表现为一种平等的互动与同构关系。"实行计划生育"首先是政府的诉求(号召)，而回应主体是全社会的家庭和个人，但是当《人口和计划生育法》颁布以后，实行计划生育对国家(政府)、对社会乃至个体已是共同回应关系。二是共同回应关系链中的诉求一般是长期性的、重大的，即往往是全社会共同关心和关注的问题，如非传统安全视域下的"公共安全"、"社会稳定"、"环境保护"等，因而共同回应关系一般较为复杂，即在结构上有时表现为多重回应关系的相互嵌入与耦合。三是共同回应关系一般表现为一个复杂的、持续互动的建构过程，因而往往形成"诉求——回应——再诉求——再回应"的多重回应关系链。类似的例证有："打击假冒伪劣商品"是包括政府在内的全社会的共同诉求，于是我们看到了"中央政府回应——地方政府回应——企业回应——社会回应——公众回应"关系链的持续建构过程。四是共同回应与政府回应、社会回应往往是一种交叉甚至是包含关系，即在一个较复杂的共同回应关系链中，经常发生共同回应关系向政府回应关系或向社会回应关系转化的现象，以及在共同回应关系网络中同时存在政府回应或社会回应交织或交叉的现象。事例是：建立社会保障制度与体制，既是政府为进一步完善社会主义市场经济体制的积极回应，又是政府与社会为实现社会稳定与促进社会和谐的共同诉求形成的共同回应过程，即在政府回应、社会回应关系交叉发生的过程中，形成了"共同回应"的现象、关系与过程。而且在这样的关系建构过程中，不同的发展阶段还存在不同的表现形式："政府回应——社会回应——政府再回应——全社会共同回应"等。由此，共同回应是政府回应关系和社会回应关系交织、相互促进和叠加的"结果"。

(三)共同回应关系中的不同角色

共同回应关系因其结构复杂和具有发展的阶段性，以及共同回应结构中存在多重回应关系相互嵌入与耦合，因而它的外延和内涵存在一定的非严密性。但这并不是说共同回应在现实中不是一种回应类型，如“建设中国特色社会主义”、“实现现代化”、“构建和谐社会”等，本质上都是包括政府在内的全社会共同诉求。但是，在其发展的不同阶段或关系建构过程中的某一具体的回应关系中，又存在或表现为以政府回应或社会回应的关系及过程为主的现象。2004年温家宝总理视察重庆三峡库区时，了解到拖欠农民工工资的情况，从而最终促成了“中央政府回应→地方政府回应→企业组织回应→全社会回应”的共同回应关系链的形成。在这一共同回应关系链的不同发展阶段，事实上存在着政府回应、社会回应等多种类型的相互转化和先后时序的问题。从回应主体的角度看，存在“诉求主体”与“回应主体”角色扮演中的相互转化问题，存在不同回应主体在角色扮演上的差异问题。在共同回应关系中，政府通常扮演制度回应者、“裁判者”、协调者和公共利益维护者的角色，单位组织（企业）扮演制度回应（组织内部规章制度制定）者和执行者、协调者、参与者的角色等。

从一定意义上说，共同回应关系链的形成和建构，是政府回应与社会回应交互作用的产物。因此在共同回应关系链及网络的建构中，互惠原则的坚持和体现是包括政府在内的多元主体持续互动的重要前提条件。由于在多元主体以不同角色参与互动时，客观上存在多元主体处于社会结构的不同“位置”而导致的权力、机会、互动成本等差异的情况，因而共同回应关系的建构与再生产，必须是以多元主体都能通过互动获得相应的利益作为参与和维持共同回应关系的前提（社会学的交换理论提供了大量的论证）。这就要求政府在共同回应关系的发展中扮演特殊的角色。

通常情况下，共同回应中的政府特殊角色扮演，是由政府掌握公共权力、掌控公共资源形成的特殊地位决定的。因而政府有责任维护回应关系建构的重要前提——公正平等与互惠，从而为参与回应关系的多元社会主体的互动提供制度资源和公平机会。在理论上，政府制度回应提供了社会回应关系发展的必要资源，而“政府回应制度化”创造了社会回应有序发展的环境。① 在现实中，就“保护环境”这一共同回应关系而言，当政府扮演回应主体时，主要是扮演制度回应的角色，这一方面要求政府自身行为依法行政和规范社会行动（依法自治），另一方面表明政府的角色扮演具有特殊性和不可替代性；当企业扮演回应主体时，其回应方式主要表现为社会责任的承担，②如企业在生产中扮演着合理利用资源、有效降低能耗和控制污染、保护生态环境，以及提供就业机会和支持当地社会事业发展的角色；当社会公众扮演回应主体时，将根据政府制度回应的要求，同时结合社会的普遍期望、公民责任和意识来调适自身的行为，以扮演参与共建和社会监督的角色等。

（四）共同回应的实例解析

1. 调查的基本情况说明

《中共中央国务院关于全面加强人口和计划生育工作统筹解决人口问题的决定》指出，“人口问题始终是制约我国全面协调可持续发展的重大问题，是影响经济社会发展的关键因素”，因而随着《人口和计划生育法》的颁布实施（制度回应），贯彻落实计划生育基本国策，可归类为“共同回应”的研究范畴。

国家（政府）基于国情和科学发展需要，确立了实行计划生育的基本国策，并以《中华人民共和国人口和计划生育法》的制度方式做出了回应。各级地方政府、全社会共同参与计划生育工作，家庭、社会成员

---

① 关于“政府回应制度化”与“政府制度化回应”在第八章“回应制度化与制度化回应研究”有进一步的论述。

② “社会责任”一词最初是由西方经济学者提出。1924 年美国学者谢尔顿首次提出：“公司社会责任”（CSR: corporate social responsibility）一说；但直到 20 世纪 50 年代，随着雇佣关系、资源开发、环境保护等问题日益显现而为学界普遍关注；参见：《西方公司社会责任界说评述》，载《江淮论坛》2005 年第 4 期。另外，关于企业组织是否具有社会责任以及企业的社会责任是法律的还是道义上的等问题，学界一直都存在争论。笔者的观点是：企业有社会责任，尤其是在中国，而且我国企业的社会责任既有法律的又有道义上的。

履行“计划生育”义务等共同行动与互动表明:“实行计划生育”是一种共同回应关系。从理论上看,“一个道德秩序要想存在,它必须被生产和再生产,并且要使新的道德规则出现(意识形态),它们也必须在行动者使用资源时被有效地生产”①;从实践来看,我国实行“计划生育”,本质上是“政府回应(回应国情——发出号召)→社会公众回应(实行计划生育)→政府再回应(根据事物发展的新趋势、新要求建立新机制)→社会公众再回应”的、共同回应关系链的维持和再生产过程。

为此,2007 年 4 月,笔者受重庆市人口和计划生育委员会的委托,对重庆市人口和计划生育基本情况进行了调查。调查的主题(假设)是:在“计划生育”这一共同回应关系链的维持和再生产过程中,政府回应与社会回应是动态的、休戚相关的和交织发展与相互促进的。

调查的范围涉及重庆市三峡库区的忠县、渝西地区的铜梁县和重庆主城地区的南岸区共八个乡村。调查方式主要采用:实地考察、问卷调查、分类召开乡镇政府和村社村民座谈会,并针对农村实行计划生育后的典型贫困户做深度访谈等。

2. 调查案例的综合解析

通过对三个县(区)八个村的计划生育共同回应关系链的维持和再生产过程的综合研究发现,共同关系的建构(互动),需要关系中的多元主体根据关系发展的需要持续投入和与时俱进地调整投入的方式,以确保参与共同回应的多元主体都能通过互动获得和实现相应的权益(互惠)。在这一过程中,政府扮演着特殊的角色。

调查发现,重庆市经过 30 年计划生育共同回应关系的建构,总体上已经产出了全市进入低生育水平的人口环境和有利于重庆经济社会发展的效应(一种状态和进入一个时期)。但人口控制的压力对重庆而言依然很大,且低生育水平不稳定、非政策生育率(违法生

① 乔纳森·特纳:《社会学理论的结构》(下册),华夏出版社 2001 年版,第 186 页。

育)近几年呈逐渐增高的趋势。调查组对八个村问卷调查后的数据统计显示:2004～2006 年的三年间,非政策内生育率正逐年增高;在非政策生育的村民人群中,有近 1/2 是已有一孩的家庭,1/3 是已有二孩的家庭;而且非政策生育人群涉及 20～48 岁的各年龄段的育龄妇女。在农村村民生育意愿重新普遍高涨,计划生育共同回应关系发生变化的背后,存在许多深层原因。

第一,政府回应农村计生家庭的奖励扶助政策,与国家大力实施的各项支农惠农政策相比,其激励功能和导向功能已被极大地弱化。调查发现:国家按农村家庭实际人口数实施的普惠性支农政策范围非常广泛,包括:政府农业直补与间补、征地补偿政策、宅基地划分政策、农村移民后期扶持政策、民政系统的扶贫政策、教育系统的“两免一补”政策、公安系统的便民政策(上户口)、卫生系统的农村合作医疗政策等。应当说,这些具有普惠性的支农惠农政策充分体现了党和政府的关怀,并促进了社会公平与社会和谐,是非常正确的。然而,在农村尤其是西部地区的农村,当传统的劳动生产方式没有发生根本变化(仍然是体力劳动为主)、农村养老仍以家庭养老方式为主时,农村实行了计划生育的家庭便面临人口数量少、劳动力人口少和家庭养老成本高的现实。当政府解决“三农”问题的新政策机制,没有安排专门回应农村计划生育家庭的内容,而是按人头实施各类普惠性支农政策时,各类普惠性支农政策的力度就远远大于了政府以往回应农村计生家庭的奖励扶助政策的力度。调查发现,当政府回应“计划生育”这一共同回应关系的“农村计生奖励扶助政策”的激励功能被逐渐淹没,即“计划生育”关系发展中的互惠原则受到挑战时,相当数量的农村村民放弃“计划生育”这一共同回应关系的维系和再生产,成为一种较普遍的社会现象。如果考虑到市场经济条件下的农村村民也具有“经济人”的人格特征,并基于此来审视这类社会现象,那么一些农村村民放弃计划生育回应关系的行为选择,就具有某种“理性”的意义(并不是说村民们放弃计划生育是对的);正如,调查组在与曾经实行了计划生育,而后又成为违法生育者的村民深入交谈后了解到:他们说,对农村计生家庭父母的奖励政策规定,男女都要年满60岁后才能享受,而且每人每月只有50元(具有回应的滞后性和低回应度特征);他们认为,与眼前各种普惠性政策相比,“计生奖励是将来的事而且标准太低,还是多生孩子实惠,反正现在孩子读书又不要钱了(哺育孩子的成本得到分解)……”

第二,在政府设计农村地区规划撤迁的补偿机制时,没有考虑回应农村实行计划生育家庭的特殊政策,以致在补偿政策机制实施后,突显出了“倒挂机制”。正如,在被调查的8个乡村中,有4个乡村面临政府规划撤迁。如铜梁县的沿井村面临撤迁。在该村,调查组在召开村民座谈会时看到,在外出务工季节仍有许多育龄妇女滞留在农村,问她们为何没有外出务工,她们的回答是:“政府规划了,要撤迁,回来生孩子”。通过与村民进一步深度交谈后了解到村民们的算计:政府规划撤迁的政策补偿是按农村家庭实际人口数补偿——人口多、补偿多(每个涉及撤迁的村民在未做必要的扣除以前,可获各类补偿约6万~8万元不等,各种必要扣除后的所得人均约为4.5万~5万元);这对于因回应“计划生育”基本国策的农村计生家庭来说,家庭人口数量少,其补偿也少,以致三口之家的农村计生家庭无法用政府补偿实现再安居;而一些违法生育的村民,在违法生育一个孩子,即使主动缴纳了超生人口的社会抚养费(1.8万~2.6万元),还是既能多生育一个孩子,又能赚几万元钱。结果是:政府针对农村村民的规划撤迁政策,潜存着某种“倒挂机制”,而正是这种“倒挂机制”极大地刺激了面临规划撤迁村的村民的生育意愿,以致一些村民不惜一切地放弃“计划生育”这一共同回应关系。

针对以上情况,笔者认为,政府各职能部门在公共政策制定过程中一方面统筹不足,部门之间缺乏人口公共决策的统筹机制,另一方面,计划生育工作开展中出现的、一定程度的“国家(政府)义务部门化”倾向,导致“计划生育基本国策”的上位政策的地位没有确立,结果是公共政策决策中没有考虑政策回应对象的差异性，进而影响到一部分村民参与计划生育共同回应关系的建构。

第三，农村计生家庭中年（男 55 岁、女 49 岁以上）丧子后的窘迫生活，极大地刺激了村民非政策生育的意愿。在农村考察时随处可见："少生、快富、奔小康"，"要致富、少生孩子多修路"等宣传标语。然而，在铜梁县调查时，当地乡镇干部介绍说，根据上面的要求，乡政府在 2006 年年底做了一次调查统计后发现：在全乡现有的农村贫困户中，计划生育家庭户竟然占到了 70%。更为典型的案例是：三峡库区忠县的固国村是比较贫困的山区村，该村从 1979 年国家实行计划生育到 2003 年的 25 年间，没有一例计划外生育和违法生育（高社会回应度），曾被国家人口和计划生育委员会表彰为"全国计划生育先进示范村"，该村原支部书记也曾因此被评为"全国计划生育工作先进个人"。然而近年来，在该村实行计划生育的家庭中，先后发生了 5 起计生家庭中年父母丧子的情况，一例独生子女 22 岁是因病死亡，四例独生子女是外出务工时发生意外死亡。这些计生家庭的父母都是男满 55 岁、女满 49 岁的。当独生子女死亡后，他们不仅在精神上受到沉重打击，而且随之而来的是还面临生病、无心生产甚至家庭解体的问题。由于他们的生活与当地其他村民家庭相比处于非常困难的境地，于是这种状况在当地产生了极大的消极影响，并刺激了该村一些原实行了计划生育的村民的非政策生育意愿高起。虽然重庆市政府在 2002 年就设计了针对农村计生中年丧子家庭父母的特别扶助金，标准是每人每月 100 元，而且重庆市政府连续五年（2002～2007 年）都在调整（微调），但随着经济社会发展、生活水平提高和物价上涨，旧政策机制（包括微调）的低回应功能，①已无法消

① 2008 年 3 月 24 日，重庆市人民政府常务会议正式审议并通过了重庆市人口和计划生育委员会提出的新的"奖励和特别扶助金办法"，重庆市农村计生家庭父母奖励和独生子女死亡伤残特别扶助金的标准，已得到大幅度提高。

解农村实行计划生育家庭的父母对未来养老的忧虑甚至“恐惧”。正如，对该村的调查显示：从 2004～2006 年的三年间，该村共新生育人口 170 人，但一孩户 34 人，仅占 20%，其余的均为二孩户，占 80%。

笔者认为：当农村实行计划生育的家庭出现新情况后，旧政策机制的及时调整（包括增大微调的力度）是必要的。政府的再回应，即提高政府回应度和回应的时效性，对于维持“计划生育”这一共同回应关系具有重要的意义和作用。而该村“计划生育”共同回应关系链的维持和再生产过程之所以发生中断，验证了我们的认知。

第四，计生部门人口管理机制的断裂（尤其是对流动人口的漏管严重），导致了政府人口和计划生育职能部门的回应能力被弱化。重庆铜梁县在 2006 年是受国家人口和计划生育委员会表彰的“先进县”，但该县在 2004～2006 年间，不含漏统的符合政策生育率占总出生人口的 94.11%。若包含历年漏统，其符合生育政策的只占总出生人口的 79.78%，即后一种统计的超生人口是前者的 4.6 倍，而且违法生育人数因农村人口流动还呈逐年增加的趋势。对调查的基本情况进行综合研究后发现：传统的计生管理机制和工作方法已不能适用，而新的管理机制和手段又缺失。当各级政府职能部门在推出促进和方便村民流动（外出务工）的政策时，缺乏与计生部门工作机制的统筹，导致基层人口计生部门在开展避孕节育、行政执法、证件管理等方面无能为力。由于计生主管部门并非执法主体，所以基层计生专干在面对超生村民时，没有任何有效的手段和方法可实施控制，如按基层计生干部的话说：“我们能把她们怎么办？”调查中笔者还注意到：有 4 个乡（镇）的计生专干针对目前基层计生工作管理机制的缺失，都说了一句大意相同的话：“我们几十年工作的成效，短短几年就几乎失去了。”

在“计划生育”共同回应关系中，从回应主体的角度看，政府既是多元回应主体之一，又是特殊的回应主体，即通常扮演着制度回应的特定角色。共同回应关系通常具有长期性和战略性,如“计划生育”,因而需要政府在其中扮演特定的回应角色(这里不讨论政府自身存在“诉求主体”和“回应主体”的角色转化问题)。在共同回应关系建构与再生产过程中,互惠原则是维系共同回应关系的重要条件和基础。当公民履行了《人口和计划生育法》规定的义务后,政府有责任降解其实施计划生育后的社会风险。因而政府作为回应主体的回应要注重时效性、有效性和回应度,从而为共同回应关系的维持和再生产提供必要的政策资源。必要的政策资源是社会多元主体参与共同回应关系的条件,也是社会回应关系自身发展的互动资源和与政府同构(互动)轨迹(价值导向)。当计划生育共同回应关系建构中的政府回应被弱化时,尤其是政府的制度回应滞后于事物发展的新要求和新趋势时,就会导致共同回应关系中的社会回应的发展走向无序,导致共同回应关系的破碎甚至解构。

附:调查报告中曾提出的对策和建议①

第一,确立重庆市人口计生公益事业的政治经济地位,并以设置“重庆市大人口统筹战略”,作为重庆市实施“城乡统筹战略”的基础。

第二,以“大人口统筹战略”为基础,研究建立政府各职能部门以计划生育基本国策落实为核心的公共政策统筹机制,建立重庆市“大人口”控制与管理综合统筹机制等。

第三,针对重庆市农村计生家庭,调整奖励扶助政策,增强激励功能和导向功能。一是“适度提高”对农村计生家庭奖励扶助的标准,即在现行标准上提高50%;二是“适度提前”对农村计生家庭奖

---

① 《调查报告》中提出的对策建议,受到时任中共重庆市委书记汪洋同志的高度重视。汪洋的批示是:“调查和建议很有参考价值,特别是政策漏洞要抓紧修补。不保持住低生育率,发展的压力更大,社会问题更多,此事丝毫不能放松。”——中共重庆市委党校《领导视窗》2007年第2期(总第八期)。

励扶助的年限,由男女 60 岁,提前到男 55 岁、女 50 岁即实行奖励。三是“适度增加”对农村计生家庭的扶助内容。

第四,将农村计生中年丧子家庭户率先纳入全市城乡统筹最低生活保障制度(全市农村约 5000 人);并开展针对“农村计生中年丧子家庭法律救助机制专项研究”,为制定地方性法规、政策做准备。

第五,将重庆市乡(镇)计生基层队伍建设纳入全市干部大培训和人事制度改革做的统筹安排之中;将人口计生工作事业经费纳入全市“基本建设”总盘子。

第六,在重庆市每年舆论宣传(电视、报刊、社会公益广告等)中,对我市人口和计生工作在宣传报导的频次上做出明确的安排与部署,并予以经费保障。

第二章　社会回应及范式研究 (society response)[①]

回应范式包括政府回应、社会回应和共同回应三种基本类型。作出这一判断，是基于在一种回应关系中客观上存在"诉求主体"和"回应主体"之分的视角。同时，在回应范式研究的第二层次中，即在政府回应、社会回应中，又分别存在着多种回应类型。

第一节　社会回应的研究界域

广义的"社会回应"与"回应"命题相同，以广义的社会回应替代回应命题，也是国际学界研究的一种趋势。但基于本章的逻辑语境和概念使用的对应性，我们仍使用"回应范式中的社会回应"这一表述，并在广义角度使用"社会回应"概念时，作专门的说明。

一、社会回应界说

社会回应是回应范式中的一种基本类型，与政府回应和共同回

① 戚攻：《论回应范式》，载《社会科学研究》2006 年第 4 期。

应命题尤其是政府回应相对应,并在实践中以政府回应和共同回应为参照。

(一)社会回应的基本含义

社会回应(society response 或 societal response——从机制的角度)是指在一定社会结构中公众依据社会和自身价值准则对公共政策以及公众之间的诉求的应答、认同、实化及实践的互动过程。[①] 这一理论界说包括以下六个相互联系的方面。

1. 社会回应与政府回应相互参照

社会回应属于回应研究范式中与政府回应和共同回应相对应的一种类型。而确定这一研究类型或命题的依据是:在一种回应关系中客观上存在区分“诉求主体”和“回应主体”的视角。当政府作为诉求主体时,社会组织及公众是回应主体,而由此建构的回应关系即属于“社会回应”;当社会组织及公众是诉求主体,而政府扮演回应主体的角色时,由此建构的回应关系即属于“政府回应”,典型的指政府回应的第四种类型(“政府回应社会组织及公众”)。在这个意义上,社会回应与政府回应是相互参照的。

2. 社会回应关系中的主体多元

广义的社会回应关系中的主体包括政府、单位组织(包括企业、非政府组织或非营利组织)、非正式组织(群体)、社会精英及公民个人等。虽然在狭义的社会回应主体中通常不包括政府及政府组织,即在社会回应关系中,政府或政府组织一般是扮演诉求主体的角色。但是,社会回应主体的构成仍然具有多元的特征。社会回应主体构成的多元,决定其回应方式、回应取向、回应向度和效度也具有多元的特征和复杂性。

3. 社会回应关系中的“诉求主体”问题

社会回应关系中的诉求主体既可能是政府也可能不是政府或政

① 戚攻:《论“共同治理”中的社会回应》,载《探索》2004 年第 3 期。

府组织。这是因为在社会回应关系网络中，客观上存在不需要政府力量介入的情形，如多元社会力量中的某一类或某一部分扮演诉求主体的角色，而其他社会力量和社会成员则是回应主体的情况。这种特殊的社会回应现象及过程，既是社会回应需要研究的重要特征之一，也是社会回应类型与政府回应不完全对应的情况之一。

4. 社会回应关系具有内敛、内聚特征和外溢与外溢特征

社会回应关系的内敛、内聚特征主要表现为非政府组织（非营利组织）、非正式组织、群体及公民之间，不需要政府力量介入的社会回应关系的建构及过程。而外溢与外溢性特征主要表现为与政府回应相联系的回应关系建构及过程。在外溢与外溢性特征彰显的过程中，政府回应（制度整合）是社会回应关系发展的资源提供者、协调者、裁判者甚至是控制者。

5. 社会回应关系发展的结果一般是非制度化或"半制度化"的

社会回应关系发展中形成的组织制度、"自治规章"，以及社会互动关系建构中互动者共同遵循的习俗传统（"村规民约"）等，是社会回应关系发展的高级形式。但社会回应关系发展的制度化成果，相对于政府"制度回应"而言，总体上具有非制度化或半制度化的特征，因而社会回应的发展需要政府回应的支持，即制度资源的供给和培育制度化环境，以及对社会回应关系发展中的价值取向的引导。

6. 社会回应主体具有复杂性

社会回应关系网络中的主体较政府回应关系中的主体复杂，如包括非政府组织（非营利组织）、正式组织和非正式组织（群体）及公民个人等，因而社会回应"关系"的演化及回应方式，也较政府回应关系复杂和方式多样。

（二）社会回应的基本类型

在现实中，回应包括政府回应、社会回应和共同回应。其中，"社会回应"自身又主要有三种基本类型（情形）：一是当政府是诉求主体时，社会组织、群体、公众个人等就是社会回应主体，典型的是多

元社会主体对政府公共政策形成的各种社会回应。二是在多元主体之间对共同利益与诉求的认同、实化和响应及实践的互动过程,这种情况一般不需要政府或国家强制力量的介入。三是社会回应中有一种特殊的"自我回应"现象,即一部分社会成员基于自身的经济政治发展需求而展开的社会回应行动及过程,如20世纪70年代末,中国农民走出的改革"第一步",我国转型期的"民工潮"现象及过程,社会精英以个体方式表达诉求和采取相应行动等。在社会回应中的"自我回应"的诉求(客体),是指由一定社会情境形成的压力及事物发展的趋势和要求等,被一部分社会成员内化(人对外部事物通过认知转化为内部思维的过程)和实化而形成的。因而在这类社会回应中,诉求主体与回应主体在角色扮演上是重叠的。

社会回应与政府回应既相对应,又有区别:一是社会回应的第三种"自我回应"类型与政府回应中的第一种——"国家或政府对一定经济社会发展需要及趋势作出判断后的回应"具有一定的同理性,区别在于前者回应的是个体自身的需求(诉求),后者回应的是国情及国家的发展趋势和新要求。二是政府回应的第二和第三种类型("地方政府对中央政府的回应"和"政府组织体系内部的分层级回应"),与社会回应中的第二种类型("社会组织及公众之间的内部回应")具有某种同理性,区别在于各自是基于不同的系统的关系建构。三是政府回应的第四种类型("政府对社会组织及公众的回应")与社会回应的第一种类型("社会组织及公众回应政府"),具有某种直接"对应"的特征,区别是两种回应关系中的诉求主体和回应主体的角色扮演发生了转换。由此,社会回应的三种基本类型的结构,如图1所示:

为避免读者在理解我们关于"政府回应"和"社会回应"分类标准时产生歧义,我们特别说明:

其一,我们关于回应关系分类的标准,是从回应关系中的互动主体包括"诉求主体"和"回应主体"的角度,我们在第一层次上把"回

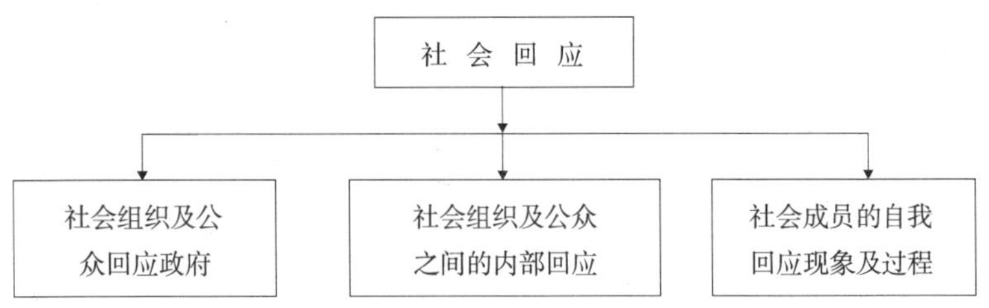

图1　社会回应三种回应类型的结构图

应”区分为“政府回应”、“社会回应”和“共同回应”。在第二层次上,我们仍坚持按回应关系中的“主体”进行分类,但与第二层次分类的逻辑前提及层次——“政府回应”或“社会回应”不同。

其二,从严格意义上说,社会回应首先是与政府回应中的第四种类型(“政府回应社会组织及公众”)互为参照的;但在社会回应关系类型中,与政府回应第四种类型有某种“直接对应”关系的是社会回应关系类型中的第一种类型(“社会组织及公众回应政府”),如图2所示:

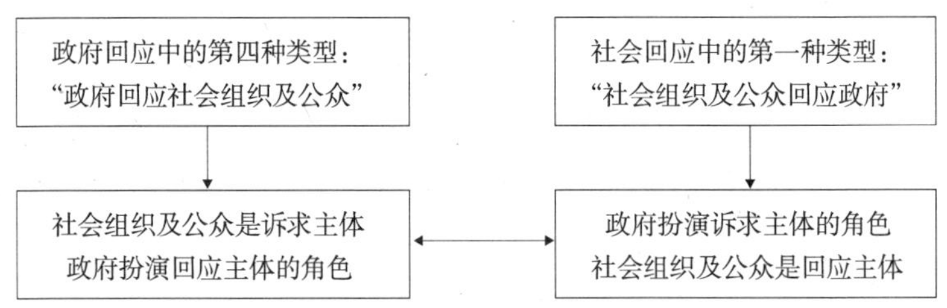

图2　政府回应与社会回应中有某种“直接对应”关系的表现

(三)社会回应中的“单位组织回应”

罗伯特·丹哈特在其《公共组织理论》一书中认为:“组织不再是被视为一个孤立的单位,而是一个会受到环境很大影响的主体”,①因而社会回应中的单位组织回应是一种特殊的互动现象及同

① 罗伯特·丹哈特:《公共组织理论》,华夏出版社2002年版,第89页。

构过程,并主要有以下三种情况:

1. 单位组织作为独立的社会主体

虽然社会中的单位组织既包括市场组织,又包括各种非营利组织、非正式组织,并且我国的一部分事业性单位组织、社团性单位组织与政府保持着"千丝万缕"的联系,甚至有些单位组织承续着政府和政府组织的某些职能,但以"政府回应"为参照,并考虑到市场化改革、社会结构转型必然产出市场主体地位的重新确立的过程和趋势,这里的"单位组织"是作为社会回应主体来看待的,而且首先是指社会中各类非政府系统的正式组织。当单位组织(包括企业)扮演社会回应中的回应主体时,"单位组织回应"属于社会回应。

2. 单位组织之间的回应

单位组织之间的相互回应关系的建构及过程,我们归入社会回应关系来研究。这主要是指所有单位组织都是作为社会多元主体之一。正式组织与正式组织之间的社会回应关系,同正式组织与非正式组织、非正式组织与非正式组织之间的社会回应关系建构,在回应方式、回应资源利用、回应度等方面是有明显区别的。单位组织(企业)之间的回应关系建构,总体上各自是以独立、平等的主体身份参与,关系建构中包含着更多的契约化成分和趋势是一种必然。正式的单位组织之间的回应度,在一般情况下,高于正式组织与非正式组织之间的回应度,这与正式组织和非正式组织内部的组织化、制度化因素相联系。

3. 单位组织的内部回应关系

我们把单位组织与其内部成员之间的回应关系建构及互动过程,纳入社会回应关系范畴。在该类理论研究中,我们将对这类回应关系作必要的区分,如正式组织与其成员之间的社会回应关系,非正式组织与其成员之间的社会回应关系等。由于正式组织与组织成员的关系,不同于非正式组织与其成员的关系(组织化、制度化、可持续),在理论上,正式组织与其成员之间的相互回应关系的发展(频度、效度),应优于非正式组织与其成员之间的相互回应关系。

二、社会回应关系的多元属性

社会回应关系的发展是一个过程并具有阶段性特征。社会回应关系实质上包含着多元主体之间的利益博弈,在一定情况下需要政府力量的介入。社会回应本身是社会良性运行一种机制(societal response——从机制的角度),社会回应关系的发展需要重建相关社会机制。

(一)社会回应关系发展的阶段性

社会回应关系的建构及发展是一个过程,这意味着社会回应关系中主体的介入、主体的诉求表达等,也具有阶段性和局部性。社会回应关系的发展一般要经历"起始"→"演化"(扩大或缩小)→"消解或转移"三个阶段。在社会回应关系发展的不同阶段,无论是诉求主体还是回应主体,都可能随时增加或减少。这不仅意味着回应关系本身是动态变化的,而且意味着考察某一个回应关系的性质及主体,需要首先明确这一关系的诉求,界定这一关系发展的时空及社会条件等。

(二)社会回应中多元主体之间的博弈

社会回应既是多元主体诉求表达和预期自身利益能够实现的互动过程,又是多元主体与政府博弈和多元主体之间相互博弈的过程。

在社会回应的第一种类型("社会组织及公众回应政府")中,通常会发生多元回应主体基于自身的利益和权利维护而"共同"与政府博弈。在这一过程中,虽然政府首要的责任是厘清政府与市场和社会的边界,在此基础上转变政府职能,把一部分权力重新回归或让渡于社会,但问题的核心在于政府的权力向"谁"让渡(哪一类社会主体),以及权力的回归社会方式和回归的"度"。在"依法治国"战略的推进中,政府改革及职能转化的权力让渡对象具有分层性:首先是组织化的正式群体,其次是非正式群体,再者是公民个人。指出政府权力让渡的分层性的目的:一是强调组织化程度高的回应关系建构,更具有规范、有序和可持续的特征(在通常情况下,回应主体的组织化程度越高,其回应性诉求的自整合程度越高、与政府的互动越有成效);二是在于强调政府让渡的权力应转化为社会的普遍责任。所谓"依法自治",既强调了正式组织的责任,又强调了非正式组织和公民的责任。由此,当多元回应主体在"共同"与政府博弈时,一方面多元回应主体各自可利用的资源不同、承担的责任不同,政府在权力让渡时,需要同步设计出社会责任的落实机制;另一方面,当"共同"博弈中还包含多元主体之间关于自身利益和机会的博弈时,需要政府扮演"裁判者"的角色和设计出社会责任分解机制,并通过行政化机制在必要时进行协调;再一方面,政府需要为所有参与"共同"博弈的行动者提供公平的社会权利保障机制,以维护社会弱势群体和个体的权利与权益。

在社会回应第二种类型中("社会组织及公众之间的内部回应"),当公共利益、互动资源、机会等是多元主体之间相互博弈的"标的"时,由不同利益动机和价值取向导致某种冲突是必然的。在组织与个体的博弈中,组织可利用的资源远大于个体的资源、组织的整合度远高于组织成员之间的整合度、组织利用资源的有效性也远高于组织成员个体利用资源的有效性,因而在组织与组织成员的互动中(内部回应关系构建中),组织会处于优势地位。在这种情况下,虽然凸显了建立"第三方监督机制"①的必要性,但更重要的是彰显了政府力量介入的必要。政府力量的介入主要是通过提供制度资源和以行政化机制落实有关法律、法规。如,重庆市人民代表大会常务委员会通过的从 2004 年 3 月 1 日起开始施行的《重庆市厂务公开

① 关于建立"第三方监督机制"的必要性和目的与功能等的研究在第十章"社会回应机制及机制链研究"展开。

条例》[①]。重庆市人民代表大会常务委员会在实施《条例》的“说明”中,不仅阐述了实施“厂务公开”的必要性,[②]而且对“厂务”和“厂务公开”的范围作了明确的规定,[③]对政府提出了明确的要求:“在实施中,市政府还要制定有关责任追究制度,强化有关主管部门和监督部门的责任”。应当说,政府力量介入社会回应关系是有条件的,因为政府力量介入时的价值取向和介入方式,在通常情况下具有某种决定意义和作用,尤其是政府以行政化机制落实法律、法规并扮演“裁判者”的角色时。

在社会回应第三种类型中(“社会成员的自我回应现象及过程”),个体或群体参与回应的取向或原动力(个体的动机、群体动机),应是预期互动与同构中的“收益”大于“付出”,而且无论是社会个体精英层面的“孔雀东南飞”,还是群体层面的农民工外出务工。

社会回应的动力机制的构成是多方面的,但在社会回应的三种类型中,其主体都存在为自身利益的争取和权益维护而参与回应的原动力(动机)。在这个意义上,多元主体参与社会回应关系的“底线”,在理论上可以假设为:“收益”与“付出”相抵后的“均衡”。在通常情况下,多元主体参与社会回应的底线是:“$A+b>A-b$”,其中,A 表示主体,b 表示利益诉求或期望,“+”表示其利益诉求和期

---

① 重庆市第二届人民代表大会常务委员会第六次会议通过《重庆市厂务公开条例》,2003 年 12 月 1 日重庆市人民代表大会常务委员会公告第 21 号公布。

② 重庆市人大常务委员会在实施《条例(“说明”)》中就其“必要性”指出,一是制定《条例》是践行“三个代表”重要思想、贯彻党的十六大提出的建设社会主义政治文明的具体体现。二是制定《条例》是落实全心全意依靠工人阶级方针的本质要求。三是制定《条例》是加强企事业单位科学管理的客观要求。四是制定《条例》是推进廉政建设的客观要求。

③ 《条例》中的“厂务”是“对企业事业单位的企务、院务、校务、所务等称谓的统称”;厂务公开是指企业事业单位和民办非企业单位依照本条例规定,向职工公开本单位的重大决策,生产、经营、建设、管理的重大事项,涉及职工切身利益和廉政建设的事项,接受职工监督的民主管理制度。

望的实现超过预期,“-”表示主体间情感或利益交换中的“付出”。如果社会回应主体在社会回应过程中的结果是“A-b>A+b”,社会回应关系链就有可能中断。因而一般情况下,政府若希望某一类社会回应关系或共同回应关系持续并良性发展,那么政府作为“裁判者”就有责任防止关系中断情况的发生。

另外,若发生“收益”与“付出”相抵后的非均衡,即出现负值,而某类或某些社会主体仍然认同并参与回应关系的建构,那么,通常说明这类主体的前期收益,可能已经大大超过一般公众通过公共选择获得公共利益的平均水平,如高收入者(群体)回应国家征收个人所得税的法规和政策。

虽然在社会回应关系建构的原动力中包含政治因素、经济因素、文化因素和其他社会因素,而且不同回应主体参与回应的原动力不同且有所侧重,但对所有社会回应主体而言,经济因素、利益动因却是共同的,尤其是在市场经济条件下。政府作为社会回应关系建构的资源提供者和社会回应关系健康发展的规范者、引导者,需要加快自身体制改革和职能转变,创新和完善促进社会回应发展的行政化机制。

(三)行政化机制与社会回应关系发展

在社会回应第一种类型(社会组织及公众回应政府)和第二种类型(社会组织及公众之间的内部回应)中,都包含着以互惠为基本取向的某种利益交换或权利让渡,这既意味着互惠是社会回应关系构建的条件,又意味着部分回应主体的诉求或利益实现是在与其他主体博弈和权益交换中实现的。由于社会行动者在一定社会结构中所处的“位置”不同,特别是弱势人群可用于交换的资源和参与博弈的手段及自身能力是最不充分的,因而发生部分主体(弱势人群)的权益、诉求被忽视或失去机会的可能性始终存在。这就要求政府扮演社会回应的“裁判者”、协调者和弱势群体权益保障者的角色,而政府要扮演这样的角色,一方面需要政府通过其制度回应,为社会行动者提供公正平等的互动资源，另一方面需要政府通过行政化机制尤其是通过倡导和促进公共选择，为社会弱势人群创造公平博弈的社会机制，以及向弱势人群提供公共选择的机会与途径。

"公共选择是指相对于市场个人选择的非市场集体决策；市场经济条件下的公共选择是指对各种各样的公共物品做出决策。公共选择就是以集体的非市场方式来解决公共问题。"①从一定意义上说，在市场经济条件下，公共选择的公平性受多种因素的制约尤其是要受市场机制的影响甚至"困扰"，因此，公共选择的公平性并不能通过市场或由市场机制的相关因素而产生，这就需要政府利用行政化机制（介入或干预）来促进公共选择和确保公共选择的公平性，并在促进公共选择中重视对社会弱势群体的权益保障问题。政府通过行政化机制来协调、控制、必要时干预市场机制，是防止社会回应关系链中断和关系网络破裂，降解社会回应中的交换关系因非公平博弈和非平等交换而产生的不平等（social inequality）、边缘化（rimmization）、歧视（discrimination）、失范（normlessness）等现象和风险是非常必要的。在这个意义上，政府行政化机制本身是社会回应关系发展和建立协调的社会回应动力机制的资源。当然，政府以行政化机制介入（回应）社会回应关系尤其是社会回应关系类型中的"社会组织及公众之间的内部回应"和"社会成员的自我回应"时也是有条件的，②这与政府通过"制度回应"提供社会回应关系发展的资源的情形不同。政府行政化机制的过度强化，或出现行政化机制运行中

---

① 沈亚平、吴志成编：《当代西方公共行政》，天津大学出版社 2004 年版，第 8～9 页。

② 这里的"条件"在第一章的"政府回应的特殊情形及政府角色"中作了分析，主要指三种情况：一是当多元主体的诉求不能以自整合方式实现，并同时孕育了某种较大的社会风险时；二是当社会力量自整合的成本远大于政府制度整合的成本时；三是当部分社会主体虽然能实现自整合，但自整合的过程及结果可能危及更大范围的公共利益或损害到更大范围的公众权益时，政府的行政化机制才有介入（回应）的必要。

的非“依法行政”状况时,会对社会回应关系的健康发展产生不利影响,对社会回应的动力机制构成损害。现实中典型的案例有“嘉禾事件”、“铁本事件”,以及一些地区发生的非秩序化回应——群体性事件等。

由此,政府通过行政化机制介入社会回应关系需要坚持四个原则:一是坚持“以人为本”和“实现好、维护好和发展好最广大人民的根本利益是我们一切工作的出发点和落脚点”的原则;二是坚持“在服务中实施管理,在管理中体现”的原则;三是坚持“统筹集体利益和个人利益”的原则;四是坚持促进社会公平、正义与“共同建设和共同享有”的互惠原则。

(四)社会回应关系发展的动力机制

促进、维持和修正社会回应关系发展的动力机制是一个系统,但分析这一系统的视角是多向度的,如外在机制和内在机制,制度化机制与非制度化机制,政治、经济、文化与社会等。选择政治、经济、文化与社会关系的角度,这与关于“政府回应的动力机制”的研究思路基本一致。但“政府回应”与“社会回应”毕竟不同,因而在归纳和论述方式上有区别。

按照党的十七大报告:“加快以民生建设为重点的社会建设”的总体战略,民生建设包括政治民生建设、经济民生建设、文化民生建设和社会关系建设。[①] 在这个意义上,社会回应关系的发展与建设,既属于社会建设,又是民生建设的重要内容。虽然民生建设包罗万象,而且对于不同的社会主体,其建设内容、建设重点、建设的方式与方法上存在不同,但是,基于民生是当前我国社会建设的重点,基于民生建设的视角能够凸显社会回应中不同主体所处的地位和权益、机会等因素的差异,笔者选择从民生建设的角度来论述社会回应的

---

① 戚攻:《对“解放思想、扩大开放”的几点认识》,载 2008 年 4 月 3 日《重庆日报》(理论版)。

动力机制问题。

基于政治民生建设的政治动因。社会主义制度赋予了“人民当家作主”的基本政治权力，因而随着我国基层民主政治制度的发展和完善，广大人民群众参与国家管理、政府社会管理、单位组织（企业）内部管理，是政治权力、政治责任和义务。而这种政治权力、政治责任和义务的体现与实现过程，即是社会回应关系建构与发展中的政治动力机制的形成过程。

基于经济民生建设的经济动因（利益）。在社会主义制度背景下，社会组织及公众“经济人格”与“政治人格”的有机统一，以及维护“经济人格”与“政治人格”的有机统一，既是经济民生建设的重要内容，实现社会和谐与稳定、实现人的全面发展的重要条件和基础，也是社会主体参与回应关系建构的内在动力。在市场经济环境中，作为回应主体的社会组织及公众，如何实现自身经济利益、如何维护自身经济权利、如何获得公平的机会、如何降解或分解自身发展的经济成本等问题始终存在。这种“存在”对不同的对象而言有内容、范围、程度以及动机等方面的差异，但经济权利的维护、获取经济利益的动机等，是社会回应关系建构及发展的经济动力机制。

基于文化民生建设的文化动因。社会主义制度的主文化、政府制度回应形成的政策环境、单位组织（企业）内部的规章制度和特定的职业规范、社会舆论与人文精神、非正式组织和群体内部的习俗及亚文化，以及社会个体的受教育程度、法治意识、道德伦理水平、公民责任意识、社会心理取向等，构成了社会回应关系发展中的文化动力机制。这一机制的构成复杂，且对多元社会主体的作用和影响的程度、方式、效果不同。文化集中反映并反作用于一定社会的政治和经济，文化动力机制不仅存在，而且是社会回应关系建构和发展的重要动力机制。

基于社会和谐关系发展的动因。促进社会和谐、发展社会和谐关系的过程，具有共同回应的特征。改革体制、市场化及社会结构转型,不仅带来劳动关系和社会成员身份的变化,而且加剧了社会分化。在工业化过程中的社会分化是社会进步的重要体现,但其潜在的和已经显化的异质性现象及问题,对整个社会关系的发展产生了重大的影响。在构建和谐社会和全面建设小康社会的背景下,一方面国家作为回应经济社会发展的主体,提供了社会回应关系良性发展的资源——新《劳动合同法》、《物权法》、《人口和计划生育法》、《就业促进法》、《社会保险法》等;另一方面,各级政府作为回应和谐社会建设的主体之一,也在通过行政化机制提供并改善公共产品和公共服务的供给,为社会回应关系的发展提供资源和创造条件;再一方面,建设和谐社会、促进社会关系和谐发展也是包括政府在内的全社会的共同理想、追求和行动。正是这种共同理想、追求和行动,构成了促进社会回应关系发展和社会多元主体积极参与关系建构的社会动力机制。

从总体上讲,社会回应主体构成的复杂性、差异性和关系建构中的多向度,以及行政化机制和市场机制的存在与博弈等,都将对社会回应发展的动力机制产生影响。因而在某一具体的社会回应关系发展中,对其互动者产生作用的动力机制是有所侧重的甚至是以某一动力机制为主的。

在市场经济条件下,社会回应的动力机制与政府行政化机制、市场机制之间既有同构、互促的一面,又存在相互制约和博弈的一面。社会回应的动力机制在与政府行政化机制、市场机制的博弈中通常处于“劣势”,即无论是行政化机制还是市场机制都将制约社会回应关系发展的动力机制。行政化机制在社会回应的动力机制与市场机制的博弈中起着平衡和协调的作用,行政化机制与市场机制之间本身存在博弈。对这些问题,在此不作系统的研究,因为研究社会回应的动力机制与政府的行政化机制和市场机制之间的互动关系,实质是系统研究“社会——政府——市场”之间的关系。

（五）社会回应中的政府角色及作用

在党的十七大报告明确提出“人民当家作主是社会主义民主政治的本质和核心”，“最广泛地动员和组织人民依法管理国家事务和社会事务、管理经济和文化事业”的政治前提下和共同愿景中，基于共同治理的视角，一方面，政府是整个社会多元主体中的“一员”（这里丝毫不否定政府作为社会主体之一的特殊性），因而政府回应的发展和社会回应的发展是一种同构与互促的关系，这意味着政府作为有限责任政府与多元社会主体之间，需要建立一种相互尊重、平等互惠、共建共享的合作者关系（角色）；另一方面，在社会实践中，政府在与社会组织及公众互动时，由于掌握着公共权力和公共资源，因而政府又处于特殊的地位，并扮演着为社会回应关系发展与再生产提供制度资源的角色。

在社会回应的三种类型中，政府及政府组织的地位和角色扮演存在共性，也存在一定的差异和区别。共性表现在：在社会回应的三种类型中，国家法权的合法性源于受人民委托，政府代表国家行使权力时，扮演为多元主体互动提供制度资源的角色是其基本责任的体现。与这一“角色”扮演相联系，政府还同时扮演着规范和管理社会回应参与主体的类型，规制社会组织及公众对回应方式的选择，限制（控制）社会回应度、协调社会回应主体之间的利益的“弱管理者”和服务者的角色。所谓“弱管理者”，一方面指政府力量介入社会回应关系是有条件的；另一方面指市场条件下的有限责任政府与社会组织及公众互动时，其行政化机制的运行将因为公共权力边界的重新界定和市场主体地位进一步确立与完善而有其局限性。

差异性表现在：一是在社会回应的第一种类型中（社会组织及公众回应政府），政府力量对社会组织尤其是对正式组织的管理、规制，不同于对社会非正式组织及公众作为回应主体的管理与规制，而且政府在作为制度资源提供者时，将首先向正式组织（企业）提供资源。单位组织、企业、社区居委会和村民委员会等，是政府社会管理赖以依靠的主体和政府制度回应的主要对象(我国的单位组织、企业特别是国有企业和社区居委会和村民委员会等,本身也承担着政府社会管理的部分职能)。在这个意义上,政府在社会单位组织、企业、社区居委会和村民委员会等作为回应主体的社会回应关系中,既是制度资源提供者,又是管理者和协调者,还是社会管理责任的共同承担者与合作者。二是在社会回应的第二种类型中(社会组织及公众之间的内部回应),政府是互动资源的提供者、不同组织或群体之间的利益协调者和"裁判者",是社会组织与个体之间回应关系良性发展的引导者和弱管理者,同时还是对社会回应中处于弱势地位的回应者的基本权利的维护者和服务者。三是在社会回应的第三种类型中(社会成员的自我回应现象及过程),政府是互动资源的提供者、服务者和引导者(社会公平环境的培育者和机会的提供者)。

(六)社会回应是社会良性运行的机制

社会运行是指社会有机体自身的运动、变化和发展,表现为社会多种要素的多种层次子系统之间的交互作用以及它们多方面功能的发挥。① 从政治社会学看,社会回应既包含政府与社会之间的纵向关系与结构的调整,又包含社会回应内生的横向关系与结构的重建。

确保社会良性运行是政府的责任,当我们从机制的角度看社会回应(societal response),即把社会回应置于"政府—社会"关系结构中时,它是促进政府改革、职能转化,进而提高政府公共管理绩效和降解政府社会管理成本的一种外部机制。所谓外部机制,是指它并非政府传统行政的内容和方式,而且也并非仅仅属于政府自身改革和机制重建的范围。同时,把社会回应置于"社会运行—社会回应"的关系结构中时,它是促进社会良性运行和实现、影响社会稳定的一种内在机制。所谓内在机制,是指它既是社会主义基层民主政治发

---

① 郑杭生主编:《社会学概论新修》(第三编),中国人民大学出版社 2003 年版,第 55 页。

展的促进机制，又是增强多元社会力量自治能力及提高自治水平的机制，还是一种降解社会冲突和促进社会整合、增强社会互信、现实社会和谐的内在机制。① 由此，要实现社会的良性运行，需要发展社会回应及社会回应机制，并以此与政府回应形成一种有机互动、互补、互促并能够实现耦合的关系网络和机制。

第二节 从回应向社会回应研究的拓展

从公共管理研究回应范式向政治社会学、社会学研究社会回应范式的拓展，是当今国际学界相关研究的一种趋势。这种趋势突破了政治学（公共管理学）研究政府回应的界域，转而在强调和研究政府回应的同时，也强调多元力量和公众的社会回应与共同回应。

一、西方学界研究视域的拓展

在当代西方学界，研究回应的视野已日渐拓展。Kees Jansen 在《农业综合企业与社会：环境、市场机遇与公共规则的共同回应》中，②强调了共同回应中多元主体的角色扮演以及共同责任的分解、共同规则的建立等问题。Marcus F Franda 在《印度人口变化的社会回应：广泛的关注》中，③分析了政府与非政府组织、知识界和公众等，对印度人口问题的普遍关注在其人口变化中的作用与影响，并通过社会调查实证了这种作用与影响度。RH Haynes 在《自杀与斐济的社会回应：历史的回顾》一文中，通过对斐济自杀历史的回顾指

① 戚攻：《制约地方政府改革的十大社会基元》，载《探索》2005 年第 3 期。

② Kees Jansen，“Agribusiness and Society: Corporate Responses to Environmentalism”, Market Opportunities and Public Regulation，November 2004.

③ Marcus F Franda，“Societal Responses to Population Change in India”, The Wingspread Conference，American Universities Field Staff，1975.

出,官方或公众对自杀原因关注视角的偏差(社会回应的对应性问题),是导致在一些禁止措施得以实施的过程中,主要是在消除一些手段而非自杀的原因。①

国外对于社会回应研究范式的运用,还广泛地涉及经济组织(企业)与社会的关系,即强调和评估企业组织的社会责任和企业对当地经济社会发展的义务等。如托马斯·麦克马洪在《从社会无责到社会回应:克莱斯勒(肯鲁萨)工厂的关闭》一文中,②分析了克莱斯勒如何因为社会的强烈反应特别是媒体的关注和由此形成的社会压力而采取积极的社会回应,从而为该城市的发展以及就业提供新的巨大机会的案例。芭芭拉·比利维、梅尔维尔·科特里尔、休·俄内尔等人,从企业对社会的社会回应度的角度所作的研究——《预测企业社会回应度:从三方面提炼的模型》,③以及约翰·安吉利迪丝和纳比尔·伊不拉关于"虔诚度对个人的企业社会回应性倾向影响的解释性研究"等,④讨论了企业的社会回应是其责任的问题和非政府力量介入的典型的社会回应问题。

社会回应概念还被广泛地运用于相关社会科学的研究中,如内尔·保罗、麦克唐纳·吉夫和利维·大卫所作的心理学研究,他们提出并建构了《社会回应的四维模型》,即通过界定概念的范围来详细

---

① RH Haynes , "Suicide and Social Response in Fiji: A Historical Survey", "The British Journal of Psychiatry", 1987, 151: 21 - 26.

② Thomas F. McMahon , "From Social Irresponsibility to Social Responsiveness: The Chrysler/Kenosha Plant Closing", "Journal of Business Ethics", pp. 101 - 111 , June 1999.

③ Barbara Beliveau , Melville Cottrill and Hugh M. O″Neill , "Predicting Corporate Social Responsiveness: A Model Drawn from Three Perspectives", "Journal of Business Ethics (Historical Archive) " , Volume 13 , Number 9 , pp. 731 - 738 , September 1994.

④ John Angelidis ; Nabil Ibrahim , "An Exploratory Study of the Impact of Degree of Religiousness Upon an Individual's Corporate Social Responsiveness Orientation", "Journal of Business Ethics", Volume 51, Number 2 , pp. 119 - 128, May 2004.

说明并区分社会回应影响的不同类型，并在他们原有的方法上，提出了一种新的回应模型和论证了在一个单一的模型中，至少须有四个层面才足以展示这种影响的分析，即一致、少数人的影响、服从、蔓延、独立、反一致性等。① 卡彭·沃森在《医学院校社会回应性的改进：加拿大人经历的教训》一文中，对加拿大人提升医学院校的社会责任性和社会回应性的近期经历的研究，分析了在全国政策方向缺失的背景下改善一些公共机构的稳健措施，包括一个强有力的政策支持和资助的高质量医疗保健国家系统、一个出色的学术性医学中心网络以及健全的授权体系等。②

由此可见，从"回应"向"社会回应"研究域的拓展和转化，在国际学界不同学科的研究中已相当普遍。

二、国外研究社会回应的启示

审视国外学界研究社会回应的理论路向，对于展开后面的具体研究是有启示的。

（一）研究视角转向政治社会学

国际学界使用"社会回应"概念的频度提高，反映出研究者研究"回应"命题的视域不断扩展是一种趋势。这种研究路向的一个重要特征是突破了公共管理的研究范式和向度，即"回应 = 政府回应"，这标志着学界的研究正把视角转向政治社会学。这种趋势在我国的相关研究中也正在呈现出来。

（二）研究视角日益广泛

国际学界在理论上应用"社会回应"概念并以此规制研究对象

---

① Nail, Paul R.; MacDonald, Geoff; Levy, David A., "Proposal of a Four-dimensional Model of Social Response", "Psychological Bulletin", 2000 May Vol 126, pp. 454 – 470.

② Cappon P, Watson D., "Improving the Social Responsiveness of Medical Schools: Lessons from the Canadian Experience", Acad Med, 1999 Aug; 74(8 Suppl): pp. 81 – 90.

和涉及的范围日益广泛,反映出在社会回应概念使用中,要注意它的广义与狭义之分,即注意广义的社会回应包括政府回应、狭义的社会回应和共同回应几种类型;同时,狭义的社会回应命题的应用,由于涉及的研究对象(主体、现象及问题、互动方式及过程)非常广泛,还须注意话语的逻辑性与适用界限。

(三)社会回应是一种研究范式

从国际学界运用社会回应概念研究各种社会现象及问题的理路看,"社会回应"既是一种研究范式,又因为政府回应、共同回应等相关研究范式的支持而具有新的分析工具的意义,如可以通过"社会回应度"、"社会回应组织化"、"社会回应制度化"等关联范畴,来考察和测评一个社会、一类组织的社会回应程度、水平和现状。这些理论视角和研究方式在相关研究中可以借鉴。

(四)方法论上的启示

从国际学界研究社会回应的方法看,社会回应作为研究多元主体之间认知、互动与同构的现象、方式、关系和过程的理论维度及分析工具,说明需要对其作理论分层并基于理论分层建构"社会回应"研究范式,尤其是政府回应与社会回应的关联与对应范式。在国际学界的研究中,关于社会回应的主体、主体的构成,以及不同主体之间的关系网络建构的机制等问题,并没有作分层研究和理论区分,因而需要进一步研究社会回应的主体及不同主体在社会回应关系链中的位置及权重,研究社会回应关系的制度化及方式与途径,研究社会回应主体的组织化,以及社会回应机制及机制链的建构等。

(五)国外理论与我国实际相结合

国际学界关于社会回应概念的运用虽然广泛,但理论分析的前提和社会基元与我国不同,因而国际学界的理论研究及案例分析,只是提供了有益的经验和理论研究的视角。我们在审视国际学界已有的研究成果及研究方法时,必须从我国的基本制度、管理体制与机制,以及我们的价值观和经济、社会及文化发展水平出发。

三、社会回应在我国的发展

在我国工业化、现代化进程中，由于市场机制的导入和社会结构转型，已客观上产生了大量的、需要用“社会回应”进行理论规制的社会现象、关系和同构过程。

（一）改革开放的历史机遇

与建立社会主义市场经济体制相联系的社会保障制度与体制建设，既是政府为进一步完善社会主义市场经济体制的一种回应，又是政府与社会为实现社会稳定和促进社会和谐的共同诉求形成的共同回应过程。改革开放以来，农村大量剩余劳动力的社会流动，客观上即是农村剩余劳动力对我国工业化和城市化进程的一种典型的社会回应。① 我国《义务教育法》的颁布与实施是政府回应，但在政府回应的背后还有全社会的家庭甚至个体的社会回应，即形成了由政府回应引导社会回应、政府回应转化为社会回应的现象与机制。我国计划生育基本国策实施近 30 年，之所以能够有效地降低我国家庭的总和生育率，而且总体上促成了全国少生人口 3 亿多，②是因为得到了全社会积极和广泛的社会回应。当全社会的社会回应积蓄了我国经济社会发展的“人口红利”③，而早期实行计划生育家庭中尤其是在农村的父母开始步入老年时，政府在 2004 年又以实施《农村计划生育家庭奖励扶助制度》作为再回应，即政府兑现在 1980 年《公开信》中的承诺：“实行一对夫妇只生育一个孩子，到 40 年后，一些家庭可能会出现老人身边缺人照顾的问题，这个问题许多国家都有，我

① 戚攻：《中国社会转型五重性与西部城市化》，载《中国城市化》2005 年第 1 期；另见戚攻：《我国社会转型时期社会流动探析》，载《学海》2003 年第 3 期。

② 戚攻主编：《重庆全面建设小康社会与人口和计划生育政府治理研究》，重庆出版社 2004 年版，第 187～195 页。

③ 蔡昉：《中国“人口红利”只剩十年开发利用的最后机会》，载《财经杂志》2005 年第 5 期。

们要注意想办法解决;社会福利和社会保险一定会不断加强和完善,可以逐步做到老有所养,使老年人的生活有所保障”;从而形成了“政府回应→社会回应→政府再回应→社会再回应”的相互促进的机制链和“实行计划生育”这一共同回应关系的维持和再生产的“轨迹”。

(二)社会回应发展的制度化支持

从总体上讲,“中国的民主发展是全球化和世界民主化浪潮影响的结果,同时也是中国人民经过反复思考和反复实践主动选择的结果”,而且“从中国实行改革开放 20 多年来民主建设的发展成就和未来趋势看,中国不仅不会阻碍全球化和世界民主化的发展,而且可能成为全球化和世界民主化浪潮新一波的主要推动力量”。① 在这一背景下,温家宝总理在 2004 年的《政府工作报告》中明确提出了建设服务型政府的目标,这既是我国全面建设小康社会、发展社会主义基层民主和促进社会和谐的客观要求,又是学界研究政府职能转化中的政府回应和发展社会回应的客观要求。这种客观要求可以从我国已有的一系列制度安排中看到:如我国现行《宪法》规定:“城市和农村按居民居住地区设立的居民委员会或者村民委员会是基层群众性自治组织”;1989 年颁布的《中华人民共和国城市居民委员会组织法》和 1998 年 11 月 4 日九届全国人大第五次会议审议并通过新修订的《中华人民共和国村民委员会组织法》;2000 年 11 月 19 日中共中央办公厅、国务院办公厅批转《民政部关于在全国推进社区建设的意见》(中办发[2000]23 号)等,为推动我国基层民主政治发展②和发展社会回应提供了制度支持。

随着实践的发展,中共中央在“十一五”规划《建议》中进一步明

① 刘德喜等:《全球化背景下的中国民主建设》,重庆出版社 2005 年版,第 49 页。

② 刘杰主编:《2004 中国政治发展进程》,时事出版社 2004 年版,第 282 ~ 291 页。作者在书中较系统地分析了我国基层民主政治发展的历史过程,其中特别研究了我国基层民主选举和自治的问题。

确提出:“转变政府职能……继续推进政企分开、政资分开、政事分开、政府与市场中介组织分开,减少和规范行政审批”等。而与此同时,我国建立社会主义市场经济体制和构建社会主义和谐社会的实践,也对发展政府回应、社会回应、共同回应,建立社会回应机制提出了现实要求。党的十七大报告第一次把“基层群众自治制度”纳入到我国基本政治制度体系之中,这标志着我国基层政府在职能转化中客观上存在传统权力边界的收缩,即政府公权力部分让渡和回归社会。同时,这也客观上要求多元社会主体在获得权力的同时,必须承担相应的责任和义务(一种社会回应)。以2000年为标志的社会主义市场经济体制在我国初步建立,在促使市场主体的地位得以确立的同时,也要求我们的企业同时承担相应的社会责任(社会回应)。

这些情况说明,在我国全面建设小康社会的过程中,社会回应现象、关系的发生和发展是客观存在的,并与政府回应相互联系和相互促进,因而社会回应是政治社会学研究的新领域、新课题。

第三节 社会回应与政府回应的关系

在回应范式中,有政府回应、社会回应、共同回应现象、关系及过程的区分。在相关范畴中,对应性特征最显著的是“社会回应”与“政府回应”研究命题及范式。

一、社会回应与政府回应的关系结构

强调社会回应与政府回应是一组具有高度关联性的理论及实践命题,主要指社会回应第一种类型(社会组织及公众回应政府)和政府回应第四种类型(政府回应社会组织及公众)是最为典型的相互对应关系。而社会回应中的第二(社会组织及公众之间的内部回应)和第三种类型(社会成员的自我回应),无论是从行动者互动关系中的诉求和回应性诉求看,还是具体分析个体在自我回应中对国

家发展趋势的提示和把握看,都存在着回应政府公共政策的情况,只是社会回应的第二和第三种类型中又存在着非回应政府的情况。同时,在国家是受人民委托和政府受国家委托并代表国家行使公共权力的背景下时,政府回应中的第一(政府对国家发展的回应)、第二(地方政府对中央政府的回应)和第三种(政府组织体系内部的分层级回应)类型中,也包含着对社会及公共的回应内容和回应特征。在这个意义上,社会回应与政府回应是一种互动、同构与互惠的关系网络,因而需要体现党的十六届六中全会关于“我们要构建的社会主义和谐社会,是……共同建设、共同享有的和谐社会”的价值向度。基于此,揭示和清理社会回应与政府回应之间的关系结构,以及社会回应与政府回应互动与同构发展的轨迹,是进一步研究的要求。如图 1 所示:

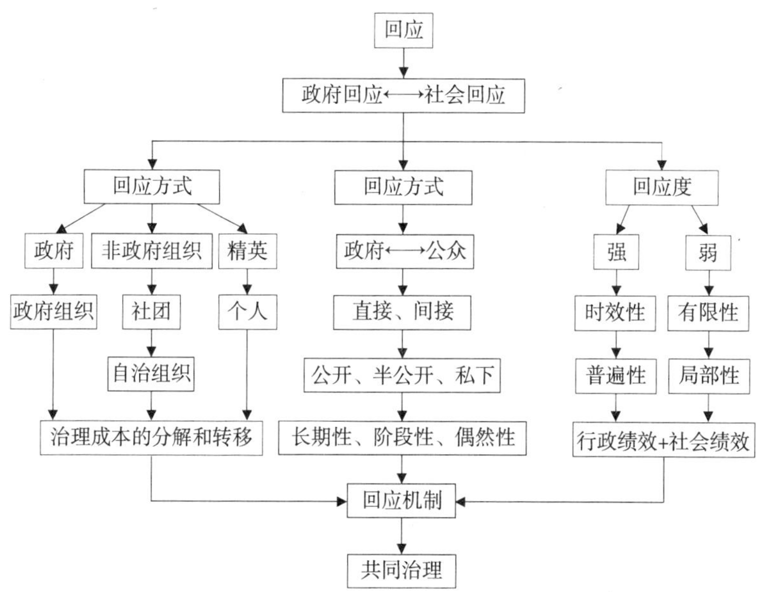

图 1　政府回应与社会回应的关联性及同构图 ①

① 戚攻:《论“共同治理”中的社会回应》,载《探索》2004 年第 3 期。

二、对社会回应和政府回应关系结构的分析

我们是基于任何回应关系的产生都存在“诉求主体”和“回应主体”的假设，来区分不同回应关系的类型的，因而关于社会回应与政府回应关系结构的说明，也是以此为基础。

（一）政府回应与社会回应是关联命题

当政府回应与社会回应相互关联、相互促进和相互制约时，一方面二者之间的互动关系需要一种共享的资源、社会条件及环境，另一方面从二者所包含的研究内容上看，其自身回应关系的发展都涉及回应主体、回应方式和回应度三个主要的方面。从总体上讲，政府回应首先是因为自身责任使然，并为社会回应的发展提供着资源，政府回应还因为国家经济社会发展的趋势和有某种社会回应的形成（社会及公众形成的普遍的回应性诉求）——人民群众的新要求和新期待而凸显出政府回应的必要和责任，即如果政府的制度安排和公共政策，得不到社会及公众的普遍回应，那么政府的所谓“责任”本身难以实现，同时也就没有回应社会及公众，以及随着事物的发展再回应社会及公众的必要。在这个意义上，社会回应的发展是政府回应发展的社会条件和环境。

（二）研究回应的重点和难点

一是在回应关系链中，不同主体在共同治理关系结构中的位置、角色扮演和对权力资源的控制与分享，以及对主体间关系确认的制度安排、不同主体间共同治理成本的分解和转移等。二是在政府回应与社会回应方式研究中，政府与公众如何实现双向回应的途径、载体和机制，以及不同回应方式的制度化尤其是社会回应方式的制度化等。三是在政府回应与社会回应的回应度研究中，判断回应度的理论维度的选择和设计，以及对影响“度”的强弱的时空特性和各种社会促进因素与制约因素的分析。

（三）政府回应与社会回应的关联机制

政府回应与社会回应的关联和互动，需要建立一种新的关联机制。政府的制度化回应和回应制度化，是社会回应关系健康发展的资源条件和社会机制。在这个意义上，政府回应与社会回应的互动应是同构、互促和相互制约的。在理想状态下，二者的同构与互促轨迹是：政府制度化回应的成效越显著和越系统化，越有利于政府回应自身走向制度化；政府回应越走向制度化，就会产生并逐渐形成一种共同治理的社会机制，因而社会回应就越具有良性发展的资源条件与外部环境；社会回应关系发展越健康和越有序，就越有利于政府的制度化回应（掌握社情民意）和政府回应的制度化（政府责任的实现和体现）。

要实现政府回应与社会回应发展的互促，需要加强二者之间的关联机制建设，表现在：一是加快作为中国特色社会主义生命的人民民主建设、完善基层民主政治制度与深化政治体制改革和促进政府职能转变之间的关联机制建设；二是加强中国特色社会主义法治体系"初步建立"的成果转化为政府"依法行政"和社会及公众"依法自治"的关联机制建设，以及政府行政化机制与社会回应动力机制互促的关联机制建设。

建设服务型政府、促进政府职能转化是我国改革开放进程发展到今天，党中央提出建设社会主义和谐社会目标的应然需要。政府回应与社会回应的同构与发展，需要建立一种新的、能够实现二者有机耦合的关联机制，需要在全面建设小康社会和建设服务型政府的进程中，积极培育和建设促进社会和谐的人文环境与社会条件，①需要高度重视各种社会自治力量包括公民个人把政府让渡的权力转化为一种普遍的责任与义务的问题，需要把政府回应与社会回应之间

---

① 政府回应与社会回应的技术机制或微观机制问题在"社会回应机制及机制链研究"一章中展开。

的关联机制建设作为增强社会微观结构弹性和促进社会和谐的内在机制来建设。

（四）“行政绩效”与“社会绩效”的区别

绩效（performance）意即行为与业绩。“行政绩效”主要是考察、评价和衡量政府行政及公共政策绩效的，而“社会绩效”是考察、评价和衡量政府与多元主体互动“结果”与效果的。虽然公共管理学一直适用“行政绩效”概念，并存在两种主要观点：一种是 Bernardin 等人的观点：绩效是在特定时间范围、特定工作职能、活动或行为上产生出的结果记录；①另一种是公共管理学界普遍认同的观点，即 Campbell、McCloy、Oppler 和 Sager 提出的：绩效是员工自己控制的与组织目标相关的行为。② 笔者认为，基于政治社会学提出的“社会绩效”范畴，具有更广泛和更深远的意义。从一定意义上讲，广义的社会绩效包含了政府行政绩效问题，即政府是社会系统的“一部分”，狭义的社会绩效是与政府行政绩效相对应的概念，即考察与评估政府行政绩效的维度和视角。

另外，无论是研究政府回应还是社会回应（这里不讨论共同回应问题），都涉及发展的共享条件和环境建构，并在市场化和社会结构转型的新场域中，已经凸显出政府与社会关系新的关联方式和实现同构的机制问题。因而，研究社会回应和建立政府与社会良性互动的社会回应机制，既是我国转型期政府自身改革的要求，也是促进社会和谐的过程及前提条件。

---

① Bemardin, H. J. & Beatty , R. W. , Performance Appraisal : Assessing Human Behavior at Work , Boston : Kent Publishers , 1984.

② Campbell, J. P. , McCloy , R. A. , Oppler, S. H. & Sager, C. E. , A Theory of Performance , In N. Schmitt & W. C. Bormon(Eds) , Personnel Selection in Organizations. San Francisco : Jossey-Bass , 1993.

第四节　社会回应的研究对象

社会回应既是一种社会现象、互动关系，又是一种过程，并包含回应主体、回应方式、回应度三个基本的研究维度，以及多种类型，因而社会回应的研究对象具有广泛性和复杂性。

一、社会回应研究对象的分类方法

对社会回应研究对象分类的方法较多，从社会关系看，有政府与社会、政府与公众、政府与非政府组织、社会组织与成员、社会群体与个体等，从广义的社会回应所包含的类型看，有政府回应、社会回应、共同回应等。

（一）分类方法的选择

社会学研究方法的适用，一般需要思考风笑天教授提出的六个方面：一是社会现象的性质及理解。二是社会研究的哲学基础及假设。三是研究过程的结果的客观性问题。四是研究者的价值与研究之间的关系。五是研究中的不同范式及运用。六是不同研究方式的内在逻辑联系等。① 把六个方面加以整合可以看到："对一个理论范畴所涉及的研究内容做定义式的概括，是把握该范畴的研究对象和进行分类的基本方法"。② 这种方法在前面的有关研究和论述中已经应用到了。但"定型化（类型化）是根据固定社会构成物的本质特征而进行的一种分类"，③而应用这种方法需要重视的是："不论在自然科学或历史科学的领域中，都必须从既有的事实出发……不能虚

---

① 风笑天：《简明社会学研究方法》，华文出版社 2005 年版。

② 范若愚、江流主编：《科学社会主义概论》，江苏人民出版社 1983 年版，第 25 页。

③ Д. Ф. 科兹洛夫主编：《社会学研究的方法论问题》，南开大学出版社 1986 年版，第 36 页。

构一些联系放到事实中去，而是要从事实中发现这些联系，并且在发现了之后，要尽可能地用经验去证明”。① 在经验证明中，还要坚持恩格斯提出的两个维度：“从历史事实和发展过程”②中得出结论。

（二）分类方法的借鉴

我们在思考社会回应研究对象的分类方法时，也将借鉴 Д. Ф. 科兹洛夫提出的社会学一般分类方法，它主要包括三种结构或层级：“分类的客体，即社会学认识体系的结构成分；划分出来的单位，即社会学认识的种类；作为分类依据的分类特征，即社会学研究过程的最重要的特点”。③

二、社会回应研究对象的分类

基于以上的分析和说明，对“社会回应”涉及的研究内容的分类，主要采用两种分类方法：一是从政治社会学视域考察社会回应的研究对象；二是从“社会回应”包含的研究内容和基本的范围进行分类。

（一）政治社会学的分类视角

政治社会学（political sociology）主要是研究政府与社会之间的关系，特别是政治领袖的性格、权力应用和领袖与人民之间的互动等。④ 我们从政治社会学研究社会回应的侧重在于：一是重点研究

---

① 《马克思恩格斯全集》第20卷，人民出版社1971年版，第387页。

② 《马克思恩格斯全集》第36卷，人民出版社1975年版，第420页。恩格斯的完整表述是：“我们对未来非资本主义社会区别于现代社会的特征的看法，是从历史事实和发展过程中得出的确切结论；脱离这些事实和过程，就没有任何理论价值和实际价值。”这表明考察任何事物的与时俱进都有两个向度：一是历史事实，一是正在发展的过程。

③ Д. Ф. 科兹洛夫主编：《社会学研究的方法论问题》，南开大学出版社1986年版，第37页。

④ 蔡文辉、李绍嵘编撰：《简明英汉社会学辞典》，中国人民大学出版社2001年版，第164页。

政府与社会之间的相互回应关系及过程；二是研究现实的“政府—社会”二元关系中的社会回应方式及(互动)过程；三是研究政府与社会在社会回应关系网络中各自的权力、责任和义务，特别是多元社会主体的权力、责任和义务统一(实现)的方式及途径；四是研究需要政府与社会共同建设的社会回应机制及机制链。

基于政治社会学研究社会回应还需要作三点说明：一是从我国国情出发，我们原则上不考察政治领袖个人的人格问题和领袖个人的权力应用问题；二是在多数情况下，我们将以实然的“政府—社会”关系范式来替代“领袖—人民”关系范式；三是政府官员个人或公民个人的回应(互动)现象，我们虽要涉及，但不是我们研究的重点，即我们研究政府回应的“最小单元”，原则上是乡、镇基层政府、政府组织或部门，而研究社会回应中多元主体的最小单元，原则上将以社区、农村村民委员会、自治组织、非政府组织(非营利组织)、群体和社会公众中的“精英”为限。

(二)从社会回应研究的主要内容和范围分类

从社会回应命题所涉及的主要研究内容和范围看(以下列举的社会回应的研究内容，不作广义与狭义的区分)，该命题包含的研究对象是非常广泛的。但总体可以划分为社会回应主体、社会回应方式和社会回应度三大类研究内容。

1. 从研究社会回应主体的构成看

社会回应研究的主体包括政府、政府组织(部门)、国有单位组织、私人部门或企业、非政府组织(非营利组织)、社会自组织、非正式群体甚至社会个体精英等。与之相关的研究内容包括：社会回应主体形成的机制与发展条件、社会回应主体的角色扮演、社会回应主体的组织化及影响因素、社会回应主体之间的利益关系及制衡机制、社会回应主体的权利保障、政府与其他社会回应主体的关系等。

2. 从研究社会回应方式的角度看

社会回应的基本方式有双向回应与多向回应、直接回应与间接回应、群体性回应与个体回应、组织回应与非组织回应、主动回应与被动回应、现实回应与预期回应、内部回应与外部回应、公开回应与私下回应、制度回应与非制度回应等。其相关研究还包括：社会回应方式的制度化、社会回应中的社会参与、社会回应中的社会协商、社会回应中的社会合作与团结、社会回应中的社会控制、社会回应中的社会整合、保障社会回应的机制设置和回应机制链建设等。

3. 从研究社会回应度的视角看

研究回应度包括政府回应度、社会回应度、社会回应度的构成要素、社会回应度的指标体系、判断和测评社会回应度的科学方法、影响社会回应度的社会因素、提高社会回应度的途径与条件、社会回应度与社会回应主体的关系、社会回应度与社会回应方式的选择等。其相关的研究内容还包括：社会回应度与政治体制、社会回应度与社会转型、社会回应度与社会和谐、社会回应度与基层民主政治建设、社会回应度与经济文化发展水平、社会回应度与社会自治、社会回应度与公共政策、社会回应度与社会控制、社会回应度与社会稳定、社会回应度与公共信任等。

三、研究社会回应的社会学视界

提出“社会回应”命题是政治社会学理论研究与实践的拓展。因此它的研究视界与政治学（公共管理学）相联系但又有所不同尤其是基于社会学视界。

（一）系统理论与社会运行理论的适用

社会运行大体上包括纵向和横向两个方面，纵向运行指社会的变迁与发展，而横向运行指社会发展某一阶段的社会诸要素、诸系统的交互作用及关系。① 研究政府回应与社会回应的互动关系模式，

---

① 郑杭生主编：《社会学概论新修》（第三编），中国人民大学出版社 2003 年版，第 55 ~ 56 页。

要基于社会是一个系统的视角,即政府是社会大系统中的一个子系统。

马克思主义认为,社会是人们交互作用的产物。齐美尔(Glencoe Simmel)说,“当人们之间的交往达到足够的频率和密度,以至人们相互影响并组成群体或社会单位时,社会便产生了”。[①] 按照安东尼·吉登斯的说法,“‘社会’是以一系列其他系统性关系为背景,从中‘凸显’而出的社会系统,而社会系统又根植在这些系统性关系之中”。[②] 在一个社会中,包括政府在内的多元社会力量的“所有社会行动显然发生在社会中,并极有可能以互动的形式发生”关系。[③] 自改革开放以来,我国在社会主义制度环境中具有现代意义的社会分化开始,并因为新的社会分化的动力机制的形成,而显化出各种新的关系的冲突。[④] 研究这些分化及冲突对社会互动关系的影响,可借助卢曼的“一般系统”方法。一般系统方法强调人类行动的结构化组成系统,并为应付各种潜在的复杂性而发展出降低环境复杂性的机制,通过对社会系统,互动系统、组织系统、社会系统的分析,可能考察到系统的分化、整合及冲突,以及系统的各种机制的形成及功能等。[⑤] 在社会系统中,开放是系统生存的基本条件,政府回应即政治系统的开放与社会回应之间的互动关系的发生,需要研究信息资源的输入与输出,需要研究开放的环境对政治系统、互动系统、组织系统和社会系统的不同影响,并在此基础上考察和研究政府或社会,为

---

① 袁亚愚、詹一之:《社会学——历史·理论·方法》,四川大学出版社 1989 年版,第 39 页。

② 安东尼·吉登斯:《社会的构成》,三联书店 1998 年版,第 266 页。

③ Luhmann, The Differentiation of Society , trans. S. Holmes and C. Larmore (New York : Columbia University Press , p. 79, 1982).

④ 戚攻:《我国转型期社会分化的动力机制》,载《社会科学研究》2003 年第 3 期。

⑤ 乔纳森·特纳:《社会学理论的结构》(上册),华夏出版社 2001 年版,第 64 ~78 页。

什么输出(包括权力让渡),他们希望输入什么,以及他们事实上输入与输出了什么和以什么方式实现了输入与输出;考察和研究理论的或经验的政府回应与社会回应模式,同实然的或事实上的模式之间有怎样的差距,以及这些差距是如何产生和形成的,这些差距在什么样的条件与机制下缩小或扩大等问题。

另外,在一个社会中,政治系统与其他系统在整合中一般是处于强势地位或主动地位的,因而还需要基于政治学对其作结构研究。

(二)结构理论的适用

从结构理论看,社会结构是具有持续性和稳定性且有规律的社会关系模式,并有宏观与微观之分。每个社会又事实上存在"政府—社会"二元关系及结构。

运用结构理论研究政府回应和社会回应,我们考察和研究了改革开放以来,我国政治体制改革、政府职能转化和政府社会管理机制创新,以及发展政府回应和社会回应与社会结构转型的关系。借助罗伯特·默顿从功能主义认识社会制度的方法,以及他把可见功能(manifest functions)与潜在功能(latent functions)区分开来的理论贡献,①能比较深入地考察我国转型期的公共政策、政府传统行政方式和行政绩效与社会绩效之间的不平衡和非对应性等问题;②考察影响和制约社会回应发展的条件及环境因素等。借助塔尔科特·帕森斯社会行动的结构及行动系统一般理论的合理内容,对研究政府回

---

① 文森特·帕里罗等著:《当代社会问题》,华夏出版社2002年版,第19~20页。

② 戚攻:《论社会转型中的"边缘化"》,载《西南师范大学学报(人文社会科学版)》2004年第1期;另见戚攻:《政府改革的社会制约》,载《学术论坛》2004年第5期。前文侧重分析了我国转型期政府公共政策安排对社会及社会不同群体产生的作用和影响;后文重点分析了政府因为新一轮社会转型初期(1978~1992年)的公共政策安排对政府自身后期改革(1992年后)形成制约的问题。

应和社会回应也是有帮助的,如可借助“适应”(adaptation)来研究“社会回应”的关系链的演化等。[①] 随着政府职能转化,对我国多元主体而言,分享权力或共享部分权力本身就有一个适应的过程,而且多元主体的社会回应过程,本身也是对诉求主体的诉求从适应到认同再到实化及实践的过程。当然,社会回应并不仅仅在于“适应”层面,它同时包含帕森斯称之为“交换模型”但同时又是作为一种社会系统提出来的“AGIL”模型中的其他三个环节,[②]如目标达到、整合、维模,[③]甚至更侧重于后三个环节。如从一个特定的角度看,“社会回应”是一种关系结构并由这种关系结构发生出一种关系链或网络,“AGIL”模型提供的分析不同子系统之间的关联程度(互动)、交换边界,以及各子系统的整合条件与基础的视角,是可以借助来考察社会回应度、社会回应关系网络中不同主体的交换或互动的价值基础和一致性目标等问题的。

(三)互动理论的适用

社会转型与社会互动关系密切。政府改革和社团革命对于发达国家是一种结构调整,对于我国这样的发展中国家,还是其社会转型的重要组成部分。当社会转型需要持续、广泛的社会互动来调适不同利益群体之间的竞争、冲突和顺应时,社会转型又必然要引起互动情境、互动方式的根本变革。[④] 由此,这就需要建立政府回应与社会回应新的互动关系模式和与之相适应的社会回应机制,以控制社会转型中必然发生的各种利益冲突,从而降低社会良性运行的风险。

---

① 参见谢立中主编:《西方社会学名著提要》,江西人民出版社 1998 年版,第 139 ~ 167 页。

② 在 Parsons and Neil J. Smelser , Economy and Society (New York: Free Press, 1956) 中,第一次作为一种社会系统提出来。

③ 乔纳森·特纳:《社会学理论的结构》(上册),华夏出版社 2001 年版,第 36 页。

④ 郑杭生主编:《社会学概论新修》(第三编),中国人民大学出版社 2003 年版,第 134 页。

尤根·哈贝马斯在《沟通行动理论》中认为，“如果我们假设人类的延续是通过其成员社会性的协调活动，并且这种协调是通过交往而建立的——并且在某些生活领域是通过旨在达成一致的交往而建立的”；①那么，互动理论的运用还需要与社会学的角色理论、冲突理论等交叉应用。互动理论提供的向度、深度、广度、频度等范畴，以及如合作、竞争、冲突、强制、顺从与顺应等范畴，是可以借助来考察“社会回应度”的理论维度和社会回应方式的。② 还有价值冲突理论主张以交涉、达到协议和使用权力等三种方法解决社会问题中存在的利益与价值分裂的路径，③这对于研究政府回应、社会回应，尤其是对社会回应中不需要政府或国家强制力量介入的情形时，是有启示和借鉴意义的。

（四）交换理论的适用

随着我国社会主义市场经济体制的建立，市场机制的导入和对外开放的深化，逐渐形成了一种新的社会发展场域。在理论上，这种新场域既是现实社会累积性关系嬗变促成的，又为我国转型期各种不可能的关系发生关系提供了条件；④在实践中，新的发展场域在促成人们传统集体主义观念变化的同时，又促使社会成员的行为和价值取向表现出“经济人”的特征，如“孔雀东南飞”、“跳槽”、“农民工”等现象的发生。这同时意味着：“一旦由经济动机产生的某种特定的模式在一个文化中建立起来，它就限制了其他潜在的社会模式

---

① Jurgen Habermas，The Theory of Communicative Action（Boston：Beacon，vol. 1，p. 397. 1981.）参见乔纳森·特纳：《社会学理论的结构》（下册），华夏出版社 2001 年版，第 251 页。

② 戚攻：《论“共同治理”中的社会回应》，载《探索》2004 年第 3 期。

③ 郑杭生主编：《社会学概论新修》（第三编），中国人民大学出版社 2003 年版，第 364 页。

④ 戚攻：《嬗变中的全球化与中国社会关系嬗变》，载《重庆邮电大学学报（社会科学版）》2004 年第 1 期。

的出现";[1]而且这种限制不仅仅涉及物质性的交换关系网络的变化,还涉及非物质的关系网络的变化,如公民自治和社会力量对社会管理的参与等。所以当代社会学的交换理论,为考察和研究"社会回应"中不同主体的回应诉求和诉求背后的动机,以及社会与政府之间、群体及成员之间的回应内容和方式的选择等,提供了路径。事实上,社会回应现象及过程发生和展开,既要遵循互惠原则,又包含有非经济动机延伸了的社会资本的整合,"整合代表由导向团结的内推力形成的力量"。[2] 同时还包括直接与间接的交换活动、交往方式(互动关系)等与不同社会组织联系的结构、形式等问题。[3] 从另一个角度看,"社会回应"也是社会整合的一种机制,其功能在于:寻求多元主体价值取向的一致性、达成主体之间诉求的某种平衡、形成或建立多元社会力量功能的互补和行动的合作乃至社会团结。因此,借助克鲁德·列维—斯特劳斯在《宗教的基本结构》(The Elementary Structures of Kinship)一书中提出的一些基本的交换原则,齐美尔交换理论中的"吸引原则"、"张力原则"和布劳(Peter M. Blau)的"公正原则"、"边际效用原则"和"不均衡原则",以及马克思在辩证冲突理论中隐含的交换论思想等,对分析不同社会回应主体在回应关系中的位置、社会规范和价值观对主体行为的影响与制约等,是有帮助的。

诚然,社会学的交换理论着眼于人们社会生活中相互交往的外显行为,而且重视用代价和报酬来分析互动关系及过程。如彼得·M.布劳在其《社会生活中的交换与权力》中的分析——"邻居们交换恩惠,儿童交换玩具,同事们交换帮助,熟人们交换礼貌,政治家们

---

① 乔纳森·特纳:《社会学理论的结构》(上册),华夏出版社 2001 年版,第 260 页。

② 杰弗里·亚历山大:《社会学二十讲》,华夏出版社 2000 年版,第 68 页。

③ 乔纳森·特纳:《社会学理论的结构》(上册),华夏出版社 2001 年版,第 264 页。

交换让步,讨论者交换观点”等,主要强调个人行动的意愿、取向和交换的目的局限性问题。[1] 即注意在政府回应与社会回应之间、政府与多元主体之间并非是一种典型的个体性交换关系问题。因此,社会主义制度条件下的政府与社会(公众)之间的互动及和谐关系的建构,不是根本利益对立和纯粹经济学意义上的交换关系等问题要取得应有的重视和强调。

① 彼得·M.布劳:《社会生活中的交换与权力》,华夏出版社1987年版,第104页。

第三章　我国社会转型与社会回应

社会回应机制研究以我国社会转型、政治体制改革和建设社会主义和谐社会为理论分析背景，深入研究我国社会转型与社会回应、政治体制改革与社会回应、和谐社会建设与社会回应的内生性关系。我国政治体制改革及政府职能转化，在“政府建设与社会回应”和“社会回应条件研究”中予以论述。

第一节　我国社会转型的沿革与回应

新中国成立以来的社会转型，因社会主义制度结构先于其整体工业化形成，因而具有不同于19世纪西方先发国家社会转型的政治、经济和社会结构。我国改革开放以来的社会转型是因国家工业化、现代化、市场化而发生的一种必然回应，与世界其他国家由工业化使然的社会转型具有某些同源性的特征，但是，我国社会转型因基本政治经济制度与西方不同和始终坚持走社会主义道路，因而又具有非同源性，即我国社会转型作为其工业化、现代化和市场化的一种回应，在价值取向、路径和方式选择上又具有不同于西方国家社会转型的特质和特征。①

一、由工业化使然的社会结构变迁与中国回应②

20世纪最后20年的我国社会转型,虽然是国家"有计划、有步骤"的主导和推进,但它毕竟因为国家工业化、现代化和市场化而发生,因而具有某种自然历史过程的属性和意义。

(一)自然历史过程与自然史方法

由工业化使然,19世纪西方先发国家的社会转型——从农业社会向工业社会、从传统社会向现代社会的转型曾遭遇过种种困境,并被马克思以"资本主义卡夫丁峡谷"描述之。但审视世界一般工业化进程:一个国家因工业化、现代化和市场化发生的结构转型,具有某种自然历史过程的特征。正如马克思所说,不仅"过去那种地方的和民族的自给自足和闭关自守状态,被各民族的各方面的互相往来和各方面的互相依赖所代替了"。③ 更深远的意义还在于马克思在《资本论》中揭示的一般规律:"工业较发达的国家向工业较不发达的国家所显示的,只是后者未来的景象……一个社会即使探索到了本身运动的自然规律……它还是既不能跳过也不能用法令取消自然的发展阶段"④。

工业化与现代社会结构转型之间存在一种内生的回应关系,即工业化对于现代社会结构转型而言,是一种自发机制。自发机制是"指依据一定的规律自然地、历史地形成的社会运行机制"。⑤ 而以

---

① 戚攻:《关于和谐社会基础理论研究的思考》,载《中共福建省委党校学报》2006年第4期。

② 戚攻、郭勤:《论我国社会转型的同源性与非同源性》,载《重庆大学学报(社会科学版)》2006年第4期。

③ 《马克思恩格斯选集》第1卷,人民出版社1995年版,第276页。

④ 《马克思恩格斯全集》第23卷,人民出版社1972年版,第8~11页。

⑤ 郑杭生主编:《社会学概论新修》(第三版),中国人民大学出版社2003年版,第34页。

“自发机制”来解析我国工业化与结构转型之间的回应关系，是“观察特定时期一个系统变化的实例是社会学中的‘自然史’方法”。[①]基于这种方法，我国由工业化使然的结构转型，作为推动社会发展的“另一只看不见的手”，[②]也具有自发机制的意义和作用。

工业化与现代社会转型之间的回应关系，在20世纪50年代，已为美国哲学主范式在国际比较研究中的投射——现代化理论所涉及，即讨论世界后发国家何以在世界工业化进程中未能实现其工业化的制度及文化因素问题。而后又被20世纪60年代中期至70年代中期以拉美国家为代表建构的“依附理论”——一种认知历史的方法所批判和重新解读。然而中外学界已有的研究，一方面基本未涉及当一个国家的基本制度结构变迁先于其整体工业化进程和由此对其工业化产生的重大影响问题，另一方面未涉及中国1949年基本制度结构变迁与由工业化使然的80年代以后的社会结构转型之间是什么关系的问题。伊曼纽尔·沃勒斯坦的《现代世界体系》（三卷本：学术出版社1974、1980、1989年版），以及特伦斯·K.霍普金斯与伊曼纽尔·沃勒斯坦等人合著的《转型时代，世界体系的发展轨迹：1945～2025》等，[③]也只是基于全球及全球化的视角，讨论了普遍性的问题。

（二）马克思主义理论的分析视角

在马克思本人“曾经归纳过他的社会学总观点”，并“对历史所作的经济上的解释的全部基本思想”[④]的《政治经济学批判·序

---

① 詹姆斯·S.科尔曼：《社会理论的基础》（上册），社会科学文献出版社1999年版，第4页。

② 李培林：《另一只看不见的手：社会结构转型》，社会科学文献出版社2005年版，第3页。

③ 特伦斯·K.霍普金斯、伊曼纽尔·沃勒斯坦等：《转型时代，世界体系的发展轨迹：1945～2025》，高等教育出版社2002年版。

④ 雷蒙·阿隆：《社会学主要思潮》，华夏出版社2000年版，第98页。

言》中有这样的表述："无论哪一个社会形态，在它们所能容纳的全部生产力发挥出来以前，是决不会灭亡的；而新的更高的生产关系，在它存在的物质条件在旧社会的胎胞里成熟以前，是决不会出现的。"① 虽然恩格斯在 1890 年 9 月致保·拉法格的信中强调："根据唯物史观，历史过程中的决定性因素归根到底是现实生活的生产和再生产。无论马克思或我从来都没有肯定过比这更多的东西……"即经济因素是决定因素之一，但经济因素在社会结构变迁过程中又不是"唯一决定的因素"。② 在这个意义上，20 世纪下半叶我国回应全球工业化、现代化的路径及方式选择，总体上应是马克思、恩格斯所揭示的社会发展一般规律中的一种"特例"，那就是：在中国共产党的领导下，由新民主主义革命转化而建立的社会主义制度先于其工业化的整体进程。这一方面形成并建构了我国不同于西方 19 世纪先发国家实现工业化的政治、经济和社会结构——社会存在——存在决定意识；另一方面探索并创造了改变一个贫穷、落后的农业国走向工业国、传统社会走向现代社会的新路径和方式。

（三）中国共产党人的探索与创造

在 20 世纪下半叶，中国回应全球工业化"带有更多的特殊性"③也是历史的必然，表现在：一是新中国 30 年（1949～1978 年）的工业化和现代化，客观上带有巩固新政权、新制度的一种应然性回应的目的和意义，并在计划体制和高度集中管理的社会运行模式基础上，建构了一种特殊的政治与经济相互回应和相互促进的关系，即政治发

---

① 《马克思恩格斯全集》第 13 卷，人民出版社 1962 年版，第 8 页。

② 《马克思恩格斯选集》第 4 卷，人民出版社 1995 年版，第 695、696 页。

③ 《列宁选集》第 4 卷，人民出版社 1995 年版，第 778 页。列宁完整的表述是："在东方那些人口无比众多、社会情况无比复杂的国家里，今后的革命无疑会比俄国革命带有更多的特殊性。"

展叠加性制约经济、文化和社会的发展，①如强调生产关系反作用于生产力的“政治挂帅”、“抓革命促生产”和“大跃进”等。二是由于我国社会主义制度的建立先于其整体工业化进程，因而改革开放以来由工业化、现代化和市场化使然的社会结构转型，已不再具有西方功能结构学派现代理论经典思想的“社会转型”包含的社会形态整体变迁的底蕴，即社会主义基本制度的“自我完善”说明，我国社会转型“仅仅具有社会结构局部变迁的性质”②。而且由这一特性所决定，我国转型期的政府回应（制度创新、体制改革与公共政策安排等）具有渐进性和探索性，进而影响到与政府回应相对应的社会回应的发展。三是我国回应工业化、现代化和市场化的社会转型过程，面临“一个社会即使探索到了本身运动的自然规律……它还是既不能跳过也不能用法令取消自然的发展阶段”的问题。四是在新一轮全球化掀风鼓浪时，中国共产党人是以坚持把马克思主义基本原理同中国具体实际相结合的方法，以“实事求是”的精神、勇气、态度和作为，开创“中国特色社会主义”新事业作为回应的，如邓小平所说：“从十一届三中全会到十二大，我们打开了一条一心一意搞建设的

---

① 戚攻：《论中国社会转型的发展叠加性》，载《西南师范大学学报（人文社会科学版）》2001 年第 3 期。笔者在文中论述了 20 世纪下半叶的中国社会变迁，由于政治发展诉求的高起和政治力量的积极作为，形成了“加速——再加速”的发展叠加性趋势、效应和社会心理。所谓发展叠加性，一是指社会在加速与再加速发展状态中打破不同生产力发展阶段的界限，使社会在某一发展阶段的目标与任务实现具有交叉性与复合性特征。二是它作为社会转型的重要特征，指社会变迁因选择“一场革命”方式而使社会发展与变迁的模式和进程凸显出超常规和非均衡的特征，并使社会结构具有局部变迁的性质。三是它作为一种具有规律喻义的趋势，指一个国家或地区因处于加速与再加速发展状态而引发机遇的连生性效应。基于此，笔者分析了我国政治发展叠加性在新中国 30 年建设时期的持续及演化对整个国家经济、文化和社会发展的影响与制约。

② 戚攻：《论我国转型期社会分化的动力机制》，载《社会科学研究》2003 年第 3 期。

新路”。[1] 正是这样的回应路径及方式的选择,一方面重新回归了生产力决定生产关系这一人类社会发展的一般规律,修正了我国发展的价值向度与动力机制,如摒弃“以阶级斗争为纲”,转而“以经济建设为中心”,并“始终扭住这个根本环节不放松”;[2]另一方面,在政治上始终“坚持四项基本原则”、“走自己的路”和建设“中国式现代化”等。在20世纪最后20年新一轮社会转型中,基于“自我完善和发展”的价值取向,我国“渐进转型的变迁”不同于前苏联和前东欧社会主义国家,[3]有效地规避了如苏联和东欧国家市场化转型发生体制断裂乃至社会分裂的风险,确保了我国改革开放和市场化转型始终遵循社会主义理论、实践及方法的同源性——把马列主义基本原理同中国具体实际相结合。

二、新时期的社会转型与回应

我国社会转型情境的逐渐形成,与我国改革开放时期回应国家工业化和全球化的路向深刻关联,并对我国所有制结构调整、全方位体制改革和政府、市场、社会的关系嬗变产生了重要的影响。

(一)改革开放时期我国回应的三个层面

在20世纪最后20年,我国回应自身工业化与全球化有三个层面:一是制度创新回应——建设中国特色社会主义。二是体制改革回应——建立社会主义市场经济体制与推进包括政治体制、社会体制改革在内的全方位体制变革,而且在改革中注重了“结构转型与体制转轨同步进行”[4]。三是机制创新回应——解放思想、改革开放

---

① 《邓小平文选》第3卷,人民出版社1993年版,第11页。

② 《邓小平文选》第3卷,人民出版社1993年版,第64页。

③ 梁玉成:《渐进转型与激进转型在初职进入和代内流动上的不同模式》,载《社会学研究》2006年第4期。

④ 李培林:《另一只看不见的手:社会结构转型》,社会科学文献出版社2005年版,第7页。

和重新修正促进经济社会发展的价值向度与动力机制，继而促成各种新要素的产生和导入，如体制要素、规范要素、技术要素、观念要素等。①

1992年以后，随着市场机制的导入和市场经济体制的逐步建立，从所有制结构看，公有制为主体和多种所有制共同发展的基本经济制度，以及把股份合作制界定为"一种新的公有性所有制"②和积极推进"依法治国"方略，为多元社会回应主体地位的重新确立和独立发展奠定了基础。从社会关系看，依附于计划体制的累积性关系开始解构，而各种不可能的关系开始发生关系，为我国多元社会回应关系的产生和发展创造了条件。从管理体制看，依存于高度集中管理体制的单位组织作为一种制度、一种统治③的结构和权威受到不同程度的冲击，从而促使"单位人"开始转变为"社会人"；促使农村原有组织体系中的"社员"转变为自治村民和"农民工"。从文化观念看，商品观念及市场文化开始反映到我国社会的主文化体系中，这既带来了人们价值取向的多元，又促使主文化与多元亚文化之间形成多重回应关系等。

与我国社会转型相联系的制度、体制和机制三个层面的三重回应，相互联系和相互促进，展示出改革开放以来的我国结构转型具有系统性。这不仅形成了我国改革开放以来的新场域，而且培育出促进经济社会发展的新动力机制，进而促使我国的社会回应因各种新要素的导入而迎来新的时空环境和发生深刻的变化。

（二）我国转型期社会回应主体的行动

"场域是各种客观位置中的一种关系网络，场域的结构限制着

---

① 李培林：《另一只看不见的手：社会结构转型》，社会科学文献出版社2005年版，第8、22页。

② 《江泽民文选》第1卷，人民出版社2006年版，第616页。

③ 李汉林：《中国单位社会》，上海人民出版社2004年版，第3～13页。

能动者,无论是个人还是集体。"[①]"场域"强调的是客观。俄罗斯经济学家彼沃瓦洛娃在分析我国经济改革经验时认为,国家"没有花费很多精力去破坏和批判旧体制,而是集中力量建立新体制",而且"市场主体不是通过破坏现存的国家机构来形成的,而主要是用新的商业机构填补空白"。[②] 同时,伊诺泽姆采夫也认为,"中国的经验……是独一无二的:它是从具有社会主义历史的事实上的农业社会向相对中等发达国家过渡的第一个成功范例";"亚洲模式经历严峻考验的破坏性危机,并未给中国经济发展的速度和方向带来实质性的修正"。[③] 当我国社会转型新的情境形成,当人们逐渐主动把握了这种"情境"(situation),即"把环境作为情境来把握称为'情境的规定'"时,虽然这里的情境并"不直接规定那个人的自然、文化体系、社会体系、物财体系和人格体系构成那个人的环境",[④]但却是行动者在社会回应中必须要考虑的要素。因为这里的情境,既有在社会互动体系里能够影响个人行为及经验的社会因素之整体的含义(social situation);又指托玛斯首创的"情境定义"(definition of situation)理论,即符号互动论者认为,个人的行动不会仅凭其本能反应,而是要经过一段情境定义之后,据其个人的了解所做的反应。[⑤] 改革开放以来的"孔雀东南飞"和大量农村剩余劳动力参与流动的社会回应现象等,都是与我国转型期社会情境的深刻嬗变相联系的。

当我们把社会回应主体的"反应"视为社会成员社会回应的前提要件时,社会行动者的行动就是指"一个或一个以上的行动者所

---

① 侯钧生主编:《西方社会学理论教程》,南开大学出版社 2001 年版,第 13 页。

② 彼沃瓦洛娃:《中国经济改革经验》,载《俄罗斯经济杂志》总第 472 ~ 473 期,转引自《国外社会科学前沿 1999》,上海社会科学院出版社 1999 年版,第 773 页。

③ 伊诺泽姆采夫:《后工业社会与可持续发展问题研究》,中国人民大学出版社 2004 年版,第 176 ~ 177 页。

④ 青井和夫:《社会学原理》,华夏出版社 2002 年版,第 54 页。

⑤ 蔡文辉、李绍嵘编撰:《简明英汉社会学辞典》,中国人民大学出版社 2002 年版,第 216、46 页。

思考的意义，与其他人的行为发生关系，其过程受这种关系所左右的行动”，即个人行动在这个意义上具有了社会意义。当然“以单纯的物质对象为目的的行动不是社会行动……内心的态度不受他人（或者其他社会体系）影响，也不是社会行动”。① 这与我们课题研究“社会回应”关系网络中的主体、主体行动、行动动机和行动方式的视角是一致的。

正是由于我国社会转型中的三重回应建构并培育出一种新的情境，所以我国社会发展的价值向度及动力机制也开始发生相应的调整和变化，并对我国社会回应主体地位的重新确立、多元主体的社会分化、主体社会回应方式及途径的选择、社会回应主体在社会回应过程中的价值取向，以及整个社会的社会回应度的变化等都产生了重要的影响。

三、我国社会转型向度及机制转换与社会回应

改革开放以来的“社会转型”，因工业化、现代化和市场化而具有世界其他国家工业化的一般特性——结构转型尤其是伴随市场主体地位的重新确立。因而我国新的经济、政治、文化和社会发展的情境发生了新的演化。这种变化总的特征及特点是：我国发展的价值向度及动力机制，开始由“能动性—结构”价值向度及动力机制，逐渐转化为“结构—能动性”向度和机制。② “能动性—结构”向度既是我国革命的传统价值向度，又是长期以来推动现代中国社会变迁的重要动力机制。正是这种向度及机制，最终促成了社会主义制度先于我国整体工业化进程建立的历史。

（一）历史的视角

新中国的成立标志着一种新的“结构—能动性”价值向度和动

① 青井和夫：《社会学原理》，华夏出版社2002年版，第55页。

② 戚攻、郭勤：《论我国社会转型的同源性与非同源性》，载《重庆大学学报（社会科学版）》2006年第4期。

力机制形成。但这种新的价值向度及发展机制,因受到我国生产力总体发展水平和其技术结构比较落后的制约,基本制度层面的"结构—能动性"价值向度,需要通过计划体制和高度集中管理模式来重设实践层面的"能动性—结构"向度及动力机制,才能转化为推动和促进现实生产力发展的社会要素(1949~1978年)。在这样的情境中,我国社会回应主体的地位、构成、发展和其作用的发挥,总体上表现出四个方面的主要特点:一是社会回应主体的地位具有某种隶属性或依附性,即几乎所有的社会回应主体都不具有独立的法人资格和权利,而且无论是集体还是个人。二是社会回应主体的构成具有某种单一性或整体性,即一方面总体上主要划分为"全民"、"集体"两大类,另一方面主要以单位组织、集体和政府化社团的形式发挥作用。三是社会回应主体的诉求表达缺乏一定的自主性和独立性,即几乎所有社会回应主体的经济诉求、政治诉求和文化诉求,总体上都受制于国家计划安排和各种政治运动及意识形态发展的需要。四是社会回应主体的回应方式及途径,具有明显的受限性或局限性。由此,新中国30年建设时期的社会回应,主要是政治性或政治类的;社会回应的向度及方式是单向性的,即"上面号召、下面响应","统一号召、全民响应";社会回应主体的地位、权利是不明确和不健全的;社会回应的内容也是比较狭隘的且价值取向也是比较单一的。

(二)新时空条件下的价值向度与机制

改革开放以来,在基本制度层面的"结构—能动性"向度不变的情境下,实践层面的"能动性—结构"向度及机制,开始转向由工业化、现代化和市场化使然的、社会转型促成的"结构—能动性"向度及机制,是始于1992年建立社会主义市场经济体制和政治体制改革的深化,始于我国社会分化加快、社会流动速率提高等社会诸要素的同构与整合。在1992年以后,传统的"能动性—结构"价值向度及动力机制,开始为社会转型所形成的"结构—能动性"向度及机制所替代。这种转换，在理论上，标志着我国社会的宏观结构与微观结构走向和实现新的统一。这种“结构转变绝不仅仅表现为经济增长的结果，它本身就是一种社会变革的推动力量；它使结构性发展成为一种不可逆趋势，而且在体制改革时期，结构转换会成为一种无形的变革压力，影响微观经济领域中行为模式的变动”①。在实践层面是：建立和完善社会主义市场经济体制、依法治国与依法自治逐渐展开、积极推进政府改革与职能转变和加强社会主义基层民主建设等。在这一新时空条件下，我国社会回应主体的地位、基本构成、发展机会和其作用的发挥，具有新的特征和特点。一是我国社会回应主体重新确立了相对独立的市场主体地位，并得到国家制度化的支持，如1981 年颁布实施而后又于 1999 年重新颁布实施的《合同法》、1986 年颁布实施的《民法》、1989 年的《城市居民委员会组织法》、1993 年的《公司法》、1997 年的《合伙企业法》、1998 年新修订的《村民委员会组织法》和 1999 年的《个人独资企业法》等。二是我国社会回应主体的构成，在结构转型和市场机制的双重作用下迅速发生分层和分化，②而且促使这种分层、分化的基元，也开始由政治分层转向经济分层③。三是由于社会回应主体发生分层和分化，其多元主体的回应诉求、价值取向、社会态度等也随之呈现出多向度和差异性特征，进而客观上对我国转型期的政府回应，形成了多重的影响和制约。四是随着我国社会分化程度加深、社会流动频率提高等，我国社会回应主体在回应度和回应方式上，既总体表现出差异性和多样性，又造成我国一部分社会回应主体的权利、机会和能力受到不同程度

① 李培林：《另一只看不见的手：社会结构转型》，社会科学文献出版社 2005 年版，第 17 页。

② 陆学艺主编：《当代中国社会流动》，社会科学文献出版社 2004 年版。研究者对我国改革开放以来社会阶层的变化，作了“十大社会阶层”的划分。

③ 李培林、李强、孙立平等：《中国社会分层》，社会科学文献出版社 2004 年版，第 24～30 页。

的削弱或弱化。

从总体上看，我国新一轮转型期发生的两种价值向度及动力机制转换，既与工业化、现代化和市场化使然的结构转型相联系，又是我国社会转型这一“特殊的结构型变动”①持续发展的必然结果。我国转型期发展的两种价值向度及动力机制的转换，既为我国转型期社会回应关系网络的重构和发展提供了新的情境和条件支持，又对深化政府体制改革和促进政府职能转化中不断发展的政府回应提出了新要求，并最终促使我国转型期新的社会回应和政府回应之间同构、互促的“结构—能动性”向度和新的“统筹个人利益和集体利益”的价值观和动力机制得以形成。

第二节　建设和谐社会与回应

研究社会回应的目的是发展社会回应，而发展社会回应的目的是促进社会和谐。一个呈现出和谐状态的社会，应当是多元社会力量相互回应、平等互惠、共建共享的社会。

一、三个学科视野中的和谐社会与回应

（一）从哲学视界看和谐社会与回应

从哲学视野出发，和谐社会是大跨度时空观念的有限性与无限性、理想主义与现实主义、文化性与阶级性有机统一的历史范畴，②即“和谐社会”命题在纵向上体现的是多重时空转换与持续建构的过程，在横向上反映的是多重相互回应关系及关系网络协调与平衡发展的有机统一。和谐社会作为一个历史范畴，表明它有产生、发展

---

① 李培林：《另一只看不见的手：社会结构转型》，社会科学文献出版社 2005 年版，第 5 页。

② 戚攻：《关于“和谐”的讨论》，载《重庆行政》2004 年第 6 期。

和消亡的基本性状及历史沿革,因此没有“绝对和谐”、“最终和谐”之说,而且在不同社会或同一社会的不同发展阶段,和谐社会的性质、特征、状态、水平、程度、范围、演化趋势及评价指标和评价主体等也存在差异。[①] 在哲学视野中,“社会系统本质上是自然社会与人类社会的统一”,即“‘自然—人—社会’是一个全生态系统”[②]。而“全生态的和谐发展,是一种反映开放系统的世界观……一种反映发展的价值本质的价值观……一种反映整体论的方法论”。[③] 在当代,人类社会提出建设和谐社会、发展和谐社会,是政治学、发展理论和公共管理理论(治理)等主范式在当代国际比较研究中的一种投射,其共性表现为哲学意义上的思维范式的转换;其实践意义在于它既是人类文明持续发展的一种状态及动态过程的延伸,又是当今世界发展的一种共同理想和诉求。这一命题还包含着“和”的方法与方法论的普适,以及“谐”的机制建构和功能的整合。由此,基于系统、基于整体论思考和谐与回应,二者是有机联系的。当和谐是事物发展的内在要求和基本性状时,回应是促进这种性状的一种机制;当和谐表现为政府、市场、社会以及社会成员之间平等互惠、共建共享的过程时,回应是这种再生产过程的基本表现和要素。

(二)从政治学看和谐社会与回应

从政治学角度看,“建设和谐社会”正在成为当代社会一种高远的政治理念、政治治理方式和价值目标,正在成为各国政府“服务型政府建设”的政治“治道”的集中体现,它包括治国方略、治国机制、

---

① 戚攻:《关于和谐社会基础理论研究的思考》,载《中共福建省委党校学报》2006 年第 4 期。

② 浦再明:《和谐社会系统论》,载《构建和谐社会、建设和谐文化》,光明日报出版社 2006 年版,第 10 页。

③ 浦再明:《和谐社会系统论》,载《构建和谐社会、建设和谐文化》,光明日报出版社 2006 年版,第 12 页。

价值观、目标、治理手段及途径等[1]多向度和全方位的回应与互促关系网络的建构。基于政治学的视角，构建和谐社会的过程，对一个国家而言，是历史传承性、主题时代性与制度阶级性有机统一的诸要素相互回应与重新整合的过程。我国建设和谐社会的“历史传承性”，体现在我们必须从纵向上考察其建设和谐社会的历史与现实的关系，即继承与发展本身就是一种相互回应关系。基于“主题时代性”，我们需要横向审视中国和谐社会建设与当今时代主题及当代世界格局变化之间的关系。基于“制度阶级性”，我们要研究社会主义和谐社会建设与其他国家特别是20世纪90年代初北欧国家提出建设和谐社会的理论及实践之间的区别。胡锦涛同志曾经指出：实现社会和谐，建设美好社会，始终是人类孜孜以求的一个社会理想，也是包括中国共产党在内的马克思主义政党不懈追求的一个社会理想。这一论述说明，“和谐社会”建设无论是作为一种社会理想还是现实的建设过程，都存在普遍性与特殊性。特殊性是：“在各式各样的和谐社会中，我们选择的是社会主义性质的和谐社会”，[2]即现实和谐社会建设是有阶级性的。[3] 由此，我们提出两种工具性的概念。一般性分析概念是：和谐社会是一定社会结构中多元共生的同构要素相互回应的关系、状态、整体功能实现协调、全面发展的动态平衡过程；特殊分析概念是：和谐社会是社会主义制度结构中多元共生的同构要素相互回应的关系、状态与整体功能实现协调、全面发展的动态平衡过程。[4] 同时，建设和谐社会是“把共性寓于个性之中”的一

---

① 曾庆红：《关于国内形势和构建社会主义和谐社会》，载2005年3月7日《学习时报》。

② 李君如主编：《社会主义和谐社会论》，人民出版社2005年版，第4页。

③ 戚攻：《对“和谐”命题研究的十二个方面拓展》，载《河北学刊》2005年第2期。

④ 戚攻：《和谐社会基础理论研究的九个问题》，载《构建和谐社会、建设和谐文化》，光明日报出版社2006年版，第37~43页。

种共同回应与同构过程，即“目标与过程的统一”①。

另外，我们社会主义和谐社会建设，也是与当代“和谐世界”的发展与建设相互回应的。我国《宪法·序言》中的表述是：“中国革命和建设的成就是同世界人民的支持分不开的；中国的前途是同世界的前途紧密联系在一起的。”②

（三）从社会学看和谐社会与回应

基于社会学视角，“和谐社会”是一个包罗万象的命题，但分类标准不同，其研究的具体对象和涉及的理论界域也不同。仅从“关系”的角度看，和谐社会命题就包括：人与自然、人与社会、人与人和人自身等有机统一四大类关系。③ 在这里，笔者提出“人自身”的和谐问题，是基于马克思曾经指出：“工业的历史和工业的已经产生的对象性的存在，是一本打开了的关于人的本质力量的书”；④在“社会本身生产作为人的人一样，人也生产社会”⑤的互促及相互回应关系中，实现人的自由、全面的发展，始终是马克思主义发展理论（和谐理论）的核心价值和目标，即无论是“发展”还是“和谐”，其本源和逻辑归宿都在于人。我们党提出的科学发展观的核心是“以人为本”，而“以人为本”既包括整体意义上的最广大人民群众，又包括所有参与和谐社会共同建设过程的社会个体。从和谐社会建设的内容看，虽然包括方方面面，但从以人的发展为中心的角度看，总体上可以划分为三个主要方面。一是和谐社会命题包含并涉及以人为中心的各种关系及关系的性质、状态、特征和演化趋势等内容。二是包含并涉

① 曾庆红：《关于国内形势和构建社会主义和谐社会》，载 2005 年 3 月 7 日《学习时报》。

② 《中华人民共和国宪法》（第 4 版），法律出版社 2004 年版，第 49 页。

③ 戚攻：《关于“和谐”的讨论》，载《重庆行政》2004 年第 6 期。

④ 《马克思恩格斯全集》第 42 卷，人民出版社 1979 年版，第 127 页。

⑤ 马克思：《1844 年经济学哲学手稿》（单行本），人民出版社 1985 年版，第 84 页。

及人们社会行动中的理想、追求、价值取向、心理感受、预期目标和行为选择及方式等。三是包含并涉及人们对自身及事物发展的某种状态（整体的或阶段性的）和趋势的认知、判断及评价等。由此，研究我国社会转型中的和谐社会建设，就是研究这一特定社会发展阶段及过程中，多元共生要素相互回应与整合的基本性状、总体趋势和文明程度与水平，尤其是主流社会发展中"以人为本"的内在回应性、同构性和同一性问题；研究社会转型中各种关系的性质、特征和关系演化中的相互回应及影响回应关系网络重构的社会基元；研究多元同构主体（包括政府）的价值追求与准则（公共政策、社会规范）、行为方式与手段、社会态度与社会心理，以及政府及公众判断和评价社会发展"和谐"与"不和谐"的价值尺度及标准等。①

二、系统的和谐社会与社会回应

在多元共生的当代社会走向开放、回应、同构的趋势中，几乎所有事物在发展的时空结构上都呈现出新的延伸性（扩张）与嬗变性（积极的演化或消极的蜕变）。开放是回应的条件，如政府的政务公开是发展社会回应和提高社会回应度的条件；回应是同构的前提，即回应是系统中多元要素同构的基础和促进同构的机制；同构虽然是社会公平的起点，也是市场经济条件下走向共赢的过程，但仅有同构不一定能实现共赢。因此同构还需要设置相关机制以体现和确保共赢，即共赢是结果公平的体现，也是促进和谐、实现和谐的基础。社会是一个系统，"和谐社会"是对社会系统良性运行及关系网络演化的基本性状、发展趋势的一种判断和描述。因而和谐社会建设必须重视系统以人为本的协调、全面和可持续发展，因为"一切社会的发展与进步，都取决于人的发展和进步，取决于人的尊严的维护和价值

① 戚攻：《对"和谐"命题研究的十二个方面拓展》，载《河北学刊》2005 年第 2 期。

的发挥"①,即坚持系统的科学的发展观,是建设和谐社会的内在要求。

一个良性运行的社会系统,必然具有多元要素共生、开放、回应、同构及共赢的一般属性和特征。"马克思恩格斯创立的唯物辩证法揭示了社会系统内各种要素之间的普遍联系、对立统一和相互转化的规律。"②一个系统要实现协调、全面和可持续发展的和谐及良性运行,就必须基于共生性、开放性、回应性、同构性和共赢性,建构回应与互促的结构及网络。在政府回应、社会回应范式中,政府是一个系统,狭义的社会也是一个系统,但两种关系范式的成立本身表明,二者是有机联系和相互回应与互促同构的,而且都具有系统的五个基本属性和特征。

社会学意义的"共生"指社会中两个敌对或不同的团体为了某种双方有益的目的而相互协助合作的情况。政治学意义的"共生"指不同政治力量之间"和平共处"、"和而不同"的关系及状态。③ 而基于和谐及和谐社会的发展,"共生"既是一种价值理念又是一种结构关系,所以有学者从全生态系统的角度提出了和谐共生、和谐共存、和谐共荣、和谐发展的观点。④

基于系统理论,强调系统性就是强调整体性,强调整体性就是强调系统内各子系统的共生性、开放性、回应性、同构性及共赢性的整合,强调系统五个特性的有机整合就是强调系统自身运行与发展的和谐。

一个系统内部的共生性、开放性、回应性、同构性及共赢性,本身

① 《江泽民文选》第2卷,人民出版社2006年版,第56页。

② 李君如主编:《社会主义和谐社会论》,人民出版社2005年版,第27页。

③ 蔡文辉、李绍嵘编撰:《简明英汉社会学辞典》,中国人民大学出版社2002年版,第229、161页。

④ 浦再明:《和谐社会系统论》,载《构建和谐社会、建设和谐文化》,光明日报出版社2006年版,第12页。

是一种相互回应和承继的关系。对一个系统而言，没有开放，系统会走向死亡。没有回应，系统内各个子系统在发展中将难以沟通和协商，从而难以达成共识和形成共同目标（合作与同构的前提）。没有同构，各子系统之间的资源共享、资源流动和交换都不可能实现，而且没有互助与同构，任何子系统都难以降解自身发展的成本。没有共赢，系统发展的非均衡性、非协调性和不平等现象就会发生和加深，并可能导致或引发社会的对立与冲突。从总体上看，系统的五个属性及特征是相辅相成、有机统一并相互承继和转化的。由此，系统良性运行过程中的“回应”（结构、关系）和“回应性”（特征及机制作用的显现），却起着承上启下的功能和作用，即“回应”是系统运行的关键环节，它发挥着基础机制的作用。同时，在回应范式中，政府回应与社会回应既是不同的子系统，又是相辅相成、相互承继、有机整合的，这种同构性表现在“实行计划生育”的“政府回应—社会回应—政府再回应”的关系链中，表现在关于“保护生态环境”这一共同回应关系互动及网络的建构中。

对一个社会而言，整合（包括政府制度整合和社会力量自整合）是实现和谐的必然过程，并高于“同构”层次。同时，整合还是实现共赢的机制和实现和谐的基础。所以仅有同构并不一定能实现共赢。我国改革开放以来的社会分化虽然是社会进步的重要标志，但社会分化也存在异质性现象和问题，因而需要通过整合来控制和逐步消除社会分化的异质性——贫困、失业等。一个社会多元主体的同构，需要通过整合才能呈现出和实现某种共赢（非平均主义）的特征、趋势和结果，继而保障社会中的人及事物的发展走向并逐步实现和谐。在这里，整合的基本价值取向是互惠，互惠是社会关系再生产和发展的前提条件。中国共产党提出的建设社会主义新农村战略和统筹城乡发展政策，以及国务院发展和改革委员会2007年6月批准设立重庆市和成都市为“全国统筹城乡综合配套改革试验区”，就是在新的时空环境及条件下，针对我国“三农”问题的重新整合，即一种对中国社会实现协调、全面和可持续发展的积极回应（轨迹是：首先属于政府回应，并在政府回应的基础上又形成社会回应，继而在制度回应基础上发展成共同回应）。我们党在"十一五"规划中提出的"把节约资源作为基本国策……加快建设资源节约型、环境友好型社会……以自主创新提升产业技术水平……更加注重社会公平"等等，都是对社会发展多元要素、方式及手段的重新整合作出的制度安排，即建设社会主义和谐社会的制度回应（政府回应）。当然，这些制度回应还必须由社会回应来承继才能转化和形成为现实生产力。

三、和谐社会的价值维度与社会回应

"传统中国经验的'和谐'问题，不只是一个历史的现实形态，而是一个规范、一个理想境界、一个需要通过各类方法去表达和实现的价值理念"；①现实中国的和谐社会建设具有这一历史传承性。区别在于：现实社会主义和谐社会建设，既是一个治国理想，又是一种"治道"（方略、机制、过程、结果），是社会主义制度本质及特征持续体现的动态过程。

在社会主义初级阶段，我们要建设的社会主义和谐社会，是民主法治、公平正义、诚信友爱、充满活力、安定有序、人与自然和谐相处的社会。这六个基本特征是统一和相互回应的整体，如"体现了民主与法治的统一、公平与效率的统一、活力与秩序的统一、科学与人文的统一、人与自然的统一"；而从关系的角度看，"既包括社会关系的和谐，也包括人与自然关系的和谐"②问题。由此，"社会主义和谐社会"既是整体性范畴又是局部性范畴。但无论是整体的还是局部的，其衡量的价值维度都包括：由小到大、由局部到整体、由简到繁、

---

① 李向平、李琼：《传统中国"和谐"理念何以再生》，载2004年12月9日《社会科学报》。

② 曾庆红：《关于国内形势和构建社会主义和谐社会》，载2005年3月7日《学习时报》。

由低级到高级、由旧质到新质等五个方面。这五个方面是相互回应、承继和互促的统一关系。①

“由小到大”主要指人(社会)及事物发展的数量与规模即基础问题,所以发展是党执政兴国的第一要务,是硬道理。“由局部到整体”主要指人(社会)及事物发展的范围与空间,所以要坚持科学发展观和落实“五个统筹”,更加注重社会公平,关注社会弱势群体共享改革开放成果,走“共同富裕”之路。“由简到繁”主要指人(社会)及事物发展的结构与功能问题,所以要坚持改革开放,走新兴工业化道路,转变经济增长方式和推进政府职能转化,建设社会主义新农村。“由低级到高级”主要指人(社会)及事物发展的水平与质量的统一问题,所以要坚持“以人为本”和“依法治国”,高度重视“就业乃民生之本”,并在努力提高人民生活水平的基础上,更加重视人们的生活质量和生命质量的提高。“由旧质到新质”主要指人(社会)或事物发展中的创新与进步问题,所以必须提高自主创新能力、坚持教育优先原则,建设学习型社会。通过创新发展模式和提高发展质量,走一条资源节约型、环境友好型的全面协调和可持续发展之路。这五个方面虽然具有多向度的判断视角,但体现了人及事物协调、全面和可持续发展的规律,其内生性的逻辑关系体现的是回应和有机统一,因此,五个方面的相互回应、承继、转化与支撑,是促进与实现社会和谐的基础条件,也是发展社会主义和谐社会的内在要求。

第三节　建设和谐社会与发展社会回应

曾庆红说,“社会主义和谐社会同社会主义市场经济、民主政

① 戚攻:《和谐社会理论命题的价值维度》,载2005年12月26日《重庆日报》。

治、先进文化既是并列关系，又是包含关系。”①因此，把“建设和谐社会”视为社会发展中的某一方面的目标或几大并列的建设任务之一时，它是狭义的特称判断；把“建设和谐社会”作为一种理想，作为包含整个社会的经济、政治、文化、社会、人口、资源、生态环境等方方面面的理论及实践范畴时，它是广义的全称判断。作广义与狭义的区分有其实践意义：这既是各级地方政府制定发展规划和安排公共政策、回应党中央战略部署和回应广大人民群众诉求及愿望的前提，②又是正确引导和规范我国社会回应发展的基础。

一、发展社会回应是建设和谐社会的要求

在回应关系中，所有的互动者都是主体，但存在“诉求主体”与“回应主体”之分。构建和谐社会，政府要积极回应广大民众的诉求（要求、愿望），同时全社会也要积极回应政府的诉求（方针、政策、战略、规划、工作部署、号召等）。因此，发展社会回应是构建社会主义和谐社会的重要条件和基本要求。

（一）我国社会回应发展面临的新情况

改革开放30年来，中国社会的加速发展与进步，同社会结构的深刻变动和人们思想观念的深刻变化有机联系，发展社会回应面临五个方面的新情况。一是我国社会回应主体独立的市场主体地位已基本确立并逐渐完善。二是我国传统的社会回应主体的基本构成已经发生新的分化和分层，并导致其价值取向呈现出多元化特征。三是不断分化的社会回应主体的诉求和愿望，表现为多向度，即包括政治的、经济的、文化的等各方面。四是社会回应发展的形式多元，有正式组织的社会回应，非正式组织社会回应、自治组织的社会回应甚

---

① 曾庆红：《关于国内形势和构建社会主义和谐社会》，载2005年3月7日《学习时报》。

② 戚攻：《关于和谐社会基础理论研究的思考》，载《中共福建省委党校学报》2006年第4期。

至社会成员个人的社会回应等。五是由于社会分化，处于不同社会位置的社会回应主体，在回应能力、条件、机会、方式和回应度等方面已存在较大的差异。

（二）社会回应发展中地方政府的认知差异

社会主义制度下人民当家作主。因此促进社会回应的良性发展、提高其发展的组织化程度和推动其走向制度化，是人民参与国家事务和单位组织内部事务管理的重要体现，也是一个社会文明进步的重要特征。在这个意义上，各级地方政府有责任推动和促进社会回应的发展。在我国市场化的社会转型中，存在发展不平衡、社会分化加速、社会流动频率提高、公共信任基础削弱、部分社会规范失序、弱势人群产生和一部分社会成员心理相对脆弱等现象和问题。而与此同时，一些地方政府作为引导、辅助和促进社会回应发展的责任主体，却存在四个方面的认知差异问题。一是一些地方政府没有注意到市场经济条件下我国社会回应的发展，已不同于计划体制时期"有号召即有响应"的情境。二是没有认识到发展社会回应和提高全社会的回应度与回应能力，是提高政府公共政策实施绩效和社会管理绩效的基本社会条件。三是没有认识到积极培育和正确引导社会回应主体的发展，对于政府职能转变、降低和分解政府社会管理成本、促进社会参与、维护社会稳定具有重要的作用。四是没有认识到培育新的社会回应主体和建立新的社会回应机制，对增强公共信任和社会互信、提高社会自治能力和回应的制度化水平与组织化程度、促进社会和谐的重要意义。

二、发展我国社会回应的思考

我国社会回应发展的新情况，既使相对应的政府回应的发展面临新挑战，又意味着我国转型期社会回应自身的发展具有复杂性。

（一）积极创造我国社会回应发展的条件

我国转型期社会回应发展的条件及环境，已不同于计划体制时期高度集中管理的模式，创造发展社会回应的条件，对各级地方政府而言都是一项基础性工作。对地方政府而言：一是应坚持政府回应与社会回应协调发展。政府回应与社会回应是相辅相成、相互承继和相互转化的；二是应积极推行政务公开，加快电子政府建设，可首先在城市建立覆盖社区居委会的政府信息、政务咨询的计算机网络体系，为社会回应的发展创造条件；三是在积极推行政府回应制度化和规范化建设中，努力提高政府回应的及时性与有效性，并创新社会管理机制，提高社会回应的制度化、规范化水平，实现政府回应与社会回应的协调发展；四是进一步加强基层民主政治建设，认真落实社区居委会和农村村民委员会的自治权利，进一步完善《民政部关于在全国推进社区建设的意见》（中办发［2000］23 号），补充“社区经济”发展的相关政策等，以支持社区自治组织的发展；五是积极探索在我国各类社会单位组织（包括企业）、社团等实行自治管理的新体制，研究、制定符合我国国情的《社会单位组织（包括企业）、社团自治管理（暂行）条例》等。

（二）积极培育和引导我国社会回应主体的发展

在我国现阶段，从社会回应主体的组织化程度分类，社会回应主体主要包括两大类：一类是各种正式组织，另一类是各种非正式组织和临时性利益群体（个体回应不作讨论的重点）。积极培育和正确引导社会回应主体的发展，应重视几个方面的工作。一是各级地方政府高度重视社会回应主体的培育和引导工作，并纳入政府社会管理日常工作体系（统筹）。二是各级政府要进一步明确各种正式组织、非正式组织及公民个人独立的市场主体地位，并维护和保障其基本权利，包括进一步完善相应的法律、法规。三是支持各种正式组织内部发展自治管理、提高自治能力和水平，并通过制定有关法律、法规，明确其责任、权利和义务。四是逐步建立制度化的各类社会正式组织、非正式组织及公民个人社会回应的统一、公开的渠道。五是逐步建立全社会各类正式组织社会回应的统一的信用档案。六是依托各类正式组织建立的自治管理网络，联系和引导各类非正式组织、临时性利益群体、社会精英、普通百姓等成为健康、有序的社会回应主体，并重视建立以社区为单位的弱势群体社会回应的正式渠道。七是各地从实际出发，培育和引导一些非正式组织、社会群体成为所属社区内的自治组织，并通过制定相关的“村规民约”加以规范，如以社区为单位，积极组织社会精英、公民个人参与社会回应活动，并建立社会精英、公民个人作为社会回应主体的信用登记制度等。

（三）建立符合我国国情的社会回应机制

一个社会要实现和谐发展、和谐运行，需要建立一套有机联系的机制链。它包括社会回应机制、社会协商机制、社会动员机制、社会合作机制、社会整合机制和社会团结机制等等。在这一机制链中，社会回应机制既是相对独立的基础机制，又是嵌入在其他机制中的一种动态延伸机制（关于社会回应机制建设的主要内容在“社会回应机制及机制链研究”中论述）。

第四章 政府建设与社会回应研究

随着我国经济发展、社会进步和公民政治参与意识普遍增强，政府自身建设和职能转变面临挑战。在建设社会主义和谐社会进程中，如何健全政府职责体系，完善公共服务体系，最大限度满足公众意愿，成为政府自身建设与社会建设有机结合的重大问题。

第一节 政府管理体制改革与回应

哈贝马斯在《交往行为理论》一书中提出的二元社会概念，为分析政府回应与社会回应提供了一种理论框架，那就是：政府回应是公共权力领域对私人领域的各种诉求的反应和回复。社会回应既包括公共权力领域对公共权力领域的各种诉求的反应和回复，如各种正式组织对政府诉求的回复与应答，又包括私人领域对公共权力领域、私人领域对私人领域的各种诉求的反应和回复等多种情况。

一、当代管理理论变革与回应

在行政学视域中，政府回应是一个丰富的、动态的概念体系，而基于不同行政学理论指导的政府管理体制,对政府回应的理解既是发展的,又存在差异。从“政府与行政二分”的提出到新公共管理运动的盛行,公共行政经历了一个漫长的发展过程,在行政学发展的不同阶段与之相应的政府回应的基础、特征有明显的区别。

(一)传统行政管理理论与政府回应

从美国学者伍德罗·威尔逊(Worddrow Wilson)1887年出版《行政学研究》一书提出政治/行政二分原则以来,在政府运行中,政治和行政、政治官员和官僚可以严格区分开来。马克斯·韦伯1922年出版的《社会组织与经济组织理论》一书,又系统地论述了“官僚制”理论,并构建了一种理想型的(层次分明、制度严格、权责明确)等级制组织模式。由此,政治与行政分离原则的确立,一方面为行政提供了内在的价值评判标准,另一方面为官僚制提供了理想的外在组织模型。而以上两种理论的结合,为传统行政管理建立了政府架构和以此为基础的传统公共行政。

行政管理学者格罗弗·斯塔林曾经对政府回应作过经典的定义:“回应意味着政府对民众对于政策变革的接纳和对民众要求做出的反应,并采取积极措施解决问题。”①从政府职能特征看,政府回应是作为公共管理主体的政府,对公民意愿和利益诉求的反应及予以回复的过程和作为。但在传统的管制型行政运行模式中,政府是公共权力和公共权威的唯一拥有者,其管理和规制活动体现出较强的自我中心主义,以及强烈的下对上的等级回应特征,即以回应上级的指示和命令为主。在管制型行政运行模式中,政府对公众的回应属于被动的制度设计,主要目的在于查漏补缺,平息社会矛盾,弥补权力运行中的过失。然而由于存在被动性,政府的目的有时会因为反应过程的种种体制性迟钝和失误而出现没有反应或有应无答等

① 格罗弗·斯塔林:《管理公共部门》,The Dorsey Press,1986年版,第115页。

状况。

（二）新公共行政理论与政府回应

行政管理的实践证明，把政府分成政治和行政两个独立部分，把公务人员分为政治领导者和行政官员是不可行的，而试图从这样的理论中探寻政府责任模式也存在非科学性问题。传统的行政管理需要明确区分命令的发布者和命令的执行者，后者所负的责任是相当有限的，而且责任机制也很脆弱。正如罗伯特说："一旦我们认识到这一尴尬的事实，即公务员要开展工作就必须进行决策，我们就必须抛弃公共行政的僵化模式。"①

1971年出版的《论新公共行政学：明罗布鲁克观点》一书，标志着新公共行政理念的正式确立。"新公共行政学把社会公平加入到传统的目标和基本原理中。"②将社会公平引入到行政管理中是新公共行政理论对传统行政管理的一大突破，而与之相应的是新公共行政理论直接挑战了传统行政管理的两大基础理论，那就是：认为行政官员难以实现所谓的"政治中立"，他们应当回应社会公平的需求。这意味着对僵化官僚制度的抛弃和建立更为灵活的组织形式，同时强调官员不仅有体制内回应，更应当回应广泛影响着公众生活的各种行政目标。在新公共行政视野中，政府体系不再是自我运作的闭合场域，而是更多地强调目标导向下的行政效率提高和重视对社会公众的平等回应。

基于新公共行政理论对政府组织结构与运行方式的解释，政府回应以公平为基础，以回应目标为主要特征。当政府在公共管理中面对公民个人的、人格化的正当利益诉求时，政府回应的主观期望和现实来源不再完全依赖于"金字塔"体系中上层对于民意的重新整

---

① Behn, Robert D: Rethinking Democratic Accountability. Washington DC: Brookings Institution Press, 2001, p. 64.

② 转引自彭和平：《公共行政管理》，中国人民大学出版社1995年版，第56页。

合和解释，而是在行政目标的引导下，关注本级政府直接面临的管理对象的需求，回应信息的收集也更加直接。但政府回应的逻辑起点，是政府更多地发挥了意见箱的作用——收集政策和管制过程中出现的异己意志和诉求意愿，进而形成修补原有决策和管理活动潜在的可能性建议，以达到既定的行政目标。

（三）新公共管理理论与政府回应

在新公共行政时期，绩效责任仅是学者们在理论上较为成熟的探讨，而在政府中并未很好地推行，绩效责任制也未能给行政效率的提高带来实质上的改善。于是，人们普遍探寻更有效的政府治理与责任理念。在20世纪80年代，西方各国掀起了声势浩大的政府改革浪潮，在政府管理领域占统治地位一个世纪之久的“行政管理”理论受到了质疑，新公共管理理论开始引起人们的广泛关注。传统意义上的行政管理——以威尔逊和古德诺的政治与行政分离和韦伯的科层制为理论基础，而新公共管理则以现代经济学理论和私营企业管理理论及方法作为其理论支撑。美国行政学者奥斯本和盖布勒在《改革政府：企业精神如何改革着公共部门》一书中提出了政府改革的十项原则。① 两位学者对公共管理理论内涵的揭示，对政府改革有一定的启示，如重新定位了政府与公民之间的关系，重新界定了政府职能，强调公平与效率同等重要，改变政府绩效评估方式和关注成本等。

把政府和公民之间的关系界定为“企业—顾客”关系，是新公共

---

① 戴维·奥斯本、特德·盖布勒：《改革政府：企业精神如何改革着公共部门》，上海译文出版社1996年版。两位学者提出的十项原则包括：一是起催化作用的政府：掌舵而不是划桨；二是社区拥有的政府：授权而不是服务；三是竞争性政府：把竞争机制注入到提供服务中去；四是有使命的政府：改变照章办事的组织；五是讲究效果的政府：按效果而不是按投入拨款；六是受顾客驱使的政府：满足顾客的需要，而不是官僚政治的需要；七是有事业心的政府：有收益而不是浪费；八是有预见的政府：预防而不是治疗；九是分权的政府：从等级制到参与和协作；十是以市场为导向的政府：通过市场力量进行变革。

管理理论下政府回应得以建立的基础。于是,政府回应被理解为政府对作为顾客和消费者的特定公民所表达的特殊偏好和利益诉求,要有有效的、及时的作为,①并由此确立了顾客驱动型政府,满足顾客的需要,而不是满足官僚机构的需要②的回应制度。

二、政府传统管理模式与回应

以“政治/行政二分法”和官僚制为基本理论架构的行政管理理论,开启了行政效率化的新时代,克服了公共领域的一些弊端,同时也强调官僚体系内以命令为主导的下层对上层的回应性。

(一)政府传统管理模式的特征

政府传统管理模式是以克服早期行政管理的低效为主要目标而建立的。与早期政府管理模式相比,有以下两大特征:

1. 集中体现为“非人格化”特征

马克斯·韦伯在《官僚制》中阐述了传统政府管理组织构架及基本特征。一是权限范围的理论原则一般是以法规形式来加以规定的,不受个人情感因素影响。二是机关等级制结构与按等级赋予权力的原则。这体现了严格的上下等级制,是由固有的官僚制组织模式决定的。三是档案是现代机关管理工作的基础。四是办公室管理的现代化和专业化。五是在公务活动中要求官员具有充分而胜任工作的能力。六是办公室管理要遵循一般规律。另外,官僚制由常任的、中立的和无个性特征的官员任职,官员只受公共利益而非私人利益的激励等。

2. 政治与行政的二元分割

在政府传统管理模式的官僚链条中,公职人员是严格的上下等

---

① 王巍:《论“政府回应”的内涵和主导模式转型》,载《探索》2005 年第 1 期。

② Osborne, David, and Ted Gaebler. How the Entrepreneurial Spirit Is Transforming the Public Sector. Reading. MA: addition—wesley, 1992. 203 ~ 206.

级制。行政者不制定政策,而仅仅执行政治官员所作出的决策。政治与行政二分的经典表述是:政治是国家意志的表现,行政是国家意志的执行。在二分框架体系中,行政的角色就是寻求最有效的手段以实现既定的政治目标。从一定程度上讲,二分保证了政治清明和行政效率的提高,但过度追求行政的技术理性,人为地割裂政治与行政内在的联系也在理论和实践中存在诸多不足。

(二)政府传统管理模式与政府回应

在政府传统管理模式中,政府和公民之间是管制关系。政府的主要功能在于最大化保障公共利益的实现,而这种实现又是以工具理性化作为其行政管理的本质特征,以经济、效率作为其行政管理的核心价值观。

1. 政府传统管理模式中的管制特点

政府管制特征在政府回应中的体现,表现为一种单向性的回应模式。这种模式的主要特点有二:一是政府回应集中体现为回应上级指令和决策,以及消化民意以应付政策回馈,弥补政策过失,确保高效的和经济的落实政治意志;二是公民的意愿和利益申诉仅仅是其利益格局之外的事情。

2. 政府"管制性"回应模式产生的客观性

一是由于政治与行政二分,行政是政治意志的忠实执行者,公民仅仅是政府实现利益最大化过程中必要的和额外的管制对象。二是典型的非人格化、阶梯化和程序化的机械式运作程序。在上级政府与下级政府、政府与社会、政府与公民之间形成一种等级运作,尤其在政府与公民的利益之间会形成一个彼此难以渗透的边界。三是以效率和生产力作为传统行政价值规范,这在当时是促进生产力发展的有效手段。

由此,在政府传统管理模式中的政府回应,无论是在理论层面还是在现实层面都存在缺失和处于边缘层面。

三、现代政府治理结构与回应

一般认为,现代政府治理结构是以新公共管理运动所倡导的"治理理论"为基础的,是为了解决政府传统管理模式中存在的回应单向度问题而建立的一整套政府运行机制。

(一)关于治理理论的三个补充[①]

基于治理理论的社会不再是单一的被管理者,而是主动参与到政府治理中。

1. 治理理论注重共同管理

治理理论认为,社会能力的体现,并不仅限于政府的权力,不限于政府的发号施令或运用权威。[②] 同时,管理社会并不只是政府一个公共权力中心,除政府外,社会上还有一些自愿性的或属于第三部门的机构在负责维持秩序、参加政治、经济与社会事务的治理,它们分别致力于一些社会和经济问题的解决,把传统上属于政府的一些责任和职能应接下来。

2. 治理理论注重政府与社会的互动网络建设

治理将作为民间参与网络和互惠信任关系的社会资本引进治理分析,即着眼于政府与公民的合作网络建设。治理强调管理对象的参与,并希望在管理系统内形成一个自组织网络,以加强系统内部的组织性和自主性。[③] 在社会公共领域,政府与其他社会组织共同构成了相互依存的治理体系。这种治理体系排除了主要依靠自上而下进行协调的单一向度,转而采取参与、谈判、协商的方式,以加强沟通和增强合作。

---

① 关于治理理论的一般论述,我们已在"回应及研究范式"中涉及,这里是对治理理论的适用作必要补充。

② 格里·斯托克:《作为理论的治理:五个论点》,载《国际社会科学杂志》1999年第2期。

③ 胡仙芝:《从善政向善治的转变》,载《中国行政管理》2001年第9期。

3. 治理理论与管理观念创新

治理理论下的政府与社会关系表现为一整套观念的革新，即从责任到互动观念的转变。治理实施的前提是责任制度建立。由于治理结构是一种互动网络或组织，治理组织的产生不是完全来自于授权，而主要来自于治理组织成员的平等协商。在服务型政府建设中强调政府与公众的社会合作，强调公众自治和非政府的公共权力等是时代发展的要求。党的十七大报告第一次把“基层群众自治制度”纳入到国家基本政治制度体系之中在于强调：人民当家作主是社会主义民主政治的本质和核心。同时也有学者指出，管理是一个制度概念，管理的物质基础和心理基础都是制度。治理是一个社会概念，治理的范围非常广泛，需要得到全社会的支持；同时，社会治理方式往往会影响政府行为方式，促使政府管理方式向治理方式转变。①

（二）新型“政府—社会”结构中的政府回应

在我国，公共管理学学者多数认为，“政府回应”包括政府反应和政府答复两个过程或两个方面。② 由此，政府回应既是公共管理的实践过程，也是系统的政府治理理论和理念的逻辑延伸。

1. 以治理理论为基础的政府与社会互动

在治理范式下的政府回应离不开政府“善治”和公众参与。因此，以治理理论为基础构建的新型“政府—社会”结构中的政府回应，不再是单向度和单一化的政府应对社会公众需求的过程，而是一个共同治理的互动过程。政府回应作为一种制度设计，包含着国家权力向社会回归，即还政于民。同时，它也是政府与社会及公民之间的一种合作机制。

---

① 程杞国：《从管理到治理》，载《南京社会科学》2001 年第 9 期。

② 关于公共管理理论对“政府回应”命题的有关阐释在“回应及研究范式”一章中已作了相关评述。

2. 政府回应的能力

政府回应能力体现为及时的接收和归纳公众的意见，继而高效地处理公众提出的各种服务需求。这就要求政府改变以高度集权和僵化的层级节制为特征的低效的管理模式，重塑政府业务流程，凸显服务职能。具体包括：行政组织扁平化改造，压缩中间层级，提高回应时效；权力和责任下放，提高一线公职人员回应能力；清理行政规章，简化办事程序等，提高公共服务效率。

3. 政府回应的预测能力

以电子政务为载体，加强政府与公众之间的双向沟通，提升政府回应的预测能力，是服务型政府建设的重要内容。以前，由于我国公民社会建设水平还比较低，公民意见和诉求处于分散状态，加之原有政府回应中存在本位主义，即使公民意愿不能有效的表达，政府也不能及时地获得治理的反馈信息。现在，电子政务的发展为破解这一难题创造了条件。所谓电子政务，就是利用现代信息技术，在互联网上构建一个与实际政府相一致的虚拟政府，即网络的开放性和互动性为政府回应提供了很好的功能载体。这有利于党的十七大报告提出的：推进决策科学化、民主化，完善决策信息和智力支持系统，增强决策透明度和公众参与度，制定与群众利益密切相关的法律法规和公共政策原则上要公开听取意见；有利于促使权力在阳光下运行和强化社会管理和公共服务。

第二节　服务型政府建设与回应

服务型政府的双向运行机制包括政府向消费者提供公共服务，消费者对服务进行反馈、评价和要求政府对反馈做出回应。因此，建设服务型政府的一个重要的内容或一个重要方面，就是增强政府回应性，提高政府回应能力。

一、我国政治体制改革与政府回应

改革开放30年来，“我们积极稳妥推进政治体制改革，我国社会主义民主政治展现出更加旺盛的生命力。政治体制改革作为我国全面改革的重要组成部分，必须随着经济社会发展而不断深化，与人民政治参与积极性不断提高相适应。”①

（一）我国政治体制改革的沿革

推进和深化政治体制改革，既是我国建设服务型政府的内在要求，也是发展政府回应和社会回应的内在需要。

1. 我国政治体制改革的第一阶段

我国政治体制改革始于20世纪70年代末至80年代初，并分为三个大的阶段：在第一阶段，以人民公社体制变革为标志，拉开了我国政治体制改革的序幕。我国的人民公社是经济、政治和社会管理三合一体制。人民公社体制变革，既是经济管理体制变革，也是一场政治体制和社会管理体制的改革。到1987年，以党的十三大召开为标志，提出了党政分开、权力下放、干部人事制度改革等多项改革。同时，在这一阶段，还首次提出了以党内民主来推动人民民主，即发展社会主义民主政治的路径，为我国后续的政治体制改革奠定了良好的基础。

2. 我国政治体制改革的第二阶段

在第二阶段，由于东欧剧变苏联解体，社会主义思想的传播和发展遇到前所未有的困难。于是，我国政治体制改革的重点，主要在进一步完善人民代表大会制度，完善共产党领导的多党合作和政治协商制度，建立和健全科学的民主的决策机制，加强基层民主建设等。其改革的突出特点是：由存量改革逐步向增量改革转变，并以党的十

---

① 胡锦涛：《高举中国特色社会主义伟大旗帜　为夺取全面建设小康社会新胜利而奋斗》，人民出版社2007年版，第28页。

五大提出“依法治国，建立社会主义法治国家”的战略目标和任务为标志，推动我国的政治体制改革和管理机制创新走向制度化等。

3. 我国政治体制改革的第三阶段

在第三阶段，党的十六大至今，根据新时期新阶段党的历史使命、任务和我国面临的国际国内形势的变化，党中央明确提出：“把党的建设新的伟大工程同中国特色社会主义伟大事业紧密联系”；积极稳妥地推进政治体制改革和建设服务型政府(2004 年)；“要坚持中国特色社会主义政治发展道路，坚持党的领导、人民当家作主、依法治国有机统一，坚持和完善人民代表大会制度、中国共产党领导的多党合作和政治协商制度、民族区域自治制度以及基层群众自治制度，不断推进社会主义政治制度自我完善和发展”；“深化政治体制改革，必须坚持正确政治方向，以保证人民当家作主为根本，以增强党和国家活力、调动人民积极性为目标，扩大社会主义民主，建设社会主义法治国家，发展社会主义政治文明”；“要坚持党总揽全局、协调各方的领导核心作用，提高党科学执政、民主执政、依法执政水平，保证党领导人民有效治理国家；坚持国家一切权力属于人民，从各个层次、各个领域扩大公民有序政治参与，最广泛地动员和组织人民依法管理国家事务和社会事务、管理经济和文化事业；坚持依法治国基本方略，树立社会主义法治理念，实现国家各项工作法治化，保障公民合法权益；坚持社会主义政治制度的特点和优势，推进社会主义民主政治制度化、规范化、程序化，为党和国家长治久安提供政治和法律制度保障”，等等。

(二)我国政治体制改革的态势

我国政治体制改革的三个阶段都取得了不同的成效，解决了相应时期的政府体制问题。随着我国政治体制改革的不断深入，我国政治体制改革、政府职能转变的新趋势已呈现出来。一是党和政府科学执政、民主执政和依法执政将进一步发展和走向制度化。二是服务型政府建设、政府职能转变将加速推进和公众的法律意识、公民意识将进一步形成和增强。三是社会主义人民民主的发展水平、程度和范围将不断扩大,公共权力监督机制将更加完善。四是中国特色社会主义民主政治制度将更加完善,人民民主的发展走向制度化、规范化、程序化,并与社会主义经济建设、文化建设、社会建设和党的建设整体推进。

二、社会管理体制变革与政府回应

党的十六届六中全会提出:“加强社会管理,维护社会稳定,是构建社会主义和谐社会的必然要求。必须创新社会管理体制,整合社会管理资源,提高社会管理水平,健全党委领导、政府负责、社会协同、公众参与的社会管理格局,在服务中实施管理,在管理中体现服务。”

(一)我国社会管理体制变革的新特点

当前,我国社会管理体制的改革,包括管理主体、管理方式、管理体制的转变。这既与我国经济社会发展的新要求相联系,也为政府回应在途径、方式上的改革创造了条件。

1. 社会治理主体多元化

计划体制时期的政府办社会,政府是社会管理的唯一主体。随着改革开放,政府不再是实施社会管理的唯一权力主体。这意味着非政府组织、社区组织、公民自组织等第三部门和私营机构逐步与政府一起共同承担管理社会公共事务、提供社会公共服务。这一变革的显著特征是,社会治理的主体由过去单一的政府,转变为政府与社会多元主体的共同治理。

2. 社会管理的主旨转化为服务

与计划体制对应的社会管理方式是行政管制,它以“全能”政府为假设前提,以全部社会事务为管理对象,以大量的行政审批和行政许可为主要管理方式和手段。在新时期新阶段,我国经济社会发展对政府社会管理方式提出了新要求。一是从突出社会管理以政府为主体转为突出以社会公众需求为依归。二是从社会管理的主旨是管制和统治转向为公众提供公共服务。三是从政府办社会的理念转向“政府服务社会”的理念。四是从以行政审批为主转变为公共服务为主。

3. 社会管理机制设计的人性化

改革开放以来,随着我国社会利益格局、利益主体的多元,围绕利益竞争形成的各种社会矛盾日益突出,这要求政府在社会管理机制创新中体现人性化:建立健全畅通、有效诉求表达渠道和沟通反馈机制。这既是促进社会和谐与稳定的重要条件,又是维护最广大人民群众尤其是社会弱势群体利益的重要机制。通过政策调整、制度安排和法制规范等途径,建立健全包括利益导向、利益表达、利益约束、利益调节、利益补偿等内容的利益协调机制。

(二)社会管理体制改革与回应

对政府而言,社会管理体制变革是一场从理念到方法的全面转型,这一方面促进了政府回应向着更高效率转变,另一方面也对政府回应改革提出了挑战。

1. 社会管理体制变革的机遇

改革开放30年来,我国体制改革存在社会体制改革滞后于经济、政治和文化体制改革的现象。为此,党的十七大报告提出:“必须在经济发展的基础上,更加注重社会建设……加快社会体制改革”的新要求。社会体制是指一国的社会结构和组织管理社会活动的方式方法、组织形式、组织机构的总称。其中,社会结构指具有长期持续性,稳定且有规律的社会互动关系模式,支配着人们互动的规则或规范。如果说我国改革开放以来的发展是不平衡的,那么从总体上看,首要的是经济与社会两大系统之间的发展不平衡,典型的是经济结构变迁快于社会结构,表现是:农业经济在国民经济所占的比重已很小,而农村人口和农村社会的变迁却比较滞缓。

社会建设是社会管理的前提和环境,只有加强社会建设才能改革和加强社会管理。党的十六届六中全会通过的《中共中央关于构建社会主义和谐社会若干重大问题的决定》指出，要“从各个层次扩大公民有序的政治参与，保障人民依法管理国家事务、管理经济和文化事业、管理社会事务”。基于此，从政治学看，我国基层民主政治制度的发展和完善，为提高公众政治参与度和社会管理能力，形成公民的普遍责任意识，增强公众对政府的回应能力等创造了条件；从经济学度看，加强社会建设，才能形成并进一步确立和完善市场主体的地位，才能要求市场主体秉承责、权、利有机统一的原则参与社会回应，才能通过政府与社会的相互回应来降解或分解国家、政府社会管理的部分成本；从政治社会学角度看，公共事务是全社会的共同事务，因而加强社会建设，既为政府改革社会管理体制，政府职能转型和提高公共管理效率和增加公共产品供给创造了条件，又为社会组织、公民等多元主体在共同建设、共同享有的互惠基础上，与政府互动、合作和共同行动创造了条件。

当政府与社会及公众之间主要是管制关系时，会造成政府责任机制与社会及公众需求之间的部分分离，并阻塞政府回应的途径。在改革开放中，市场主体地位的重新确立和“依法自治”的推进——“实行自我管理、自我服务、自我教育、自我监督”，社会管理主体的多元化要求政府回应途径重建。多元社会管理主体地位的重新确立，得到了国家制度化的支持，提高了公民参与政治过程的可能性，增进了其参与能力，公民地位的凸显增强了公民与他们的代表机关的联系（客观上疏通了一条重要的回应渠道）。同时，政府为有效回应公众需求和促进政府职能转变、建设服务型政府，也需要重建回应途径、增强政府回应方式多元化和灵活性，推动政府回应走向制度化，进而增强政府回应力。

2. 社会管理体制变革的挑战

在市场经济条件下，市民社会的发展，有赖于社会组织、社团和各类自组织的管理体制、机制的改革与发展。在此基础上，通过加强社会建设形成的“社会治理”格局，才能有区别于传统的政府管理模式：一是社会管理的主体多元和公共管理的部分权力回归社会；二是公众的普遍参与形成社会责任普遍化和制度化社会回应；三是治理者与被治理者的身份具有交叉，并在政府与社会之间形成一种协商、互动和多维度合作的关系；四是政府通过加强社会建设，能够向社会多元主体分解治理成本和得到市场的回应。

改革开放中，我国社会建设的滞后，一方面影响到我国市民社会的发展程度和水平，另一方面影响到我国社会管理体制改革的进程。市民社会是国家之外的所有民间组织或民间关系的总和，其组成要素是各种非营利组织和公民自发组织的运动等。① 从一定意义上说，市民社会是政府与公众的连接带，起着上情下达、下情上传、相互回应的重要作用，是政府回应信息收集的重要渠道和环境。同时，市民社会的发展也能起到政府行为“缓冲区”的作用与功能，政府回应行为通过市民社会进行缩小或放大，并最终与公民个体发生联系。所以市民社会的发育对政府回应具有重要意义。在我国，根据《社会团体登记管理条例》规定，社会团体受登记机关和业务主管单位的双重领导。在政企分开、企社分离和政社分离的改革中，就各类社团内部管理体制而言，我国的改革正处于摸索阶段尤其是在社团内部的领导制度、财物制度、民主参与制度和社会监督制度等方面，还存在不健全、不完善和各地区改革进程不平衡的情况。当市民社会的发展程度低和社会组织、社团及自组织内部管理体制机制改革不充分时，对政府回应的制度化和回应能力的强化都将是一大挑战。

三、政府责任与社会回应

构建服务型政府、促进政府职能转化，是建设社会主义和谐社会

---

① 谭亦玲：《浅析政府回应性及中国政府回应面临的挑战》，载《社会科学纵横》2004 年第 2 期。

目标的应然需要。服务型政府责任的履行与社会回应的发展有机联系。

（一）“政府责任”的逻辑语义

对政府责任的认识是逐层深入的过程。分析政府责任在不同语境中的语义，比较政府责任与相近概念的关系，将更为清晰地展示政府责任的内涵。词语本身的含义始终会打上时代的烙印，并反映社会的要求。“政府责任”这种带有政治意义的词语，不仅具有特殊含义，而且反映着特定时代的社会诉求。①

“政府责任”在《现代汉语词典》中没有相应的词条，而在英文中的译法又是多样的。虽然“Government accountability”或“Government responsibility”都可以译为政府责任，但在政治学中通常将其译为“Government responsibility”。Responsibility 在英语中更强调“责任、职责、义务”，即隐含了与职责、任务、义务相关的责任，因此，“Government responsibility”一词，是“政府责任”最准确的译法。

（二）政府责任与责任政府

在当代世界，虽然各国政治体制、行政管理体制存在差异，但大多追求“政府责任”与“责任政府”的行政理念与模式，即体现了现代政府的“责任”意识。政府责任是一种责任形式，推崇“负责任的政府”。政府是责任主体，政府对自己的各种行为或制度设计承担相应的责任，并对政府的消极行为进行制约，如政府可能因为自身的行为或制度设计而承担社会的经济责任、制度责任、生态责任等多种形式的责任。“责任政府”是现代社会管理中的一种施政方式，它着重强调责任，体现了现代“责任”的三层含义，即责任是政府的义务或职责，对自身的行为负责，接受相应的追究和制裁。

政府责任是一种制度观念，它是通过一系列的宣传教育及制度规定最终把责任的履行内化为政府及其公务人员的一种基本观念。

---

① 陈建先：《政府责任的多维度》，载《广州大学学报》2006 年第 6 期。

责任政府则是一种典型的制度设计，它是通过优化的机构设置和制度搭配保证责任得以履行的一种制度机制，如代议制民主政府及我国的议行合一的民主政府等。① “政府责任”与“责任政府”是相互促进、共同进步，反映了政府民主与法治、回应与治理、权力与责任的统一。

（三）政府责任与社会回应

在政府与社会的二元关系中，社会是政府的一个维度。无论是在传统体制下政府对社会的纵向控制，还是现代治理中政府与社会的横向互动，政府与社会的关系都是衡量和界定政府责任的维度。

1. 政府责任与政府回应

政府回应对于政府责任的承担和落实，具有不同的功能与目的。一是提高和显示政府判断、把握事物发展基本趋势的能力及作为。二是促进政府自身依法行政。政府依法行政是社会依法自治的条件，并承担着为社会提供制度供给的责任。三是政府回应是促进服务型政府、责任型政府建设和转变政府职能的机制。四是政府回应促进政府随着部分公权力回归社会而分解治理成本，以激发社会活力的机制。五是政府回应是政府落实公共政策，化解社会冲突，维护社会良性运行与促进社会和谐的重要机制。

2. 社会回应中的政府责任

社会回应作为政府责任发展和落实的基本社会条件，是与社会回应的功能及作用有机联系的：一是发展社会回应有利于促进政府与社会的沟通、交流、达成共识，从而建立共同的政治愿景，即为政府履行责任提供环境；二是发展社会回应有利于促进政府体制改革、职能转化，建立公共服务型政府、责任政府；三是发展社会回应为政府落实发展人民民主加强基层民主政治建设的目标，增强和提高组织、社团、自治组织及公民等自治能力和自治水平，提供了机制与条件；

① 陈建先：《再议政府责任与责任政府》，载《重庆行政》2006 年第 3 期。

四是发展社会回应是政府提高非政府组织及公民对政府方针政策的认同度和回应度、增强公共信任和促进社会互信、化解社会矛盾和增强社会团结、促进社会稳定与和谐的重要条件与机制。①

3. 政府责任落实的社会回应条件

“社会主义民主政治是民主政治的高级形态，其本质是人民的统治，必然要求建立责任政府体制。”②在构建和谐社会的过程中，政府的发展战略、规划、公共政策、社会管理措施等，不仅需要而且应该得到社会广大成员的理解、认同、支持、参与和同构。在这个意义上，发展社会回应是政府责任的有机组成部分。同时，社会回应的发展为政府自身承担和更好地落实其责任创造了条件，并为政府回应社会、履行社会承诺、落实责任提供了一种机制。

第三节　我国政府建设与社会回应

温家宝总理在2006年第十届全国人大四次会议上作《政府工作报告》时提出，要加强政府自身改革和建设。政府建设是一个系统，但根本目标是建立一个服务、高效、责任、信用和回应性的政府。

一、公共政策建设与社会回应

政府建设是一个系统，公共政策建设是其中之一。在传统体制下，公共政策是政府的产出。随着社会不断发展和公民政治参与性的增强，公共政策的单向输出已经不能满足社会公众及时代发展的需要。因而当代公共政策建设的重要特点是由单向输出向双向互动转变，并在政府与社会双向交流中与政府回应性息息相关。

---

① 戚攻：《论共同治理中的“社会回应”》，载《探索》2004年第3期。

② 李军鹏：《行政管理体制改革理论与实践的九大点热点问题》，载2007年11月5日《学习时报》。

(一)公共政策

公共政策(public policy)一词是在20世纪80年代由西方传入我国的。国外学者对公共政策的界说不尽相同。如从政府管理职能界说,威尔逊认为,公共政策是具有立法权的政治家制定出来的、由公共行政人员执行的法律法规。将公共政策看做一种活动过程,拉斯威尔(Harold D. Lasswell)等认为,公共政策是“具有目标、价值与策略的大型计划”。还有学者从行为准则的角度来定义公共政策,这种定义主要在国内学者中存在。[①] 国内学者把公共政策定义为:“政府针对公共问题的解决和公共事务的处理所制定和推行的政策”。[②] 其中,建设“是指促进事物发展、完善、进步的实践活动,这种实践活动带有明显的‘建设性’(constructiveness)”。[③]

从总体上看,公共政策是政府在特定时期对公共利益所做出的一种反应,以及对社会公共利益的权威性分配,而社会依照这种反应和分配进行活动。公共政策的功能主要体现在四个方面:一是利益选择;二是利益整合;三是利益分配;四是利益落实。[④] 由此,公共政策建设是围绕公共政策这一主体的发展、完善而开展的一系列具有系统性、目的性的实践活动。

(二)公共政策机制建设

公共政策机制建设是一个系统,但主要包括四个主要环节。

1. 公共政策制定机制建设

一是要建立适时调整公共政策和制定公共政策的机制。时代变

---

① 陈振明主编:《政策科学》(第二版),中国人民大学出版社2003年版。

② 尹贻林、陈伟珂:《公共政策风险评价与控制系统》,载《天津大学学报》2000年第1期。

③ 储流杰:《对“文献资源建设”的思考——兼与王春生、张婧同志商榷》,载《图书情报工作》1999年第4期。

④ 《公共政策——政府与管理者怎样制定与执行政策》,www. mlr. gov. cn/pub/gtzyb/wskt_dqkt/t20051101_70856. htm.

迁和社会、公众需求的不断变化，决定了公共政策必须适应社会快速变化的需要。二是要建立民主决策机制，以保障公共政策具有较高的公平性和普适性。目前，在公共政策的规划阶段比较科学的方法是先委托或外包给专家智囊机构，然后再由政府决策。

2. 公共政策执行机制建设

从一定意义上讲，制定公共政策不是目的，而执行是关键。公共政策的执行过程，实质是政府实施公共管理的过程。这一过程同时也是多元社会力量参与互动并实践的过程。公共政策执行的绩效问题，关联并决定着政府管理公共事务的能力，但这种能力的体现或展现是以社会及公众的“满意”与否为衡量标准的。因而，建立科学、系统的执行机制，是政府的责任。主要包括：统筹协调机制、监督制约机制、反馈预警机制、全面考核机制、及时修正机制和责任追究机制等。

3. 公共政策评估机制建设

公共政策评估是指这样一个领域的工作：努力用多种质询和辩论的方法来产生和形成与政策相关的信息，并使这些信息有可能用于解决特定背景下的公共问题。① 政策评估既有决策前的评估，又有对政策执行过程的评估，还有对政策实施结果的评估。政策评估既包括政府及政府组织内部评估，又包括社会及公众的评估。从一定意义上说，后者的评估，具有最终检验的性质，而且评估维度包括通过多元社会回应主体的回应度来测评和效验公共政策。目前，我国一些地方政府已较为普遍地在尝试决策前的政策评估，如各种听证制度的建立，关于某一公共政策征求社会精英的意见等，但对于政策执行过程评估和对政策实施结果的评估，尚处于起步阶段。

---

① 弗兰克·费希尔：《公共政策评估》，中国人民大学出版社 2003 年版，第 3 页。

4. 公共政策责任机制建设

公共政策的制定和实施关系到社会稳定与发展,公共政策的制定者、执行者都应负有一定的责任。为此,必须建立严密的公共政策责任机制,在公共政策制定、实施的各个环节进行监督,保障公共政策的正确性和目的的实现。

(三)公共政策建设与社会回应发展

公共政策是政府对社会及公众意愿与诉求的回应,需要广泛的社会回应给予支持,而公共政策建设就是为了更有效地回应社会及公众。

公共政策在目标确定、政策制定、政策实施和政策监督上都需要社会回应。从一定意义上讲,社会回应和社会回应度,社会回应度所包含的向度、广度、强度、深度等是判断、评价公共政策科学性、有效性和公正性的重要维度。政策的受众是公众,他们能否理解、认同并接受和积极实践,是判断公共政策科学性、有效性和公平性的关键,而且决定着政策能否顺利推行。在现实中,一些地方政府公共信任危机的发生,与其政策制定的封闭性、非科学性,或在实施过程中偏离公共利益这一公共政策的基本立足点和最终归宿的价值取向,是有关系的。

由此,公共政策是政府回应社会及公众的基本形式之一(制度回应),但其内容与形式的科学性、有效性和可操作性与社会回应相联系。在这个意义上,社会回应既是政府回应的维度,也是判断和评价公共政策的维度。

二、政府信用体系建设与社会回应

党的十六届三中全会通过的《中共中央关于完善社会主义市场经济体制若干问题的决定》,首次将建立健全我国社会信用体系作为完善社会主义市场经济体制的一项重要内容。温家宝总理在十届全国人大二次会议上作《政府工作报告》时指出:要加快社会信用体系建设,抓紧建立企业和个人信用信息征集体系、信用市场监督管理体系和失信惩戒制度。

(一)政府社会信用体系建设

信任是信用的文化基础与环境,信用是信任关系的深化和制度形式,二者不属于同一理论域。在社会交往中,信任表达一种关系文化,属于伦理学和心理学范畴,信用是一个法学与经济学范畴。信任不能替代信用,也不能直接决定经济生活中的信用(等级),甚至在某些情况下,现代信用不一定需要伦理学意义上的信任。① 从法学和经济学角度看,"广义的信用是指参与经济活动的当事人之间建立起来的以诚实守信为基础的践约能力;而在现代市场经济条件下的狭义信用,是指受信方向授信方在特定时间内所做的付款或还款承诺的兑现能力,也包括对各种经济合同的履约能力"。②

1. 政府信用在社会信用体系中的"地位"

提高政府执行力、公信力和回应力,是政府建设的重要内容。这涉及政府信用体系建设。信用指"遵守诺言,实践成约,从而取得别人的信任"。③ 社会信用体系建设是一个系统,包括政府信用或公共信用、企业信用以及个人信用(本书主要探讨政府信用体系建设)。在世界各国,政府信用体系建设都是社会信用体系建设的核心和关键。所谓政府信用是关键,主要是指政府行政和司法的公信力,以及政府在社会信用体系建设中特定的角色扮演。企业信用是建立社会信用体系的重点和突破口,而个人信用是基础。

2. 政府信用体系建设是政府的责任

一个国家的社会信用体系建设,实质是国家法制体系建设。政

---

① 戚攻:《公共信任重建的结构冲突》,载郭济主编:《政府社会管理与公共服务改革》(论文集),重庆出版社 2005 年版,第 454 ~458 页。

② 课题组:《建立我国社会信用体系的政策研究》,载《经济研究参考》2002 年第 17 期。

③ 夏征农主编:《辞海》(缩影本),上海辞书出版社 1999 年版,第 1078 页。

府信用体系建设是政府依法执政的前提条件。在当代社会，信息技术发展和互联时代的到来，客观上既促进了政府行政的透明，又扩大了公众参与社会管理和与政府互动的可能性。同时，随着我国市场化社会转型的深化，我国社会信用体系的重建，既是建立社会主义市场经济体制的应然要求，也是服务型政府的基本责任。

政府信用体系涉及的是政府公信力问题，政府的公信力主要是指政府的诚信度，政府的服务程度、政府依法行政以及政府的民主化程度等几个方面。由此，政府信用体系主要是指具有完善并能充分执行的法规体系、有公开透明的信息披露体制与机制，高效、廉洁、奉公的政府行政人员等。

3. 政府信用体系建设的主要内容

政府社会信用体系建设是指“建立政府信用信息系统；建立和完善政府信用责任制；建立行政承诺兑现制度；建立公务员信用教育制度；完善民心工程督办考核制度；建立政务公共信息平台；完善政府重大决策专家咨询论证制度”①。主要包括：一是坚持党的领导、人民当家作主、依法治国有机统一，坚持和完善人民代表大会制度、中国共产党领导的多党合作和政治协商制度、民族区域自治制度以及基层群众自治制度，不断推进社会主义政治制度自我完善和发展。在此基础上，树立执政为民的信念和言行一致的良好作风。因为执政为民是我国人民政府的根本宗旨。二是贯彻落实依法治国方略，坚持依法行政。“信用的基础是法制，信用缺失的实质就是法律的失范，信用体系的建构与相关法律制度的健全是一个相互促进的演变过程”，②政府能否严格执法、依法办事是能否实现政府信用的关键。三是按照党的十七大报告的要求，“坚持国家一切权力属于人

① 陈娟：《构建政府企业个人3大信用体系　“信用昆明”8年建成》，载2005年12月19日人民网。

② 王琳：《健全信用体系应从政府信用抓起》，载2007年4月28日《北京青年报》。

民，从各个层次、各个领域扩大公民有序政治参与”。在此基础上，建立公开透明的消息披露制度。2007年公布的《中华人民共和国政府信息公开条例》，正是对政府信息披露制度的完善，为公众对政府信息的了解提供了一个平台。这是建立政府信任体系的重要基础。四是树立廉洁高效的政府形象。按照党的十七大报告的要求，“推进决策科学化、民主化，完善决策信息和智力支持系统，增强决策透明度和公众参与度，制定与群众利益密切相关的法律法规和公共政策原则上要公开听取意见”。与此同时，加强对公务员信用教育，建立健全对政府社会信用的监督、考核与惩戒机制。五是按照党的十七大报告的要求，建立和完善权力在阳光下运行的机制，坚持“人民依法直接行使民主权利，管理基层公共事务和公益事业，实行自我管理、自我服务、自我教育、自我监督，对干部实行民主监督，是人民当家作主最有效、最广泛的途径，必须作为发展社会主义民主政治的基础性工程重点推进”。

（二）政府信用体系与社会回应发展

政府信用体系建设的过程，实际上也是一种加强政府回应的社会能力和提高政府回应性的过程。政府信用体系建设中加强政府的服务水平和执政力度，实际上就是政府社会回应的体现。因此，加强政府社会信用体系，适应社会发展、回应社会，是政府的基本责任。

政府加强自身信用体系建设，从而带动全社会的社会信用体系建设，既是提高社会回应度的重要条件，又是提高社会回应度的重要机制。在这个意义上，建立公开、透明的政府信息披露制度，是加强社会回应和提高社会回应度的一个重要内容和条件，也是增强政府回应性和回应的有效性的重要条件。

三、政府社会舆论建设与社会回应

社会舆论即公共舆论。政府对社会舆论建设的过程，也是政府对公共舆论的快速了解和对公众形成的普遍看法和观点进行引导、影响的过程,即政府对社会舆论的回应过程。

(一)政府社会舆论建设

社会舆论既可促进社会的稳定与发展,又可影响政治的稳定和政权的巩固。随着传播工具的现代化,社会舆论的影响力和作用在不断扩大。政府加强社会舆论建设是政府的基本责任。

1. 社会舆论的含义

社会舆论也称为公共舆论(public opinion)或舆论。社会舆论是"不同阶级、不同团体和群体对社会问题所持的一致意见,是人类社会中普遍的集合意识和整体知觉"。[①] 也可以理解为一定区域内社会生活某方面具有主导性、倾向性和评价性的看法、意见或意识。[②]

社会舆论有两个层次上的含义:一是由政府、政党大众传播工具或媒体有目的性的引导形成的;二是大众自发形成的街谈巷议。前者较后者在范围上要广、影响力上要强,但是二者在一定程度上是可以转化的。同时,社会舆论又有正向舆论和负向舆论之分,正向的社会舆论对社会、个人都具有正面的积极的意义。

2. 政府社会舆论建设

政府在社会舆论建设过程中扮演着举足轻重的角色。为此,党的十七大报告指出:要坚持正确导向,弘扬社会正气;切实把社会主义核心价值体系融入国民教育和精神文明建设全过程,转化为人民的自觉追求;积极探索用社会主义核心价值体系引领社会思潮的有效途径,主动做好意识形态工作,既尊重差异、包容多样,又有力抵制各种错误和腐朽思想的影响。

第一,建设舆论监督制度。舆论监督本来就是社会舆论的重要功能之一,也是政府舆论建设的题中之义。它是一种以权利制约权力的方式,也是一种民主的监督机制。建立法定的监督机制、建立与

---

① 刘建明主编:《宣传舆论学大辞典》,经济日报出版社 1993 年版。

② 秦德君:《公共舆论促进和谐社会建设》,载 2007 年 2 月 7 日《学习时报》。

舆论直接相关的法律法规,是建立良好的舆论监督制度的保证。

第二,加强对社会的舆论导向。舆论既可成为政权稳定、社会和谐的有力武器,也可构成对社会的威胁。因此,政府需要综合运用行政权力、法律权力,引导社会舆论,加强对社会舆论导向的监督和积极进行引导,并努力将对社会有负面影响的舆论加以抑制或消除。

第三,积极培育公民意识,努力"建设和谐文化,培育文明风尚。和谐文化是全体人民团结进步的重要精神支撑。加强社会公德、职业道德、家庭美德、个人品德建设,发挥道德模范榜样作用,引导人民自觉履行法定义务、社会责任、家庭责任"。

第四,"加强和改进思想政治工作,注重人文关怀和心理疏导,用正确方式处理人际关系。动员社会各方面共同做好青少年思想道德教育工作,为青少年健康成长创造良好社会环境。深入开展群众性精神文明创建活动,完善社会志愿服务体系,形成男女平等、尊老爱幼、互爱互助、见义勇为的社会风尚。弘扬科学精神,普及科学知识。"①

(二)政府社会舆论建设与社会回应发展

社会舆论既是包括政府在内的各种社会组织了解民情民意的重要方式之一,也是政府通过对其施加方向性引导或调控以巩固政权、维护社会稳定的一种重要手段。社会舆论的最终形成一般要经过四个阶段,而且四个阶段都直接与社会回应紧密联系:酝酿阶段、表达阶段、整合阶段和最终形成阶段。② 而一般在第三、四阶段(尤其是第三阶段),会涉及对公众意见的引导,也是最终形成公众认可和接受的比较一致的社会舆论的关键时期。不论是社会舆论制度的建设,还是对社会舆论的监督、引导,实际上都是政府对社会舆论做出

---

① 胡锦涛:《高举中国特色社会主义伟大旗帜 为夺取全面建设小康社会新胜利而奋斗》,人民出版社 2007 年版,第 35 页。

② 赵兴伟:《社会舆论形成机制的哲学分析》,载《攀枝花学院学报》2005 年第 3 期。

回应。如在第三阶段中政府会对一些经过表达的社会舆论进行自然性引导或强制性引导、调控，为正向性的社会舆论发展创造条件，同时对可能危害社会发展的或潜在威胁的舆论采取相应措施。在这个意义上，政府社会舆论建设过程，也是政府回应与社会回应互促与共同发展的过程。

四、政府信息化建设与社会回应

现代政府是一个信息化、网络化和高效的政府。因此，加快电子化政府建设，提高其信息技术水平，是增强政府的回应性的基本条件。

（一）政府信息化建设

在当代社会，信息化建设是政府工作的重要组成部分，建立“电子政府”，是提高政府办公效率、塑造现代政府形象的客观要求。

1. 政府信息化

随着20世纪90年代信息技术的不断创新，信息产业持续发展，我国政府信息化也在这个阶段取得了长足的发展。政府信息化，主要是指政府部门为更加经济、有效地履行职责，为全社会提供更优质的服务，而广泛应用信息技术、开发利用信息资源的活动和过程，而且政府信息化的最终目的是建立电子政府。① 政府信息化是我国政府改革题中之义，是我国政府为进一步提升政府办事效能而对政府进行的一场持久的改革。

“政府信息化”与“电子政务”是有区别的。电子政务是指政府机构应用电子计算机和网络通讯等技术，在局域网或互联网上开展对机构内部事务和社会公共事务的管理，它以网络为主要载体，以政府业务流程的优化、改造为主要对象。而政府信息化的内涵和外延

---

① 黄梓良：《关于推进我国政府信息化的措施探讨》，载《图书工作与研究》2003年第4期。

都要比政府电子化丰富得多。

政府信息化是工业时代的政府向信息时代的政府演变的过程。政府信息化就是应用现代信息和通信技术,将公众诉求渠道和政府回应渠道通过网络技术进行集成,对政府需要的和拥有的信息资源的开发和管理,来提高政府的工作效率、决策质量、调控能力、廉洁程度,节约政府开支,改进政府的组织结构、业务流程和工作方式,使得政府与公众间的"无缝链接"成为可能,即政府回应将超越时间、空间与部门分隔的限制。

2. 政府信息化建设

为推进政府部门办公的自动化、网络化、电子化和全面信息共享,提高我国政府信息化水平,2001 年国务院办公厅制定了全国政府系统政务信息化建设的 5 年规划,对政府信息化的指导思想、方针、政策等作出了明确规定。

据国际上的一些权威研究报告显示,发达国家信息化项目失败率高达百分之六七十。① 为此,中共中央办公厅和国务院办公厅在 2006 年发布了《2006～2020 年国家信息化发展战略》。但是,与发达国家相比,我国政府信息化还只是处于较低的水平,在政府信息化建设中还存在着许多问题:一些地方政府的信息化发展水平差距较大,一些地方政府信息化管理体制与机制不健全,相关法律、法规不完善等。为此针对政府信息化建设提出以下建议:

第一,加快基础设施建设。政府信息基础设施主要是指政府信息网络、政府信息资源及政府信息装备。主要包括:一是政府信息网络建设,主要指推动各级政府机构之间、同级政府机构之间的通讯网络建设,建立政府信息服务网站,而许多地方政府正在实行的"一站式"服务,就是政府内部统一的网络设置的结果;二是加大信息的采

---

① 郭站君、张春鹏、郭宇:《浅析对政府信息化建设认识的一些误区》,http://mie168.com/E-Gov/2005－03/33078.htm.

集、筛选、分析、整合力度,并发展经济、贸易、环境、科技、新闻出版等政府部门主导的公用电子资料库,扩大政府信息数字化的交流度;① 三是适时更新政府信息化设备,提高政府信息设备普及率,使设备的效用达到最大化。

第二,创新管理体制与机制。主要包括以下几个方面。一是信息化管理体制中存在着职能分散、协调难度大等问题,必须进行体制改革和机制创新,实现集规划、协调、管理、监督于一体的信息化管理体制。二是加强政府应急系统的信息资源管理建设,建立健全一个有效的政府信息管理体系和健全的信息发布机制。② 三是信息化人才队伍建设。要搞好政府信息化建设,政府部门人才队伍建设是关键。政府部门在培训现有人员的基础上,应注重专业人员的引进,以较优惠的政策、宽松的环境吸引优秀人才,加快政府信息化进程。四是有效开展政府消息公开与加强政府信息安全。政府信息公开的目的是为了让公众更好地了解政府的作为,增加政府的工作的透明度和公正性,但同时要加强对政府相关信息的保密制度及机制建设。

(二)政府信息化建设与社会回应发展

政府信息化建设的本质不是利用信息化来实施管制,而是拓宽政府与公民的沟通,更好地为公众提供公共服务。③ 加快推进政府信息化建设,不但对转换政府的运行机制、促进职能转变、提高政府的管理绩效、节约行政成本、增加政府的运作透明度、促进廉政建设、提高政府决策科学性和公共政策的品质有重大的积极意义,而且对

---

① 黄梓良:《关于推进我国政府信息化的措施探讨》,载《图书工作与研究》2003 年第 4 期。

② 李春喜:《新疆启动全区政府信息化建设　总结抗 SARS 经验》,载 2003 年 6 月 13 日《国际金融报》。

③ 唐钧:《如何定位政府信息化建设的本质》,载 www. enet. com. cn/article/2006/0605/A20060605538467. shtml.

提高政府的反应能力和回应力,也具有十分重要的意义。

1. 信息占有的公平与政府责任

对政府而言,信息占有公平就是要增强政治及管理过程的透明度,这是“健全党委领导、政府负责、社会协同、公众参与的社会管理格局,健全基层社会管理体制。最大限度激发社会创造活力,最大限度增加和谐因素,最大限度减少不和谐因素”①的应然要求。

在现代社会,信任与信息紧密相关。当信息时代向人们走来时,信息流通与占有方式、信息的公开性、可靠性与时效性,以及“信息差距”、“信息失序”的客观存在,都将影响甚至决定公共信任、社会互信的强弱度。② 随着信息时代的到来,“信息多元化将导致注意力稀缺”,而且信息的“可靠性是一种非常重要的资源,而非对称的可靠性是权力的一个关键性资源”。③ 党的十七大报告指出要“完善各类公开办事制度,提高政府工作透明度和公信力”。政府信息化建设的一个重要责任,就是增强政府信息的公开性和保障公众尤其是处于社会弱势地位的人群对信息占有的公平,即保障信息的可靠性和对称性,既是政府公共管理的重要职责和提升政府回应效度的重要方法,又是寻求社会理解和支持各种改革政策的一项重要工作,也是提高社会注意力和社会回应度的社会条件。

2. 政府信息化建设促进社会回应

政府信息化建设对社会回应的促进表现在:一是政府信息化建设为政府与公众的沟通、交流提供了技术平台;二是政府信息化建设为公众反映诉求和咨询政策提供了条件;三是政府信息化建设为政府自身收集民情民意,及时调整或修正政策、降解政策风险创造了条

---

① 胡锦涛:《高举中国特色社会主义伟大旗帜 为夺取全面建设小康社会新胜利而奋斗》,人民出版社 2007 年版,第 40—41 页。

② 戚攻:《转型期“信任”重建的社会学分析》,载《探索》2003 年第 5 期。

③ 基欧汉、奈:《信息时代的权力与相互依存》,转引自《国外社会科学前沿》,上海社会科学院出版社 1999 年版,第 458 页。

件；四是政府信息化建设为提高社会回应度，引导公民有序政治参与创造了条件，等等。

从总体上讲，政府与公民借助现代信息和通讯技术建立的互动型沟通网络，打破了时间、空间及部门与层级之间的限制，既有利于及时传达政府的施政意图和方针政策，又有利于收集和吸纳民情与民智，从而既促进政府回应能力的提高，又提高社会回应度。

第五章　社会回应条件研究

回应是一个具有连续统特征的社会过程，但在回应关系发展的不同阶段，对应着不同的条件。因此，回应条件是回应关系发展的基础，是多元主体参与回应关系建构的“要件”。

第一节　社会回应条件通说

对社会回应条件分类标准的不同，决定着研究取向的差异。所谓“通说”是基于结构理论的视角和强调“条件”的一般共性特征。

一、社会回应的基础条件与可塑条件

社会回应的基础条件是指影响甚至决定社会回应主体的构成、行为选择以及社会回应关系建构的外部因素的总称。主要包括：人口的数量、群体的社会属性、文化程度，一定的经济社会发展水平、群体的制度化程度、政府社会控制等，都是影响和制约社会回应的基础条件。

（一）社会回应的基础条件

在现实的社会回应过程中，没有一定的基础条件支撑（又称基

本条件），就没有社会回应关系的发生和良性建构的持续。在我国村民自治和城镇居委会自治发展中，《中华人民共和国宪法》关于“城市和农村按居民居住地区设立的居民委员会或者村民委员会是基层群众性自治组织”的规定，以及1989年颁布的《中华人民共和国城市居民委员会组织法》、1998年11月4日九届全国人大第五次会议审议并通过新修订的《中华人民共和国村民委员会组织法》和2000年11月19日中共中央办公厅、国务院办公厅批转《民政部关于在全国推进社区建设的意见》（中办发[2000]23号）等，就是农村村民和城镇居民社会回应的基础条件。“建设社会主义新农村”既是党和政府的诉求，也是广大农民的愿望，这一共同回应关系的建构，客观上都受制于当地一定的经济社会发展的条件，而这样的“条件”即为基础条件。政府作为社会管理者，其自身的依法行政和在纷繁复杂的现代社会中保障各个子系统始终处于一种良性的、相互回应及相互促进的运行状态，以及多元社会主体的互动、同构乃至共赢的有序实现，都需要法律制度来指导、规范和控制，于是依法治国、依法行政、依法自治等制度安排，既是政府回应的基础条件，又是社会回应的基础条件。

基础条件与一定社会的发展水平、状态、程度等相联系。同时，基础条件也是动态变化的，而且具有建构性或可塑性特征。改革开放以来，随着计划体制解构，一方面我国社会回应主体重新获得了相对独立的市场主体地位，这成为社会回应主体成长和发展的基础条件；另一方面，我国社会回应主体相对独立的市场主体地位的确立和权利的维护与实现，又是一个重新建构的过程并具有可塑性特征。

（二）社会回应的可塑条件

就基础条件与可塑条件而言，前者侧重强调影响人们及事物发展的客观实在性，后者侧重强调人们的主观能动性和创造性。一些基础条件与可塑性条件可以互促甚至转化。正如政府制度回应的重要形式之一是制定公共政策，而公共政策的实施及有效性，却受制于社会回应主体的认知与发展,即公共政策本身是可塑和需要与时俱进的。同时,这也表明:政府回应与社会回应是一种相互促进、承继和在一定条件下可能发生转化的同构关系。

二、社会回应的制度条件与非制度条件

基于社会学视角,制度(institution)是由一组相互关系的社会角色所组成的社会结构,它制订适当的、期待的规范、价值、地位及行动,以追求社会或个人的目的、目标。① 在这个意义上,制度条件既指一种由制度化形成的具有刚性的社会结构,又指一种规制和影响所有社会成员心理和行为的人文环境。

(一)社会回应的制度条件

一定的制度条件,对一个社会的运行及发展产生着重要影响。新中国成立后的社会转型,因社会主义基本制度先于其整体工业化进程的事实,不仅形成和培育出不同于19世纪西方先发国家社会转型的政治、经济和社会结构及文化基元,而且对我国改革开放以来由新一轮工业化和市场化使然的社会结构转型构成了强大的规制。② 随着党的十五大的召开,我国的基本经济设置是"以公有制为主体和多种所有制经济共同发展",这一设置的变化,不仅对政治体制改革及政府职能转变形成了规制,而且对我国社会多元所有制关系的建构和多元社会回应主体的发展提供了条件。

社会制度是一个系统并具有分层性,制度条件也是一个系统,并对系统内部的资源配置及机会分配具有决定作用。我国建国后长期以来实行严格的户籍制度和身份管理制度,在一定程度上加深了我国农村的低度发展和农民的贫困。为此,党和政府从构建社会主义

① 蔡文辉、李绍嵘编撰:《简明英汉社会学辞典》,中国人民大学出版社2002年版,第100页。

② 戚攻、郭勤:《论我国社会转型的同源性与非同源性》,载《重庆大学学报(社会科学版)》2006年第4期。

和谐社会的战略高度(目标)做出了新的制度回应——建设社会主义新农村,并以“统筹兼顾”原则修复和矫正制度系统中某些社会政策的潜在功能,如深化农村经济体制改革、调整农业产业结构、完善各种支农、扶农和促农政策、加快农村剩余劳动力转移和促进就业、提高农村居民的基本生活水平等。党和政府分层性的制度回应,对于促进农村经济发展和社会进步,保障所有社会成员共享发展成果,有着十分重要的意义。

在社会发展中,制度条件与非制度条件都会对社会回应产生重要的影响。正如有学者从研究制度结构的视角指出,“社会的制度化结构有着漫长的系统发育史。一方面,从原始氏族部落开始,各种形式相对不确定,结构松散的习惯、仪式、习俗等历经演变,渐趋成热,其中相当一部分经过公共权力认可后成为当代社会的重要结构,并继续以其习惯力量对群体生活发挥规制作用;另一方面,理性提炼在社会结构进化中也起到了重要作用,尤其是现代社会的制度化结构,尽管并没有完全摆脱系统发育的特征,但总体上更主要的是一种理性设置和构建。尽管这种构建也受具体历史境遇的限制,但它的主要部分已经摆脱了纯自然的历史演变模式,突现出人文筹划的显明特征。”①因此,社会回应的发展既受到制度因素的制约和影响,又受到非制度因素的影响,而且在社会回应关系网络中,非制度因素及条件的影响,有时还显得更胜一筹和持久。风俗、道德、价值观念、思维方式等,从某种意义上讲具有跨越制度条件——特定时空环境的特征,并对社会和社会成员的心理及行为产生深远的影响。

(二)社会回应的非制度条件

社会回应中的非制度条件与政府回应中的制度条件是一种相辅相成的关系,而且从总体上讲,制度条件对非制度条件具有规制作

---

①　杨亮才、杨育民:《论制度化机制及其缺陷的价值补偿》,载《学术交流》2003年第3期。

用。面对改革开放的新形势,在观念方面,政府回应更注意解决多元价值观的社会整合问题,如重塑“社会主义荣辱观”等;在社会规范方面,政府回应更注意解决多种规范相互冲突的问题,如提出“依法治国”和诚信建设等;在社会政策方面,政府回应更注意解决改革中各种社会政策的“潜在功能”①问题,如提出“统筹兼顾”的社会政策等。但是,在解决社会发展中的各种矛盾时,由于制度条件是刚性的和有限的,而非制度条件则是广泛的和弹性度更强,因而“加强社会主义法制建设,要同加强思想道德建设紧密结合起来”,即“法是他律,德是自律,需要二者并用”②。又如,实行“计划生育”政策减缓了人口的增速和实行“九年制义务教育”提高了人口素质,是国家(政府)和人民的共同愿望。而共同回应关系的建构,既需要制度条件,也需要非制度条件。

三、社会回应的前提条件与后置条件

不同社会回应关系的建构有不同的条件,而不同的条件是不同回应主体形成的前置条件,并且可分为普适性条件和特殊性条件两类。这里的“普适性”是指适用于各种不同回应类型的条件,而“特殊性”是指适用于某一种回应关系的条件。

(一)社会回应的前提条件

前提条件在很大程度上影响着社会回应关系的建构,以及社会回应主体的形成和主体的回应度及回应方式的选择。如社会网是多元主体和社会个体实现社会回应比以往更快速、更广泛的前提条件;

---

① 戚攻:《论转型期“社会遮蔽”》,载《社会科学研究》2005 年第 1 期。罗伯特・默顿从功能主义认识社会制度的方法和把“可见功能”(“manifest functions”)与“潜在功能”(“latent functions”)区分开来的理论贡献,提供了认识这类问题的视角。参见文森特・帕里罗等著,周兵等译:《当代社会问题》,华夏出版社 2002 年版,第 19~20 页的分析。

② 《江泽民文选》第 1 卷,人民出版社 2006 年版,第 643 页。

政府信息化建设，既是政府回应可以借助的方式之一，也是社会成员回应政府的前提条件之一。国务院2005年5月1日正式实施的《信访条例》，既是政府依法回应社会的前提条件，也是民众依法回应政府，即公众的社会回应走向制度化的前提条件。这些前提条件也是普适性条件，因为它既适用于政府回应，也适用于社会回应。

在现实发展中，许多情形的演化都能够成为回应的前提条件（特殊条件）。如一些公共场所：公园、广场、街道等往往是群体性事件发生的地方，这类环境条件就是某种社会回应产生的普适性条件之一。当某些人群对他们所处的情境形成某种共同感受，或对某些社会问题产生共同看法和形成相似的普遍情绪时，普遍情绪的产生或共同信念的形成，就构成了某些突发性社会回应现象及过程的前提条件。

（二）社会回应的后置条件

后置条件与前提条件相对应，并主要体现了政府或民众通过主观努力创造回应条件，以补充和修复政府回应、社会回应前提条件的不足。后置条件形成后，在一定环境中往往会转变为前提条件，并对后续实践及社会互动关系产生影响。这类事例在现实中是很多的：人们对中国人口的不断增多和减缓人口增速的回应，必须要有政府的计划生育政策与《人口和计划生育法》作为前提条件。但是，政府在2004年针对我国农村实行了计划生育的家庭试行的"奖励扶助制度"，即是一种后置条件——政府再回应。1996年7月沈阳市在全国率先推出行政管理"公示制"，而"公示制是具有行政管理职能的政府行政机关，按照法律、法规和规章的规定，通过向全社会公开表明自己的职责范围、行政内容、行政标准、行政程序、行为时限和惩戒办法，自觉接受社会监督，从而提高行政运作的效率和质量，保证公正、合法地实现行政职能，主动为社会提供优质高效政务服务的行政管理制度"。① 这种制度安排一经形成，即由后置条件转变为前提条

① 李伟权：《政府公共决策的回应机制建设》，载《探索》2002年第3期。

件。1994 年山东省烟台市人民政府建设委员会在国内首创了“政府回应承诺制”,从 1995 年起我国部分地方政府推行“承诺制”试点,1999 年河南省人民政府建立的用人失察责任追究制度,2001 年重庆市在全国第一个实行引咎辞职制等,即是政府回应的后置条件。在没有国家或政府力量介入的社会回应关系中,多元主体之间以平等协商方式设置的所谓村规、民约即是后置条件,而这样的后置条件一经形成,便转化为对社会人际关系调整的前提条件。

由此,与时俱进地创造政府回应、社会回应和共同回应的后置条件,并把后置条件转化为前提条件和使之逐步制度化,是实现人与社会协调及可持续发展的客观需要,也是政府及全社会的共同责任。

第二节　政治经济条件与社会回应

从社会回应发展条件的类型看,政治、经济条件对社会回应的发展尤为重要。但讨论社会回应的政治、经济条件,与一定社会发展阶段相联系。

一、基层民主政治发展与社会回应

从总体上讲,基层民主政治发展的水平与程度,反映了生产力和生产关系、经济基础和上层建筑的相互适应性,并且是政府回应、社会回应和共同回应发展的重要政治条件。

(一)改革开放时期的民主政治发展

改革开放以来,党和政府摒弃了“以阶级斗争为纲”的政治发展理念,通过解放思想,回归了“实事求是”的思想路线,开始采取更加温和的、常规化的和制度化的方式与手段发展基层民主政治、完善基层民主制度。如在党的十五大报告中提出了“依法治国”的总体战略,从而要求各级地方政府依法行政、转变政府职能,实行农村村民和社区居民依法自治,并把发展基层民主政治的灌输机制,修正为提高公民素质和责任意识的培养机制。

改革开放以来,我国基层民主政治的发展总体上是良性的和协调的,而反映在社会回应关系的建构中,便是公众普遍承认我国基本政治制度,并愿意服从和愿意对其承担相应的责任和履行相应的义务。发展我国基层民主政治和完善基层民主政治制度,是构建社会主义和谐社会的需要。它不仅可以有效降低国家政治治理的成本、增强政府合法性,而且能够有效地促进国家、民族和各阶层之间的政治团结与社会整合。为此,我国党和政府历来高度重视基层民主政治发展中的制度建设。胡锦涛同志2007年6月25日在中央党校发表重要讲话时强调,“发展社会主义民主政治是我们党始终不渝的奋斗目标”。因此,改革开放以来,我们一直随着整个改革发展进程积极稳妥推进政治体制改革,社会主义民主政治建设取得了重大成果。

(二)转型期基层民主政治发展的新挑战

党的十七大报告指出,“人民当家作主是社会主义民主政治的本质和核心。要健全民主制度,丰富民主形式,拓宽民主渠道,依法实行民主选举、民主决策、民主管理、民主监督,保障人民的知情权、参与权、表达权、监督权”;强调要“深化乡镇机构改革,加强基层政权建设,完善政务公开、村务公开等制度,实现政府行政管理与基层群众自治有效衔接和良性互动”;要“发挥社会组织在扩大群众参与、反映群众诉求方面的积极作用,增强社会自治功能”①。

当前,我国正处在社会转型期,并存在社会分化速率提高、利益关系复杂化、部分社会成员心理失衡等现象和问题。这不仅使我国基层民主政治发展的方式及途径面临新的挑战,而且面临如何通过加强基层民主政治的新发展和推动基层民主政治发展走向制度化来

① 胡锦涛:《高举中国特色社会主义伟大旗帜 为夺取全面建设小康社会新胜利而奋斗》,人民出版社2007年版,第29、30页。

实现国家及社会的政治整合问题。“所谓整合，是针对社会分化产生的异质性及超越原有的规范而提出的，是指通过各种方式将社会结构的不同构成要素、互动关系及其功能结合为一个有机的整体，从而提高整个社会的一般化程度。”①政治整合具有强制性，而且是必要的，但实现我国转型期新的政治整合的路径，已不仅仅是强制方式和手段采用，也不能只是强制方式和手段的采用，而是需要按照党的十七大报告提出的新理念、新要求，创新我国转型期政治整合的新途径和新方法。在这一进程中，政府、政府机关扮演着不可替代的角色并承担着重要的责任。

（三）加强基层民主政治建设社会回应

第一，加强基层民主政治建设，培育和积极引导社会回应主体，建立有效且广泛的社会自治网络，是我国转型期实现新的政治整合的基本条件之一。

第二，推进基层民主政治的良性发展和协调运行，是各级地方政府的政治责任。如就政府回应而言，促进基层民主政治的发展和支持社会多元力量“依法自治”，能在不同社会群体之间形成一种外在的协调、监督和控制机制，这有利于政府引导和协调社会回应中不同利益群体的关系、维护公共秩序和促进社会稳定。

第三，积极参与社会主义基层民主政治建设，是全社会的共同责任。如就社会回应而言，发展基层民主政治，能在不同社会群体之间形成一种内在的协调、互促和相互制约的机制，这有利于引导多元主体有序参与社会回应，有利于促进不同阶层之间的对话与和谐，有利于通过与政府的对话、沟通进而增强公共信任和社会互信，促进社会和谐。

---

① 王彩波、李燕霞：《论制度化政治整合》，载《吉林大学社会科学学报》2003年第4期。

二、经济发展与社会回应

经济发展水平、程度、状态是影响社会回应的最重要因素，甚至在某些情况下是具有决定性意义的条件。与经济发展水平相对应的是社会体系发展的诸方面，如制度体系、社会结构、社会关系网络及生活方式等。经济发展水平对社会回应的影响，因时间、地域、制度安排、文化传统和社会回应主体等诸多因素而不同。但从整体趋势看，经济发展水平与社会回应发展水平是一种正相关关系。

（一）经济发展水平与社会回应

随着社会主义市场体制的建立和不断完善，中国经济发展水平有了前所未有的提高，与之成正相关的社会回应也充满了活力。随着以公有制为主体和多种所有制经济共同发展的基本经济制度的建立，增强和促进了我国政治体制改革、政府职能转变和基层民主政治制度的建设与完善，并为社会回应的发展提供了强大的物质支持和社会回应主体的政治话语权。

恩格斯曾经指出："马克思发现人类历史的发展规律……一个简单事实：人们首先必须吃、喝、住、穿，然后才能从事政治、科学、艺术、宗教等等。"①因而在经济发展的不同阶段，社会回应也呈现出不同的特点。胡锦涛指出：我们要清醒认识当今世界和当代中国发展的大势，全面把握我国发展的新要求和人民群众的新期待，认真总结我们党治国理政的实践经验……从我国回应关系的发展进程看，在"文革"结束的初期，中国农民走出的"改革第一步"，是农民基于自身生存需求的一种自救性的社会回应。在全面建设小康社会的新阶段，党中央作出了建设社会主义新农村的战略决策，并调整了各种社会政策，我国广大农民的社会回应开始呈现出多向度和多层次的特征——部分农民开始增加对自己经营土地的投入、农村剩余劳动力

① 《马克思恩格斯选集》第3卷，人民出版社1995年版，第776页。

在政府引导下开始有序转移、“村民自治”在农村发展和不断拓展（计划生育村民自治）、愈来愈多的农民开始关注科技在农业生产中的作用而主动参与各种学习，等等。由于我国发展不平衡以及社会分化加速，一些新兴社会阶层产生和逐渐形成，并因其经济地位的变化和出于维护自身利益的需要，而逐渐表现出对国家政治发展的浓厚兴趣，即更加关注政治领域、文化领域和其他非经济领域的事物发展的社会回应问题。

（二）经济与政治的协调发展与社会回应

经济与政治的协调发展，对社会回应的发展、社会回应主体的培育和其权利的维护与实现有重要作用。生产力决定生产关系，社会成员经济人格的实现，从一定意义上说，决定着社会成员政治人格的现实化。反之，社会成员经济人格的弱化会影响其政治人格的现实化。社会主义制度人民当家作主的本质属性，决定了我国最广大人民群众的经济人格与政治人格需要实现有机统一。在这个意义上，党中央在“十一五”规划中提出的就业乃民生之本，即是准确地回应了当前我国社会中处于弱势地位的社会成员实现经济人格与政治人格有机统一的诉求。只有当最广大社会成员的经济人格与政治人格实现有机统一，社会回应才能健康地发展，社会才能稳定并逐步走向和谐。

（三）对经济发展与社会回应关系的再思考

第一，经济发展对社会回应的发展具有重要的基础性的支持作用，因而发展经济、提高广大人民群众的物质文化生活水平，始终是发展社会回应的重要基础。

第二，经济发展的不平衡或不充分，会削弱社会回应主体的经济人格与政治人格的统一，继而影响甚至制约社会回应主体的回应能力。

第三，社会分化意味着一部分社会成员与另一部分社会成员在参与社会回应的需求上存在差异，因而地方政府需要高度重视和正确引导并规制处在社会强势地位的人群及个体的政治诉求的发展方向。

第四，各级地方政府应高度重视并积极实施就业、再就业工程，坚决杜绝一些地方政府对本地区失业人口数量比例的瞒报和虚报现象，并积极关注本地区社会弱势人群参与社会回应的能力、条件、方式及途径问题。

第三节　文化、教育条件与社会回应

广义的文化是与文明相近或相同的，并包含着人们对自然界的开拓和“人类在复杂迷离的发展过程中所取得的成就”①之意。“文化是与自然现象不同的人类社会活动的全部成果，它包括人类所创造的一切物质的和非物质的东西”②，本节研究中使用的文化概念侧重于非物质文化。

一、文化建设与社会回应

在当代，文化既是一个社会或民族分野的重要标志，又是社会生产力的重要组成部分。社会主义文化是社会主义先进生产力的基本构成和核心内容。因而建设社会主义和谐文化，是时代发展的要求和提高增强我国综合竞争力的客观需要。社会主义和谐文化的建构包括：指导思想、价值观、思维方式和方法论的整体先进性和有机统一；研究视角包括：历史传承性、主题时代性和制度阶级性的承继、回应和规制的有机统一。③

---

① 《文明和文化》，求实出版社 1982 年版，第 10 页。此意译自《大英百科全书》1964 年版。

② 郑杭生主编：《社会学概论新修》（第三编），中国人民大学出版社 2003 年版，第 67 页。

③ 戚序：《论建设社会主义和谐文化》，载《理论学刊》2006 年第 3 期。

（一）发展社会主文化与社会回应

一定的文化是一定社会的政治和经济的反映，又给予伟大的影响和作用于一定社会的政治和经济。社会主义和谐文化具有指引、引导、鼓舞、激励和教化人的重要社会功能，是我们民族及社会持续发展与不断创新的内在动力。积极发展社会主义和谐文化，始终坚持以邓小平理论和"三个代表"重要思想为指导，是我国转型期发展社会回应的重要前提，也是正确引导和培育与社会主义和谐社会建设具有同一性价值取向的社会回应主体的基本条件。

每一个社会都有其主文化，而社会的主文化是这个社会发展社会回应的基本条件及人文环境。社会回应是指在一定社会结构中公众依据社会和自身价值准则对公共政策以及公众之间诉求的认同、响应、实化和实践的互动过程。对社会回应主体而言，参与社会回应的过程，既是其参与社会主义主文化发展与建构的过程，又是不同社会群体的各种亚文化接受主文化规制（引导、影响和制约）的过程。

一个社会的主文化是指在社会上占主导地位的、符合国家意识形态发展要求并为社会上多数人所接受的文化；亚文化是指仅为社会上一部分成员所接受的或为某一社会群体特有的文化①。在我国转型期形成的多种亚文化一般不与主文化相抵触或相对抗（只有极少数越轨亚文化，即指反社会集团所特有的文化，如"法轮功"、黑社会组织等），但在转型期，由于依附于计划体制和高度集中管理模式的管理文化被削弱和解构，外来文化、传统文化和多元新文化（如网络文化）交织形成的各种亚文化，已经客观上对我国主文化的发展产生了重要的影响，因而必然要影响到我国社会回应主体的价值取向、人们的社会态度和行为方式。在现实中，新的阶层的形成和发展，各种非政府组织、草根组织和临时性群体的大量涌现等，我国社

---

① 郑杭生主编：《社会学概论新修》（第三编），中国人民大学出版社 2003 年版，第 69 页。

会回应主体的构成已经发生分化，他们在面对政府的政治、经济、文化和社会治理等各种诉求时，往往会基于自身权利和价值取向而抱持不同的社会态度、采取不同的社会回应方式。

（二）转型期的文化建设与社会回应

“文化使一个社会的规范、观念更为系统，文化集合、解释着一个社会的全部价值观和规范体系。”①在我国转型期，加强社会主义和谐文化建设，并以此为基础来整合现实的各种亚文化是发展社会回应、引导和培育积极健康的社会回应主体的重要条件。文化整合（integration）的功能在于使一个社会形成一个整体。从文化整合的角度看，“社会上的各种文化机构都从不同侧面维持着社会的团结。政治机构实现着社会的控制，协调着群体的利益，教育机构驯化着社会成员、使之更符合社会的需要，军队保证着社会的安全等等”。②

然而，由相互依赖的各部分所组成的文化在发生变迁时，其各部分变迁的速率往往具有非一致性，即威廉·奥格本（W. F. Ogburn）分析的“文化堕距”（culture lag）现象是存在的。③ 这将造成处于不同亚文化圈中的社会回应主体在社会认知、价值取向、社会心理和社会态度方面呈现出差异性，而差异性又会影响到他们在社会回应中的角色扮演。针对这种情况，一方面要求各级地方政府要更加重视不同文化之间的引导、协调与整合，防止采取简单的行政干预手段；另一方面政府要通过加强社会主义和谐文化建设，努力创造和提供社会成员特别是社会中处于弱势地位的人群终身学习的环境和条件

---

① 郑杭生主编：《社会学概论新修》（第三编），中国人民大学出版社 2003 年版，第 75 页。

② 郑杭生主编：《社会学概论新修》（第三编），中国人民大学出版社 2003 年版，第 76 页。

③ 威廉·奥格本：《社会变迁：关于文化和先天的本质》，浙江人民出版社 1989 年版，第 106 页。

(政府回应)。有文化,才有人们行为的标准;[①]有为广大社会成员所认同的文化规范,才有社会回应主体在社会回应过程中的趋同性或一致性;有社会回应主体在社会回应中的趋同性或一致性,才有提高社会稳定和促进社会和谐的条件。因此,我们必须更加自觉、更加主动地推动文化大发展大繁荣,更好地保障人民群众的文化权益。

(三)和谐文化建设与社会回应关系的再思考

第一,社会主义和谐文化是社会主义先进生产力的基本构成和核心内容,坚持以邓小平理论和"三个代表"重要思想为指导,加强社会主义和谐文化建设,是规范我国转型期社会回应发展的基本条件。

第二,各级地方政府加强以社会主义和谐文化建设为基础的文化整合,是增强社会团结的基础,也是提高多元社会回应主体对政府公共政策的认同度,促进社会回应主体之间沟通、交流与社会互信,进而规范其社会回应方式及行为的重要条件。

第三,各级地方政府以社会主义和谐文化建设为基础的文化整合,不能简单地采用行政手段和方式,应坚持以积极建设、正确引导、系统规范、合理疏导为主,以控制、取缔和打击越轨亚文化为辅的原则。

二、教育、终身教育与社会回应

教育具有传播知识与技能、传递文化价值观念的功能。在人的社会化及再社会化过程中,教育都起着重要的桥梁作用。通过教育,人可以更迅速、正确和深刻地认识客观事物的本质属性,理解所处的社会环境的意义和接受社会规范;能迅速根据所了解和学习的知识,确立起自己的思想观念、态度和行为模式,并以此来指导自己的社会活动,提高自己适应社会的能力。所以"接受广泛的教育在现代社

---

① 朱力:《社会学原理》,社会科学出版社 2003 年版,第 8 页。

会中非常重要,几乎每个希望得到一份体面工作或是想拥有我们社会所认为的正常生活的人都需要接受教育。"①由此,教育是发展社会回应的基本条件之一,而一个社会的教育发展的总体水平以及社会成员受教育的权利的落实和其程度的高低,对社会回应的发展和回应主体的能力提高有着重要的影响。

随着我国经济社会的持续发展,人们要适应其发展就必须不断学习。为此,在新世纪,党的十六大基于对我国在21世纪面临前所未有的机遇和前所未有的挑战的认识,明确提出了"构筑终身教育体系,创建学习型社会"的号召,并把"形成全民学习、终身学习的学习型社会",作为了促进人的全面发展,实现全面建设小康社会目标的重要手段和途径。同时,党的十六届六中全会通过的《中共中央关于构建社会主义和谐社会若干重大问题的决定》又进一步明确提出:"全面贯彻党的教育方针,大力实施科教兴国战略和人才强国战略,全面实施素质教育……建设现代国民教育体系和终身教育体系……努力建设学习型社会。"应当说,建设终身教育体系和建设学习型社会,为发展健康的、规范的社会回应提供了重要的社会条件,也为提高社会多元回应主体的回应能力提供了支撑条件。

三、人文精神与社会回应

一个民族的历史,既是创造民族文化的历史,又是彰显本民族独特人文精神的历史。每个民族的人文精神都是历史范畴,并自成一个系统。人文精神作为一个历史范畴,它是历史的、时代的和制度的产物;而作为一个系统,它包含着传统性与现代性、民族性与阶级性统一的内容。在当代,中华民族特有的人文精神的支持系统包括五个方面,那就是:共产主义精神、爱国主义精神、探索创新精神、民主

① 戴维·波普诺:《社会学》,中国人民大学出版社2005年版,第417页。

法治精神和协作友爱精神。①

人文精神是一种普遍的人类自我关怀，表现为对人的尊严、价值、命运的维护、追求和关切，对人类遗留下来的各种精神文化现象的高度珍视，对一种全面发展的理想人格的肯定和塑造。社会主义人文精神是发展政府回应、社会回应和共同回应的基本条件。社会主义人文精神强调尊重人、理解人、关心人和爱护人，强调尊重劳动、尊重知识、尊重人才和尊重创造，强调树立社会主义荣辱观等，培育社会主义人文精神，能激发和调动社会回应主体参与和谐社会建设的积极性、主动性和创造性，增强社会回应主体建设社会主义和谐社会的主人翁责任感、使命感、荣誉感和自豪感。

社会主义人文精神强调人与人相互尊重、相互信任、平等相待、和睦相处，强调共同建设、共同享有、团结互助、诚信友爱、充满活力和安定有序，它有利于整个社会通过政治整合建构安定团结的政治局面，有利于我国转型期社会回应主体之间和谐的人际关系的培育和发展，有利于降解和逐步消除因社会分化而产生的不同社会阶层之间、群体之间甚至社会成员个体之间的隔阂和疏离等。

由此，社会主义人文精神是发展社会回应的基本条件，也是构成一个民族、一个地区个性文化的核心内容，是衡量一个民族、一个地区文明程度的重要尺度。各级地方政府有责任结合本地的具体实际，把社会主义人文精神的培育同社会主义和谐文化建设有机统一起来并落实在具体的工作中。

第四节　科技条件（信息技术与网络技术）与社会回应

在当代，科学技术作为社会体系中独立存在的知识系统的巨大发

① 戚序：《论社会主义和谐文化建设》，载《理论学刊》2006 年第 3 期。

展，正日益对人类社会的经济、政治、文化和社会的发展产生重大影响。

科技进步不仅引起社会的经济结构、产业结构、劳动方式、生产组织形式的变化，尤其是随着通讯技术、信息技术和网络技术的飞速发展，带来了网络时代经济组织的结构变迁和经济更经济的可能条件与机遇；[①]而且引起了社会结构的变化，并在很大程度上超越了原有的时空结构的限制，[②]改变着人们的思想观念、生活方式、交往方式和社会态度等[③]。

戴维·波普诺曾认为，"人们使用符号的方式决定了他们对现实的理解"，[④]这似乎内含了对网络时代的前瞻。信息时代重要的物质技术基础是网络，而"网络是由信息技术、网络技术、通讯技术和以数字形式流动的信息四个部分通过技术链接构成"的。[⑤] 当人们"把网络这种突生的全球性资源、媒体、社会联结视为一个整体（Web, denote the emergent global data/media/network-society as a whole），视为一种客观的社会现象（social phenomenon or social reality），进而运用社会学理论和方法来审视其运作的机理、特点与结构关系，并在一个广泛的交互作用的社会背景中对其加以分析"[⑥]时不难发现，它对现实社会人们的交往方式、频次、习惯及心理，以及现实社会中各种不可能的关系发生关系等影响深远。[⑦]

---

① 邓新民：《网络经济为何更经济》，载《探索》2001 年第 6 期。

② 戚攻：《网络社会的本质：一种数字化社会关系结构》，载《重庆大学学报（社会科学版）》2003 年第 1 期。

③ 戚攻：《网络文化对我国现实文化的影响》，载《探求》2001 年第 4 期。

④ 戴维·波普诺：《社会学》，中国人民大学出版社 2005 年版，第 90 页。

⑤ 戚攻：《网络社会在社会结构中的"位置"》，载《社会》2004 年第 2 期。

⑥ 戚攻、邓新民：《网络社会学》，四川人民出版社 2001 年版，第 4 页。

⑦ 童星等著的《网络与社会交往》（贵州人民出版社 2002 年版），以及黄少华、陈文汇主编的《重塑自我的游戏——网络空间的人际交往》（兰州大学出版社 2002 年版），都对基于网络的社会交往特征、交往主体的行为及心理、网络交往的后果及影响等作了具体的分析。另外，戚攻在《从社会学理论域考察网络社会群体》（载《探索》2001 年第 2 期）中也对网络环境中群体的生存、演化及互动作了分析。

“网络社会是现实社会的延伸并依存于现实社会”,[①]因而基于网络社会的社会交往有两个基本的特征:其一是互联性,即“网络可以成为我们所有人潜在的家”,并“在结构上的最大影响是分权”;[②]其二是基于网络的社会交往具有虚拟性和跨越地域的特征(越境数据流)以及平等取向。由此,网络以及网络社会的发展为回应的发展、回应主体的发展提供了条件。表现在:一是“网络社会是人类社会结构变迁过程中一种新生的社会关系网络与技术网络的‘混合物’,它相对于社会宏观结构而言,是一种中观的技术性社会结构”;而相对于社会的微观结构,它为社会微观结构的变迁提供了新的平台与环境,如跨越种族和国界的社会交往、放大组织功能和改变其结构与形态、模糊社会身份和解构社会层级关系、改变社会互动的时序、空间与方式等[③]。二是网络社会中观的技术结构,是社会宏观与微观结构、社会结构与社会行动实现新的整合的共同基础,正如M.卡斯特利斯认为,[④]两个人类活动具有了新的整合空间与环境并产生交流,从而将推动社会学理论的发展,即网络社会作为一种社会实存,为解决两个层面、两个人类活动“无为在歧路”的困惑提供了新的条件、途径、手段及可能性。三是互联网的发展及技术普及,对政府回应而言,提供了政务信息公开、宣传公共政策和了解社情民意的平台;对社会回应而言,增加并提高了公众回应的数量、频次及回应时效和可能性,使更多的人能够借助互联网关心国家大事和参政、议政。

---

① 戚攻:《网络社会——社会学研究的新课题》,载《探索》2000年第4期。

② 埃瑟·戴森:《2.0版数字化时代的生活设计》,海南出版社1998年版,“译者前言”第5页和“前言”第11和19页。

③ 戚攻:《网络社会在社会结构中的“位置”》,载《社会》2004年第2期。

④ M.卡斯特利斯:《现代社会学》2000年第5期,转引自“论著提要”,《国外社会学》2001年第3期。

第六章　社会回应主体研究

本章主要分析我国社会回应主体的类型和基本构成，探讨不同主体在社会回应关系中的角色和行为，以及培育我国社会回应主体的社会机制。

第一节　社会回应主体的理论界域

随着我国市场化社会转型的深入，多元社会主体逐渐确立了独立的市场主体地位及权力，从而为我国社会回应的发展创造了条件。

一、研究社会回应主体的理路

人是社会运动的主体，也是一切社会活动的承担者。在一定意义上，任何社会现象、社会问题都可以归结为"人的问题"。虽然学界没有对"回应"这一理论范式的理论基元和参考架构作出深入研究，但在政治体制改革、社会结构变迁、国家与社会关系等诸多研究视角中，都不可避免地涉及了回应现象及其回应关系的承载者——回应主体。

（一）以政府为中心的研究视角

以政府为中心的研究视角承袭了传统行政学的研究趣向，把政府作为社会组织网络的焦点，注重对其制度结构和管理模式的研究。这种“制度—法规”的理论研究范式在某种程度上正好契合了我国社会转型过程中政府角色转换的实践要求，因此相当多的研究者试图通过这一研究路径对政府在公共领域日益开放的时代所面临的问题作出解读。研究的问题主要集中于政府职能转变、政府结构优化、政府运行方式变革，政府与市场，政府与社会的关系模式调整等政府管理的方方面面。从总体上看，公共管理学者已有的研究是基于政府在社会公共生活中扮演了最重要的主体角色，并在“有计划和有步骤”的改革中，既主导着自身的再造，也主导着社会空间的形构和社会关系的重塑，①因而已有研究的路向主要呈现出三个维度：一是政府内部结构功能的调整与创新；二是通过政府的制度供给（完善创新），对加速甚至剧烈社会变革中的大量新的社会关系予以充分的制度约束和引导；三是选择政府责任的视角来审视政府行政文化和伦理的嬗变。

然而，正如我们在前文中对回应这类社会互动现象的阐释和分析那样，从理论渊源和实践情形上看，中外学界对政府行为的研究已深受治理、共同治理理论的影响，因而把研究视野拓展到政府、市场、社会等多向度主体和主体行动上，已成为学界研究的一种趣向。但是，以政府为中心的研究视角仍然摆脱不了把治理等同于政府治理，把回应等同于政府回应的局限，以致忽视了对其他行为主体的研究尤其是忽视了对社会多元主体间互动关系的解析。

（二）以社会为中心的研究视角

对社会的关注一直是西方社会的理论传统。在这里，对社会的理解“侧重于将社会理解为私人领域、团体领域、社会运动及大众沟

---

① 戚攻：《政府改革的社会制约》，载《学术论坛》2004 年第 4 期。

通形式组成的、基于个人的经济、文化和社会活动基础之上的、与国家政治领域相脱离的社会空间”①，并由此形成了对“市民社会”的多种研究视角以及对政府和社会之间关系的若干理论模式。如多元主义把社会看成是由多元分散的利益集团所组成，认为“利益团体数量众多，成员不断扩大，且相互竞争，它以代表的广泛性获得力量，以确保社会中的多种利益要求有组织地流入政治过程”，由此，“利益团体的行动主导着社会的基本政治秩序”②。而法团主义则关注国家与社会之间的常规性互动体系，并试图“寻求在利益团体和国家之间建立制度化的联系通道”等。③

进入20世纪90年代以来，治理理论随着政府自身的再造和“社团革命”的展开而在西方国家兴起，政府和各种社会组织之间通过信息交流、利益互动和公共权力的社会回归，形成自主自治的网络，进而以追求和达到“善治”的状态和目标成为公共管理、社会管理的重要理念和实践理想。在此情境下，学界对政府之外的社会主体的研究尤其是“第三部门”的研究成为社会公共领域中最重要的主题。④

在我国社会经济政治不断发展和社会结构转型背景下，国家（政府）与社会相分离的要求日益突出。当政企分离、政社分离和企社分离成为改革的目标，特别是社会建设被提高到党和国家发展的战略层面时，我国学界对社会尤其是社会多元主体的探讨也逐渐展开并走向深入。从总体上看，国内学者关注的焦点在于西方社会的理论模式对中国社会的适用性，即中国社会的“社会”力量是否存在，何以生发并壮大，能否形成政府和社会之间的有效互动；在于中

① 梁树发主编:《社会与社会建设》，人民出版社2007年版，第32页。

② 张静:《法团主义》，中国社会科学出版社2005年版，第3页。

③ 张静:《法团主义》，中国社会科学出版社2005年版，第25页。

④ 陈振明主编:《公共管理学原理》，中国人民大学出版社2003年版，第335~336页。

国社会该如何找到适应自身的历史、文化与国情的发展道路；在于对中国社会宏观结构和微观结构变迁的新情况和特殊性的实证研究和经验分析等。由此，我国的研究主要集中于以下几个方面：

借助西方社会结构功能学派现代理论经典思想的社会转型话语，比较研究中国20世纪后20年改革开放发生的社会转型现象、过程和趋势中的特殊性。如李培林的《另一只看不见的手：社会结构转型》①、袁方等著《社会学家的眼光：中国社会结构转型》②、郑杭生等著《转型中的中国社会和中国社会转型》③、景天魁的《社会发展的时空结构》④、孙立平的《社会转型：发展社会学的新议题》⑤和戚攻与郭勤关于《论我国社会转型的同源性与非同源性》⑥等。同时，学界基于社会转型理论，以中国社会转型为背景开展的系列研究，如陆学艺、李培林主编的《中国社会发展报告》⑦，陆学艺主编的《当代中国社会阶层研究报告》⑧和《当代中国社会流动》⑨，邓志伟主编的《变革社会中的政治稳定》⑩，李培林、李强、孙立平等著的

① 李培林：《另一只看不见的手：社会结构转型》，社会科学文献出版社2005年版。该书收集了李培林关于中国社会转型研究的一系列理论成果。

② 袁方等：《社会学家的眼光：中国社会结构转型》，中国社会出版社1998年版。

③ 郑杭生等：《转型中的中国社会和中国社会转型》，首都师范大学出版社1996年版。

④ 景天魁：《社会发展的时空结构》，黑龙江人民出版社2002年版。

⑤ 孙立平：《社会转型：发展社会学的新议题》，载《社会学研究》2005年第1期。

⑥ 戚攻、郭勤：《论我国社会转型的同源性与非同源性》，载《重庆大学学报（社会科学版）》2006年第4期。

⑦ 陆学艺、李培林主编：《中国社会发展报告》，辽宁人民出版社1991年版。

⑧ 陆学艺主编：《当代中国社会阶层研究报告》，社会科学文献出版社2002年版。

⑨ 陆学艺主编：《当代中国社会流动》，社会科学文献出版社2004年版。

⑩ 邓志伟主编：《变革社会中的政治稳定》，上海人民出版社1997年版。

《中国社会分层》[①]，童星主编的《世纪末的挑战：当代中国社会问题研究》[②]和贾高健关于《社会发展理论与社会发展战略》的研究，等等[③]。

借用西方"市民社会"的概念，分析中国"市民社会"的现实情形。如俞可平在《中国公民社会：概念、分类与制度环境》一文中对中国的公民社会及作为公民社会的主体的民间组织作了较为详细的阐述，并认为中国公民社会是政府主导型的公民社会。[④] 同时，关于对中国"市民社会"的经典研究，还有由中国社会科学院于 1992 年 11 月创刊的《中国社会科学季刊》上发表的系列文章和由邓正来与杰弗里·亚历山大主编的《一种社会理论研究的路径：国家与市民社会》[⑤]，以及应用市民社会理论展开的相关研究，如王名等著的《中国社团改革——从政府选择到社会选择》[⑥]，陶传进从市民社会发展所需的社会资本的角度，研究了草根自愿组织和微观结构——村民自治组织的关系等[⑦]。

通过对社会主体在社会结构中的位置，以及主体间互动关系及方式的探讨，尝试对中国社会的现实状态予以理论解释。如康晓光、韩恒在《分类控制：当前中国大陆国家与社会关系研究》中以翔实的经验资料，考察了政府与不同社会组织之间的互动模式，提出了"分

---

① 李培林、李强、孙立平等：《中国社会分层》，社会科学文献出版社 2004 年版。

② 童星等：《世纪末的挑战：当代中国社会问题研究》，南京大学出版社 1997 年版。

③ 贾高健：《社会发展理论与社会发展战略》，中共中央党校出版社 2005 年版。

④ 俞可平：《中国公民社会：概念、分类与制度环境》，载《中国社会科学》2006 年第 1 期。

⑤ 邓正来、杰弗里·亚历山大主编：《一种社会理论研究的路径：国家与市民社会》，上海人民出版社 2006 年版。

⑥ 王名等：《中国社团改革——从政府选择到社会选择》，社会科学文献出版社 2001 年版。

⑦ 陶传进：《草根自愿组织与村民自治困境：从村庄社会的双层结构中看问题》，载《社会学研究》2007 年第 5 期。

类控制体系”,即政府根据社会组织对政府的挑战能力和提供的公共物品,对不同的社会组织采取不同的控制策略。[①] 他们的研究在理论上突破了对于社会的总体性描述,并在提醒人们对社会组织分化予以足够的关注的同时,构建出一种新的国家与社会关系的“理想类型”。在关于社会主体的实体研究中,从对民间组织、政策精英、中产阶级、农民工等社会力量的研究方法上看,近年来,描述型、规范型的研究占了相当大的比重,并且一方面侧重于对数据、现象的描述,或是提出政策表明立场;另一方面实证型、经验型研究开始受到极大的重视,对具体案例和社会情境的细部刻画和对历史沿革及过程的描述,更凸显了不同社会主体之间的互动和博弈。如刘精明和李路路对我国城镇社会阶层化问题作的实证研究[②]、范明林和程金关于社团所作的个案分析[③]等,陈映芳从累积性制度结构、公共政策安排的角度解析了我国农民工的身份[④],而戚攻从农民工城市化转移及身份变迁所需要的制度资源(制度创新)的角度讨论农民工主体的身份问题[⑤],蔡禾、王进针对农民工的永久迁移的意愿所作的实证与经验分析相结合的研究[⑥]等。张紧跟等通过对某业主委员会的个案分析,对草根 NGO 组织的行动策略和目标达成过程进行了总

---

① 康晓光、韩恒:《分类控制:当前中国大陆国家与社会关系研究》,载《社会学研究》2005 年第 6 期。

② 刘精明、李路路:《阶层化:居住空间、生活方式、社会交往与阶层认同》,载《社会学研究》2005 年第 3 期。

③ 范明林、程金:《核心组织的架空:强政府下社团运作分析——对 H 市 Y 社团的个案分析》,载《社会》2007 年第 5 期。

④ 陈映芳:《“农民工”:制度安排与身份认同》,载《社会学研究》2005 年第 3 期。

⑤ 戚攻:《四大制度创新促进农民工有序转移》,载 2007 年 11 月 29 日《重庆日报》。

⑥ 蔡禾、王进:《“农民工”永久迁移意愿研究》,载《社会学研究》2007 年第 6 期。

结,并探求民间组织在社会治理中的活动空间和行动效能[①]。胡荣利用社会资本理论,测量了中国农村基层社区居民的社会资本情况,并据此分析和探讨了社会资本与村民政治参与及村级选举的关系[②]。朱旭峰对政策精英的解读同样运用了社会资本的概念,他的研究对于认识中国政策决策过程和政治民主化提供了重要的视角[③]。陶庆以南方市福街草根民间商会为例,描述了南方市福街草根民间商会演进的历史,考察了政府在民间商会面临正当性与合法性困惑中的角色转化和变通问题[④]。

此外,从阶层的角度对社会人群的行动力进行分析也是社会学研究的一个重要角度。如沈原对产业工人在市场、社会结构中的重构与演变所作的分析[⑤],刘平等以限制介入性大型国有企业为例,对变动的单位制与体制内的分化,以及两种分化机制相互作用进行了考察和分析[⑥],刘欣针对我国城市中产阶层的"定位"研究[⑦]等。同时,学界关于中产阶级问题的研究也是一大热点:如陈映芳对中产阶级的研究就是基于社会运动的分析框架,重点考察中产阶层市民组织化问题,并在此基础上进一步对国家—社会关系的演变路径作出

---

① 张紧跟、庄文嘉:《非正式政治:一个草根 NGO 的行动策略——以广州业主委员会联谊会筹备委员会为例》,载《社会学研究》2008 年第 2 期。

② 胡荣:《社会资本与中国农村居民的地域性自主参与——影响村民在村级选举中参与的各因素分析》,载《社会学研究》2006 年第 2 期。

③ 朱旭峰:《中国政策精英群体的社会资本:基于结构主义视角的分析》,载《社会学研究》2006 年第 4 期。

④ 陶庆:《合法性的时空转换:以南方市福街草根民间商会为例》,载《社会》2008 年第 4 期。

⑤ 沈原:《社会转型与工人阶级的再形成》,载《社会学研究》2006 年第 2 期。

⑥ 刘平、王汉生、张笑会:《变动的单位制与体制内的分化》,载《社会学研究》2008 年第 3 期。

⑦ 刘欣:《中国城市的阶层结构和中阶阶层的定位》,载《社会学研究》2007 年第 6 期。

说明的[①]。而李培林和张翼则是通过社会调查，并从收入、职业和教育三个维度分析中国中产阶级的规模、认同和社会态度，以及在实证研究基础上得出我国的中产阶级并不是一个具有统一社会态度和行为取向的“阶级”的结论[②]。李路路、李升同样是基于社会调查，但认同城镇中产阶级两种类型的客观存在后，从代际延续性、政治意识和消费意识三个维度对其作了类型化的分析，等等。

（三）相关研究的简要评述

由此可以看出，学界无论是对政府还是其他社会主体都是非常关注的，并且形成了不同的研究方法、研究视角和理论解释模式。这些研究既为我们理解多种不同的社会主体提供了全景式的描写，有助于热点、难点问题的把握；同时，那些微观动态的过程研究又为我们展现了宏观社会环境中的微观主体的行动策略，进而有助于我们对回应这类社会现象的深入了解。但是，现有的研究并没有把各种主体放在“回应”这样一个理论范畴和分析框架之内，也没有对不同主体之间的多元多向的回应关系和回应机制进行分析，因此对回应主体还需作进一步的探讨。

二、社会回应主体的基本含义[③]

主体一词主要有三种应用：一是作为日常用语的“主体”多指事物的主要成分；二是其引申义指事物的“基础”、“承担者”或“决定者”等；三是“主体”作为哲学术语和作为特定的法律用语时都指“人”，但在特定的逻辑语境中使用的“主体”有不同的内涵，即人所承载的关系和由此形成的结构特征不同。我们的研究主要是基于第

---

① 陈映芳：《行动力与制度限制：都市运动中的中产阶层》，载《社会学研究》2006 年第 4 期。

② 李培林、张翼：《中国中产阶级的规模、认同和社会态度》，载《社会学研究》2008 年第 2 期。

③ 戚攻、刘冬梅：《论社会回应主体》，载《探索》2007 年第 4 期。

一和第三种意义。

回应关系的建构是多元主体的互动和实践，并涉及所有参加回应关系建构的人及群体。因此，社会回应主体是指因为某种诉求（或政策或事件或某种期望）触及自身利益，从而围绕这一特定诉求而参与到社会回应关系建构中的所有互动者和行动者的总称。

社会回应命题有广义与狭义之分，广义的社会回应主体，是指包括政府在内的所有参与到回应关系中并扮演回复和应答的社会行动者；狭义的社会回应主体，是指在社会回应关系中除政府以外的所有参与到回应关系中，并扮演回复和应答者角色的行动者。因此，我们使用的"社会回应主体"概念，在未作特别说明和界定时，均指狭义社会回应关系中扮演回复、应答的行动者，即回应主体而非诉求主体。

讨论回应主体，不是把所有参与到回应关系中的主体作详尽分析，而是在于厘清不同主体在同一回应关系中的地位和角色（权利与义务），弄清他们之间利益制衡和关系整合的机制等。

三、回应关系中的诉求主体与回应主体

回应是一个具有连续统特征的社会科学范畴，它的多层次、可循环特点决定了回应关系的复杂性。在一个完整的回应关系发展的不同阶段，可能存在不同的参与者，而且主体间互动的内容、形式及关系结构等具有动态性，但是，在一个特定的回应关系中，一般首先存在（发生）某种诉求与期望，然后才有认同、应答、回复等关系链的形成。把这一关系链对应到主体——具体的人或群体时，回应关系的参与者就表现为两种相对应的角色类型：一是诉求或期望的提出者，即"诉求主体"；二是对诉求或期望的应答者或回复者，即"回应主体"。

（一）政府回应中的诉求主体和回应主体

在政府回应中，回应关系的产生，是由于社会公众对某个（某

类）现象或问题的关注达到一定的程度并产生某种社会认同或社会质疑，引起政府关注，且由政府对公众的诉求、期望或社会质疑进行制度整合或回复性解释。① 如2006年11月北京市政府对公交车是否取消月票的社会诉求的制度整合。在政府回应关系中，社会公众扮演着诉求者的角色，即诉求主体，而政府是应答者、回复者，即回应主体的角色。

（二）共同回应中诉求主体和回应主体

在共同回应关系中，共同回应关系的发生是包括政府在内的多元社会主体基于共同利益或诉求的相互回应与互动过程，如环境保护，构建和谐社会等。共同回应的特殊性在于：一是共同回应过程一般包含着政府回应、社会回应多重关系交叉的现象及过程，如在环境保护、社会稳定、构建和谐社会等共同回应的关系链中。二是在共同回应中，诉求者与应答者的角色扮演，存在相互转换的情况，即当包括政府在内的多元社会主体诉求具有某种一致性时，诉求者和应答者的角色扮演也就具有某种同一性或重叠性的特征。

四、社会回应中的诉求主体与回应主体

（一）社会回应类型与社会回应主体

社会回应包括三种基本类型：一是当政府是诉求主体时，社会组织、群体、公众个人等是应答者即回应主体，但公众回应的客体有显形客体（社会政策）和潜在客体（政府及职能部门）之分；二是一部分社会主体是诉求者，另一部分社会主体是应答者，即公众回应的显形客体是部分社会主体提出的诉求或期望，潜在客体是指具体提出诉求或期望的那部分社会主体。三是社会个体的“自我回应”现象及过程是一种特例，已有的历史是：20世纪70年代末中国农民走出的改革“第一步”，我国在“经济体制深刻变革，社会结构深刻变动，利

① 戚攻：《论回应范式》，载《社会科学研究》2006年第4期。

益格局深刻调整，思想观念深刻变化”中发生的“孔雀东南飞”和“民工潮”现象及过程等。其诉求主体和回应主体具有交叉、重叠的特征。

在第一种情形中，社会回应主体的角色扮演是特定的或相对单一的，且角色一般不发生诉求主体与回应主体之间的相互转化。在第二种情形中，无论是诉求主体还是回应主体，原则上都不包括政府或政府组织，而且在这类社会回应关系中，回应主体与诉求主体虽然是一种对应关系，但不能简单理解为对立。

（二）社会回应主体构成的多元性

在社会回应关系中，回应主体是指回应关系中的应答者而非诉求者，并在成员的构成形态上具有多元特征，回应主体可以是个体、也可以是群体或组织。回应关系形成的首要前提，应假设为基于对某种共同利益的追求。在这个意义上，即便回应主体以个体形态出现，其行为也不再是一般意义上的个体行为。因为，人们在现实生活中的绝大多数行为都要与他人发生联系，尤其是在市场经济条件下的人们的联系还具有某种交换的性质时，因而可以看成是对他人的回应。但我们讨论社会回应的取向在于：社会回应关系中的客体是事关社会全体公众或部分公众共同利益的、将对社会上的绝大多数人产生影响的“事”。所以，社会回应主体（包括诉求主体和回应主体）虽然具有多元性，但我们的讨论主要限于或基于参与共同利益的那一部分行为主体或互动主体。

（三）社会回应主体的开放性与相对确定性

在社会回应中，诉求主体和回应主体的边界具有更大的开放性。这里的开放性是指在社会回应关系发展的不同阶段，回应主体是动态变化的，即随时有部分回应主体退出或有新的回应主体加入，这种情况在社会回应三种主要类型中都存在。当有新的回应主体加入时，一般意味着有新的社会回应关系嵌入和新的回应客体指向。在对三峡移民的“对口支援”中，除有省、直辖市政府和各省、直辖市政府下属的部门以外，还有全国各地的国有企业、私营企业、民间组织（社团）甚至社会个体的社会回应等①；在抗灾救险中，通常是随着自然灾害程度的加深和扩大，社会回应主体的数量（类型）增加、构成趋于复杂。社会回应主体边界的开放特征，体现了社会回应关系的复杂性和动态性。

在社会回应关系中，回应主体有直接回应主体和间接回应主体之分，或显形主体和潜在主体的区别。如发生在城市的某项拆迁工程中的显形回应主体就是相对确定的。因此，在某一特定的具体的社会回应关系中，其直接回应主体又是相对确定的。这也是作为分析概念的社会回应和实然社会回应的差异。

综上所述，社会回应关系中的回应主体是指对涉及社会全体或部分公众共同利益的诉求和期望给予应答的行动者。这里的应答既包括认知上的反应，也涉及基于认知而采取的行动。

第二节　社会回应主体的分类

社会回应主体是多元的，因而对社会回应主体进行分类是理论研究的前提。分类方法及标准较多，我们主要选择了以下几种分类标准。

一、按照主体的组织化程度分类

社会回应主体可以分为个体主体和群体回应主体。个体主体又可分为社会精英和一般公众个人。在通常情况下（极特殊的情况例外），非精英的社会个体无论是作为诉求主体还是回应主体，都容易为社会所忽视，因而不作为本研究考察的重点。群体回应主体又可

---

① 曾明德、戚攻主编：《重庆“移民经济”研究》，重庆出版社2002年版，第363～380页。

以分为非正式群体和正式组织两种不同的类型。

(一)社会回应中的"精英"人群

"精英"概念来自政治学的精英理论。精英论者将"精英"分为政治精英和其他领域精英。他们认为,政治精英对于政治体系的状态和过程都起到了关键作用,因而政治精英便成为他们关注的中心。[①] 意大利社会学家帕雷托是应用精英理论研究社会分层的先驱之一。他一方面强调精英是以天赋的自然差别为基础的,社会成员归属于哪个层次取决于他们的天生能力和才干;另一方面他又强调现代社会是建立在创新、竞争、变革基础上的动态性的工业社会……因而精英并不表示由社会地位所确定的特定集团。

1. 转型期社会精英群体构成的多元性

在社会回应关系中,精英并非仅限于政治领域中的"政策精英"或"权力精英",[②]而是涵盖了"那些具有特殊才能,在某一方面或某一活动领域具有杰出能力的成员"。[③] 我们在借助政治学精英理论时,不仅对其阶级分析的视野作了扬弃,而且拓展了米尔斯《权力精英》一书中精英理论的视野,即精英理论认为,政策是由少数有权势的精英决定的。[④] 我们注意到:精英作为重要的回应主体,其杰出的个人才干和能力使得他们往往具有较一般公众更为突出的责任感、洞察力和社会威望,愿意并能够对社会生活尤其是政治经济领域的公共政策做出快速反应。所以精英回应是社会回应中一种常见的类型,尤其是在社会领域发展不够充分的情况下。

---

① 俞可平:《权利政治与公益政治》,社会科学文献出版社 2003 年版,第 187 ~ 189 页。

② 朱旭峰:《中国政策精英群体的社会资本:基于结构主义视角的分析》,载《社会学研究》2006 年第 4 期。

③ 郑杭生主编:《社会学概论新修》(第三版),中国人民大学出版社 2003 年版,第 226 页。

④ Mills, C. Wright 1959, The Power Elite. New York: Oxford University Press.

改革开放以来，我国学界对精英理论的研究不断深入，并从不同的角度归纳和揭示出我国转型期精英群体构成变化的原因，主要包括：一是因市场化改革使然，导致过去由计划体制和高度集中管理的行政化机制培育并形成的行政性"权力精英"的格局已经发生变化，于是一方面出现了"精英中的少数人可能身兼多种精英身份，如技术官僚就是知识/技术精英和政治/行政精英的综合体，而未被私有化的国有企业的管理者，他们既有行政级别又是经济精英"①，另一方面在不同领域、不同行业出现了各种精英类型（宋时歌从"权力的延迟效应"的角度分析"大量来自社会下层群体的成员有机会成为新兴的经济精英"的情况②是一种认知视角）。二是在改革开放的民主化进程背景下，作为执政党的共产党提出了"科学决策、民主决策"的新要求，于是我国的知识精英个体甚至群体开始参与政府的公共政策咨询、接受委托和介入决策，并在"社会组织及公众回应政府"中扮演着智囊的回应角色。三是改革开放以来，我国精英构成的变化不仅表现在个体同时具备多重身份上，而且表现在精英作为一个特定的社会回应群体的形成和与政府、与社会互动的特殊关系上。孙立平曾分析了我国自 20 世纪 90 年代中期以来，社会精英结成某种"联盟"的过程及情况，体制外的商业精英在市场化改革中逐渐得到了政治的和经济的双重认可；"下海"潮不仅亲和了政治精英与商业精英的关系，而且形成了某种利益关联的联盟；知识技术群体中的一部分人也加入到由前二者形成的精英联盟中，从而扩大了这一联盟的基础以及体现出不同于计划体制时期的广泛性。他认为，这标志着一支对中国政策选择产生强大影响力的强势精英联盟已经

---

① 朱旭峰：《政策决策转型与精英优势》，载《社会学研究》2008 年第 2 期。

② 李培林、李强、孙立平等：《中国社会分层》，社会科学文献出版社 2004 年版，第 247 页。

形成。[①] 四是随着我国基层民主政治制度的发展和政治环境的宽松与稳定，在具有草根特征的社会回应关系中，逐渐形成并产生出一些民众利益的维护者和其话语的代表者或代言人。这类民间精英自身通常有五个特点：因关注时事而比较熟悉政策法规、熟悉当地或本单位（群体）的情况、见多识广且能言善道、有良好的人际关系和社会威望、为人处世比较公道正派。这类民间精英中的相当一部分是寄生在“草根 NGO”中的，[②]有学者研究认为全国的草根社团约两百万个，[③]其中未登记的草根 NGO 约占全国非政府组织总数三分之二以上，[④]或者说法外民间组织在数量上十倍于已登记的，[⑤]因而他们无论是在乡村社区还是在城市社区，或在各种单位组织、群体中都是存在的，他们正日益成为服务社会、扶助社会弱势群体、维护基层社会生活秩序，以及体现社区自治、群体自治的有影响力的成员。

2. 精英在社会回应中的角色扮演

从回应主体的角度理解，现实中的精英群体大体上可以分为三大类：一是本身就是公职人员，且相当一部分人身兼多种精英身份。这类精英的角色扮演，在政府回应中，既可能是诉求主体（研究并提出政策建议），也可能是回应主体（贯彻落实上面的政策），但他们在政府回应的第四种类型中（政府回应社会组织及公众），更多的是扮演回应主体的角色。二是非政府公职人员、非政府的单位组织、非垄

---

① 孙立平：《90 年代中期以来中国社会结构演变的新趋势》，载《转型与断裂：改革以来中国社会结构的变迁》，清华大学出版社 2004 年版，第 77 页。

② 王绽蕾等：《论我国 NGO 的合法性建构》，载《云南行政学院学报》2004 年第 6 期。

③ 王绍光、何建宇：《中国的社团革命——中国人的版图结构》，载《浙江学刊》2004 年第 6 期。

④ 俞可平主编：《中国公民社会的兴起与治理的变迁》，社会科学文献出版社 2002 年版。

⑤ 王名、贾西津：《关于中国 NGO 法律政策的若干问题》，载《清华大学学报（哲学社会科学版）》2003 年第 1 期。

断性国有企业和各种民间社团组织中的政策精英和权力精英。在"社会组织及公众回应政府"的关系中通常扮演回应主体的角色,而在"社会组织及公众之间的内部回应"关系中,他们既可能扮演诉求主体,又可能扮演回应主体。三是具有草根特征的民间精英人群。这类人群在社会组织及公众回应政府的关系中扮演回应主体的角色,而在社会组织及公众之间内部回应的关系中,既可能扮演诉求主体又可能扮演回应主体,与前者不同的是,他们还时常扮演草根性民间利益关系的协调者和"仲裁者"的角色。民间精英人群目前主要是在具有"草根"特征的社会回应关系中产生重要影响,在维护社会稳定和引导公众回应政府公共政策方面发挥重要作用。因而他们扮演着民众利益的"代言人",或者是民意的反映者和代表者的角色。

在现实中,虽然政府基于自身工作需要、社会管理需要和政绩需要,通常主要依靠第一类和第二类精英人群,但是,随着公民社会的发育和发展,以及在构建和谐社会、维护社会公平正义的背景中,政府应当更加注重民间精英人群作用的发挥。这不仅将有利于改善我国学者所说的"精英联盟"的构成和有利于政府更深入地了解社情民意,而且有利于培育公民意识和提高社会回应的组织化和回应度。

3. 影响精英在社会回应中角色扮演的主要因素

精英参与社会回应的典型类型是指社会组织及公众回应政府,其次是社会组织及公众之间的内部回应。我们选择将精英群体与社会组织及公众回应政府类型对应,将精英个体与社会组织及公众之间的内部回应类型对应。

由于市场化改革和社会结构转型带来了社会分化尤其是阶层分化,因而在不同利益群体的"代表者"(精英)之间,以及精英与所属群体之间的互动关系渗透着多种性质的"博弈"在所难免。当"每一种社会地位为其占有者在社会生活中定义了一个角色"时,他们在"社会地位中所承担的权利和义务",也成为公众的一种期望或期待。[1] 然而，当精英及精英群体利用其社会地位和聚合资源的能力，以及关系网络影响公共政策（回应政府）时，作为社会回应主体的他们，其角色扮演在客观上和主观上都必然要受到各种因素影响。我们主要选择三个方面作简要的分析：

第一，精英及精英群体参与社会回应的动机。在“社会组织及公众回应政府”类型中，精英群体参与社会回应的动机是多方面的，包括：特定角色的权利、责任和义务，经济利益动机和群体声望等。从一定意义上说，社会精英从其所属群体中产生出来，是一个比较概念，但他们的社会地位、声望和影响力毕竟有别于一般社会公众。因而他们一方面因归属于不同的群体而在回应政府中相互之间存在利益博弈，另一方面又可能相互合作甚至会结成某种联盟去“共同”影响政府公共政策的决策过程。在这个意义上，精英群体参与社会回应的动机，应主要源于群体的经济利益的驱动（政治动机的背后通常都包含着经济利益）。虽然精英群体所处的社会地位和由其地位决定的社会期望他们扮演的角色之间，应表现出某种统一性（承担一定的权利、责任和义务），即出于公益心参与社会回应，并超越精英合作群体自身（这里借用“联盟”一词）和精英所属群体的利益，然而“任何一个理性的政策参与者，无论出于何种目的来推动一项政策，即便这项政策可能是公益性的，他（或他们）至少不可能致力于促使该政策伤害自己的利益”，[2]尤其是当精英群体对某种利益形成共识并结成某种“联盟”与政府博弈时。这里涉及的是精英群体参与社会回应的动机“底线”。在“社会组织及公众回应政府”的过程中，以群体形式参与社会回应的精英群体，通常会考虑自身作为某种特殊群体的利益，也会考虑自身所代表的群体的利益，还会考虑社会

---

① 杰西·洛佩兹、约翰·斯科特：《社会结构》，吉林人民出版社 2007 年版，第 43 页。

② 朱旭峰：《政策决策转型与精英优势》，载《社会学研究》2008 年第 2 期。

一般大众的利益分享问题。在这一过程中,精英群体会受困于三个层面的“利益”如何价值排序的问题。同时,在各种类型的精英群体之间以合作方式回应政府的某一具体诉求时,其合作的底线应假设为即使不能互惠,也不能在合作中受损。在这个意义上,精英群体之间的合作甚至如有的学者所说的结成联盟参与回应时,其回应中的取向和广度、深度与频度等,是要受到自身利益维护和实现的多种因素影响的。

在“社会组织及公众之间内部回应”中,精英个体作为回应主体时,通常代表着单位组织内部或社区中部分社会成员的利益和反映某类特定人群的价值取向。其动机不仅包括经济利益,还包括个人社会声望需求(民间代表或代言人),回应能力的体现和社会的期待与期望(由此形成的压力与动力)。在这一过程中,影响精英个体回应的因素包括:单位组织内部结构的弹性度、社会环境即社会结构的弹性度、社会成员的认同度(社会人际关系)、部分成员的经济利益实现程度(包括政治权利和文化权利),以及个人的经济利益、政治威信的实现等。

第二,精英及精英群体作为回应主体的代表性。改革开放以来,精英构成的变化和精英群体的形成已是客观存在,而存在决定意识。于是在现实社会中,不仅精英群体自身会以代表社会公众的身份、角色甚至姿态参与社会回应,而且社会一般公众也逐渐习惯了被别人“代表”,但更重要的是政府认同他们“代表”着社会大众。当这种思维习惯及社会回应文化形成后,精英及精英群体作为社会回应主体代表的“代表性”,就成为当代中国基层民主政治制度发展需要考量的问题。

精英群体的产生和形成分属于不同阶层和领域,但是当他们从原有的阶层和领域中再分化或进一步分化而成为特殊的群体时,他们不仅在同一阶层和领域中的社会地位开始发生变化,而且逐渐会培育和形成排斥一般社会公众的利益关系、优越感、心理认同和互动网络。当一些地方在人民代表选举和政协委员推荐中，往往取向社会精英甚至少数地方还采取行政安排方式时，这些精英人群在“代表”大众回应政府时的价值取向和价值排序、对社情民意的掌握（“代表”的前提和基础）等，就成为影响社会精英们能否公正地代表社会大众参与社会回应和增强社会回应性、提高社会回应度的关键因素。2006 年 5 月，我们开展“加强城市基层组织建设问题研究”的社会调查时，调查问卷中涉及了“社区的人大代表或政协委员是谁，你是否向他们反映过你们的情况”的提问。在对重庆市江北区观音桥街道的两个社区和重庆市渝中区解放碑街道的一个社区的问卷进行统计后发现：绝大多数社区居民的回答是：“不知道”、“不认识”或“从来没有”。同时，我们在与社区居民开座谈会时注意到：也只有陪同我们调查的街道办事处的领导们知道本街道中“谁是人大代表、谁是政协委员”，但他们不清楚在街道辖区内的各种单位组织中，是否有人大代表或政协委员。

第三，精英及精英群体参与社会回应的机制问题。社会精英参与社会回应的代表性与其社会机制的设置相联系。精英参与社会回应的机制属于社会互动机制，但同时也是公民政治参与的政治互动机制。在我国，改革开放以来不断发展和完善的政治机制和社会机制，体现在许多方面，包括党内民主、人大代表监督、服务型政府建设、政治协商、基层民主、村居委会自治等。但就精英参与社会回应的社会互动机制或政治互动机制，需要思考与市场机制的关联、关联是否对精英的角色扮演产生影响，以及影响的性质和影响的向度问题。

由于转型期我国精英构成变化和其群体的形成与市场化改革和市场机制紧密联系尤其是经济、商业精英的变化和形成，以及一些政治精英、知识技术精英与经济和商业精英是交叉身份或带有“千丝万缕”的联系，因而他们在运用还不完善的政治机制和社会机制时，会自觉或不自觉地借助市场机制的力量。于是出现了限制精英人群的机制是什么,以及如何监督或矫正精英群体对机制运用的选择问题。同时,由于“经济精英与知识精英影响政策决策过程的机制是不同的”,[①]而且不同类型的精英对资源控制和控制的资源类型与方式,以及不同精英群体的关系网络也是不同的,因而建立监督和控制社会精英参与社会回应的机制,以及他们应用机制时的选择选择,是一个重大的理论与实践课题。

(二)以群体形式表现的回应主体

以群体形式表现的回应主体在人员构成上表现为有着共同利益的若干个体的集合体。但其形成方式不同,大体上有两种情况:一是群体本身就存在,由于共同体的某种利益被触及,因而在回应关系中扮演了回应主体的角色。二是在某一特定的回应事件中,原本没有联系和互动关系的若干个体或群体,基于共同的回应客体而自发地组织或者被组织起来的情况。在前一种形式中,群体内部成员的结构及互动模式是相对固定的,且群体成员的利益指向具有较高的一致性,当其成为回应主体时,其行为相对有“迹”可循。同时,这类回应主体不会因为回应目标的实现而消解,而是有可能形成更加稳固的关系模式。从“行动论”看,“人的行动是有目的的,一方面受环境因素的影响,另一方面也受规范价值的牵制”,[②]而既成性群体一般都存在特定的规范价值的支撑,且回应中的组织化程度也比较高。从交换理论解释行为主义的角度看,当“有机体在某种场合下的行为曾得到酬赏,如再次出现相似场合时,它们就会重复那种行为”[③]。

在第二种情况中,群体回应主体的形成具有临时性,这意味着群体成员的构成较为复杂,并在群体内部存在权威资源、信息沟通、利

---

① 朱旭峰:《政策决策转型与精英优势》,载《社会学研究》2008 年第 2 期。

② 蔡文辉、李绍嵘编:《简明英汉社会学辞典》,中国人民大学出版社 2002 年版,第 206 页。

③ 乔纳森·特纳:《社会学理论的结构》(上册),华夏出版社 2001 年版,第 267 页。

益指向的较大差异甚至彼此间利益博弈的情况。在我们 2003 年 8 月所作的关于“计划生育村民自治”抽样调查中,由于《计划生育村民自治章程》中设置了村民自治小组中的成员无论发生怎样的非计划怀孕情况,整个小组成员都要同时受处罚的机制(是否合理,此处不评价),于是,计划生育村民自治小组作为一个特定的回应群体,一方面其内部的相互监督和利益制衡的机制建立起来,另一方面,一旦有自治小组的某一成员受到处罚,原有的自治小组便可能发生解构。① 值得注意的是:当临时性回应群体内部的利益博弈成本大于政府制度回应的成本时,通常是需要政府力量介入的。若政府力量不介入或介入滞后时,临时性回应群体就可能发生解构或重组,甚至可能导致某种社会冲突,因而政府有责任积极地引导和疏导这类群体的生产、形成和演变。另外,当临时性回应群体所追求的共同利益基本实现时,这类临时性回应群体可能消解。对于这类群体生产、形成和演变,在我国社会学学者的大量个案研究中都有所涉及。如应星通过对四个个案的比较研究,对农民群体的利益表达机制进行了分析,而分析的重点就是:临时被动员起来加入群体利益表达行动的行动过程,以及草根动员者。②

二、按照主体与回应客体的关联程度分类

社会回应主体可以分为特定主体与潜在主体。特定主体也可称之为直接主体,指的是回应客体直接指向的个人或群体,这些主体对自身的角色有明确的认知并参与到回应事件(关系建构)中,从而形成一定的回应关系网络。潜在主体也可称之为间接主体,是指意识

---

① 戚攻:《计划生育村民自治的理论及实践(一项抽样调查)》,载戚攻主编:《重庆市全面建设小康社会与人口和计划生育政府治理研究》,重庆出版社 2004 年版,第 174 ~ 183 页。

② 应星:《草根动员与农民群体利益的表达机制——四个个案的比较研究》,载《社会学研究》2007 年第 2 期。

到特定回应主体作用于回应客体产生的潜在后果对自身的影响以后，可能参与到回应事件或关系中的个体或群体。当潜在主体参与到回应关系中时，一方面将促使原有的回应关系网络发生变化，另一方面原先的潜在主体就转化为了直接主体。如某级地方政府基于城市整体发展规划对某一地区做出拆迁安排时，将要被拆迁的人群就是特定回应主体或称为直接主体，而其他可能由于拆迁被影响的个体或人群则是潜在回应主体。在某个城市中，政府关于是否征收私人车辆在公共场所停车费用的回应关系中，直接主体是该城市中已有私车的群体，而间接主体既包括潜在的私车购买者，又包括已有私车者的亲属群体，还包括不准备购买私车的群体等。直接回应主体在某一回应事件中往往是较为明确的，而潜在回应主体则存在模糊性。这是因为：社会回应过程本身具有多层次、可循环的复杂性，同时，潜在主体本身能否认识到自身的主体资格也是重要原因。我们在对贫困学生是否通过国家助学贷款解决自己上大学难的社会调查中发现：有相当数量的贫困学生并没有意识到自己的主体资格和权利。①

当社会回应中存在直接主体和间接主体的情况时，对各级地方政府而言，需要考虑某项公共政策的实施所涉及的直接对象和该政策涉及的潜在对象问题，尤其是在构建和谐社会的进程中。

三、按照主体对回应关系的影响力度分类

社会回应主体可以分为强势主体与弱势主体（外在特征是他们的具体回应能力、回应机会和话语权）。由于社会回应主体在社会结构中所处的位置和资源占有的情况不同，有的回应主体在回应关系中有较强的话语权和回应能力，并能够对回应事件及关系的发展

---

① 关于贫困大学生国家助学贷款的有关调查，我们是作为研究社会回应度的基础资料，并在“回应度测评的实证研究”一章中作了具体的分析。

方向产生重要影响,如与政府有“千丝万缕”联系的单位组织、社团、国有企业精英群体等,而这类回应主体即为强势主体。对那些在现实社会中处于相对边缘位置或处于某种依附、从属地位,[①]并对回应关系影响力较弱或难以产生影响的回应主体,我们称为弱势主体。

随着我国社会转型加速和社会分化速率提高,现实中客观存在强势人群、弱势人群的现象和问题,已为我国学界的大量研究所证实。[②] 我们借助学界已有的经验研究而提出社会回应关系中强势主体和弱势主体的区分。从回应关系看,强势主体和弱势主体的区分,反映了不同回应主体在回应关系建构中存在不同的话语权。基于政治学讨论公众参与,要思考一个地区、一个系统甚至一个单位组织内部基层民主政治发展的水平与质量问题;基于公共管理讨论公众参与,要思考政府公共政策的取向和政府的回应性,以及政府促进公平正义的机制设置问题;基于法学讨论公众参与,要思考我国现实生活中弱势主体的基本权利的保障和维护问题。

在社会回应的第一种类型:社会组织及公众回应政府的关系中,单位组织相对于一般公众是强势主体,这与单位组织在社会中占有资源的能力、机会获得和单位组织通过行政化权力对内部资源形成的垄断性,以及在社会回应中凭借其制度机制(单位组织规范)而有较高的组织化程度等因素相联系。在通常情况下,政府不仅更重视和信任单位组织扮演回应主体,而且也更多地向单位组织提供回应的条件和机会。在社会回应的第二种类型:社会组织及公众之间内部回应关系中,单位组织相对于组织成员个体而言,同样也处于强势

---

① 戚攻:《论社会转型中的“边缘化”》,载《西南师范大学学报(社会科学版)》2004 年第 1 期;参见戚攻:《析转型期边缘化趋势渐成的社会机制》,载《理论学刊》2004 年第 2 期。

② 陆学艺主编:《当代中国社会阶层研究报告》,社会科学文献出版社 2002 年版;陆学艺主编:《当代中国社会流动》,社会科学文献出版社 2004 年版;李培林、李强、孙立平等:《中国社会分层》,社会科学文献出版社 2004 年版等。

地位，但与社会回应的第一种类型不同的有三种情况和趋势。一是在不同单位组织之间的相互回应关系中，由于现实中还存在具有一定垄断排他性的单位组织，如大型国有企业、新闻单位，承担政府某些职能的事业组织，如大型医疗机构、研究机构、学校、工会与妇联等社团，它们在与非垄断性单位组织、私营企业、非政府组织、民间社团之间的回应关系建构中，虽然会处于某种强势地位，但随着市场化改革的深入和市场机制对资源配置的基础性作用增强，这种强势力地位应当说正在发生改变。因而就强势主体与弱势主体的互动地位及相互之间建构的契约化关系而言，应是动态的、变化的和走向平等的。二是单位组织内部的"精英"与一般组织成员，在回应单位组织的关系中，前者也通常处于强势回应主体的地位。三是当正式组织、非正式组织或群体，以及与个体之间的相互回应关系走向契约化时，其回应主体的角色扮演和所处的地位，通常是平等的，而且互动关系要体现互惠原则。

在社会发展中，强势主体和弱势主体的地位及能力并非是固定不变的。而变化的基元和动力机制，既可能源于回应主体内在条件的变化，也可能由于外界环境因素所致。在我国学界的已有研究中，既有学者揭示了改革以来中国社会结构、阶层结构、社会流动和职业流动走向开放，从而为社会主体改变代际流动或传递的潜规律，以及社会个人与群体社会地位低度分化与变化的状态提供了可能，又有学者认为，随着社会结构的定型化，促进社会主体既成性的社会地位和"位置"变化的机制开始被弱化①。我们注意到，温家宝总理在视察三峡库区建设时，曾经为云阳县村民熊德明"讨工资"……由此，熊德明被评为"2005 年度中国经济人物"，随后她本人作为全国知名人物成为为农民工"讨工资"的代言人。这是一种难以再生产的特例

① 孙立平：《利益关系形成与社会结构变迁》，载《社会》2008 年第 3 期，第 9 ~ 10 页。

或偶然性的事物,但中国走向更加开放的大趋势和任何必然都是由偶然转化说明,变化是必然的,只是变化的条件又开始了新的重构。

第三节 不同回应类型中的回应主体

这里的"不同回应类型"中的"回应"包括政府回应、社会回应和共同回应。考察三种回应类型中的回应主体,是选择比较研究的角度。

一、政府回应中的回应主体

在科层制自上而下的行政管理模式中,政府是"与外界隔绝的管理者",其公共政策一旦形成,权力影响力自上而下地流向行政管理者,继而流向公众,不存在影响力的逆向流动,而且行政管理者也无须关注公众如何评价其回应能力。① 随着经济发展、社会进步,科层制自上而下、单向度管理模式已难以适应社会关系嬗变和公众需求多元的发展要求。② 于是"一场质疑官僚行政有效性的运动自西方开始在世界蔓延开来,各国开始重新调整国家与社会的边界,关注政府的能力,关注公共部门对公众的回应能力成为政府改革的共同特征"③。

(一)政府回应的基本职责

政府回应本身有四种类型。在政府回应的前三种类型中(政府回应国家经济社会发展需要、地方政府回应中央政府、政府系统内部回应),其诉求主体和回应主体的角色扮演存在交叉和转换。而政府回应中的第四种类型——"政府回应社会组织及公众",才是最典

① 约翰·克莱顿·托马斯:《公共决策中的公民参与:公共管理者的新技能与新策略》,中国人民大学出版社 2005 年版,第 15 ~ 17 页。

② 戚攻:《政府治理与促进社会和谐》,载《理论学刊》2005 年第 1 期。

③ 陈振明主编:《公共管理学原理》,中国人民大学出版社 2003 年版,第 70 页。

型的和与社会回应中“社会组织及公众回应政府”类型有某种直接对应关系的类型。而这里讨论的“政府回应的基本职责”，主要是针对政府回应中的第四种类型，即政府扮演回应主体的角色。如果要简明地理解，那就是狭义的政府回应，而广义的政府回应则包含政府回应中的四种类型。

政府扮演回应主体，社会及公众就是诉求主体。这一过程的基本特征是：政府对公共诉求的确认、判断和进行制度整合并产出制度化成果，其“极致”表现是制度回应。政府作为回应主体有四项基本责任。一是对公共诉求所指向的“问题”做出快速反应并给予解答。二是政府有责任创新体制、机制和推进制度化，为回应关系的健康发展提供制度资源，即提供政府依法行政和社会依法自治的资源。三是政府有义务在对社会领域做出积极响应的同时，通过重新分配资源和培育新的回应主体，以维护和保障社会弱势人群的权益。四是政府在为回应关系发展提供制度资源的同时，还有责任监督和规范社会各种正式组织，引导和培育各种非政府组织、非正式组织或群体和社会公众成为健康、有序参与回应关系建构的主体。

（二）政府回应的新挑战

从实践层面看，政府作为回应主体需要在政府不同部门和不同层级之间做出合理的分工，并建立沟通和协作的责任机制，保证回应的及时性和有效性。我国政府的组织结构总体上是一种自上而下的、一体化的分级管理模式，并呈现出层级隶属的纵向关系特征，其管理权限和范围从上自下逐渐缩小；同时，在层级隶属不仅有条条管理的纵向关系，还包含着块块分割的行政权限和行政职能范围问题，但无论是条条管理还是块块分割，都不同程度地制约着政府部门之间的横向合作，并导致政府自身相对缺乏互动的内在动力及需求。①

---

① 陈振明主编：《公共管理学原理》，中国人民大学出版社2003年版，第143～144页。

当政府系统内部互动与合作的需求及动力不足时,会直接影响到政府的回应性和回应能力。2006 年 9 月,时任中共重庆市委书记汪洋在重庆市召开的"'执政为民、服务发展'动员部署大会"上指出:在重庆市市级政府部门之间和地方政府中,存在各种"办事难"现象,包括:"部门找部门办事难"、"区县找部门办事难"、"企业找部门办事难"和"群众找政府办事难"。近年来我国政府体制改革、机制创新和职能转化使传统的行政运行结构和机制发生了较大变化,但汪洋所指出的由条条、块块形成的各种体制性的、机制性的矛盾仍较为突出。党的十六届六中全会通过的《中共中央关于构建社会主义和谐社会若干重大问题的决定》指出:我国"体制机制尚不完善,民主法制还不健全",要"深化行政管理体制改革,优化机构设置,更加注重履行社会管理和公共服务职能"。

当一些地方政府基于层级结构及"条块"式的行政运行模式而存在自上而下的单向性张力时,将促使公众的诉求和注意力最先指向执行政策的某个或某级具体的政府部门或组织。然而,政府回应的客体(公众诉求)通常是一个系统性问题,与不同范围、领域、层次上的问题相互联系和相互制约。因此,在某一政府回应中,其回应主体可能是特定的政府部门,但从整个回应事件及关系的发展和回应的完整性来说,则需要政府各部门间的沟通、互动与合作。同时,不同层级的政府及政府部门之间的双向互动(指政府回应第二和第三种类型)也是十分必要的。

2008 年,《国务院机构改革方案》在十一届全国人大一次会议上高票通过,这标志着"大部制"改革为方向的中国新一轮政府机构改革正式拉开帷幕。大部制的探索和实施,必将有助于政府组织结构优化、政府职能转变以及政府效能的提升和政府回应性的增强,从而提高政府的回应能力。

二、社会回应中的回应主体

在社会回应中,回应客体(显形的)主要是公共政策和政府所提供的公共服务。因此,回应主体往往涉及社会的部分或全体公众。需要说明的是:由于群体分类标准的差异,我们讨论的群体主体,客观上存在一些交叉和重叠的情况。下面我们简要分析几种以群体形式对社会生活影响较大的回应主体及行为。

(一)单位组织的变化与回应角色

我国的单位组织既不同于社会转型中新产生的利益群体,也不同于作为公民社会发育标志的非营利性组织或非政府组织。这里的单位组织是指"在中国社会中具有国家所有或全民所有制性质的各种类型的社会、经济和政治组织"①,它是一种制度、统治和一种中国独有的社会结构。② 随着我国经济体制的深刻变革和社会结构的深刻变动,我国的"组织不再被视为一个孤立的单位,而是一个会受到环境很大影响的主体"③。

1. 转型期单位组织制度研究的路向

改革开放以来,我国一大批学者如李汉林、李路路、孙立平、路风、沈原、刘平、王汉生、戚攻等(不包括对各种民间社团或非政府组织、草根组织研究的学者和从公共管理的角度研究我国单位组织的学者),对我国单位制度的性质与功能、演进的历史、结构特征、运行模式,以及目前发展的市场化环境和条件等做了大量的研究。其形成的重要认知包括:一是随着再分配体制的变革和资源配置的市场化,以及单位组织相对独立的市场主体地位逐渐确立,我国传统的单位组织作为一种特有的制度、统治和结构方式已经和正在发生着变

---

① 李汉林:《中国单位社会》,上海人民出版社 2004 年版,第 1 页。

② 李汉林:《中国单位社会》,上海人民出版社 2004 年版,第 3 页。

③ 罗伯特·丹哈特:《公共组织理论》,华夏出版社 2002 年版,第 89 页。

化；二是我国不同单位组织的系统归属和行政依附程度不同，因而市场化进程中的单位组织变革不平衡，而且变革的路径、方式及自主性也不一样，这导致一些单位组织在市场条件下发展的领域、条件、机会与成本等新的不平等和不公平；三是改革开放中单位组织与国家或政府关系的变化，带来了单位组织内部成员与单位组织关系的变化，并引发单位组织与政府与内部成员在管理关系与控制能力上的变化；四是在传统单位制度变化的同时，各种新的单位组织形式也不断产生，从而推动我国单位组织研究呈现出多向度；五是当前我国单位组织变革正处在一个关键时期，各种深层的结构性矛盾凸显出来，如单位组织的产权与所有制关系问题、行政任命与干预体系、企社分离、单位组织与非单位组织的互动关系，等等。①

从总体上讲，改革开放以来的单位制度变革和单位组织的再造，客观上已使愈来愈多的单位组织成为相对独立的市场主体。这不仅为各种单位组织扮演回应主体创造了条件，而且使单位组织在回应中表达其自主性成为可能。同时，也使单位组织与单位组织之间的相互回应、单位组织与内部成员之间的回应关系的产生成为可能。

2. 单位组织作为社会回应主体

长期以来，我国的单位组织是一个比较复杂的系统，承担过许多社会职能。“复杂组织是相互依赖的部分组成的整体”，但在市场环境中，“整体又依赖于更大的环境”②。当前，我国的单位组织在其结构、功能、社会责任以及权威方面已经发生了变化。然而由于其全民所有制性质使然，它们作为回应主体的角色扮演是具有双重性的：独立和依附（隶属）。前一属性决定了我国单位组织作为独立的市场主体，在扮演社会回应主体的角色时，同样具有与社会其他利益群体相似的经济、政治底蕴；由后一属性使然，其全民所有制性质加上组

① 李汉林：《变迁中的中国单位组织》，载《社会》2008年第3期。

② 罗伯特·丹哈特：《公共组织理论》，华夏出版社2002年版，第90页。

织化和制度化程度高，他们在与其他利益群体的市场博弈中，通常处于强势主体的地位。

单位组织作为社会回应主体，包含四种回应关系。一是与国家"出资人"和政府（行政隶属）之间的回应关系。二是与其他社会利益群体之间市场化的相互回应关系。三是与社会公众之间的回应关系，如单位组织的经济社会责任。四是单位组织对其内部成员的回应关系。第一种回应关系对单位组织而言是法定的义务关系，并主要扮演着回应主体的角色。第二种回应关系主要是一种市场竞争关系，其回应主体与诉求主体的角色扮演具有交叉性和存在转化的情况。第三种回应关系主要是回应社会及公众需求，回报社会、服务社会的关系，即主要扮演回应主体的角色。在第四种回应关系中，单位组织与其内部成员之间的诉求主体与回应主体的角色扮演是动态变化的。

3. 单位组织作为回应主体的特殊性

单位组织对于国家，既是一种制度安排，又是社会生产和社会治理中组织化和制度化程度最高的回应主体。[①] 同时，由于我国单位组织的发展和其利益的维护，在市场竞争中是否优胜等，关系到国家经济基础、政治稳定和社会控制力等问题，因而单位组织也是国家或政府首先需要信任和依托的回应主体。所以我国的单位组织在社会回应中历来都扮演着强势主体的角色。由此，一方面单位组织作为回应主体，他们会明确地代表国家利益；另一方面市场经济条件下的单位组织又扮演着利益群体或更具有"利益集团"特征的角色，并在与社会其他利益群体的博弈中处于强势地位并容易造成对其他利益群体的损害，如某些具有垄断特征的单位组织。因此，单位组织作为回应主体在与其他利益群体博弈时，政府应扮演公正的"裁判者"的角色。

---

① 李汉林：《中国单位社会》，上海人民出版社2004年版，第1页。

（二）回应主体之"利益集团"

在我国"空前的社会变革"中，[1]如西方社会中的"利益集团"尤其是具有鲜明政治取向的利益集团未必形成（与我国传统的其他政党组织和社会团体，如工会、妇联、青联等相区别），因而我们以"具有'利益集团'特征的利益群体"来表述时，是与西方话语的"利益集团"相区别的。

1. 关于"利益群体"的话语

在西方国家，利益集团是最主要的社会组织形式之一。不同利益集团之间的争斗成为政治过程的一个基本内容。美国著名政治学教授戴维·杜鲁门（David Truman）在《政治过程》一书中对利益集团的定义被人们广泛接受：利益集团是一个在其成员持有共同态度的基础上、向社会其他集团提出某种要求的集团，如果通过或向政府的任何机构提出其要求，它就变成一个政治性的利益集团。[2] 在戴维·杜鲁门教授的定义中包含三个基本要素：一是群体成员持有共同态度和取向；二是与其他团体存在利益博弈；三是向政府施加影响并作用于政府的公共政策。在现实中，利益集团影响公共政策决策的方式多元，而人们对此褒贬不一，有人认为，他们监督了政府运作，提高了政府工作效率，有利于多元社会利益的整合；也有人认为，利益集团的活动会损害公共利益。[3]

2. 转型期我国利益群体的回应能力

我国在市场化转型中新的社会阶层逐渐形成的事实和在一些地区、在经济社会生活的某些领域中，潜在地形成某种特定的利益群体

---

① 戴维·杜鲁门：《政治过程论：政治利益与公共舆论》，天津人民出版社 2005 年版，第 37～41 页。

② 戴维·杜鲁门：《政治过程论：政治利益与公共舆论》，天津人民出版社 2005 年版，第 37～41 页。

③ 袁丽娟、赵可金：《当代美国利益集团的内在运行机制——质疑奥尔森的集体行动逻辑》，载《上海行政学院学报》2005 年第 4 期。

的趋势已经呈现，如各地成立的私营企业家协会，个体工商者协会，以及由于某种特定的利益关系而临时形成的利益群体等。从“利益集团”的特征看，我国逐渐显化的和潜在的利益群体，也表现出了某些相似的特征，如具有通过共同行动来维护群体利益的态度和取向，典型的是一些具有垄断特征的行业中的单位组织和企业；如具有与其他社会利益群体博弈的情况，典型的情况可以从一些私营企业主对维护劳动者权益的新《劳动合同法》的排斥与抵触，即采取不回应和所谓变通回应的态度与行为，以及通过已经获得某种政治身份的群体中的精英（人大代表或政协委员），向政府施加影响，以影响政府公共政策决策等。这种情况，在近几年召开的全国政协会上总是能看到的。

从总体讲，对我国逐渐显化和潜在的各种利益群体不能基于西方“利益集团”话语来作解读，但是，当某些利益群体作为社会回应主体时，他们会凭借单位组织的力量或以其群体中具有某种精英身份的代表与政府互动。在这种情况下，他们维护自身利益和表达其诉求的能力及话语权是比较强大的。因此，各级地方政府应高度重视我国不同利益群体作为社会回应主体的角色扮演，研究不同利益群体在社会回应关系结构中的地位和影响力，积极引导和控制不同利益群体之间的利益博弈，注重化解矛盾和重视对更大范围的公共利益的维护。这既是构建和谐社会的需要，也是各级地方政府的一项基本责任。

（三）回应主体之非营利性组织

学界所使用的“非营利性组织”、“非政府组织”、“第三部门”或“民间组织”等概念相互交叉并相似或相近，在不同的文化环境中的应用存在差异。在西欧和北美，这些组织通常特指活跃在国际舞台上的非营利组织，在东欧则指所有慈善和非营利组织，在第三世界国家则指以促进发展为目的的民间组织等。① 在 Peter Crampton 等《第三部门在提供初级照看服务中的角色——理论及政策问题》的研究中，把“第三部门”

① 陈振明主编：《公共管理学原理》，中国人民大学出版社 2003 年版，第 334 页。

解释为:第三部门是一国组织系统中非政府的、非营利的部门,第三部门是许多国家的社会生活、政治生活和经济生活的重要组成部分。①

1. 非营利性组织作为回应主体的界说

我国学者关于"Third Sector"一词的译名主要有:"第三域"和"第三部门"。这两种译名之间的含义没有太大的差别。有学者指出:所谓"第三域"指的是和公共领域(公域)、私人领域(私域)相对而言的另一个领域;第三部门指的是和公共部门、私人部门相对而言的另一个部门,它们所指称的都是各种非政府、非营利性的民间组织。在我国学界,第三部门又被称为"独立部门"、"非营利部门"、"志愿部门"或"利他的部门"等②。共性在于强调:这些组织是指介于政府行政组织与市场组织之外的非政府的、非营利性的,带有自愿性的并从事社会公益事业的独立社会组织。

可见,不同的分类和概念使用反映出人们通常是根据各自的研究目的来确定适合的分类原则,③但研究者一般都认同美国约翰·霍普金斯大学非营利组织比较研究中心的"结构—运作定义"的特征,即组织性、非政府性、非营利性、自治性和志愿性。

我们在非营利性组织、非政府组织、第三部门、民间组织等一系列相关命题的使用中,采用王名、刘国翰和何建宇在《中国社团改革——从政府选择到社会选择》中关于"非营利性组织"的界说:"'非营利性组织'(non-profit organization)是指政府部门和以营利为目的的企业(市场部门)之外的一切志愿团体、社会组织或民间协会。这些组织的集合就构成'非营利部门',或者'第三部门'(the third

① Peter Crampton, listair Woodward, nthony Dowell:《第三部门在提供初级照看服务中的角色——理论及政策问题》,载《社会政策》(新西兰)2001 年 12 月第 17 期。

② 何增科:《公民社会与第三部门研究引论》,载《马克思主义与现实》2000 年第 1 期;另见谢岳:《后现代国家"第三部门"运动评析》,载《复旦学报(社会科学版)》2000 年第 4 期。

③ 洪毅生:《第三部门与政府行政关系探析》,载《求实》2005 年第 1 期。

sector)，与政府部门、市场部门共同构成现代社会的三大支柱”。[①]这是因为：一方面如贾西津在他的《第三次改革——中国非营利部门战略研究》一书中说，非营利组织的界限比较模糊，“国际上至今没有形成一个统一的认识和界定。最广泛的概念将其界定为政府与企业之外的所有社会组织”[②]；另一方面，我国的非营利组织主要是根据国家民政部《社会团体登记管理条例》和《民办非企业单位登记管理暂行条例》进行登记的社会团体和民办非企业单位。虽然行政认可使这类组织具有法律地位，而且“这种制度设计使得中国大多数社团趋同于带有浓厚的官方体制色彩”，[③]但是，由于双重管理体制，税收法律体系存在不完善，一些营利性的培训机构也登记为民办非企业单位，而一些从事非营利性公益活动的组织又不得不以企业法人的身份存在或未取得法定的身份。

俞可平认为，非政府组织（非营利组织）作为回应主体，在治理变迁中发挥着四种作用：一是奠定了基层民主特别是社会自治的组织基础；二是能够成为沟通政府与公民的重要桥梁；三是已经成为影响政府决策的重要因素和推动政府改革的强大动力；四是对政府行为构成有力的制约。[④] 同时，贾西津在更广泛的背景下解析了中国公民自组织和公民社会发展的作用：一是为中国政治体制改革积累

---

① 王名、刘国翰、何建宇：《中国社团改革：从政府选择到社会选择》，社会科学文献出版社2002年版，第12页。参见王名：《非营利组织管理概论》，中国人民大学出版社2002年版，第2～3页。作者归纳了非营利组织的三个基本特征，非营利性、非政府性、志愿公益性或互益性。参见王名、贾西津：《中国非营利组织：定义、发展与政策建议》，见http://www.webofcity.com/nei/file/zgfylzzjy.htm。

② 贾西津：《第三次改革——中国非营利部门战略研究》，清华大学出版社2005年版，第9页。

③ 范明林、程金：《核心组织的架空：强政府下社团运作分析》，载《社会》2007年第5期。

④ 俞可平：《中国公民社会的兴起与治理的变迁》，见《治理与善治》，社会科学文献出版社2000年版，第348页。

社会自治的组织基础；二是促进了权力格局的变迁，即政府改革不仅仅是从直接经济生产领域的退出，它是一个整体社会结构转型的过程，是公共治理模式的变化；三是为民主政治培育公民意识的理念基石，即公民文化形成互促互动的关系，唤起公民参与公共事务的意识，加强和维护公民合法权益的权利意识。[①] 与此同时，我们还注意到：非营利组织的发展和其作为回应主体的功能的发挥，不仅在于对我国政治文明有促进作用和因公权力的让渡与回归社会具有了更多的自治权益，还在于现实的经济社会发展中，他们参与了如公共服务和公共产品提供，以及在教育、环境保护、社区矫正、社会扶助、公共安全等方面和领域中发挥作用。

2. 非营利组织作为社会回应主体的角色

从社会回应的角度看，我国非营利组织作为社会回应中的回应主体，有别于该类关系中的各种非正式组织（群体）和临时性回应群体，即非营利组织在组织化程度和制度化水平方面较高，而且它们正在成为我国公民社会发展中最活跃的因素而进入社会公共领域的核心地带。之所以如此，是因为非营利组织更容易接近被服务对象，能更灵活地对服务对象的需求做出反应，更适合处理高风险的社会问题等。[②] 因而，非营利组织在表达特殊群体的利益尤其是维护社会弱势群体的利益，以及在各种利益群体之间扮演协商者的角色，具有很大的优势。在社会回应客体是公共政策的情形中，“政策其实是利益不同且追求利益的权力也不同的个人和群体相互妥协的结果”，[③]这就需要一种“中介”力量参与平衡。同时，在不需要或暂不需要政府强制力量介入的社会回应关系中，非营利组织的作用更是

① 贾西津：《第三次改革——中国非营利部门战略研究》，清华大学出版社2005年版，第247～248页。

② 王名、刘国翰、何建宇：《中国社团改革：从政府选择到社会选择》，社会科学文献出版社2002年版，第33～34页。

③ 罗伯特·丹哈特：《公共组织理论》，华夏出版社2002年版，第98页。

显而易见。

由此，随着我国各级地方政府的职能转变，积极支持、引导和规范我国非营利组织的发展，既是培育公民社会发展环境、提高社会回应度的有效途径，又是增强可持续社会回应的基础策略，而可持续的社会回应是公共政策持续转化为现实生产力的重要社会条件。同时，各级地方政府部门在职能转化中应自觉加强与非营利组织的合作，如通过特许经营、公私合营、订立合同和政府购买等多种形式，这既能提高政府回应公共服务需求的能力，又能促进社会回应主体在组织化和制度化方面的程度与水平的提高。

（四）回应主体之大众媒体组织

"大众媒体组织"与"单位组织"两个概念在我国存在交叉关系，但大众媒体组织作为回应主体具有特殊性。同时，在现实的大众媒体组织中，有一部分并非是全民所有制性质的组织尤其是借助互联网建立的许多大众媒体组织。正是在这个意义上，我们将"大众媒体组织"从单位组织中适当区分出来，目的是突出转型期我国社会回应主体的多元性和大众媒体组织作为回应主体的特殊性。

在西方国家，大众媒体组织通常被视为独立于行政、立法和司法之外的"第四种权力"。但事实上西方国家中的许多大众媒体组织，既扮演着政府"喉舌"的角色，又扮演着回应政府的角色（代表社会监督政府和反映民间诉求）。

把大众媒体组织视为社会回应关系中重要的回应主体，既是因为大众媒体组织是社会和政府之间沟通和互动的桥梁与平台，能较客观地反映公众对相关利益问题的诉求和期望；又因为或更重要的是它本身也在发挥监督政府公共政策的制定和执行情况的作用。从某种角度看，我国的大众媒体组织特别是传统媒体组织作为回应主体的角色扮演具有双重性，即一方面代表政府回应社会及公众，另一方面又代表社会及公众回应政府。我国大众媒体组织的这一特殊性，与西方大众媒体组织的角色扮演相比较，其双重回应主体的角色特征更鲜明。而且在我国文化体制改革不断深入的过程中,按照党的十七大报告的要求:建设社会主义核心价值体系,增强社会主义意识形态的吸引力和凝聚力,积极探索用社会主义核心价值体系引领社会思潮的有效途径,主动做好意识形态工作,既尊重差异、包容多样,又有力抵制各种错误和腐朽思想的影响,这种双重特性会更加突出。

在我国,大众媒体组织中的一部分是全民所有制性质的单位组织,但仍有相当一部分不是全民所有性质的单位组织。由于大众媒体组织具有传递信息、聚焦问题、引导舆论和影响面广等特征与功能,其作为回应主体的地位和所扮演的角色就具有特殊的重要性,因而支持、正确引导和规范大众媒体组织尤其是第四类媒体组织应是政府的责任。

三、共同回应中的回应主体

在共同回应关系中,诉求主体与回应主体的角色扮演更具有交叉性和重叠性。这与共同回应中的诉求或期望具有广泛性,以及回应主体也具有广泛性的特征联系,与共同回应关系由政府回应与社会回应的相互转化与耦合相联系。

在共同回应关系发展的不同阶段,其回应主体既可能是政府或政府组织,也可能是社会组织、非正式组织和社会个体,也可能同时包括政府、政府组织与各类社会组织、非正式组织、社会精英和公民个人。在考察共同回应中的回应主体时,需要审视共同回应关系发生的过程和在某一特定阶段以哪一种回应关系为主。

由于共同回应关系中所涉及的诉求或期望(客体),往往是重大的公共利益,或关于社会发展的要求、趋势的呈现等产生的现实问题,在共同回应关系的发展及演化中,有时表现为政府回应,有时表现为社会回应。当重庆市被国务院确定为“统筹城乡综合配套改革试验区”时,统筹城乡发展就成为重庆市共同回应的客体,即在这一共同回应关系中，有政府及政府组织回应，有社会单位组织回应（包括企业），有社会各阶层和不同群体，乃至社会成员个人的回应等。

第四节 社会回应主体的角色扮演

在上一节中，我们已经审视了社会回应主体的主要类型和他们的一些特征。在这一节中，我们研究的重点是非营利组织的角色扮演和社区建设中一些主要的回应主体。目的是在前一节的基础上，更深入地从理论和实践两个层面展开研究。

在具体的社会回应情境中，社会回应主体的角色扮演是复杂和多态的，其回应关系中的互动形式、内容、结构关系都会因为具体的回应诉求、回应情境的变化而不同。关于社会回应主体的角色扮演，很难抽象出一个固化的模式。基于此，我们对社会回应主体的角色扮演的讨论着眼于较为典型的社会回应主体和较为典型的回应情境中的回应主体这样两个维度，选择非营利性组织（相对狭小的概念是"非政府组织"）①和社区治理中的回应主体（以群体为主）来分析。

一、非营利性组织的角色扮演

在社会学角色理论概念中至少存在两种相异的传统：一是结构主义，二是相互作用论。前者以泛结构化的视角强调规范、地位和规范预期；后者侧重对互动过程的分析②。这种分歧印证了角色现象分析的两个基本要素，即社会结构和行为过程。

---

① 王名、刘国翰、何建宇：《中国社团改革：从政府选择到社会选择》，社会科学文献出版社 2001 年版，第 13 页。

② 乔纳森·特纳：《社会学理论的结构》（下），华夏出版社 2001 年版，第 48 页。

（一）我国非营利性组织发展的历史沿革

结合中国社会发展的宏观背景来分析非营利性组织在我国的发展轨迹及趋势，是学界的普遍的视角与趣向。吴俊杰等编著的《中国构建和谐社会问题报告》将非政府组织（非营利性组织）在新中国的发展划分为两个不同的历史时期，并将1978年党的十一届三中全会的召开作为重要的分界线。[①] 王名等在《中国社团改革：从政府选择到社会选择》中对非营利性组织（非政府组织）的发展历程作了更为详尽的划分和论述；认为中国社团的每一次发展高潮都有着深刻的社会历史背景，而且呈现出某种特定的发展态势。[②] 虽然学界在具体的时间划分上有一些分歧，但关于计划经济体制条件下的非营利性组织基本属性的认知，学界基本上没有异议，即认为大多数的非营利性组织（非政府组织）是从政府系统中剥离或者由政府自上而下筹建的，其运作方式与政府部门大同小异；而且这一时期的该类组织在整个社会回应关系网络中，既不具有独立的地位和自治性，又存在回应能力不足和回应向度单一的问题，并且在一定意义上还缺少足够的公信力和社会认同。

自20世纪90年代以来，我国的非营利性组织得到了飞速发展。仅1993～1994年，全国每年大约新增各类社团组织3万个；到1995年年底，全国各类社团组织已达20万个[③]；到2005年年底，我国共有社团组织171150个，民办非企业单位147637个，两类合计达到318787个[④]。与此同时，民间组织的发展与市场经济发育、成熟的程

---

① 吴俊杰、张红等编著：《中国构建和谐社会问题报告》，中国发展出版社2005年版，第259页。

② 王名、刘国翰、何建宇：《中国社团改革：从政府选择到社会选择》，社会科学文献出版社2001年版，第77页。

③ 吴忠宪：《中国民间组织的发展现状及其管理》，清华大学非营利性组织研究中心，1999年。

④ 数据来源：中国民间组织网2005年统计资料，载 http://www.chinanpo.gov.cn。

度、地区经济社会发展阶段及性状密切相关,如截至2003年年底,虽然我国平均每万人拥有2.1个民间组织,但东部沿海地区每万人拥有2.73个,中部地区拥有1.53个,西部地区拥有1.87个。[①] 这些组织在角色定位和组织活动的取向中,已使其逐渐成为公民参与政治生活和社会事务的重要载体,并在回应政府、解决社会问题等诸多方面,发挥着越来越重要的作用。

(二)我国非营利性组织作为回应主体的作用

我国的市场化转型既为非营利性组织(也有学者以"非政府组织"表述)的发展提供了新的场域,又为非营利性组织自身的重新定位和其作用的发挥创造了机会。

1. 非营利性组织在慈善、公益领域的作用

在我国,贫困是一个社会问题,而解决贫困问题又是一项长期的需要全社会参与的活动。据有关数据资料显示:在"1986~2000年间,国家共投入扶贫资金1776.3亿元,而非政府组织的投入是567亿元,即全社会投入总计为2310.4亿元。按投资评价法计算,非政府组织的扶贫贡献率为24.6%",且"非政府组织资助的扶贫项目成功率、资金回报率均在90%以上"。[②] 同时,非营利性组织(非政府组织)还进入了教育、卫生保健、环保、文化等社会公共部门的核心领域,如中国青少年基金会、中国人口福利基金会在教育领域,"自然之友"、"绿色家园志愿者"等,在环保领域都发挥了重要的作用。可见,非营利性组织或非政府组织在一定程度上弥补了政府在回应社会发展中的不足。

2. 非营利性组织促进社会公正与公平的作用

非营利性组织在各自领域的活动推动了社会广泛关注和帮助在

---

① 民政部民间组织管理局:《我国民间组织的发展与管理情况》,载《学会》2005年第1期,第12页。

② 曲天军:《非政府组织对中国扶贫成果的贡献分析及其发展建议》,载《农业经济问题》2002年第9期。

经济与社会转型中遭遇困难的人群，如城市失业者和农村中的特困人群、老年人、残疾人和妇女儿童等。非营利性组织关注与帮助我国困难人群的理路和行动方式，不同于政府扶贫，即他们工作的侧重在“帮助人们自助”和“参与式发展”。前一种运作方式在于启发、教育、鼓励民众参加社会活动，维护自身利益，增强了他们对自己经济、政治权利的意识，使他们正确选择表达、维护合法权益的方法和策略；后者在于发挥弱势人群的积极性和热情，指导和引导其发展，从而提升他们回应社会发展的能力。从一定意义上讲，帮助人们自助和“参与式发展”，这对促进社会公正与公平是有积极意义的。

3. 非营利性组织培育公共精神和社会责任的作用

非营利性组织在倡导社会公共精神和公民责任意识方面也发挥了重要的作用。随着我国市场化转型的展开，一方面依附于计划体制的各种累积性关系开始发生嬗变，且各种不可能的关系也在发生关系；另一方面，人们的思想观念也发生着深刻的变化，其价值取向和价值观的参照系趋于多元，从而促成社会伦理发生重构；再一方面基于市场经济发展要求而发生的社会信用体系重构，又使公共精神和公民的社会责任意识成为困扰我国社会发展的问题。① 非营利性组织以他们的实际行动，表现出了新的志愿精神、社会公德和责任感，并为提倡和培育社会公共精神树立了榜样。②

（三）非营利性组织作为社会回应主体面临的挑战

非营利性组织作为社会回应主体，正在进入我国公共领域的核心地带，并日益发挥着重要的作用。但目前，我国非营利性组织作为回应主体的发展还面临一些挑战。

1. 非营利性组织的整体回应能力问题

影响和制约我国非营利性组织整体回应能力的因素包括两方

---

① 戚攻：《转型期“信任”重建的社会学分析》，载《探索》2003 年第 5 期。

② 陈振明主编：《公共管理学原理》，中国人民大学出版社 2003 年版，第 358 页。

面。一是从非营利性组织内部结构看,仍缺乏成熟、完善的组织机构和决策机制,是我国非营利性组织的一种“通病”。资料显示:在我国的非营利性组织中,有高达47.4%的非营利性组织受其发展规模小的影响,没有正式的决策机构。① 而这些非营利性组织在应对结构不健全、决策与执行机制不完善和战略管理较薄弱等问题时,主要是通过组织内领袖的个人魅力或志愿者的献身精神,因而非营利性组织对公众的诉求,难以做出持续、快速的反应。二是从非营利性组织所处的外部环境看,从计划体制时期延续下来的非营利性组织,客观上存在如何适度退去其官办色彩,摆脱旧体制的束缚(依附与隶属),增强自主性和独立性的问题,而改革开放以来自下而上建立的非营利性组织(包括一些“草根组织”)面临如何摆脱规模有限、实力弱小、不得不从体制内寻求支持,从而削弱其独立性的问题,如有学者指出,我国的非营利性组织被赋予了“一种比它本来拥有的作用更加边缘化的色彩”②。

2. 非营利性组织的社会代表性问题

在我国现有的非营利性组织的运作中存在一种异象,代表现实社会中强势群体利益或为强势群体服务的,多于为现实社会发展中的中间人群和弱势群体服务的。这既反映出一些非营利性组织的价值取向存在一定的问题,又隐含着一些非营利性组织自身发展的无奈,还揭示出一些非营利性组织在性质上的“异化”。由此,我国的一些非营利性组织存在“代表谁”和“谁更需要代表”的代表性问题。一些非营利性组织在关注社会整体性、全局性问题上的敏感性相应

---

① 吴俊杰、张红等编著:《中国构建和谐社会问题报告》,中国发展出版社2005年版,第265页。

② 莱斯特·萨拉蒙:《非营利部门的兴起》,见何增科主编:《公民社会与第三部门》,中国社会科学出版社2000年版,第322页。

缺乏,导致他们有效协调和回应的能力下降。① 我国非营利性组织的这种结构布局和运作中产生的异象,在某种意义上是现实社会分化性状的一种投射,但是它却使我国非营利性组织的社会代表性问题凸显出来。

3. 非营利性组织的公信力问题

在我国,非营利性组织总体上存在公信力不足有多重原因。一是我国从计划体制中延续下来的非营利性组织,如工会、妇联等的官办背景较浓厚,因而被一些民众视为政府部门或组织;而改革开放以来产生的一些非营利性组织与营利性组织,由于在政府管理和登记上存在混淆而又被一些民众视为经济类组织,如"某某基金会",民众大都将其视为经济组织。二是改革开放以来的非营利性组织的发展总体上还比较弱小、影响力有限,以及社会关于非营利性组织的宣传缺失,于是一些民众对什么是非营利性组织认识不清,从而导致公众对非营利性组织缺乏广泛的社会认同。三是我国一部分非营利性组织在自我管理中的自律性较差,其组织运作存在非规范性和透明度不高的问题,由此影响了我国非营利组织的快速、健康发展。

(四)我国非营利性组织发展的机遇

党的十六届六中全会通过的《中共中央关于构建社会主义和谐社会若干重大问题的决定》,为我国非营利性组织的进一步发展提供了前所未有的机遇。一是加强社会事业建设,逐步缩小地区间基本公共服务差距。二是健全党委领导、政府负责、社会协同、公众参与的社会管理格局,在服务中实施管理,在管理中体现服务。三是坚持培育发展和管理监督并重,完善培育扶持和依法管理社会组织的政策,发挥各类社会组织提供服务、反映诉求、规范行为的作用。四是推进政事分开,支持社会组织参与社会管理和公共服务,发挥社会

① 钱海梅:《审视与反思:公共治理的风险及其挑战》,载《学术界》2006 年第 2 期。

自治功能,保证人民依法直接行使民主权利。五是鼓励社会力量在教育、科技、文化、卫生、体育、社会福利等领域兴办民办非企业单位,并发挥行业协会、学会、商会等社会团体的社会功能,为经济社会发展服务。六是发展和规范各类基金会,促进公益事业发展,引导各类社会组织加强自身建设,提高自律性和诚信度等。

结合党的十六届六中全会的基本精神,我国非营利性组织发展需要加强两个方面的建设:完善内部管理和培育外部环境。

非营利性组织完善内部管理着重在四个方面。一是进一步明确组织宗旨、性质和目标,这既是政府分类管理的前提,也是非营利性组织自身发展及作用发挥的前提。二是健全和完善组织结构与决策机制、执行机制,建立和健全非营利性组织内部管理及运作制度。三是努力提高服务社会、反映民间诉求、规范行为的作用和能力,增强其"代表性"。四是努力提高人员素质和加强自律,培育社会自愿者队伍、增强其社会公信力。

培育非营利性组织发展的外部环境,重在政府改进和完善对非营利性组织的管理体制,支持和拓展非营利性组织的生存空间与发展环境。主要包括:

1. 改革我国非营利性组织登记管理体制

我国非营利性组织目前所实行的是双重管理体制,即登记管理机关和业务主管机关双重审核、双重负责制。这种制度安排的"可见功能"有利于政府管理、规范与控制,但其"潜在功能"[①]限制了非营利性组织合法生存的空间与环境,削弱其作为民间组织的自治性和独立性。一些非营利性组织因找不到"婆家"——挂靠某个政府部门来获得合法的登记注册。由于挂靠具有行政性,从而使一些非

① 文森特·帕里罗等:《当代社会问题》,华夏出版社2002年版,第19~20页。罗伯特·默登从功能主义认识社会制度的方法,是把社会制度对维持社会秩序所起的作用分为"可见功能"与"潜在功能"。"社会变化通常带有预期的目的,然而因为变化通常还有不可预期的副作用"。

营利性组织的目标确立、组织领导产生和日常运作等都要受制于业务主管部门，削弱了它们的自治性和独立性。

2. 完善发展我国非营利性组织的专项法规体系建设

国外对非政府组织的管理一般按照其宗旨、收入分配及其开展的活动等，来严格划分营利和非营利两种不同性质的组织，并对不同性质的非政府组织给以不同的税制待遇和相应的管理办法。结合我国的实际，应改革我国现行制度的某些安排，如设计区分和管理营利性和非营利性组织的专项法规体系（包括税制待遇），区别对待非营利性组织与营利性组织的准入“门槛”，从而促进我国非营利性组织的健康、快速的发展。

二、城市社区治理中回应主体的角色扮演

社会学往往把社区作为研究社会的起点，著名社会学家吴文藻先生在为《花蓝瑶社会组织》所作的导言中就提出，社区是了解社会的方法论和认识论的单位，是一个特殊的社会结构，一个社会功能和社会结构二者合并起来的社会体系。①

（一）社区发展与社会回应

随着我国经济体制改革和相关配套制度改革的深入，如医疗保障制度、住房分配制度等，既促进了社会流动，又使传统的单位体制受到冲击，促使“单位人”向“社会人”转变。于是，我国民政工作的社会属性也在三个层面发生着变化：“一是民政工作系统运行的理论与实践界域拓展、社会属性逐步放大。这一趋势正显现在它日益涵盖社会弱势群体和非弱势群体（对象的广泛性）；涵盖社会个体和部分社会组织和单位（对象的复杂性）；涵盖帮助与扶持、管理与构建、指导与自治等功能与形式（功能与作用的多样性）。二是民政系

---

① 吴文藻：《花蓝瑶社会组织“导言”》，载费孝通、王同惠：《花蓝瑶社会组织》，江苏人民出版社 1988 年版，第 4 ~ 7 页。

统高度集中的权力结构出现分层化趋势，产生出在政府指导下的、多级的街道、社区自治管理和自主发展的权力主体，促使社会微观管理和权力重组走向民主化、分层化和社会化。三是参与公共管理、公共建设与依法自治的主体日趋多元，促使政府把民政工作的发展权、管理权部分地交还于社会并同时做出新的制度安排。”①

由此，“社区发展”作为城市发展和管理的新思路被提上议事日程。《民政部关于在全国推进城市社区建设的意见》指出：“社区建设是一项新的工作，大力推进社区建设，是我国城市经济和社会发展到一定阶段的必然要求，是面向新世纪我国城市现代化建设的重要途径。”社区建设的重要目标导向在于社区治理，即建立多元平等主体共同管理社区公共事物的机制与过程。社区生活的本质在于社区利益相关者之间的合作伙伴关系的重新建构，②社区治理中的社会回应关系构成社区治理的核心要素，社区治理中回应主体的互动关系，是研究社会回应关系的基点。

（二）社区治理中的回应主体

学界对“社区”的界说通常涵盖地域和人群两大要素，即社区是由一定地理区域的人群及其社会关系所构成。我国的社区建设多以法定社区为操作单位，即确定社区实体所首选的标准是地域界线。社区在农村指的就是行政村或自然村，在城市指的是街道办事处辖区或居委会辖区以及目前一些城市新划分的社区委员会辖区等。③在理论上，社区治理中的回应主体，显见的就是辖区内的党组织和政府组织，除此以外，社区治理中的社会回应主体还包括社区居委会、

① 戚攻：《论社会关系嬗变与民政工作转型》，载《西南师范大学学报（人文社会科学版）》2002 年第 6 期。

② 陈伟东、李雪萍：《社区治理主体：利益相关者》，载《当代世界与社会主义》2004 年第 2 期。

③ 郑杭生主编：《社会学概论新修》（第三版），中国人民大学出版社 2003 年版，第 282 页。

居民自组织，社区内的非营利性组织，以及辖区内的单位组织等。

1. 社区党组织和社区居委会

社区党组织是党以社区为单位建立的组织机构，其传统源自“支部建在连上”的制度文化。① 它们的主要职能是加强党在社区建设中的政治核心作用，宣传和执行党的路线、方针、政策，执行上级党组织和本组织的决议，同时通过有效的组织建设，组织党员和群众积极参与社区建设。

社区居民委员会从性质上讲，是社区范围内代表群众的自治组织。社区居委会是社区居民利用自身力量，充分调动各种资源提高社区经济社会发展水平，改善社区居民生活，解决社区存在的问题，维护居民合法权益的最有代表性的组织载体。在我国的实践中，社区党组织和居民委员会的工作通常是相互配合的，在工作职能上存在交叉，都围绕群众性工作而展开。但是，由于社区党组织和社区居委会要接受上级党组织和政府组织的工作指导，工作经费和工作人员的报酬均来自于政府财政支出，因此承担了大量的政府职能部门及其派出机构的行政工作。在实际工作中，社区党组织和社区居民委员会作为回应主体，存在一定程度的独立性和自主性缺乏，并导致一部分社区居民对社区党组织和居民委员会性质的认识存在误差和认同度不高。

2. 社区内的非营利组织

社区内的其他非营利组织（非政府组织）主要包括业主委员会，各种兴趣协会，志愿者协会。业主委员会是我国房屋产权制度改革以后，作为城市社区专业物业管理的伴生物而出现的，它主要代表所在小区的全体私人业主在物业管理领域内对小区的物业实施自治管理。他们作为社区“民间权力”的代表，其成熟发展和规范运作对提高社区居民的社会回应能力具有极为重要的意义。然而，我国的业

① 李汉林：《变迁中的中国单位制度》，载《社会》2008 年第 3 期，第 39 页。

主委员会大多还处在一个成长的时期,普遍存在一些问题:一是代表性问题。很多业主没有强烈的维权意识,对社区公共事物和公共利益缺乏关注,从而导致业主委员会的产生过程和产生后的运作缺乏代表性。二是业主委员会的地位没有相应的法律认同和制度认同。这使得业主委员会在维护业主合法权益上存在很多问题和难题。三是业主委员会与社区居委会之间的关系没有理顺,管理范围和职责存在交叉,从而使社区居委会以"行政"的力量过多地介入了业主委员会的运作。

另外,社区内的各种兴趣协会也是社区里非常活跃的自组织,但影响力相对较小,作为回应主体参与公共事务能力也极为有限。

3. 社区内的单位组织

"社区内的单位组织"基于社区概念中的地域要素,我国单位组织分属于不同的社会子系统,并以此为前提扮演回应主体的角色,但随着我国社区建设和发展,单位组织作为回应主体的角色扮演和途径及方式开始从"条条"管理中走出来,而转向了"块块"管理中的角色扮演,即更多的单位组织开始参与社区的建设和发展,并作为社区内的回应主体。重庆市在 2007 年地方"人代会"换届选举中,就是以社区(块块)为推选单元,所有的单位组织都是在所属社区中参加代表推选和投票选举。

我国社区中的单位组织作为回应主体是一种特例,较大型的单位组织本身就具有微型社区的特征,如有学者做过"机关大院社区"的相关研究①。从社区治理的角度看,单位组织既是社区中处于强势地位的回应主体,又是社区自治建设与发展赖以依托的重要力量。然而,对社区中的单位组织管理主要是"条条管理",而与社区的"块块管理"之间存在关系不顺的情况。同时,社区中单位组织的运作

---

① 桑景艺:《浅议"机关大院社区"》,载《重庆师范学院学报(哲学社会科学版)》2003 年 6 月(增刊)。

和自我管理又具有相对的封闭性，这与社区运作及管理的开放性之间存在一定冲突。由此，一方面社区中的单位组织作为社区的回应主体具有特殊性，另一方面单位组织作为社区回应主体的作用及功能的发挥被削弱了。

综上所述，我国社区治理中的回应主体正在逐步成长和发展，同时也面临一些问题和挑战。各级地方政府在大力加强社区建设的过程中，应结合本地具体实际创新管理体制和机制；积极培育和规范社区治理中的回应主体，努力创造提高社区回应主体能力的环境和条件；制定相关政策，明确社区治理中不同回应主体的责任、权利和义务关系，促进社区回应主体之间的相互回应。

（三）城市社区居委会的角色扮演（案例）

1. 基本情况说明（调查主题、范围及方法）

2006 年 6 月，笔者等人以“城市基层组织建设及其在维护城市社会稳定中的作用”为主题，在当地政府的支持下，选取了重庆市最具代表性的四个区开展调查：渝中区（重庆市政府所在地和最繁荣的商业区，是重庆市的政治经济中心）、江北区（旧城改造任务重、矛盾较突出）、九龙坡区（重庆的经济强区、进城务工农村人口较多）和沙平坝区（重庆的文化区，学校多、流动人口多）。此项调研采取问卷调查（共发放调查问卷 500 份，有效问卷 461 份），召开小型座谈会、个别访谈和查阅文献资料等方式进行。从被调查者的职业类型看，此项调查是具有代表性的，公职人员占 32.25%，事业单位人员占 16.01%，商业人员占 7.19%，企业占 15.78%，社区一般居民 12.53%，居委会干部占 8.82%，其他占 6.50%。

2. 城市基层组织建设的政策

根据《城市街道办事处组织条例》：街道办事处的性质是市辖区、不设区的市的人民政府的派出机关，并承担办理各级政府有关居民工作的交办事项、指导居委会的工作、反映居民的意见和要求等三项任务。而按照《中华人民共和国城市居民委员会组织法》的规定：

居民委员会是辖区居民自我管理、自我教育、自我服务的基层群众性自治组织。其主要功能是:宣传宪法、法律、法规和国家的政策,维护居民的合法权益,教育居民履行依法应尽的义务,爱护公共财产,开展多种形式的社会主义精神文明建设活动;办理本居住地区居民的公共事务和公益事业;调解民间纠纷;协助维护社会治安;协助人民政府或者它的派出机关做好与居民利益有关的公共卫生、计划生育、优抚救济、青少年教育等项工作;向人民政府或者它的派出机关反映居民的意见、要求和提出建议。由此可以看出,街道办事处和社区居委会的法律定位不同,而且扮演的角色也不同。

3. 城市基层组织的类型和设置情况

重庆市城市基层组织有四类:一是中共基层党组织,包括街道党委、社区居委会党委或党支部;二是政府的派出办事机构——街道办事处;三是基层群众自治组织——社区居民委员会;四是各种群团协会等非政府组织。从重庆市四个区的情况看,城市基层组织主要是前三类,第四类发育不成熟,且在社会发展与稳定中起的作用也较小。

在深化城市管理体制改革的过程中,形成了“两级政府,三级管理,四级网络”的格局。由此,政府的管理重心下移到街道和社区,原来由市、区党政机关以及企事业单位承担的社会服务、社会管理和社会保障功能逐渐分离出来,主要由街道、社区来承担。结果是,不仅街道办事处起着一级“准政府”的作用,而且社区居委会自治组织又事实上成为街道办事处的下级“部门”。这种通过行政化机制催生的社会治理结构和管理网络,是一种等圆叠合式结构,即政府派出机制(街道办事处)与社区自治组织几乎完全重合。

以重庆市江北区观音桥街道办事处为例,江北区是重庆市主城区之一,观音桥街道办事处位于江北区中心,辖区面积 8.6 平方公里,人口近 17 万,下辖 3 个农业行政村和 15 个社区居委会,是“全国社区建设示范街道”和重庆市“先进示范社区”。从该街道办事处内设机构与社区居委会“叠合”的结构中可以看出(见图1),街道办事处的履职方式是:通过建立社区服务中心及家政服务中心,以居委会工作人员为主要成员,开展家政服务、计生服务、优抚、救济、市容卫生等管理与服务项目。

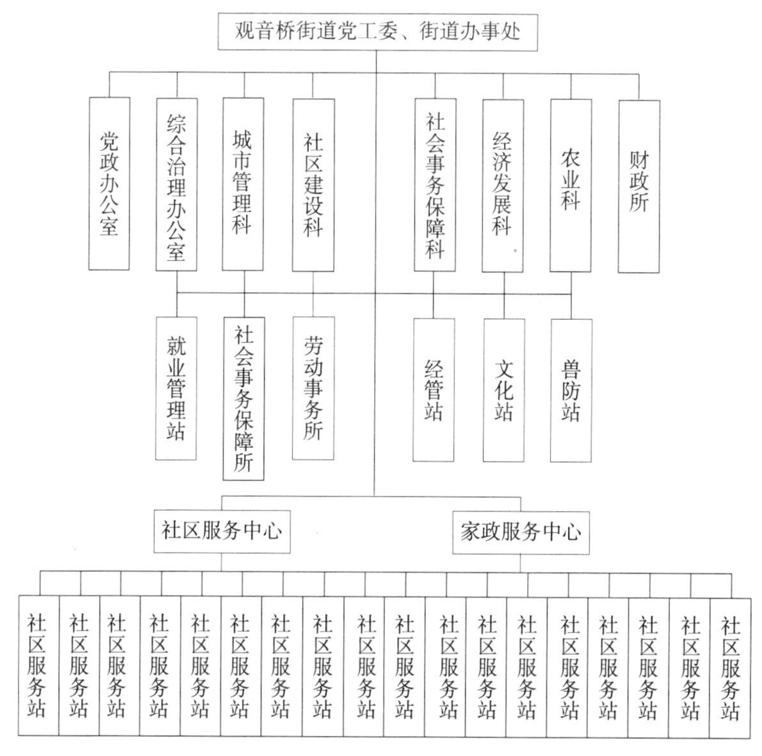

图1　观音桥街道办事处内设机构

以观音桥街道办事处所辖的渝北社区为例:渝北社区居委会是江北区15个社区居委会之一(渝北四村170号附1号),地处江北区经济、文化中心观音桥商圈。辖区居民3227户,常住人口1.2万人,暂住人口4000余人。社会单位30个,另有3个商住小区。渝北社区居民结构主要为农转非人员和纯居民。社区有党员75人。社区有11名居民小组长,22名楼院长和社区工作人员6人。社区居委会内设机构职能,与基层党委和政府派出机构是全方位对接的。这里同时提出"基层党委和政府",是因为:在关于"社区日常工作的组织者是谁"的调查中,统计数据显示:有30.63%社区居民认为,"主要是以社区党组织的名义开展的",有42.69%社区居民认为,"主要是以社区居委会的名义开展的"。渝北社区党委和居委会设置如图2和图3所示:

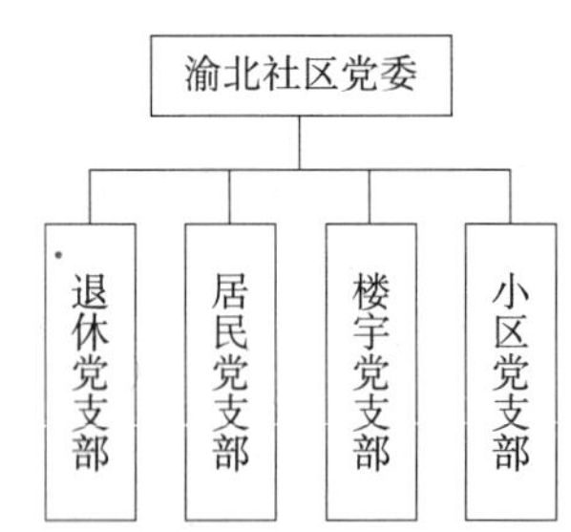

图2　渝北社区党委机构图

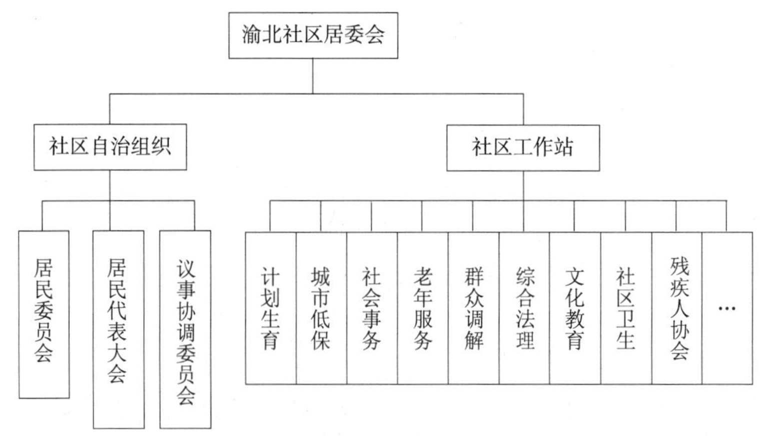

图3　渝北社区居委会机构图

与重庆市大部分社区居委会相似,渝北社区党委和居委会实行书记、主任"一肩挑"制度，即社区党委书记兼任社区居委会主任。社区共有四个党支部：退休党支部、居民区党支部、楼宇党支部和小区党支部。社区居委会的最高决策机构是社区居民大会，社区居委会是其执行机构，社区议事协调委员会负责社区事务的协商，由社区居民小组组长、社区内有威望的人士和社会单位的领导组成。

4. 对城市基层组织架构及角色的分析

调查显示：社区居委会为了便于与街道办事处职能对接，并为辖区居民提供服务，按照江北区政府的统一要求，渝北社区居委会成立了社区工作站，但事实上是与街道办事处的社区服务站是"一套人马，两块牌子"。同时，职能对接还表现在每个服务站又有内设机构。这些服务站加上内设的各种机构，使在渝北社区居委会挂出的各种牌子不少于35个，但所有的具体工作，都仅由社区的6个工作人员负责，因此每位社区工作人员均身兼多职。当社区居委会把回应政府的工作安排与要求作为自身的首要责任时，对他们而言，"上头千条线、下面一根针"的工作困境，便长期困扰着这些居委会的干部们。

社区居委会的产生虽然是根据《中华人民共和国城市居民委员会组织法》，但社区居委会的发展和履行职责的方式，却一直沿用街道布置任务、社区居委会直接办理的行政化模式。完成街道及上级部门交办的工作已经成为社区居委会的主要任务，居委会事实上成为街道办事处的下级部门。在这种情况下，社区居委会作社会回应主体的角色扮演存在三个主要问题：一是居委会作为社会回应主体具有浓厚的行政化色彩，其自主性和独立性缺失，如在调查中一些社区干部自己也说，"我们虽然不是公务员，但我们是政府公开招聘的，事实上是政府的人；我们每天做的事，几乎都是政府交办的工作"。二是社区居委会、居民小组等作为代表社区居民的自治组织，在角色扮演中虽然设计了"两级"代表议事会议制度，即社区居民代表大会制度和居民小组代表会议制度，但是，代表会议的召开通常都是作为回应政府的一种方式，而且居委会在组织与协调代表议事中的价值取向，也首先是对上（政府）负责，其次是对下（辖区居民）负责，这导致居委会或召开居民代表大会时对社区居民诉求的吸纳度和居委会对居民的回应度都比较差。三是由前两者使然，社区居委会的社会认同度较低，如调查数据显示：认为社区居委会“目前发展比较好”的只占44.08%，而认为“比较差、不平衡和存在许多问题”的占55.69%；同时，另一个调查项的统计数据也验证了这一判断，如关于“社区居委会在维护社会稳定中的作用”，只有40.37%的居民认为“起着关键作用”，而59.4%的居民认为“作用不大”或“基本上不发挥作用”。

社区居委会在现实生活中扮演着双重回应角色：一是代表社区居民回应政府的方针政策和工作部署与要求，二是作为自治组织回应社区居民的诉求。调查发现，前一种角色扮演与政府行政化机制的约束相联系，而且具有“硬约束”的特征，如政府公开招聘、由政府向社区居委会人员发工资、提供部分工作经费等。因此，不仅基层政府认为社区居委会作为政府的一个履职部门扮演回应政府的角色理所当然，而且社区居委会自己也认为，这是他们的首要职责。而按照《中华人民共和国城市居民委员会组织法》的规定来审视，社区居委会并非是真正意义上的自治组织。这也表明城市基层组织建设所依托的政府行政管理体制改革和职能转化，还有很长的路要走。社区居委会的后一种角色扮演受制于前一种角色的扮演。但对社区居民来说，更希望社区居委会能发挥较大的作用，如调查显示：有40.37%的受调查者明确表示“赞同”和“希望”社区居委会“在维护社会稳定中发挥关键性作用”。

另外，关于非政府组织在社区中的作用问题。调查显示，只有15.78%社区居民了解什么是非政府组织，只有4.18%的人参加了非政府组织或由其组织的活动，但却有48.49%的居民认为非政府组织对社会稳定有积极作用。针对这一情况，调查组通过访谈了解到,一些社区居民是听别人说非政府组织在社区如何帮助了人,所以有这样的判断。

5. 对城市基层组织"群体互动机制"的思考

根据社区事务的内在属性及相关法律、法规、政策的规定,按照公平、效率和互惠并重原则,社区事务主要包括:行政事务、市场事务、社区自治事务和社会公益事务等四类。其中,行政事务是指有行政管理和行政执法主体资格才能承担的事务,这应该由政府部门独立承担;市场事务指涉及市场产品的社区便民利民服务项目,包括代换煤气、快餐配送、钟点工、家政服务、牛奶配送、家电维修、服装干洗等私人产品等可通过市场来完成的事务,这应该采用市场机制来提供;"社会公益事务"的效能范围不局限于一个社区,可以涉足多个社区,如社会中介组织就是公益服务组织,这是可以由社会非营利组织(NPO)来承担的事务。按照排除法,凡是政府、市场、社会非营利组织不能承担的事务,就是应由社区自治组织来承担的社区自治事务。社区管理与服务若是建立在上述四类系统或群体良性整合基础上,那就形成了群体互动机制。

城市基层组织"群体互动机制"的理论基础是社会公共管理理论。社会公共管理是指政府及其他公共机构为了适应社会经济的发展和满足公众的要求,对涉及公众利益的各种公共事务,依据公共政策所实施的有效管理。一般来说,社会公共管理的内容主要有:公共问题的确立、公共信息共享、公共政策决策、公共资源控制与分配、公共项目选择、公共物品的配给、公共服务提供和公共秩序的安排等。这些方面都会因社会发展的不同阶段和不同形态而异。改革的不断深入,对我国社会公共管理提出了新的要求。一是社会公共管理制度化与规范化。基于理性化基础之上的现代社会要求公共管理由以前主要依靠传统习惯和具有人格魅力的领导者,向依靠现代科层制管理机构所必需的制度与规则不断过渡。二是社会分工与专业化。现代社会公共事务的不断扩张使得社会管理中原来事无大小地由较为单一的部门全面统筹的管理方式应顾不暇，从而使各司其职、分工合作的专业化管理成为应然要求。三是公共管理的社会化。由于社会资源的扩散，单位控制向社区管理转化以及公共服务领域的泛化，社会事务不再只是政府和各级行政管理部门的公务，而是整个社会与个体需要积极参与的事项。因此，建立国家与政府负责、社会协同、公众参与的多元化社会管理模式已成为时代的新要求。四是社会公共管理科学化。社会公共事务的多元化与公共决策的复杂性，已使过去单靠领导者个人或部门决策的模式越来越显示出局限性，这不仅要求公共管理决策应集思广益，推出更加合理的科学决策模式，而且要求培育和发展多元社会主体参与公共管理的决策过程。五是社会公共管理的、公开、公平、公正，即社会公共管理应该在讲求效率的同时，面向社会大众，尤其是照顾到社会困难群众。不断健全社会保险、社会救助、社会福利和慈善事业相联结的社会保障体系，成为目前社会公共管理和社会稳定的关键。

城市基层组织立足基层，服务基层，并以其特有的组织架构感受基层。加强社区建设和社区服务的实质，是进一步推进我国社会管理体制的改革。由此，建立城市基层组织“群体互动机制”涉及两个方面的问题，一是可尝试建立社区行政服务中心，专门负责处理社区行政事务；二是剥离社区居委会目前负担的本应由行政机制、市场机制和社区中介组织承担的事务，回归社区居委会居民自治组织的本来角色。①

第五节　社会回应主体的培育机制

国家管理是一种制度化的有序的社会过程。社会回应主体参与

---

①　“建立社区行政服务中心”涉及当前中央政府正在推动的大部制改革问题。参见陈建先、谢菊等：《大部门体制》（系列文章），载 2008 年 1 月 7 日《重庆日报》。

国家事务管理是《宪法》赋予的基本权利。因此,社会回应主体的形成和发展不能基于“自然成长”去参与国家管理。

一、我国社会回应主体的总体发展态势

社会回应关系的建构在于通过特定的公共空间的行动主体的互动,以实现共同利益。互动者的理念及行动方式,对共同利益的能否实现起着重要的影响。

(一)理念与行动

在社会回应中,利益相关者大多扮演着回应主体的角色,并在理论上拥有平等的参与权。但是,实际参与社会回应关系建构的行动者仍远少于理论上的数量。

从文化的角度来看,公共精神的缺失,在一定意义上是导致行动者回应意愿不足的重要因素。传统文化的一些价值观念仍极大地制约和影响着公众参与公共生活,如林语堂在《吾国与吾民》中所说的,“心系各自的家庭,而不知有社会”①的心态和现象,仍然具有现实性。

从公共信任建设角度看,市场化转型使公共信任重建面临新的冲突。公共信任又称为制度信任,它是以政府为建构主体和体现国家意识形态和制度规范的产物,并且是政府行政的制度条件、社会机制和人文环境,但公共信任重建在市场化转型中面临个体信任关系网络是一种“中心—边缘”的同心圆结构的挑战②。这种同心圆结构以血亲关系为内核,由里到外(信任关系)逐渐疏离。社会转型、政府体制改革和信息化社会的发展扩展了公共空间,扩大了社会主体行动的半径,并为公共精神的重塑提供了条件,但依据威廉·奥格本的“文化堕距”(culture lag)理论:物质文化的变迁总是先于非物质

---

① 林语堂:《吾国与吾民》,宝文堂书店1988年版,第157页。

② 戚攻:《对转型期“信任”的社会学分析》,载《探索》2003年第5期。

文化，而在非物质文化中，制度的变迁总是先于价值的变迁。① 在加强制度建设的同时，还需要重视公共精神的培育。

从社会学角度看，公众的归属感、信任感的缺失是制约和影响其公共精神和责任意识的重要因素。有学者指出：在社会转型中，"各种结构要素都处于变化之中，具有极大的流动性、过渡性和不稳定性"，社会"功能分化的加强和持续，社会流动的增加，社会晋升渠道的多样化，这些都使人们的身份和角色处在一种变动的状态，从各层面表现出一种'模糊性'"。② 正是这种"模糊性"，造成了一部分社会成员在社会发展中缺乏认同感、归属感和信任感。

从经济学角度看，影响社会回应主体的回应意愿的首要因素是回应成本。社会回应关系的发生和建构，不仅是各主体之间协商与合作的过程，同时也是利益竞争、博弈与相互制衡的过程。回应主体回应意愿的强弱、回应能力的高低与其在社会结构中所处的位置相联系，这也是为什么在实然的社会回应关系建构中，回应意愿、回应能力较强的精英群体、单位组织或准政府组织一直居于主导地位的原因之一。

（二）分化与整合

"社会结构最重要的本质在于社会单位间关系的模式，无论这些单位是人，集体还是位置。如齐美尔强调的那样，任何一个社会结构的概念化核心都是结构，包括实体之间的关系和联结。"③不同主体在社会关系网络中的位置，联结方式构成了回应主体的整体结构模式，并进而影响各回应主体在社会回应关系中的互动及互动方式

---

① 威廉·奥格本：《社会变迁：关于文化和先天的本质》，浙江人民出版社 1989 年版，第 106～107 页。

② 李培林：《另一只看不见的手：社会结构转型》，社会科学文献出版社 2005 年版，第 8 页。

③ 乔纳森·特纳：《社会学理论的结构》（下册），华夏出版社 2001 年版，第 200 页。

的选择。

在理论上,社会回应关系网络是一个开放的、弥散的和扁平化的结构。但实践中,回应主体由于自身构成形态和资源占有、动员能力的差异,不同回应主体之间的互动关系,呈现出两种明显的趋势:一是回应主体的分层化趋势;二是集团化趋势。所谓集团化趋势,是指有相同或相似利益诉求的主体,在回应关系网络中更容易产生心理认同和相互交往,并为维护和实现其利益有意识地联合起来,典型的表现就是以"集团"的方式增强其话语权。当两种趋势相互作用时,社会回应的关系网络将呈现出由"面"到"点"的结构性演变,而且不同回应主体参与社会回应的不平等程度将加深。

因此,在实然的社会回应中,政府乃至全社会都需要重视社会回应主体的分化与整合问题。由于回应主体分化的根源在于现实社会发展的差异和不平等,而所谓回应能力的差异只是其表象。要提高现实社会中弱势回应主体的回应能力,保障他们的基本权利和维护他们的基本利益,需要各级地方政府提高促进社会公平公正的能力,需要制定相关政策来培育处于弱势的回应主体。

另外,整合不仅意味着"集团化"或"组织化",还意味着各回应主体之间互动有序,既包括互动主体之间的沟通、协商、合作等,依据一定的规则有序进行,也包括调节不同主体利益差异的协调机制的建立。

二、社会回应主体的培育机制

吉登斯认为,"我们中的大多数人都被大量我们还无法完全理解的事件纠缠着,这些事件基本上都还处于我们的控制之外"。[①] 在一个高度开放而又紧密联系着的社会中,社会成员对公共生活的积极关怀、体认和参与,对维护其权益、保护公共利益就显得尤为重要。

---

① 安东尼·吉登斯:《现代性的后果》,译林出版社2000年版,第2页。

对我国而言,积极培育社会回应主体,提高其回应能力和社会回应度,是维护社会稳定、构建和谐社会的题中之义。

(一)公民教育是培育社会回应主体的基础机制

教育既是手段也是机制。"'公共精神'是公民社会文化价值观念的精髓,它发端于市场活动的内在要求,位于社会最深、最基本的道德和政治价值层面,以全体公民和社会整体的生存和发展为依归,包含着对民主、平等、自由、秩序、公共利益和负责任等一系列最基本的价值目标的认肯与追求"。① 公民教育是使公民自觉形成和维护公共精神的有效途径,其核心在于培养公民精神和公民意识。朱学勤在《书斋里的革命》中解释说,公民意识有两层含义:当民众直接面对政府权力运作时,它是民众对于这一权力公共性质的认可及监督;当民众侧身面对公共领域时,它是对公共利益的自身维护和积极参与。②

公民意识是社会回应主体的主体意识、权利意识和责任意识的有机统一,是培育和发展公民社会的基础。公民社会的形成与发展为拓展公共空间、培育公共精神提供了必要的条件,即习惯既能产生社会又能由社会产生。③ 由于公民社会是政治领域和市场经济领域之外的社会公共领域,它既包括"市场、志愿性社团、社会运动等结构性要素,也包括多元主义、公开性、开放性、参与性等价值要素"④。因而,通过教育促进公民意识的形成和形塑公民人格,既是培育公民社会的需要,也是培育社会回应主体的机制。

我国公民教育作为培育社会回应主体的一种社会机制,必须

---

① 马俊峰、袁祖社:《中国公民社会的生成与民众公共精神品质的培养与化育》,载《人文杂志》2006 年第 1 期。

② 朱学勤:《书斋里的革命》,云南人民出版社 2006 年版,第 328 页。

③ 侯钧生主编:《西方社会学理论教程》,南开大学出版社 2001 年版,第 13 页。

④ 马俊峰、袁祖社:《中国公民社会的生成与民众公共精神品质的培养与化育》,载《人文杂志》2006 年第 1 期。

"坚持以社会主义核心价值体系引领社会思潮，尊重差异，包容多样，最大限度地形成社会思想共识"的原则。同时，应遵循公民教育对一个国家一个民族而言也是终身教育的内在规律。由此，一是各级政府应按照党的十六届六中全会的要求，把建设"学习型社会"纳入到本地区的中长期规划中并建立配套的政策机制，学习型社会是开展公民教育的社会环境。二是各级政府应大力倡导终身教育理念，并建立促进公民终身教育的相关政策机制，其中，对各类单位组织、社团而言，需要建立促进成员终身学习的激励机制。三是各级政府应坚持以社区教育为公民教育的载体，增加对社区教育的投入，引导和规范社区教育资源的整合。四是制定相关政策，明确和规范社区内多元回应主体参与社区教育的责任与义务。

（二）健全和规范培育社会回应主体的微观机制

建立、健全促进社会回应主体发展的微观机制，才能支持、引导和规范社会回应主体的有序成长与壮大。

1. 鼓励非营利性组织和其他社会自治组织的发展

主要包括：一是在登记注册、监管、税收等方面，给非营利性组织和其他民间组织以积极支持和规范引导；二是合理分配制度资源，弱化准政府组织的行政性色彩，重视引导和支持弱势人群自治组织的建立。

2. 建立平等交流与对话的信息通道与机制

从一定意义上说，社会回应关系的产生就是信息输入输出的"无限"循环和深化。有学者指出，"政治过程就是一个不断获取、加工和利用信息的过程。分析政治如若不从这个最根本性的信息开始，就无法揭示出政治系统运行的真实机制。"①因此，一是要以县级地方政府为责任主体，建立常规的（制度化的）、开放的和无偿的政务信息平台和公共信息平台，增强相关回应主体的联系与沟通，保证

---

① 俞可平：《权利政治与公益政治》，社会科学文献出版社2003年版，第71页。

信息的准确、及时、有效传递等,这是促进社会回应主体健康发展的客观要求。二是要确立社会回应主体间互动的路径,建立上情下达、下情上达,平等交流与对话的社会机制,如设计社区议事会议、听证会议等,为政府与社会、社会回应主体之间的互动,提供载体和规范化的回应路径。

3. 逐步理顺社会回应主体之间的关系,建立制衡机制

制衡,即制约和平衡,它是通过强力约束使事物达到某种均衡的状态。以社区为单元时,无论是社区居委会自治主体,还是社区内的单位组织,或非营利性组织、业主委员会自组织等,都是平等的社会回应主体。同时,社区居委会自治组织还扮演着协调者和组织者的角色。从社区自治和社区管理的角度看,任何正式组织和非正式组织都应是社区回应主体中的平等一员,都应参与和承担社区建设与发展的责任和义务。在此基础上,地方政府可制定相关政策,建立社区内多元主体相互制衡的机制,并重视社区内弱势主体的权利保障和维护问题。这类制衡机制主要包括:一是制度(法律、法规及相关政策)约束;二是政府在某些情况下扮演“裁判者”的角色;三是通过公共道德和社会舆论的制衡。

第七章　社会回应主体组织化研究

社会回应主体的组织化，是实现规范和可持续社会回应的重要基础。研究社会回应主体的组织化，具体分析社会回应主体组织化的内在条件和外部因素，以揭示社会回应主体组织化建构的路径，具有一定的现实意义。

第一节　组织化与社会回应组织化

现代社会的一个显著特征在于高度组织化。社会是人们交互作用的产物，社会个体工作、生活在形形色色的组织之中，组织成为占据主导地位的一种群体生活方式。

一、组织化的一般意义

建设具有现代特征和意义的和谐社会，需要研究该社会组织化的过程和形式，尤其是多元社会力量在组织化过程中的有序互动与和谐同构的条件。

（一）组织与组织化

“组织化”中的组织是指社会学话语中，人们为了实现某种共同目标,将其行为彼此协调与联合起来所形成的社会团体,即人们分工合作的产物——正式组织。①

在现实社会中,组织一经形成,尤其是现代组织,便具有超越于个人意愿和行为方式的整体性,形成自身独特的结构运行模式,并对组织成员的相互关系、互动方式和价值目标等产生约束。衡量这种约束与影响的维度有三个:人的特征,人与组织进行交换的形式,人与组织间的认同及关系的性状。② 对社会个体或非正式群体而言,组织化是其社会化的过程、方式和形式之一。组织化既使社会个体成为组织的一员,又使人的组织行为成为社会行动的基本方式。

(二)关于组织化的两种界说

有学者认为,组织化是人们为实现共同目标结成组织并参与和开展组织活动的全过程。③ 组织化作为一种过程,既以个体的组织化为要素,又促进各种组织要素的不断发展和完善。这一过程有两大基本功能:一是组织化过程及方式使个体和群体围绕某一共同目标结成一个利益内聚体。在共同目标的约束下,若干个体或非正式群体能够联合起来,从而增强与外界物质能量交换的能力,降低实现目标和维护共同利益的成本,更好地实现组织和个人的目的。二是组织化过程促成了一定社会秩序的生成。一方面个体或非正式群体结成一定的组织,组织又结成社会,而组织间的互动,将建构特定的社会网络,并内生出一定的秩序;另一方面,组织化过程生成的秩序和规范,将对组织成员产生约束和影响,从而使个体或群体行动有"迹"可循,并促使组织成员的共同行动表现出某种一致性或统

---

① 郑杭生主编:《社会学概论新修》(第三版),中国人民大学出版社 2003 年版,第 192 ~ 193 页。

② 郑杭生主编:《社会学概论新修》(第三版),中国人民大学出版社 2003 年版,第 194 ~ 195 页。

③ 笔者参考了刘伟:《中国部分农村农民组织化程度低的成因分析》,见 www.dushu.net/wen/liuwei/lw1.htm。

一性。

也有学者认为,组织化是"系统内各部分之间联系的可能性空间从大变小的过程,或者说是从混乱无序发展到有序的过程,是一个建立联系的过程"。① 这一认识凸显了组织化是对一种关系的性状和结构特征的描述。这与组织化的第一种理解视角,既有联系又有区别。一是二者都强调"组织化"的本质在于整合。前一种意义强调组织化的人群相对于分散独立的个体,形成了特定结构及关系模式,个人在组织中的角色、地位、权威、人与人之间的交往规则等都是确定的,即在组织内部实现整合,并在更大范围同构一定的秩序,后者更加直接地从结构的整合和秩序的生成角度来界说。二是前一种意义上的"组织化"通常以特定的组织机构为载体,而后者并不拘泥于一定的形式,它可以是任何系统结构。三是前者强调组织内部的整合状态是以消解个人自主性为代价的,即组织的权威核心,组织对信息的处理方式,组织的终极目的等都要求限制个人的自主性,这是任何组织所无法避免的,而后一种意义上的"组织化"则不然,它并不必然存在特定的组织机构这一结构框架的约束。

二、社会回应的组织化

社会回应主体类型多元,从组织化的角度审视存在较大差异,因而研究社会回应主体的组织化,我们首先选择了前述的第一种"组织化"含义作分析。社会回应的组织化也包含"组织化"的第二种视角。为此,我们研究的重点是回应主体之间的互动遵循一定的规则和路径进行,并强调实现社会回应主体互动的稳定和有序。

(一)社会回应组织化的主要内容

社会回应是一个多主体、多层次的互动过程,并具有连续性和极

---

① 金观涛、华国凡:《控制论和科学方法论》,科学普及出版社1983年版,第68页;另见高军、赵黎明:《社会系统组织化研究》,载《系统辩证学学报》2002年第4期。

强的动态性特征，而动态性决定了社会回应关系的发展和回应主体的行为后果难以控制和预测。社会回应组织化的目的，是要促进某些具有草根基元的社会回应关系在发展中实现资源整合和有序。因为对社会回应关系发展而言，通过发展草根社会中的志愿组织，有利于促使草根社会与村庄政治的弥合，①以促进和现实社会回应关系发展的有序化、制度化。

1. 回应主体的组织化

在某一特定的回应关系中，总是包含着两个(类)或更多的互动主体，而且大量的潜在主体在特定的阶段可能随时参与进来，"回应主体"的边界是变化的。同时，由于社会回应中相关主体的构成形态相异、利益取向多元，这既使社会回应在形式和内容上错综复杂，又可能导致主体间的互动成本增大。研究回应主体的组织化，就是要确立各参与主体在社会回应关系系统中的位置和由"位置"决定的相应的权利与义务，进而分析各主体在系统结构中的作用及功能。

2. 信息公开与渠道通畅

约翰·克莱顿·托马斯说，"任何旨在预防和解决公共争议的措施的执行，其基础必然是拥有一个充分知情的公众群"。② 信息的公开与有效的输入输出是社会回应关系发生的前提条件。③ 在这个意义上，研究社会回应主体的组织化，需要考察如何在不同回应主体之间建立各种有效渠道，以增强相关回应主体的联系和沟通，并在保障各回应主体信息的准确、及时、有效传递的基础上，提高组织与成

---

① 陶传进:《草根志愿组织与村民自治困境的破解:从村庄社会的双层结构中看问题》，载《社会学研究》2007 年第 5 期。

② 约翰·克莱顿·托马斯著，孙柏瑛等译:《公共决策中的公民参与:公共管理者的新技能与新策略》，中国人民大学出版社 2005 年版，第 121 页。

③ 笔者在第一章中设计了回应关系的结构图，该图已揭示了信息的输入与输出对回应关系发生的意义与作用。另见戚攻:《论回应范式》，载《社会科学研究》2006 年第 4 期。

员之间、成员与成员之间围绕共同目标(客体)互动的有效性、及时性和规范性。

3. 确立互动规则并以制度作保障

增强组织化的过程,也是建立和完善组织规则、提高组织成员或互动者对组织制度或互动规则认同度的过程。在这个意义上,确立互动规则的过程,既是提高组织化程度的过程,又包含互动者之间回应方式的制度化,即回应方式的制度化是回应主体组织化进程的重要支撑。回应方式的制度化是指互动主体之间的沟通、协商、合作依据一定的规则形成一种互动者共同认同的可持续的模式。同时,确立互动规则还应包括回应主体互动应坚持的互惠原则,以及调节回应主体之间的利益差异的协调机制的设置。

(二)社会回应主体的组织化

社会回应主体的组织化是增强和提高社会回应主体回应能力的重要途径,也是社会多元力量与政府之间有序、平等互动的重要条件。党的十七大报告对提高我国公民有序政治参与提出了新要求。提高社会回应主体的组织程度与水平,既是加强我国基层民主政治建设必然的产出,也是建设社会主义和谐社会的内在要求。

1. 社会回应主体组织化的分析视角

把回应拓展为更为宽泛的多元回应主体的社会回应时,必然面临的问题是,以政府为中心和主导的回应关系及结构,如何转变为多元主体基于权力依赖和合作的扁平化的回应结构和以平等为基础、以互惠为原则的社会回应关系。我国一些学者的研究认为:目前存在的行业垄断对社会成员收入差距拉大有影响①,再分配的权力与市场机制共同造成和推动了社会的不平等②,中国社会分化加剧的

① 郝大海、李路路:《区域差异改革中的国家垄断与收入不平等——基于2003年全国综合社会调查资料》,载《中国社会科学》2006年第2期。

② 孙立平:《失衡:断裂社会的运作逻辑》,社会科学文献出版社2004年版。

一个重要原因在于"集团性"因素在起作用①,等等。我们注意到:存在作为回应主体的组织化程度与组织化方式问题,存在通过组织在社会结构中的"地位"和在社会交换中的组织化过程(结成相关利益联盟或利益群体)获得差异性收入和扮演不同角色的问题。

改革开放前的中国社会,"是一个由极其独特的两极结构所组成的社会,一极是权力高度集中的国家和政府,另一极则是大量相对分散和相对封闭的一个个单位组织"。② 在这种管理与被管理的、纵向的二极结构中,国家和政府是唯一的权力和责任中心,即便是存在某些社会公共机构,也只是扮演政府的"助手"或下属的角色,服从和服务于政府权威。同时,我国的单位组织,"作为一种中国特有的制度、统治和结构方式",是"中国社会中的一个高度整合和低度分化的基本组织形态"③,各种单位组织处于依托、依附于政府的地位,通过借助政府的权威和政府的信用来树立确立单位组织自身的权威和信用。对于这种情况,美国政府公共部门绩效管理研究专家霍哲(Marc Holzer)从另一个角度作了说明:"回应性可以在'大量权力被授予下级行政部门的组织安排中'得以实现。回应性显然与分权直接相关。"④在霍哲看来,分权只在政府系统内部实现。总体上讲,改革开放以前的我国单位组织并不存在独立的市场主体的地位、责任和信用。以致人们长期以来把单位组织视为政府的一部分(政府是父母),而参加到单位组织内工作的人,则把这种"加入"视为一种国家保障(传统说法是"铁饭碗")。

改革开放以后,我国的单位组织作为一种制度安排已经发生变

---

① 刘平、王汉生、张笑会:《变动的单位制与体制内的分化》,载《社会学研究》2008 年第 3 期。

② 李培林:《中国单位组织》,上海人民出版社 2004 年版,第 5 页。

③ 李培林:《变迁中的中国单位组织》,载《社会》2008 年第 3 期。

④ 丁煌:《西方公共行政管理理论精要》,中国人民大学出版社 2005 年版,第 383 页。

化。但公共管理学者研究单位组织时,仍主要是基于公共权力的"上下"结构,以及管理者与被管理者的关系视角,而且在研究政府与社会的关系时,强调政府要更加贴近人民,政策制定者要更加关注公民的意愿等。这种现象和话语方式在研究"政府回应"命题时虽无可厚非,但这只是一种纵向的单维向度,而且在回应范式中并非只有政府回应这一种类型,因而公共管理学基于这种单维向度研究单位组织变化和政府与社会公众的关系时,社会公众、群体及单位组织的主体地位难以体现。政治社会学的研究视域超越了公共管理学,并基于社会结构转型把政府与单位组织和公众的互动放在"社会"这一框架中,即把政府也视为社会互动中的一员。

由此,基于政治社会学的视角,社会回应是与政府回应相对应的范畴。在社会回应中,多元主体的互动是一种平等协商、相互依赖的多向度的互动结构。在社会回应关系建构中,一方面存在某种不需政府强制力量介入的情形,如不同社会群体之间的利益协商,"村规民约"的制定,行业协会的建立与管理,社区自治组织内部的互动与合作等;另一方面单位组织以及社会公众作为回应主体对政府社会政策回应的最终目的,应是走向共同建设。所以,明确各参与主体在社会回应关系系统中的位置和相应的权利、义务关系,从而相应地确定各自在系统结构中所要发挥的作用十分重要,而这需要研究和实现社会回应主体的组织化。

另外,与社会回应的组织化类似,社会回应主体的组织化并非只是强调各主体的"组织形态",而是还包含了对回应主体的关联状态的描述。当然,以组织形态出现的主体是回应主体组织化的重要形式。

2. 社会回应主体的组织化方式

在一种特定的社会回应关系中,分散的回应主体结成组织的方式主要有三种:一是个体加入业已存在的能够代表自身利益的组织。二是个体基于共同利益的追求或防止自身既得利益受到损害而自发结合形成组织。三是若干现实组织为某种共同利益而发生联系并整合(联合)。

从总体上看,一方面我国非政府的实体组织自改革开放以来有了较大的发展,但与发达国家相比还存在较大的差距,而且仍存在诸多制约其发展的"瓶颈";①另一方面,虽然各类组织形成的方式有别,且组织的权威结构也不尽相同,但无论是哪一种方式,其最终形态都表现为追求共同利益的集合体。由此,我们研究的是:公共利益的回应才能称之为社会回应,社会回应主体的组织实体形态,重在利益表达的强度和有序而非竞争手段和对抗。

以组织实体形态表现的社会回应主体(李汉林所说的"单位组织"和被登记管理体系认同的民间社团等),仍然是社会回应主体组织化过程中非常有限的一部分。贾西津在《第三次革命——中国非营利部门战略研究》中解释说:"值得提出的是,据部门统计的估计,《民办非企业单位登记管理暂行条例》出台之前的 1998 年,中国的民办非企业单位大约 70 万个,而后 2001 年底条例登记确认的仅有 8.2 万个。从中可以看出,由于登记管理体制设置的门槛较高,可能有相当多的非营利性组织没有进入法定的登记管理体系,而以其他各种方式存在于社会生活中。"②社会回应主体的组织化形态应该是回应主体的多元整合形式。如非营利性组织、各类自治组织和社会中的自组织等(在上一章中我们已就多种社会回应主体及组织形态做了论述)。社会回应主体组织化的多元形态,应是我国"利益结构

---

① 王名、刘国翰、何建宇:《中国社团改革——从政府选择到社会选择》,社会科学文献出版社 2001 年版。其相关研究内容在第 3 ~ 7、104 ~ 118 页中都有所涉及。参见贾西津:《第三次革命——中国非营利部门战略研究》,清华大学出版社 2005 年版。其相关研究内容在第 57 ~ 59、60 ~ 72 页中都有所涉及。参见龚禄根主编:《中国社会中介组织发展研究》,中国经济出版社 2006 年版。其相关研究内容在第 22 ~ 23、33 ~ 39 页中都有所涉及。

② 贾西津:《第三次革命——中国非营利部门战略研究》,清华大学出版社 2005 年版,第 59 页。

深刻调整”、“社会结构深刻变动”和“思想观念深刻变化”的必然反映，关键是各级地方政府在促进和谐社会共同建设和倡导多元社会力量有序参与国家管理、社会事务管理的过程中，如何积极引导、支持和促使其规范化的问题。

（三）社会回应主体的组织化与社会和谐

随着我国经济社会结构的转型，利益的分化和不同利益群体产生成为社会事实。正如，党的十六届六中全会决定指出：任何社会都不可能没有矛盾，人类社会总是在矛盾运动中发展进步的。构建社会主义和谐社会是一个不断化解社会矛盾的持续过程（和谐也是一种常态，而且“目前我国社会总体上是和谐的”）。因此，抑制显化的和潜在的各种社会矛盾中的不利因素，并促进其向有利方面转化，是政府和民众的共同诉求与行动。多元社会主体及主体组织化形态的共存与同构，并通过其相互依赖和制衡，化解各种矛盾，是建设和谐社会的社会基础。

在社会回应主体组织化与社会和谐的关联话语中，各类主体的组织化形态及过程，是地位平等和互促、相互制约的互动。社会回应主体的组织化应具有两大功能：一是将个体分散的利益诉求整合起来；二是对不同组织的诉求进行整合。前者在于提高社会个体有序参与国家管理的能力和回应社会政策的能力；后者在于平衡不同利益群体之间的利益，更主要的是保障弱势人群的利益。从组织化的角度看，一个社会分化出的强势群体和弱势群体，其外部特征在于群体的组织化程度的差异，即一般而言，在一个组织系统中的群体成员数量多，并不意味回应能力强，而是其组织化程度越高，其群体的态度、价值目标和行动的一致性才越高，影响力也就愈大。

在我国利益结构深刻调整和思想观念深刻变化的过程中，提高社会回应主体的组织化程度与水平，一方面既是促进其有序和更好地参与国家事务管理的前提，也是降解政府社会管理成本和提高政府有效协调与平衡不同利益群体之间利益关系的前提，还是全社会实现社会沟通,增强社会互信、提高社会管理参与度、促进社会合作与社会团结,并最终实现社会整合的基础性条件;另一方面,社会回应主体的组织化程度越高,意味着成员之间互动规则越明确,组织内部约束和组织之间的调节机制也就越完善。这为政府重点化解不同组织(群体)之间的矛盾,增强政府社会管理的弹性和提高政府回应性创造了条件。① 同时,社会回应主体组织化程度的提高,也增强了社会微观结构的弹性和变迁的有序性,并为社会个体在组织内部有效沟通、平等互动和建立互信机制创造了条件。

第二节　社会回应主体组织化的条件

条件既是人及事物发展需要借助的要素或资源,也是影响甚至制约人及事物发展的因素。关于"社会回应主体组织化的条件",我们主要从影响主体认知、信任和行动的内外因素的角度研究。

一、社会回应主体组织化的内部自生

社会回应主体的组织化旨在实现社会回应关系发展的有序、可持续化和规范化,因而社会回应主体的组织化过程亦是社会秩序及规范的生成过程。

(一)社会回应主体组织化的自生性

哈耶克在论及社会秩序时提出了"社会秩序规则的二元观"。在他看来,考察人类活动模式的方法有两种,一种是建构论的唯理主义,一种是进化论的理性主义。由此,他"把所有结社、制度和其他社会型构的社会秩序类分为不是生成的就是建构的:前者是指'自

---

① 戚攻:《政府改革与社会制约》,载《学术论坛》2004 年第 5 期。

生自发的秩序’，而后者则是‘人造的秩序’”。[①] 社会回应主体的组织化，既可能是在内部主体互动中自发产生和形成的，也可能是借助外部因素或条件建构的，或是两者相互交融形成的。

虽然社会回应主体组织化的内部自生，是在特定社会回应关系中，促使各回应主体自发地实现有序互动的一系列要素及相互作用过程，但这一过程并不意味着脱离已有的历史和传统。我国单位组织中现有的制度资源是其提高组织化程度的重要基元，利用这类制度资源也是社会回应主体在组织化过程中实现创新与变迁的重要条件。李汉林研究员《变迁中的中国单位组织》[②]一文认为，中国单位组织现有的制度资源突出地表现在三个方面：一是“支部建在连上”。通过这种制度安排，能为坚持党的领导，实现有效的社会控制与整合提供支持。二是工会、共青团和妇联这样的群众组织，按照“支部建在连上”的方式，直接深入到了中国社会的基层组织的方方面面，这对于正确处理好政府与社会的关系，实现社会的整合与稳定，起着非常重要的作用。三是要充分发挥意识形态的作用。意识形态不仅是一种规范和信仰，同时也是一种特殊的生产力。制度规范行为，组织中乃至社会上的整合与控制，在一定程度上是能够通过意识形态的作用来实现的。

社会回应主体组织化的内部自生问题，涉及自组织的形成和组织内部和外部有序互动的规则建立这样两个方面。自组织的形成是组织化的重要方面，也是各利益诉求主体之间有序互动的必要前提。这是因为：一是自组织的形成有利于社会回应主体的自律和理性的培育，从而为不同主体间的有序互动提供支持。随着自组织的形成，组织权威和团体自治规范外化为成员的一致行动，并在强化个人权

---

① 邓正来：《哈耶克的社会理论》（代译序），见弗里德利希·冯·哈耶克著，邓正来译：《自由秩序原理》，三联书店 1997 年版，第 16～17 页。

② 李汉林：《变迁中的中国单位组织》，载《社会》2008 年第 3 期，第 39 页。

利的同时,促使个体建立互信并促进个体诉求的社会整合和继而合作。二是自组织的形成,帮助个体在整个社会回应关系网络中逐步确立合理的角色位置,并提供不同利益主体沟通、协商与合作的平台。这一过程,还促使整个社会回应关系网络在时空上得以压缩、回应关系得以聚合,继而有利于政府改革社会管理和降解公共管理成本。

(二)社会回应主体组织化的内生秩序与规范

自组织的生成有三种模式:个体加入已有的组织,若干个体自发结合而生成组织以及若干组织的联合等。但无论哪一种形式,都如哈耶克所言:"尽管一些群体会为了实现某些特定的目的而组织起来,但是所有这些分立的组织和个人所从事的活动之间的协调,则是由那些有助于自生自发秩序的力量所促成的。"[①]在这一过程中,基于社会成员的自主交往行动而产生的社会信任和相互期待,不仅是最重要的促进力量,也是社会回应主体组织化的一种必要条件,即一种共享的社会资本。虽然社会资本作为一种分析范式,其概念界定和研究取向有所差异,但是信任作为一种社会结构要素的重要形式,在学界的研究中是受到特别关注的。美国学者帕特南的社会资本理论尤为关注"信任"。他认为,信任是社会资本必不可少的组成部分。他把能够推动协调的行动以提高社会效率的信任、规范和网络定义为社会资本;在一个共同体内,信任水平越高,合作的可能性越大[②]。他在对意大利行政区域的研究过程中发现,"在公共精神发达的地区,社会信任长期以来一直都是伦理道德的核心组成部分,它维

---

① 弗里德利希·冯·哈耶克著,邓正来等译:《法律、立法与自由》(第一卷),中国大百科全书出版社2000年版,第68页。

② 罗伯特·帕特南著,王列、赖海榕译:《使民主运转起来》,江西人民出版社2001年版,第200页。

持了经济发展的动力，确保了政府的绩效。”①美国社会学家福山在界定社会资本时也强调了社会信任的重要性。在他看来，所谓社会资本，是建立在社会或其他特定的群体之中，成员之间的信任普及程度。② 在社会交往中，当社会个体的“信任半径”越来越小，是难以对他人的行为进行预测和期待的，而且社会个体在公共生活中的诚实及合作水平也十分低下。对一个社会而言，社会信任既以公共信任为基础，③又依赖于社会的互惠规范和公民的参与网络。在社会互动中，人们需要首先明确自身扮演的角色，而“角色领会”是一种视他人态度和意向而行动的能力，以及角色领会的过程是互动行为发生的基本机制④。同时，角色领会还是对某种社会行为中他人的反应进行揣度的判断⑤和对他人思想的立场和观点进行想象性假设的认知等⑥。在这个意义上，信任和被他人信任，都是社会回应主体角色扮演的重要前提。

我国构建和谐社会和社会主义基层民主政治持续发展，既为我国社会信任的发展提供了新的互惠规范——“共同建设，共同享有”，又为我国社会信任关系的发展提供了制度环境与保障——民主与法治。只有平等、开放，充满信任的社会环境才能使社会成员产生对公共生活的归属感，才能激发其合作与沟通的意愿，从而促进社

---

① 李惠斌、杨雪冬主编：《社会资本与社会发展》，社会科学文献出版社 2000 年版，第 295 页。

② 弗兰西斯 · 福山：《信任——社会美德与创造经济繁荣》，海南出版社 2001 年版，第 30 页。

③ 戚攻：《转型期“信任”重建的社会学分析》，载《探索》2003 年第 5 期。

④ 乔纳森 · 特纳：《社会学理论的结构》（下册），华夏出版社 2001 年版，第 23 页。

⑤ Sheldon Stryker, “Symbolic Interaction as an Approach to Family Research”, Marriage and Family Living 2, (May 1959), pp. 111 – 119.

⑥ 乔纳森 · 特纳：《社会学理论的结构》（下册），华夏出版社 2001 年版，第 23 ~24 页。

会回应主体的组织化。

（三）回应主体的利益需求与社会回应组织化

个体或群体的利益需求以及利益的维护是社会回应关系产生的源动力，也是自组织形成的重要基础和动力。但个体对利益的需求及权益维护并不必然产生组织化的关系网络。只有当回应主体认识到组织化的互动能够为自身带来更大收益时，互动者才会有合作、继而组织起来的意向。这种情况，不仅在正式组织中如此，而且在一些临时性群体生成的过程中也是如此。在我国，虽然根本利益的实现对全体社会成员而言具有一致性，但在市场经济的现实环境中，又同时存在行动主体因职业、身份和文化等社会属性的差别所导致的对稀缺资源和利益争夺的现象，利益实现的现实差异性和冲突性是客观存在的。社会互动体系中不同主体间的博弈和参与中的试错也客观存在，并促使各主体不断寻找所谓最佳的互动状态（组织化）来获得足够的收益。这里的"寻找"，对所有互动者而言，既存在互动的底线问题，又存在互动关系的建立和发展是否以互惠为原则的问题。当多数主体的认知和参与趋于一致时，通过促使各种利益诉求更加和谐共存的方式来界定行动的目标的合意便达成了。

二、社会回应主体组织化的机制

如果说，社会资本是社会回应主体组织化的土壤，利益需求及权益维护是社会回应关系产生的源动力，那么，还需要审视社会回应主体组织化的机制。社会回应主体组织化的机制主要包括三个方面：整合机制、激励机制和控制机制。

（一）主体组织化的认同性整合与差异性整合

社会回应主体的整合是自组织最重要的内核，目的是实现回应主体的价值取向和行动的趋同与一体化。社会回应主体组织化整合包括认同性整合和差异性整合。

认同性整合以共同利益诉求为基础，其结果往往产生正式或非正式的联合体。正式的联合体具有社会组织的诸如规范、权威、角色等一切构成要素，而后者只是社会回应主体较为松散的联结，即在遭遇外来的利益分歧时表现出行动的一致性。通常情况下，在具有相近利益诉求的回应主体之间，更能产生情感与认知的统一和行动中的信任机制，从而将多元主体的诉求整合为单一的或较为统一的行动目标，并在借助共同行为规范机制基础上，将分散的回应主体凝聚为整体。

差异性整合则是在具有利益分歧的社会回应主体之间，通过协商，建立约定的或约定俗成的规则并共同遵守，在彼此间实现协调性的利益和行动。差异性整合是在回应主体的竞争与冲突中建立起来的，它比认同性整合更复杂，整合度也较低。但认同性整合与差异性整合的实质，都是利益的整合。

认同性整合是以共同利益诉求为基础的，而共同利益诉求的产生和形成往往与组织目标相联系并具有整体性。同时，成员间共同性利益诉求的产生和形成，是成员在一定的组织规范支持下，较长期互动的产物（同时也是一种文化），因而不能、也很难因为某个成员或某些成员的“私人因素”而更改。在我国，认同性整合更多地表现在正式组织中。

差异性整合更多地表现在非正式组织或临时性群体建构的回应关系中。在差异性整合中，成员的诉求或应答，通常存在较大的分歧，而且不同主体之间还存在博弈，因而由此促成的共同行动对不同主体而言也存在较大的“保留”。同时，在差异性整合中，成员之间利益博弈的程度大于或高于认同性整合中的成员，而且实现差异性整合的群体内部的规范和秩序往往会受到更多的来自群体内部成员的挑战。厘清认同性整合与差异性整合的主要特征在于说明：对于处在组织化程度及方式不同中的社会回应主体而言，政府引导、规范和管理的方式是不同的，在认同性整合基础上形成的社会回应，通常有迹可循，而且具有某种规范性，而在差异性整合基础上形成的社会回应,通常具有突发性和突变性。

(二)主体组织化过程中的激励机制

整合使回应关系网络体现出有序化的状态。但整合只是为组织成员的同构创造了条件,有同构的条件或环境不一定能调动所有参与者的积极性,如现实中客观存在的"搭便车"情况和"大锅饭"现象,也不一定就能确保或实现全体成员的互惠与共赢。在建立整合机制时,还需要设置激励机制和控制机制。

激励机制是指有效引导回应主体有序互动的要素和作用过程。回应主体之间的合理利益分配和社会支持的获得是最重要的激励要素。以社区治理为例,当回应主体之间的互动建立在组织化基础上时,组织成员能够通过协商与合作来降解个体的尤其是处于弱势地位的个体的互动成本,并有效减少互相之间的不协调和防止某些矛盾转化为冲突。同时,对特定的回应主体来说,在组织化过程中,其行为方式和价值观念能够得到一定的认同和扩散,从而建立起归属感。这种在物质和精神层面所获得的激励,又将推动社会回应主体去倡导和维护既有的互动方式和价值观念,从而持续推动互动者之间的组织化进程。

(三)主体组织化过程中的控制机制

有学者认为,改革开放以来的社会转型,政府通过建立分类控制的体系,实现了有效控制社会组织化的进程。① 而我们认为,政府在实施控制的同时,也在积极引导和推进转型社会新的组织化进程。

社会控制是维系秩序必不可少的机制,存在于任何社会和任何时代的发展过程中。② 社会控制的这一普遍性,对于社会回应主体的组织化过程也是如此。基于控制理论,对于社会回应主体组织化

---

① 康晓光、韩恒:《分类控制:当前中国大陆国家与社会关系研究》,载《社会学研究》2005 年第 6 期。

② 郑杭生主编:《社会学概论新修》(第三版),中国人民大学出版社 2003 年版,第 401 页。

的非正式形态而言，内在控制和非制度控制为其主要方式与手段。社会回应主体组织化的正式形态，以制度控制和外在控制为主。从宏观控制和微观控制的角度看，社会回应主体在组织化中的正式组织形态更多地接受政府的宏观控制，而对于非正式组织形态的社会回应主体的组织化过程，则更多地依赖于微观控制。同时，在一个组织化的互动体系中，其具体的控制方式和手段的选择，还有赖于动态平衡的社会回应关系结构中衍生的规则和权威等因素。这些因素以显化的或潜在的形式存在于互动关系体系中，并保障着成员之间利益的合理分配，防范越轨者和对破坏行为予以惩戒和修正。[①] 同时，控制机制的设置，对各行为主体的利益取向和博弈起着规制作用，尤其是制度控制本身具有强制性，促使各种力量在相互约束与制衡中实现利益的基本平衡。

对政府而言，在引导和支持社会回应主体组织化的过程中，有责任通过一定的制度安排来促进其整合机制、激励机制和控制机制的设置。社会回应主体组织化进程的有序、规范化和可持续发展，一方面能够有效化解社会矛盾，增进社会和谐，另一方面能够有效地降解政府管理成本和提高公共管理绩效。

三、社会回应主体组织化的外部建构

从理论上讲，在各种内生机制的互促下，社会回应主体之间的互动可以有序进行。但在现实中，众多不同利益需要和价值取向的人、人群的聚合，会大大增加互动成本，以及互动环境和条件演化的不确定性。有学者指出，一个系统"在任何情况下都难以做到其全部组元的所有的功能进行完全整合，亦即不可能做到使其全部资源充分

① 郑杭生主编：《社会学概论新修》（第三版），中国人民大学出版社 2003 年版，第 403 ~ 404 页。

地为系统整体功能做出贡献”。① 开放是系统基本特征，任何系统内生的秩序都无法在封闭状态下保持长期的平衡，而且新情况和新问题，无时无刻不在冲击和改变着既有的制度安排和秩序。从发生学的角度看，制度是无数人“合力”作用的结果，它不以某个人或某个集团的意志为转移，但是，当支撑原有制度的条件或环境发生改变后，人们需要在制度创新中有所作为。② 由此，社会秩序的外部建构，即人为设计和创立规则的行为，便成为社会秩序生成的另一重要思路。

（一）社会回应主体组织化的法律规制

社会回应主体的组织化离不开制度化的合法性支持和保障。社会回应主体在社会回应关系网络中的法律地位、运行规则、互动关系的明确界定和保障，是社会回应主体组织化的“空间”，其要素主要包括以下几方面：

1. 公共领域的平等开放是社会回应主体组织化的前提

哈贝马斯对公共领域进行了系统化的阐释：“所谓‘公共领域’，我们首先意指我们生活的一个领域，在这个领域中，像公共意见这样的事物能够生成。公共领域原则上向所有公民开放。公共领域的一部分由各种对话构成，在这些对话中，作为私人的人们来到一起，形成公众。”③哈贝马斯强调的公民介入公共事务和参与公共生活的过程，其实也是社会回应关系发生的过程。然而，对我国来说，公民都以个体形态参与公共生活，既不现实也不公平。现实社会客观存在强势主体和弱势主体，客观存在回应主体的回应能力的差异和主体话语权的事实上的不平等。在公共领域不断开放的前提下，公众通过组

---

① 李习彬：《社会系统的复杂性研究》，载《科技进步与对策》2001 年第 2 期。

② 曾峻：《公共秩序的制度安排——国家与社会关系的框架及其运用》，学林出版社 2005 年版，第 34 页。

③ 哈贝马斯：《公共领域》，载汪晖、陈燕谷主编：《文化与公共性》，三联书店 2005 年版，第 125 页。

织化方式参与公共领域生活，是一条现实的、有序的和可行的路径。

2. 法律、法规及公共政策对社会回应主体组织化的规制

法律、法规及公共政策对社会回应主体自组织的有效规制，能促进社会回应主体组织化的有效运行和预期性。在现实中，法律、法规对政党、社团、社会运动等社会回应主体组织化模式的法律地位、组织机构、活动范围、权利职责的明确规定，既为社会回应主体组织化的建构提供了外部规则，也能切实维护其自主性和社会性并保障其合法权益。如果改革和调整我国现行的社团登记与管理政策，甚至将《暂行条例》升华为相关法律、法规，将有利于我国社会回应主体组织化进程的推进。从控制和制衡角度看，为保障社会整体运行的秩序和社会稳定，法律体系也会对危及社会秩序的组织化行为予以限制。有学者指出，“公民社会并不会自动变得民主。许多团体可能会利用公民社会的相对自由来追求反民主的目标”。[①] 防范社会回应主体组织化可能引发的冲突和斗争，防范少数借助社会回应主体组织化的方式与机会来危害公共安全和社会稳定，如“法轮功”等，是法律规制的重要内容。

(二)社会回应主体组织化与政府制度供给

政府是行使公共权力的组织体系。政府既具有政治性和阶级性，也具有社会性，要提供公共物品、公共服务和管理公共事务等。因而政府制度供给，是社会回应主体实现组织化的最重要因素。

制度分析学者认为，“制度建立的基本规则支配着公共的和私人的行动，即从个人财产权到社会处理公共物品的方式，以及影响着收入的分配、资源配置的效率和人力资源的发展”。[②] 在这个意义

---

① 戈兰·海登：《公民社会、社会资本和发展：对一种复杂话语的剖析》，载何增科主编：《公民社会与第三部门》，社会科学文献出版社2000年版，第102页。

② 尼古拉斯·阿尔迪托·巴莱塔：《前言》，载文森特·奥斯特罗姆等编：《制度分析与发展的反思》，商务印书馆1992年版；另见李伟权：《政府回应论》，中国社会科学出版社2005年版，第196页。

上,政府制度供给既是社会回应主体组织化的必要资源,又为社会回应主体组织化提供了重要的路径和平台。美国学者理查德·C.博克斯在《公民治理:引领21世纪的美国社区》一书中,分析了在强市长模式(strong mayor)、市长委员会模式(commission)和市议会—城市经理模式(council manager)等不同的地方社区制度构建下,社会回应主体的角色和组织体系的运作,展示了制度演进与社会回应的关系,以及对社会回应关系变更的影响等。① 而瑞士的公民投票制度规定,有关州和其他地方的请愿事项都可以在"公民大会"上提出,公民大会可以看做是最重要的社会回应主体的组织化模式。②

在我国政治生活领域,人民代表大会制度是公民表达意愿、参与国家事务和社会公共事务的最重要的政治制度,也是社会回应主体最重要的组织化形式,通过选举而产生的人民代表作为公共利益的受托人和代理人,通过法定的程序表达选民的利益诉求,参与社会公共事务。除了这一根本制度外,在政治、经济、社会的各领域,政府一直扮演着提供回应主体组织化的制度供给的重要角色。国家1989年颁布实施的《城市居民委员会组织法》、1997年的《合伙企业法》、1998年重新修订并实施的《村民委员会组织法》,以及《民政部关于在全国推进社区建设的意见》(中办发[2000]23号)等制度供给,提供了社会回应主体组织化的必要资源。1989年,深圳市在全国率先成立了"价格管理咨询委员会",推行价格听证制度;2002年原国家计委主持召开铁路票价价格听证,即在国家层面第一次设置和运用了听证制度;当前各级地方政府普遍设置的决策听证制度、咨询制度、政府部门社会考核评议制度等,提供了社会公众组织化参与的途径,并为社会公众通过组织化方式反映利益诉求,以及多元利益诉求

---

① 理查德·C.博克斯著,孙柏瑛等译:《公民治理:引领21世纪的美国社区》,中国人民大学出版社2005年版。

② 李伟权:《政府回应论》,中国社会科学出版社2005年版;另见杜钢建:《公众参与政策制定的方式和程序》,http://www.jcrb.com/zyw/n6/ca12179.htm。

得到广泛、有效整合提供了平台。

第三节　社会回应主体组织化的现实表达与路径

社会回应主体的组织化意愿及意愿表达的方式和可能的途径，对于社会回应主体组织化的具体路径及方式的选择，有着重要的理论及实践意义。

一、社会回应主体组织化意愿的现实表达

当前，我国社会回应主体的组织化意愿，与三方面的因素相联系：一方面随着市场经济体制的建立和市场行为主体地位的确立，各种行为主体的主体意识比以往任何时候都更加明确，并更加维护自身的利益；另一方面，随着我国基层民主政治的发展和依法治国（依法行政、依法自治）的推进，各种行为主体利益表达和争取利益的欲望与行为显得特别强烈；再一方面，在社会转型、社会分化、社会成员在社会利益结构中位置发生嬗变的过程中，部分社会成员的利益受到损害并逐渐成为社会弱势人群。由这三个方面使然，社会回应主体组织化的原初动力机制形成了，那就是：利益诉求的表达和权益的维护，或者说，三个方面的相互作用，提供了社会回应主体组织化原初动力机制形成的社会基元。

（一）社会回应主体利益表达的现实差异

在现实生活的许多领域，社会回应主体的良性互动与秩序化正在逐步形成，如大量民间组织的形成和各种社会协商机制的建立等。社会回应主体分化客观存在，并在社会回应关系中直白地表现出来，不同社会回应主体的利益表达、资源获取的机会与能力都存在较大的差异，进而导致社会回应关系的发展和结构演化表现出不平衡趋势和特征。

社会回应主体分化的异质性，表现在弱势群体的出现和具有“利益集团”特征的特殊社会群体形成。所谓弱势群体，学界的解读大多从其社会表征和成因入手。朱力将社会中因生理和社会转型所造成的经济上收入困难的群体称之为“脆弱群体”，[①]张敏杰认为，弱势群体是指由于自然、经济、社会和文化方面的低下状态而难以像正常人那样去化解社会问题造成的压力，导致其陷入困境，处于不利社会地位的人群或阶层。[②] 刘占锋把弱势群体界定为：那些由于各种客观条件的限制，相对落后于社会发展先进水平要求的人群。[③] 学者们的表述虽有差异，但趋同的是：社会弱势群体是指那些在经济、政治和社会地位上处于不利地位的人群。虽然造成这种情况的原因有个体的生理性因素和社会因素两个方面，但学者们关于弱势群体成因的分析，更多的还是基于社会因素的视角。正如时任国家劳动和社会保障部社会保险研究所所长何平对朱镕基总理在2002年度《政府工作报告》中提到的弱势群体进行的分类，他们分别是：下岗职工、“体制外”的人、进城农民工、较早退休的“体制内”人员。[④] 这种直观的分类凸显出弱势群体的产生与社会结构之间存在密切的关系。

我国市场化的社会转型，客观上触发了体制内和体制外的一部分人在社会利益新的分配格局中被弱势化。戚攻从转型期社会流动的视角探讨了这部分人群“被弱势化”社会特征：“对他们而言，从就业市场的角度看，他们往往被排除在正式职业以外；从收入角度看，他们处在社会结构性分化的‘触底层级’中；从制度体系理解，他们缺少制度保障而处于边缘化状态；从享有社会权力看，他们缺乏组织

① 朱力：《脆弱群体与社会支持》，载《江苏社会科学》1995年第6期。

② 张敏杰：《中国弱势群体研究》，长春出版社2003年版，第21页。

③ 刘占锋：《关注并认真解决社会弱势群体问题》，载《前进》2003年第2期。

④ 马力、刘卫东：《弱势群体概念的界定及其能力建设》，载《学术交流》2006年第2期。

资源和团体资源的可利用。由此,转型社会中的弱势群体,不仅处于主流社会发展与主流生活共享的边缘化(状态),而且从水平流动的角度看,他们事实上处于'重度'边缘化状态,即随着社会科技进步与生产力发展,他们客观上被排除在水平流动之外。"①当这种情形发生时,对弱势群体而言,他们理应比其他社会成员有着更为强烈的利益诉求。然而,现实是他们中的多数人因其社会地位、维权成本、表达能力和机会与途径等原因而沉默;他们中的极少数人选择了某种激进的表达方式,如以极端方式讨要工薪,如游行示威、堵塞交通和群体上访等。从总体上讲,弱势群体中的个体之所以沉默,是与他们个人的总体能力较低、机会成本高等相关联的,因而弱势群体为表达利益诉求和维护自身利益而寻求集体行动和利用组织资源的期望高企是必然的。由此,政府引导、支持弱势群体的组织化,提高他们的组织化程度和诉求表达的有序性,是有重要现实意义的。

(二)社会弱势群体利益表达机制的缺失

弱势群体表达能力低、机会不足、个体维权成本较高,既与其组织化程度不高相联系,又与社会公众利益表达机制存在一定程度的断裂相关联。

在计划体制条件下,国家通过严密而完善的制度设计将农村和城市隔开,而城市中是以单位组织为载体将社会成员的利益之争和权利诉求限定在与所有制关系相联系的体制边界之内。李汉林在《中国单位社会》中指出,中国的单位组织是一种制度、统治和社会结构,而且单位组织之间本身在分化,单位社会内部也在分化,而社会分层表明的是一种制度化的不平等状况。② 张静在《利益组织化单位:企业职代会案例研究》中也认为:单位既是控制性的国家行政组织,同时又是具有利益组织化及传输作用的政治性

---

① 戚攻:《我国社会转型时期社会流动探析》,载《学海》2003年第3期。

② 李汉林:《中国单位社会》,上海人民出版社2004年版,第3~13、32~40页。

组织。[①] 正是在这样的制度安排下，产生了社会利益的结构性分割（城乡），产生了单位组织之间无利益竞争和博弈的基于计划的资源配置关系，产生了社会个体需要紧密依附某种体制的社会关系，产生了社会主体的经济、政治和文化诉求受制于国家计划和意识形态需要的信任结构。

在这样的制度安排中，体制内和体制外的社会行动者的利益表达机制，在今天看来，无论它是存在还是不存在、是合理还是不合理、是充分还是不充分、是健全还是不健全已不是问题的关键。问题的关键在于：随着我国转型期社会分化速率提高和程度加深，一部分在新的利益分配格局中受损人群的利益表达机制发生了某种断裂，即在市场机制对资源配置起基础性作用的过程中，在“主人翁”地位的制度期许与实然的下岗、分流实践相对应中，我国的制度推进存在一定程度的非均衡。我国转型期的制度推进包括“支持性制度化”和“修复性制度化”两个方面，前者是指因国家目标改变（现代化）和构建市场经济体制以及社会转型而做出重大制度调整和新的制度设计与安排的过程；后者指国家为保持社会良性运行和控制与降解社会分化风险而展开的制度化进程，如建立社会保障制度、再就业制度、社会救助制度等。由于制度推进中的“支持性制度化”在时序、速率和强度上都远远超过了“修复性制度化”进程，因而与“修复性制度化”相联系的受损人群的利益表达机制，也随之发生了一定程度的断裂。[②]

在市场经济条件下，处于体制之外，且在政治、经济上处于弱势

---

① 张静：《利益组织化单位：企业职代会案例研究》，中国社会科学出版社2001年版，第24页。

② 戚攻：《转型期的制度推进：支持性制度化与修复性制度化》，载《理论学刊》2003年第4期。作者认为，我国转型期的制度推进并非是整体滞后，而是“支持性制度化”在时序、速率、强度等方面超过了“修复性制度化”进程，以致我国社会分化的风险和负效应难以通过修复性制度化进程来有效控制和降解。

的社会个体和群体,他们的利益诉求要进入制度化渠道的难度,客观增大了。在这种情况下,弱势人群自发联合起来的需求本应呈上升趋势,但现实却不然。一是公共精神的缺失,以及一部分公众已习惯对政府的依赖,从而使其组织化的需求受到抑制。二是市场经济是以承认社会成员之间利益分化为前提,这对于在政治、经济等各方面处于劣势的人群来说,就更加难以产生联合的内部激励。三是我国社会网的建构,对社会个体而言,多囿于血缘、地缘关系,或是这类关系的一种扩展,即他们社会关系网仍然表现出费孝通先生曾经揭示的特征——“社会关系是逐渐从一个一个人推出去的,是私人联系的增加,社会范围是一根根私人联系所构成的网络”①,因而他们的社会交往具有较强的封闭性,是一种内聚式的团体。这既导致他们难以实现更大范围的认同与横向整合,又造成他们在缺乏外部交流中限制了自身的资源动员能力。

与弱势群体组织化程度低、社会回应能力弱形成鲜明对照的是具有利益集团特征的特殊群体的出现。近年来,关于后者的讨论开始引入中国改革和发展的讨论之中。关于“特殊利益集团”的提法学界有多种看法,我们在第六章中,是以具有利益集团特征的特殊利益群体来表述的,同时,不同利益群体都是社会回应主体组织化的重要载体和形式,他们之间的相互竞争能在一定程度上实现多元利益的整合,监督政府运作和公共政策的制定和实施。这种良性竞争性状的出现,是以一种公正公开、平等协商的社会“场域”形成为前提的。因而不能主要是具有“利益集团”特征的特殊利益群体才有更大或更有效的话语权。如果这种情况发生,一方面会损害公共利益,妨害社会公平公正的实现,并有悖于社会主义和谐社会建设理念;另一方面,也说明政府引导和支持弱势群体的组织化,提高弱势群体的社会回应能力,是一项重要的现实课题。

---

① 费孝通:《乡土中国　生育制度》,北京大学出版社 1998 年版,第 30 页。

二、社会回应主体组织化的路径

社会结构的分化，客观上使一部分人占据了有利于自身利益实现并获取特殊利益的优势地位，而使另一些人处于不利地位和丧失了获取某些利益的权利。社会回应主体的组织化，最重要和必要的是弱势群体作为回应主体的组织化问题。

（一）健全制度体系，发挥制度功能

一个社会的制度体系，其基本功能在于支持和保障人们满足正当利益的权利，维护并实现公共利益（整合），约束社会行动者的行为，促进社会实现公正、公平。然而，现实制度体系的公正和健全以及与时俱进机制的建立，是制度体系正向功能显化的前提条件。若制度推进不平衡或存在某些缺失，会导致社会行动者责、权、利有机统一的规则不清晰和不均衡，导致社会结构总体失衡和加剧社会利益冲突。

在我国，社会主义基本制度的确立为保障全体社会成员在政治、经济、文化和社会领域的合法权益提供了基础平台。但基本制度要转化为现实生产力，还需要建构其分层体系和落实的机制。在党的十六届六中全会作出的《中共中央关于构建社会主义和谐社会若干重大问题的决定》中指出：我们要构建的社会主义和谐社会，是在中国特色社会主义道路上，中国共产党领导全体人民共同建设、共同享有的和谐社会。在这一理论表述中，既强调了基本制度的坚持，又明确了两个方面的制度体系的分层设置和机制设置，如“共同建设”和“共同享有”。由此，针对我国弱势群体产生的社会原因，与时俱进地改革和完善现有制度体系特别是公共服务领域的社会政策，确保“共同建设”和“共同享有”机制的有效性，是促进其组织化的重要条件。

（二）探索社会管理新模式，建立规范有效的利益表达机制

在我国现实中，弱势群体与某些特殊利益群体的共存与共生，表

面上是不同群体在社会回应中存在能力和话语权的差异，内涵却是利益传递结构的规范性问题。建立规范有效的利益表达机制，不仅对于弱势群体，而且对于其他群体都是非常重要的，规范利益表达机制要以社会公正、公平为基础，凸显了政府的责任。曾庆红指出：要“以公平求和谐”①。党的十六届六中全会提出的“共同建设”，包含着对公平起点和公平过程的强调，而且“共同享有”对公平结果的强调，也是以起点公平、过程公平为前提的。

从利益表达的角度看，政府的责任在于：一是为社会建立公正、公平的利益表达机制和广大民众利益诉求得以传递的有效渠道；二是通过公共政策确保不同社会回应主体都能平等享有利益表达机制的权利，并得到有效的落实；三是高度重视社会弱势群体利益诉求的表达途径、机会和可能性问题；四是探索和创新社会弱势群体利益诉求表达的新机制、新方式，如引导、支持和帮助弱势群体提高其组织化程度等。

对各级地方政府而言：一是充分利用信息化社会现代信息和通讯技术，推进电子政务，实行政务公开，建立开放、快捷的利益诉求表达通道；二是优化社区组织的利益表达功能，充分发挥其在利益表达与反馈，矛盾化解中的作用；三是鼓励、支持和规范各种民间组织的建立与成长，使其作为公众利益诉求初级整合的平台，以及政府提高社会管理可以借助的载体；四是巩固和再造已有的政党政治结构体系的利益表达功能，尤其是充分发挥中国共产党基层党组织的作用，发挥社区人大代表和政协委员的作用，使其成为广大人民群众利益表达功能发挥到极致的桥梁。

（三）总结已有经验，积极支持社会弱势群体自组织建设

总结具有典型性和一定影响力的各种弱势群体自组织的组织模

---

① 曾庆红：《关于国内形势和构建社会主义和谐社会》，载 2005 年 3 月 7 日《学习时报》。

式和运作经验，在更大范围引导、支持和规范社会弱势群体自组织的建设，是增强社会理解与互信、促进社会互助与团结、维护其基本权利和社会稳定的客观要求。从我国这些年民间组织发展的情况看，一是政府可以通过体制开放吸纳体制外人员加入社团组织，如一些单位组织把编制外人员纳入工会，建立"农民工工会"、"编制外人员工会"等；二是政府可以借助已有的、规范的民间组织，作为支持、引导和规范社会弱势人群建立维护自身利益和权益的自组织的力量，或通过其拓展组织体系，建立更大范围的民间组织网络体系；三是政府可以借助一些社会精英尤其是社区内热爱社会公益事业的离退休人员和专业的社会工作者等，帮助新的以社区地域为边界的弱势群体组织建设，如"某某社区外来流动人口互助组织"，"某社区某单位特困人口扶助组织"等。地方政府借助已有的和规范的民间组织、社会精英与社会工作者和社区内的单位组织等力量，提高社会弱势人群的组织化程度，一方面能够为弱势群体提供专业的指导和一定的物质支持及各种有针对性的帮助，另一方面也有利于提高弱势人群的自尊意识，增强其自立自强精神，改善他们自立与发展的环境和条件，使他们有能力与其他社会组织或群体平等互动，更有效地使用各种社会资源，增强其发展能力和维护其权利。

第八章　回应制度化与制度化回应研究

社会回应关系发展的制度化是一种过程，推进这一过程将产生制度化回应的结果，即制度化的社会回应关系结构，这如同社会信息化过程的展开必然产生信息化社会的结果一样。① 因而“回应制度化”与“制度化回应”是一对关联范畴，并包括政府回应制度化与政府制度化回应、社会回应制度化与制度化社会回应等。

第一节　制度及研究范式

中国共产党十六届六中全会作出的《中共中央关于构建社会主义和谐社会若干重大问题的决定》指出：促进社会主义民主法制更加完善，依法治国基本方略得到全面落实，人民的权益得到切实尊重和保障等，是构建社会主义和谐社会的必然要求；推进国家经济、政治、文化、社会生活法制化、规范化是促进社会和谐的应然需要。随着“中国特色社会主义法律体系初步建立”，国家制度化进程逐步深入到

① 戚攻：《虚拟社会与社会学》，载《社会》2001 年第 2 期。

社会的各个领域,是完善中国特色社会主义法律体系的必然要求。

一、关于"制度"的界说

对一类社会互动现象、行为及过程的研究需要在一定的社会框架和特定的时空关系内进行,一定的社会环境及条件会对人们的行为及事物发展进程产生影响。应用历史的、比较的方法,以及基于假设做理性选择的研究是必要的。

乔纳森·特纳说,"吉登斯认为制度是社会当中跨越时空的互动系统",即"在很长一段时间和一个确切的地点中,当规则和资源被再生产的时候,就可以说制度存在于一个社会之中"。[①] 社会学视野中的制度(institution)是指由一组相互关系的社会角色所组成的社会结构,它制订适当的、期待的规范、价值、地位及行动,以追求社会或个人的目的和目标。[②] 但不同学科研究制度的侧重不同。新制度主义流派中的历史制度主义学家认为,制度既包含了正式结构,又包含了非正式结构和结构指导的过程。[③] 制度学派代表人物之一的诺斯认为,"制度是一个社会的游戏规则,它包括人类用来决定人们相互关系的任何形式的制约",并"通过向人们提供一个日常生活的结构来减少不确定性",即"它们是为人类发生相互关系所提供的框架",并以此"确定和限制人们的选择集合"。[④] 同时,这些行为"规

---

① 乔纳森·特纳:《社会学理论的结构》(下册),华夏出版社 2001 年版,第 173 页。

② 蔡文辉、李绍嵘编撰:《简明英汉社会学辞典》,中国人民大学出版社 2002 年版,第 100 页。

③ 林毅夫:《关于制度变迁的经济学理论:诱导性变迁与强制性变迁》,见科斯、阿尔钦、诺思等:《财产权利与制度变迁》,三联书店 1994 年版,第 378 页;另见郭毅、徐莹、陈欣:《新制度主义:理论评述及其对组织研究的贡献》,载《社会》2007 年第 1 期。

④ 道格拉斯·诺斯:《制度、制度变迁与经济绩效》,三联书店 1994 年版,第 3、50、52 页。

则"还可以理解为制度安排。① 政治学学者亨廷顿认为："制度就是稳定的、受尊重的和周期发生的行为模式"，而"制度化是组织和秩序获取价值观和稳定性的一种进程"。② 美国制度经济学家康芒斯认为，制度是"从冲突中创造秩序"，其功能在于"集体行动控制个体行动"，即"集体行动抑制、解放和扩张个体行动"。③

《辞海》对"制度"的界说有三：一是制度是要求成员共同遵守的按一定程序办事的规程或行动准则；二是制度是在一定历史条件下形成的政治、经济、文化等各方面的体系；三是传统社会的制度是指政治上的规模法度等。④

制度的实质是对社会主体的行为、利益关系和社会秩序的界定与调整，它的演进既与一定社会的发展程度及文明性状相联系，又受到它自身逻辑谱系的历史传承性、主题时代性和阶级性基元的制约。因此，制度的产出具有计划性和目的性，但在某些情况下，它又是人们受限制选择的结果或某种约定俗成的产物。

二、"制度"是一种研究范式

现代社会学先驱之一的涂尔干曾经将社会学界定为关于制度的科学，以致制度问题在社会学研究中一直具有重要的地位。制度是一种研究范式，也是一个系统。制度作为一种研究范式，它包含一系列相关范畴和多向度的研究视角。杨光斌在其《中国经济转型中的国家权力》中提出，进而在《制度变迁与国家治理》中深化的制度范式的认知框架：制度结构→制度安排→制度绩效；并认为，理解制度结构的政治制度和经济制度，理解政治制度的核心是国家理论，理解

① 柯武刚、史漫飞：《制度经济学：社会秩序与公共政策》，商务印书馆 2001 年版，第 35 页。

② 塞缪尔·亨廷顿：《变化社会中的政治秩序》，三联书店 1989 年版，第 12 页。

③ 康芒斯：《制度经济学》（上册），商务印书馆 1962 年版，第 144、113 页。

④ 夏征农主编：《辞海》（缩影本），上海辞书出版社 2000 年版，第 223 页。

经济制度的核心是产权理论等。[①] 对制度范式的理解还可以从制度变迁的角度，如制度与制度化；可以从制度的结构、功能以及制度与个体的相互依赖和作用的角度理解；可以从制度内容的角度理解，如政治制度、经济制度、文化制度等。

从结构理论看，制度是一种结构，并存在分层性和潜在的结构性原则。[②] 在制度系统中，既存在正式结构与非正式结构的共生现象，又存在正式结构对非正式结构的指导和非正式结构转化为正式结构，以及各种非正式结构影响甚至制约正式结构的情形。这些情形的发生，源于存在于一定制度结构中的行动主体的互动和对资源的整合促成的制度生产和再生产中。在我国学界，有学者以“隐性制度化”和“显性制度化”的对比视角和话语方式，讨论了我国转型期制度系统中正式结构与非正式结构的演变问题，分析了转型期由于行动主体权利资源的重新分配、互动方式的多元化和扩大、社会发展非均衡基元的存续等，导致市场经济条件下逐渐解构的、隐性的计划制度重新显性化的过程，以及这类现象对转型期制度重建的影响。[③] 同时，也有学者从制度功能的角度区分了改革开放以来的制度推进——“支持性制度化”和“修复性制度化”，并以此研究我国转型期制度系统的正式结构在整合与重构中的非均衡性问题，即改革开放时期的“支持性制度化”进程的推进，在整体上快于和强于“修复性制度化”进程，而这种非均衡性在一定意义上增大了我国转型期经济社会发展的风险程度，如推动经济体制改革的制度创新力度，远远强于降解这一改革风险的修复性制度创新——建立城乡统筹的社会

① 杨光斌:《中国经济转型中的国家权力》，当代世界出版社 2003 年版；另见杨光斌:《制度变迁与国家治理》，人民出版社 2006 年版，第 18 ~ 39 页。

② 乔纳森·特纳:《社会学理论的结构》（下册），华夏出版社 2001 年版，第 174 页。

③ 李金:《中国社会转型过程中的制度推进:显性制度化与隐性制度化》，载《探索》2001 年第 1 期。

保障制度。①

从发展理论看,社会制度系统具有历史传承性和主题时代性的特征,即一种制度只有在行动者互动时被作为资源使用,才能延续(保持)和被再生产(被转化为生产力和创新)。制度系统的历史传承性表现在它的逻辑谱系对其与时俱进的演变具有强大的规制力量(一脉相承的逻辑语境)。但任何制度系统随着经济社会发展场域的变化,又必然面临如何维持、如何重构和被再生产的问题,即制度系统在扩散、整合、转化甚至在某些方面发生解构的过程中,面临如何体现主题时代性的问题。对社会行动者而言,制度的传承性将使其产生某种制度依赖和惯习,而制度的时代性(创新)又使行动者的制度依赖和习惯受到冲击。这类现象在社会回应的第一和第二种类型中("社会组织及公众回应政府"和"社会组织及成员的内部回应")都是有表现的尤其是在经济体制初建的过程中。由此,当人们把制度范式与回应范式从"过程"的视角理解,产生回应制度化与制度化回应关联命题时,二者都是动态变化的。在这个意义上,回应制度化与制度化回应关联的实质是:回应关系的建构及发展包含着制度的生产与再生产、延续与创新,以及回应制度化与制度化回应的互促和互验。

从社会关系的角度看,社会是人们交互作用的产物。在我国社会转型期,随着所有制关系多元化和基层民主自治制度发展,一部分具有草根特征的社会回应关系的发展需要新的制度化支持(政府的制度回应)。同时,由于社会回应关系中不同主体所处的社会地位和资源占有、机会享有存在较大差异,社会回应关系发展的结构化、程序化和规范化,也需要政府把行政化机制转化为制度机制(公共政策或社会政策),需要以整个社会的制度化作为社会回应关系网

① 戚攻:《转型期的制度推进:支持性制度化与修复性制度化》,载《理论学刊》2003 年第 4 期。

络建构的环境，为回应主体尤其是处于弱势地位的回应主体提供参与回应与互动的社会资本。

布尔迪厄从社会网络的角度认为，“社会资本是实际的或潜在的资源的集合体，那些资源是同对某种持久性的网络的占有密不可分的，这一网络是大家共同熟悉的、得到公认的，而且是一种体制化关系的网络”。① 同时，科尔曼从社会资本的功能的角度也认为，“社会资本存在于人际关系的结构之中，它既不依附于独立的个人，也不存在于物质生产过程之中”，但它如同物质资本和人力资本为生产活动提供了便利一样，“社会资本也具有同样的作用”。② 在这个意义上，社会回应关系发展的制度化，是以政府回应制度化和政府制度化回应为前提的，换言之，只有政府回应制度化和政府制度化回应能为不同社会回应主体提供公平的、必要的和共享的社会资本。

第二节　我国转型期的制度化

乔纳森·特纳认为，“当各种不同取向的行动者互动时，便逐渐产生了约定，并维持互动模式，这就是‘制度化’”……以帕森斯的观点来看，这种制度化模式可称之为“社会系统”，③即任何社会都需要并存在制度化过程及结构，以维持社会系统的运行。

一、制度化的一般特征

制度化（institutional discrimination）是一个动态的过程，其基本

---

① 布尔迪厄：《文化资本与社会炼金术》，上海人民出版社 1997 年版，第 202 页。

② 科尔曼：《社会理论的基础》，社会科学文献出版社 1999 年版，第 354、356 页。

③ 乔纳森·特纳：《社会学理论的结构》（上册），华夏出版社 2001 年版，第 33 页。

含义是指基于正式规则、法律、习俗及礼仪而发展的一套稳定的社会互动模式，社会主体通过制度化，则能依界定的角色行为预期未来社会成员的行为。① "制度不是靠制度化来维持的，而是靠现实个人来判断，好的才能保留下来"，②但是，这一过程本身又是通过制度化进程（生产与再生产过程）检验并确立的。制度化对于所有社会成员并非是一种异己力量，"社会秩序并非只是对个人的强制，而且也是个人重新开始的某种外部力量"③。有学者指出，"行为主义有其极端性，它总是假设制度只是制度中的个人在集体层面表达其偏好的手段，对制度在塑造制度参与者好的方面具有的作用予以否认，对制度参与者来说制度似乎是外在的和预先决定的，这与事实严重不符……"④建设制度化的、规范化的和谐社会，应是全体社会成员共同的诉求与目标，它不仅需要全社会的共同回应，而且也是全社会共同回应的条件。

有学者认为，"制度化是指社会控制和运行机制的模式化、程序化和规范化，以制度化方式设置和运行的社会结构就是制度化的结构。"⑤制度化结构形成的过程，也是社会主体逐渐认同权威进而整个社会逐步确立权威的过程。恩格斯在《论权威》中曾举例说："工作时间一经确定，大家就要毫无例外地一律遵守……（因此）可以在这些工厂的大门上写上这样一句话：进门者请放弃一切自治"；虽然"权威与自治是相对的东西，它们的应用范围是随着社会发展阶段的不同而改变的"⑥，但这也表明制度是权威性的，权威是制度的特

---

① 蔡文辉、李绍嵘编撰：《简明英汉社会学辞典》，中国人民大学出版社 2002 年版，第 100～101 页。

② 杰弗里·亚历山大：《社会学二十讲》，华夏出版社 2000 年版，第 149 页。

③ John Dewey: Reconstruction in Philosophy (Boston: Beacon, 1957), p. 200.

④ 郭毅、徐莹、陈欣：《新制度主义：理论评述及其对组织研究的贡献》，载《社会》2007 年第 1 期。

⑤ 杨育民：《略论"制度化"》，载《社会科学辑刊》2001 年第 6 期。

⑥ 《马克思恩格斯选集》第 2 卷，人民出版社 1995 年版，第 225、226 页。

征,制度一经确立就会对行动者的行为产生规制作用。

“一个社会的制度化模式代表了行动者对非常一般化的抽象原则的创造和使用”。[①] 一个社会的制度化结构产生和形成,既与其一定的经济社会发展水平相联系并反映着事物发展的要求,又包含着制度设计者与制度目标群体现实互动的过程,而且这一过程还为设计者和参与互动者提供了重塑的机会。[②]

改革开放以来,我国转型期的制度化就是围绕社会主义市场经济体制的建立和发展、民主政治制度的发展和完善展开的,并逐步确立了“依法治国”(依法行政、依法自治)的社会互动结构。这种结构对于促进我国政府回应、社会回应的健康发展,提高与增强不同回应主体行为的规范度和有序性等,都是有积极作用的。考察和研究我国转型期回应关系的制度化,既需要审视改革开放的进程如何为其发展提供的基元,又需要考察其正在发展的过程中所包含的各种社会条件。

另外,“制度化”还是一个具有多元含义的范畴,还包括文化对社会体系的影响过程和社会成员受制于总体结构的过程等理论研究域,制度化还受困于它自身结构的原生性缺陷[③](能动性与结构的冲突)等研究视角。

二、改革开放时期的制度化特征及趋势

从总体上看,我国改革开放以来的制度化处于一种加速发展状态,尤其是中国共产党的十五大报告提出“依法治国”的方略以后。[④] 改革

---

① 乔纳森·特纳:《社会学理论的结构》(下册),华夏出版社 2001 年版,第 175 页。

② 毕向阳:《制度与参与:下岗失业人员缴纳基本养老保险行为研究》,载《社会学研究》2005 年第 2 期。

③ 杨育民:《略论“制度化”》,载《社会科学辑刊》2001 年第 1 期。

④ 戚攻:《论中国社会转型的发展叠加性》,载《西南师范大学学报(人文社会科学版)》2001 年第 3 期;另见戚攻:《转型期的制度推进:支持性制度化与修复性制度化》,载《理论学刊》2003 年第 4 期。

开放以来,我国新的制度化进程总体上表现出四大特征:

(一)基本制度"自我完善"的同源性

基于社会主义基本制度自我完善的价值取向和需求,改革开放中的制度推进在方法上采取了维护和维持已有制度体系的渐进扩张方式,扩张的重点在于强调制度体系发展的渐进性和保持制度体系自身演进中逻辑谱系的同源性,即一脉相承性。① 这种同源性不仅体现在改革开放中我们始终坚持四项基本原则,而且体现在党的十七大报告的主题中。

(二)基本制度"自我完善"的创新性

在制度体系自我完善的发展与扩张中,围绕社会主义市场经济体制的建立和回应我国社会转型的需要而重新建构制度体系,包含着重构、整合的取向和内容,以及对制度系统做局部修正或局部消解。从一定意义上讲,制度创新是建设创新型国家的重要组成部分,也是我国改革开放中最重要和最显著的特征之一。在基本经济制度方面,党的十五大报告创造性地提出了"坚持以公有制为主体和多种所有制共同发展的基本经济制度";在基本政治制度方面,党的十七大报告创造性地提出了"坚持和完善人民代表大会制度、中国共产党领导的多党合作和政治协商制度、民族区域自治制度以及基层群众自治制度"等基本政治制度等。

(三)改革开放时期制度推进的开放性

以党的十五大提出并实施"依法治国"方略为标志,国家层面的制度化进程整体进入了加速状态。这种法治建设的加强推进,与改革开放以来整个国家现代化、工业化进入加速发展状态相联系。这种状态和趋势的形成,源于中国开放型经济发展模式的建构尤其是1992 年以后,源于中国加入 WTO 以后的中国经济对外依存度逐渐提高等多重因素。开放是一个系统演进的重要特征,它既是一种聚

---

① 戚攻:《政府治理与促进社会和谐》,载《理论学刊》2005 年第 1 期。

合资源的有效机制，又是消除垄断的机制。我国的制度推进，一方面积极与国际社会接轨（聚合资源）并参与新一轮全球化的制度变革进程（消除垄断），另一方面中国国内的制度建设也逐渐走向了开放，汲取人类一切优秀的文化成果。

（四）制度化进程的系统化与“极致”

改革开放以来的制度化呈现出系统化和全方位的特征，并深及社会管理的微观层面，从而为多元社会主体的自治创造了条件并逐步消解了我国法制的粗放性。改革开放以来，为回应市场经济体制的建立、运行和维护市场主体的权利，国家1981年颁布实施而后又于1999年重新颁布实施了《合同法》，1986年颁布实施《民法》、1989年的《城市居民委员会组织法》、1993年的《公司法》、1997年的《合伙企业法》和1999年的《个人独资企业法》等。在我国村民自治和城镇居委会自治发展中，1989年颁布了《中华人民共和国城市居民委员会组织法》，1998年11月4日九届全国人大第五次会议审议并通过新修订的《中华人民共和国村民委员会组织法》，2000年11月19日中共中央办公厅、国务院办公厅批转《民政部关于在全国推进社区建设的意见》（中办发[2000]23号）。1998年10月，国务院再次修订了《社会团体登记管理体例》，并且同时颁布了《民办非企业单位登记暂行条例》，为非社会团体民间组织的建立确立了法律框架和行为规范。①

（五）转型期我国制度化的一个事例分析

基于国际惯例，一个现代市场经济国家一定是“征信国家”。征信国家一般具备四个基本特征：一是具备较完善的国家信用管理体系；二是有信誉且公正的征信中介服务全国普及；三是信用管理行业市场化程度高；四是市场交易中可快速取得资本市场、商业市场绝大

---

① 顾昕、王旭：《从国家主义到法团主义——中国市场转型过程中国家与专业团体关系的演变》，载《社会学研究》2005年第2期。

多数企业和消费者个人真实资信报告。

改革开放以来,国家制度化要回应市场经济体制建立和完善的发展要求,不仅面临基于计划体制的传统信用体系重构的任务,而且要探索建立符合社会主义市场经济体制的新的信用管理体系。信用体系建设本质上是国家法治建设的重要组成部分和基础。社会信用体系建设包括:企业征信、资信评级和个人信用体系三个主要的方面,但是,只有当一个国家的社会信用体系建设"极致"到社会个体的个人信用体系建设时,才能逐渐发展成为"征信国家"。①我国的个人信用体系建设,从1999年3月中国人民银行颁布《关于开展个人信贷指导意见》明确提出:"逐步建立个人消费贷款信用中介制度",并强调:"信用制度是个人消费贷款业务发展的重条件"等开始,到2000年2月中国人民银行上海市分行和上海市政府信息办联合出台国内第一部联合征信的政策性管理办法——《上海市个人信用联合征信试点办法》,到2000年4月1日中国人民银行正式颁布《个人存款账户实名制规定》和以此作为我国建立个人基本账户和个人信用资料库的基础,以及到2000年7月1日上海市成立我国第一家专业性个人信用中介机构——上海资信有限公司(正式开通个人信用联合征信服务系统,首批110万上海市民个人信用信息数据进入数据库,并出具了我国大陆第一份个人信用报告),再到2002年国家批准上海市成为国内唯一获准开展个人征信业务的城市(上海市在2003年年底,个人信用系统覆盖人群达600万,年龄在20~60岁之间,已累计出具个人信用报告84万份),到2004年2月1日国内首次为个人信用征信定规的政府规章——《上海市个人信用征信管理试行办法》正式施行等,标志着我国与市场经济体制运行相联系的新的社会信用制度建设已经全面展开。

2005年4月,重庆市正式启动了社会信用体系建设,重庆市政

---

① 戚攻:《转型期信任重建的社会学分析》,载《探索》2003年第5期。

府“信用办”下发了《重庆市整顿和规范市场经济秩序工作规划(2005～2007年)》，将全市社会信用体系分为政府信用、企业信用、个人信用三大体系全面推进。到2006年7月，重庆市人民政府又公布了《重庆市建立社会信用体系工作方案》，这标志着重庆市的社会信用体系工程建设正式启动。《方案》规定，通过3年左右的努力，初步形成重庆市的社会信用体系框架——覆盖政府、企业和个人三大主体。这一系统工程启动后，重庆市加强了企业信用体系建设。全市412户大中型企业在2006年内首先建立起信用制度，进而是2000余户规模以上企业，最后全部覆盖6万多户法人企业和45万户个体工商户。重庆市开通的“企业信用网”，与北京、上海和深圳等地的信用网最大的区别是：重庆市将企业董事会、监事会成员名单通通上网，一旦企业发生重大违规，其领导成员的名誉难保清白；如果企业主要领导人因为逃债而注销原公司，若要再办新公司将难以得逞。到2006年年底，重庆市在主城区还建立了300万职工个人信用数据库，届时个人信用可在网上查讯。同时，重庆市还为全市12万公务员每人建立了一份个人信用档案，并制定了《重庆市公务员信用评定办法》(公务员信用信息将主要由履职信用信息、个人信用信息构成)。对不履行政务承诺、平时在社会生活中不讲信用的，都将记入公务员的个人信用档案，而且信用档案将直接成为公务员晋升评先的重要标准。

以上事例显示出，我国社会主义市场经济体制初步建立的社会存在和走向完善的内在需求，彰显了我国制度回应的客观必然性和系统性。而在这一进程，我国转型期的制度回应，既体现了借鉴和汲取国外先进经验的开放性，又具有中国特色的创新性。制度回应是政府回应的主要内容和重要特征，也是政府回应走向制度化的条件和社会回应走向制度化的基础。2007年12月11日，中国人民银行重庆市分行营管部征信管理处田处长在重庆市企业、个人征信体系建设新闻通气会上发出预警：从2005年重庆市个人征信系统运行以来,重庆市有上百市民进入了信用“黑名单”,375 笔个人贷款被拒绝,涉及金额8761 万元。他说:“市民除了要保管好自己的身份证之外,还要注意自己的‘第二身份证’(个人信用记录)。”当预警发出后,重庆市各大媒体(报刊、电视)做了报道和宣传,在重庆市市民中产生了广泛的影响。

三、回应制度化与制度化回应

“回应制度化”与“制度化回应”表面上看是过程与结果的关系,而实质是一种系统结构被生产和再生产。我国改革开放以来的制度结构生产和再生产,深及现实社会发展的不同领域和各个环节,从而形成了新的制度的普遍约束力与规范文化——依法行政、依法自治。这将有利于我国新的制度结构的确立和社会以“依法治国”为核心的制度体系建设,以及全社会的文化认同。

(一)回应制度化的目的

当改革对各种利益关系进行调整,并增大了社会发展的不平衡性时,以制度化方式回应我国经济社会发展的应然要求凸显出来。由此,回应制度化的目的在于:建构从而提供一套稳定的社会互动模式及规范,为制度化回应创造条件和实现制度化回应。在制度化回应中,虽然回应关系的建构是动态变化的,而且在社会发展的不同阶段,制度化的内容、要求和推进方式也不同,但就回应关系发展的某一特定时空关系中的回应主体的角色扮演而言,它是能够界定的,对于处在回应关系中不同位置的主体的权利、义务也是能够明确的。在这个意义上,制度化回应具有预期社会成员行为的功能和可能性,制度化的结果即已有的制度“遗产”,既会对新的回应关系形成制约,又会培育出回应主体的路径依赖的特征。① 在我国转型期,通过

① 顾昕、王旭:《从国家主义到法团主义——中国市场转型过程中国家与专业团体关系的演变》,载《社会学研究》2005 年第 2 期。

回应制度化培育和形成新的制度化回应环境与条件,无论是对于政府回应还是社会回应,都具有促进其规范、健康和可持续发展的重要意义与作用。

(二)回应制度化是制度化回应的条件及过程

回应制度化的过程具有整合甚至重新建构累积性制度体系内在结构与权力资源的作用和功能,整合的结果,往往既表现为一种新的结构,又表现为一套新的关联机制和符号化的规则。《物权法》对市场主体及社会成员个人私权益维护需求的制度回应,《人口和计划生育法》的颁布与实施和国家实施"农村计划生育家庭奖励扶助政策"等是对贯彻计划生育基本国策的农村家庭面临"计生家庭本质上是高风险家庭"的一种制度回应或制度再生产过程。[①] 当回应制度化过程包含整合新的制度结构从而实现制度再生产时,就为制度化回应创造了条件与平台,当制度与行动者使用并由此再生产的规则并不外在于行动者时,[②]对行动者而言,新的关系文化的社会认同以及互动结构的稳定化将产生新的制度结构,进而提供关系持续发生(规则)和再生产(资源)的条件——制度化回应。

第三节 我国转型期再制度化的需求

计划体制转向市场经济体制、政府高度集中的社会管理模式转向公共服务型政府建设和社会自治建设、国家计划统一调配资源的信用体系转向基于市场机制配置资源的市场信用体系建设、基于全责型政府的公共信任系统转向有限责任政府的公共信任重建等,催生了我国"经济体制深刻变革,社会结构深刻变动,利益格局深刻调

① 戚攻:《我国人口和计生综合改革面临的八个问题》,载《人口和计划生育》2004 年第 7 期。

② 乔纳森·特纳:《社会学理论的结构》(下册),华夏出版社 2001 年版,第 173 页。

整,思想观念深刻变化”的新场域,并凸显了我国社会转型再制度化的需求。对于这一需求的考量,我们主要是基于政治社会学的视角。

一、我国政府职能转变与制度化需求

自20世纪的80年代以来,西方发达国家的政府改革主要是适应市场经济需要的适应性改革,其主要内容包括:强化各部门的自主权,加强地方权力,简化行政程序和条例,人事及培训制度改革,财政预算改革和信息技术改革等,①在发展及变革中普遍遵循政府职能市场化、政府行为法治化和政府决策民主化的原则。②

(一)改革开放与政府回应制度化的需求

在我国改革开放的市场化场域中,无论是政府之于社会还是社会之于政府,其责、权、利的边界和关系都在发生着变化。因而政府需要不断调整和转变职能才能适应社会发展的需要和自身体制变革、机制创新的需要,“否则就可能导致政府的合法性危机”③。

随着改革开放的不断深入,政府需要重新审视和界定政府与市场、政府与社会多元主体之间的权利边界,需要重新安排公共产品和公共服务提供的范围、方式和时效。有学者指出:“在现代国家—社会关系的规范之下,公共事务治理结构无论如何多样化、分散化,从本质上看都是政府治理的变化形式。”④但我国改革开放30年来的新变化,并不同于西方国家推行的政府改革,而是带有更深层的结构性要素的变化。在现实中,依法自治、社会回应等并非是政府自身治

---

① 毛寿龙、李梅、陈幽泓:《西方政府的治道变革》,中国人民大学出版社1998年版,第7~10页。

② 沈亚平、吴志成编著:《当代西方公共行政》,天津大学出版社2004年版,第274~275页。

③ 罗德刚:《服务型政府行政模式研究》,重庆出版社2005年版,第219页。

④ 唐娟:《政府治理论》,中国社会科学出版社2006年版,第416页。

理形式的变化，而是本身就存在于“政府—社会”的二元关系范式中。[①] 因而政府无论是基于自身建设，还是基于对逐渐分散化的社会结构实施新的社会管理与整合，都需要新的制度供给和由此展开新的制度化。这种供给，既是政府依法行政、职能转变和建设服务型政府的前提条件，又是多元主体依法自治和社会“分散化治理模式运转的前提”。[②] 从国际惯例看，政府回应是公共服务型政府的基本责任，是政府职能转变的重要内容和表现方式之一。我国从计划体制和高度集中管理模式中“走出来”的政府，不仅自身体制改革需要新的制度供给，而且需要以新的制度化来规范其责任和提高其回应性。

（二）改革开放与社会回应制度化的需求

对多元社会主体而言，发展社会回应既是我国构建和谐社会的客观要求，又是我国推进依法治国、依法自治的新事物，但由于社会分化而产生的无序社会回应（如堵塞交通）、过度社会回应（如集体上访等），以及弱势人群非组织化前提下的个体回应和无能力回应等现象，既可能对社会稳定产生负面影响甚至可能成为某些群体性事件发生的诱因，又不利于各级政府及时、准确地了解和掌握社情民意（诉求）而做出新的制度回应。我国社会回应的健康发展，需要政府新的制度供给，以促进社会回应制度化和制度化社会回应的产生与形成。

二、社会关系嬗变与制度化需求

社会关系的嬗变包括积极演化和消极蜕变两种可能的趋势及结果。我国计划体制的逐步解构和坚持建立社会主义市场经济体制的

---

① 戚攻：《政府改革的社会制约》，载《学术论坛》2004 年第 4 期。

② 毛寿龙、李梅、陈幽泓：《西方政府的治道变革》，中国人民大学出版社 1998 年版，第 419 页；参见戚攻：《论“共同治理”中的社会回应》，载《探索》2004 年第 3 期。

改革方向,促成了我国各种依附于计划体制社会关系,如资源配置关系,政府与组织、政府与个人的社会管理关系,以及组织与组织、组织与成员的关系解构和变化;促成了基于契约的新的社会关系网络的建立,[①]并冲击着以人伦为本的人际关系,[②]如劳资关系、委托关系、借贷关系、雇用关系和各种不可能的关系发生关系等;促成了在依法治国进程中政府依法行政、社会依法自治的新型民主法治关系的发展;促成了随着社会关系嬗变其公共政策相应变化和政府与社会互动机制重建的展开。

改革开放以来,我国社会关系的嬗变正逐渐呈现出三个重要的特征和趋势:一是随着政府部分公权力的让渡或回归社会,各类组织与政府、个人与政府、个人与组织之间原有的行政隶属关系、依附关系或削弱或解构。二是在市场化进程中,各种社会关系正逐步走向契约化(法制化),如政府委托,企业雇员和各种经济关系,事业单位实行合同制等。三是基于计划体制和高度集中管理的社会纵向关系结构,正逐渐趋于扁平化和平等化,如公共服务型政府建设、政务公开,政府回应、社会回应和共同回应的发展。由此,这些特征和趋势表明:一方面新的社会关系的发展与建构需要新的制度供给,另一方面新的社会关系的建构还需要通过新的制度化才能走向规范化、可持续和可预期。

三、和谐社会建设与制度化需求

中国共产党十六届六中全会作出的《中共中央关于构建社会主义和谐社会若干重大问题的决定》提出,到2020年构建社会主义和谐社会的目标和主要任务中,第一大类目标和任务就是制度建设,即

---

① 戚攻:《嬗变中的全球化与中国社会关系嬗变》,载《重庆邮电学院学报(社会科学版)》2004年第1期。

② 王晓霞、乐国安:《当代中国人际关系中的文化嬗变》,载《社会科学研究》2001年第2期。

“社会主义民主法制更加完善,依法治国基本方略得到全面落实,人民的权益得到切实尊重和保障”。强调“必须坚持民主法治”,“推进国家经济、政治、文化、社会生活法制化、规范化,逐步形成社会公平保障体系,促进社会公平正义”。强调“社会公平正义是社会和谐的基本条件,制度是社会公平正义的根本保证”,“必须加紧建设对保障社会公平正义具有重大作用的制度,保障人民在政治、经济、文化、社会等方面的权利和利益,引导公民依法行使权利、履行义务”等。同时,该决定还强调,构建和谐社会的制度建设是一项系统工程和持续的制度化过程,包括:完善民主权利保障制度,巩固人民当家作主的政治地位;完善法律制度,夯实社会和谐的法治基础;完善司法体制机制,加强社会和谐的司法保障;完善公共财政制度,逐步实现基本公共服务均等化;完善收入分配制度,规范收入分配秩序;完善社会保障制度,保障群众基本生活等。

由此,促进社会和谐需要制度化,而且一个呈现和谐发展性状及态势的社会,也一定是制度化、程序化和规范化的社会。

第九章　政府回应与社会回应制度化机制研究

改革开放以来的回应关系发展，已超越了“回应=政府回应”的研究范式，并带有鲜明的新时期新阶段的特色：政府回应与社会回应同构关系的产生和互促结构的形成。在构建和谐社会的背景下，无论是政府回应还是社会回应，都需要新的制度化，以保障政府与社会、组织与个人、群体与群体互动关系及结构的有序生产和再生产。

第一节　政府回应制度化

在建设和谐社会的大趋势中，政府回应与社会回应是相互促进和相互制约的同构过程，并在理论研究中互为参照。没有政府回应制度化，社会回应制度化难以展开（资源问题、价值取向问题）；没有社会回应制度化，政府回应制度化就失去了社会条件及环境。

一、政府回应制度化与政府角色

改革开放以前的中国是两极社会,[①]但改革开放30年不仅已经和还在改变着这种状况与社会特征,而且随着"人民民主是中国特色社会主义的生命"的提出,以及"加快以民生建设为重点的社会建设"成为国家发展战略,决定了政府与社会的共同建设,是构建和谐社会的重要条件。在我国转型期,虽然政府、市场、社会的多元关系及结构正在有序建构,但基于政治社会学,"政府—社会"二元关系范式仍是研究的重要维度。因此把政府回应与社会回应制度化作关联研究是一种选择。

(一)政府回应是回应关系中的"极致"

在回应关系发展中,政府掌握着公共权力和公共资源,政府处于特殊的地位且扮演着特殊的角色,政府回应是否走向制度化、以什么方式走向制度化,对于所有回应关系发展而言,具有特殊的重要意义。从制度化角度看,只有政府才能将回应关系的发展推向"极致",因而政府回应制度化是政府"依法行政"的具体体现,这一过程将产出法律规章、公共政策和政府与社会互动的关系结构等,从而为社会回应、共同回应关系的发展提供制度资源和社会互动结构。2005年5月1日国务院颁布实施新的《信访管理条例》,不仅明确了政府回应的责任和回应时效问题,同时又规制了社会诉求主体的相应的权利、义务和可能选择的回应方式及途径,从而最终确立起新的政府回应与社会回应、政府与公众互动的制度化结构。

(二)政府是推进"依法治国"的主体

政府作为推进和落实依法治国方略的主体,不仅要率先实现政府自身的制度化回应,而且更为重要的是为社会回应关系的发展提供并保障其制度供给。没有政府制度化回应作为前提条件,要规范

① 李汉林:《中国单位社会》,上海人民出版社2004年版,第5页。

社会回应关系发展和推动社会回应走向制度化是难以做到的，这意味着政府回应制度化具有双重责任、义务和功能。

（三）政府回应制度化不是孤立的进程

回应是对一类互动关系及过程的理论规制，即使从公共管理角度看，政府回应制度化也不能独立完成和实现，它还需要社会回应、共同回应制度化作为条件及环境来支撑。在这个意义上，政府回应制度化与社会回应制度化是一种互促与同构的关系尤其是在构建和谐社会的过程中，但政府回应制度化是社会回应制度化的前提条件。

（四）政府是回应制度化的持续推动者

政府回应制度化是一个持续发展的动态过程，其产生的政府制度化回应——互动结构、资源（结果）不是固定不变的。因政府回应制度化的与时俱进，不仅是政府回应发展的内在需要，而且是带动和促进社会回应制度化与时俱进的前提条件。在现实中，不仅社会及公众“依法自治”的发展和社会关系的制度化，有赖于政府“依法行政”的与时俱进和制度化，而且提高公众有序政治参与的“度”，确保人民群体当家作主的基本权利，也有赖于政府建立制度化回应的平台和机制。

二、转型期政府回应制度化面临的挑战

胡锦涛指出：改革开放以来，我们一直随着整个改革发展进程积极稳妥推进政治体制改革，社会主义民主政治建设取得了重大成果。这反映出我国政府服务与管理的场域已发生变化。这对“政府—社会”二元结构及关系的生产和再生产而言，需要保持一种新的平衡，即需要各级政府在转变职能中，修正传统的“管理等于服务”，以及管理中重输出、轻输入的非平衡和非对应的关系结构。

（一）政府回应制度化与体制改革

我国市场化的社会转型，始终体现着政府主导的有计划有步骤的改革秩序，但体制改革的实质是政府公权力的让渡和政府与社会

原有利益结构的调整。当政府既扮演体制改革的推动者，又是这一改革过程及结果的承受者时，在政府与社会之间就需要实现一种新的平衡。“平衡取决于贯穿社会系统的输入与输出之间的普遍相关性。每个子系统必须从它相邻的子系统中获得一定数量的支持。这种支持不是自动的，它取决于这个子系统是否也能提供它周围系统所需要的资源”。① 随着体制改革的推进，一些地方政府发生角色混淆和管理中的缺位、错位甚至越位等现象，表明政府职能转化不到位和政府与社会、与市场之间的权力边界模糊，政府与社会之间新的平衡关系及互动结构尚未制度化或制度化的程度及水平较低，这将影响到政府的回应能力和削弱其回应的有效性。新时期新阶段，政府回应制度化客观上面临我国发展的新要求和人民群众的新期待，如何构建政府回应与社会回应互促及同构的新机制，是政府进一步深化体制改革面临的挑战。

（二）政府回应制度化与制度供给

我国社会转型中形成的差序格局和非均衡发展态势，在一定程度或范围产生了不同地区政府回应制度化推进的不平衡问题。这种“不平衡”现象及问题的表面上是一些地方政府制度化回应的能力不足和责任履行不到位，而实质是政府职能转化中的制度化滞后和为社会提供的制度供给不足。这种现象发生时，一方面，一些地方政府以制度化方式回应中央政府的能力会下降，典型的是一些地方政府在贯彻和落实科学发展观和“五个统筹”的新社会政策时，常常采用一种“缩水”方式，或者采取“上有政策、下有对策”的行为方式；另一方面，导致一些地方的社会回应制度化进程受到阻碍，典型的是一些地区非制度化社会回应行为和现象时常发生：群体性上访、游行示

① 杰弗里·亚历山大：《社会学二十讲：二战以来的理论发展》，华夏出版社2000年版，第70页。

威、围堵政府机关、堵塞交通等。[①] 应当说，政府回应制度化的重要责任是：为社会回应和社会回应制度化保障制度供给。

（三）政府回应制度化与职能转化

在 20 世纪 90 年代，政府“没有花费很多精力去破坏和批判旧体制，而是集中力量建立新体制”。[②] 于是，一些地方政府在职能转化中，基于习惯而把自身转化为“经济型政府”及“谋利型政府组织”。[③] 这种现象现在已有较大的改观，但在目前“绿色 GDP”指标仍然难以推行的情形中，还是具有一定普遍性的。当一些地方政府的职能转化发生方向性偏差时，必然要制约其显性制度化的积极性，而热衷于隐性制度化。[④] 当一些地方政府把“先发展、后治理”的理念和行为方式隐性制度化时，其结果是，从政绩观的角度看，是把发展的成本甚至风险和提供公共产品的义务等后置了；从发展观的角度看，实质是对下一代人或下任继任者的发展权力和机会的“透支”。然而，要修正政府职能转化中的这种方向性偏差，一方面需要基层政府按照中央的要求，认真树立和落实科学发展观，转变思想观念；另一方面还需要基层政府通过新的回应制度化过程（回应中央，回应公众），产出新的制度化回应结果，如建立新的政绩考核机制（政策）和社会监督机制等。

（四）政府回应制度化与制度推进

我国改革开放以来的制度化以自我完善的方式展开，但市场化社会转型过程本身需要制度重建，而且重新制度化是国家依法治国、

---

① 戚攻：《制约地方政府改革的十大社会基元》，载《探索》2005 年第 3 期。

② 彼沃瓦洛娃：《中国经济改革经验》，载《俄罗斯经济杂志》总第 472 ~ 473 期。

③ 编辑部：《2003，中国社会学学术前沿报告》，载《社会学研究》2004 年第 2 期。

④ 李金：《中国社会转型过程中的制度推进：显性制度化与隐性制度化》，载《探索》2001 年第 1 期。

政府依法行政和社会依法自治的前提条件。我国转型期的制度推进并非整体滞后，从制度的基本功能看，是推动改革的“支持性制度化”在刚性和时序上，都强于和先于维护社会稳定的“修复性制度化”进程。[①] 典型的是党的十六大以前的各种非和谐的社会因素有日渐增多的趋势，以及由于一些带有市场博弈性的地方性政策出台，增大了社会发展的风险和潜在的冲突，进而削弱了一些基层政府的公信力与公信度。

（五）政府回应制度化与公共信任建设

公共信任又称制度信任，它是以政府为建构主体和体现国家意识形态和制度规范的产物，是政府行政的制度条件、社会机制和人文环境。然而，由于市场化“场域的结构限制着能动者，无论是个人还是集体”[②]，以及多元市场主体地位的重新确立，传统的公共信任关系及结构，客观上面临市场化的关系结构变迁和市场主体维护自身权利的多元价值取向的挑战。这不仅需要政府重新建构与市场经济相联系的新的信用体系和信任关系，而且需要政府通过回应制度化过程，提供政府与社会、政府与公众之间新的互动结构和机制，并在此基础上，提高政府公共服务的行政绩效，提高政府在市场化场域中的权威和公信度，继而提高政府与社会之间的相互回应度。[③]

另外，转型期政府回应制度化面临的挑战，还来自于社会关系嬗变形成的各种外部制约，来自于政府内部行政职场的各种亚文化的生成和影响，来自于一些地方政府自身依法行政的粗放性，来自于一些基层政府政绩考核机制存在的非科学性，来自于公职人员知识结构的非合理性和知识存量的局限性，等等。

从一定意义上说，挑战即机遇，迎接挑战的过程是抓住机遇的过

---

① 戚攻：《转型期的制度推进：支持性制度化与修复性制度化》，载《理论学刊》2003 年第 4 期。

② 侯钧生：《西方社会学理论教程》，南开大学出版社 2001 年版，第 13 页。

③ 戚攻、刘卫红：《论“回应度”及其研究范式》，载《理论学刊》2007 年第 6 期。

程,也是政府回应制度化的重要内容。

三、政府回应制度化的机制建设

政府是推动社会制度化最重要的责任主体,并承载着推动自身依法行政制度化和社会依法自治制度化的双重责任。促进回应制度化并建立相关机制,是政府的义务。

(一)政府回应制度化的导向机制

在党中央明确提出科学发展与社会和谐价值目标以前,一些基层政府职能转化中的价值取向是存在一定问题的。在新时期新阶段,政府职能转化的目标是建设服务型政府,积极回应我国"发展的新要求和人民群众的新期待",是建设服务型政府的重要任务,这是一个艰巨的过程。按照交换理论对行为主义的解释:"有机体在某种场合下的行为曾得到酬赏,如再次出现相似场合时,它们就会重复那种行为"。[①] 因此,各级政府充分认识我国新时期新阶段的发展特征和大趋势,重新建立政府职能转化的价值导向机制,是发展政府回应和推进政府回应制度化的首要任务。具体而言就是:严格按照党中央的要求,认真贯彻落实科学发展观和促进社会和谐的价值目标,自觉运用统筹兼顾的基本方法,创新职能转化的价值导向机制并配套建立约束机制,从而为政府回应和政府回应制度化确立基本的原则和明确方向。

(二)政府回应制度化的动力机制

政府回应制度化的动力机制首先是基于政府回应的动力机制,从回应制度化的角度审视,还源于三个层面的要素整合:宏观层面是我国的工业化、城镇化、市场化和全球化的时代大趋势;中观层面是新世纪全面建设小康社会目标的确立,树立和落实科学发展观,努力

---

① 乔纳森·特纳:《社会学理论的结构》(上册),华夏出版社 2001 年版,第 267 页。

构建社会主义和谐社会，全面落实“依法治国”方略，进一步完善社会主义市场经济体制的需要和要求；微观层面是加快产业结构调整、试行“绿色 GDP”指标、实施“退耕还林”政策、严格执行耕地保护政策、加大国家审计力度、建立统筹城乡发展“试验区”、实施严格的“节能减排”责任制，以及强化《信访管理条例》、农民工维权、调整政绩考核指标、加强基层民主建设和公众有序政治参与、建立农村最低生活保障制度等。由此，加速推进政府回应制度化（回应中央和回应社会），既是历史的必然，也是现实发展的应然要求。从总体上看，推动地方政府回应制度化的动力机制已初步形成，但新的动力机制的整合、相关机制链的配套建立与完善，以及把制度化的成果如何有效地转化为政府回应和社会回应的公共资源，还需要基层政府以高度的政治责任感，切实转变观念和建立政府内部各职能部门的公共政策统筹机制。

（三）政府回应制度化的统筹机制

统筹具有推动制度化的功能，而且是制度化的重要特征。从一个特定的角度看，一方面“统筹”是促进政府回应制度化的一种机制和方法，另一方面也是政府回应制度化的一项重要内容。在这个意义上，政府建立和完善公共政策统筹机制，是为政府回应和社会回应的发展以及制度化提供良好的环境（结构）和配套资源。在现实中，无论是政府回应社会组织及公众，还是基层政府回应上级政府、政府各职能部门之间相互回应等，都需要政府以“统筹”机制和方式推进其回应制度化，换言之，判断和衡量政府回应制度化水平及质量的一个重要维度，是政府公共政策统筹机制是否建立和完善。

政府建立公共政策统筹机制主要包括两个层级：一是按照党的十七大报告关于“统筹中央和地方”的精神，建立和完善统筹中央政府和地方政府公共政策统筹机制。随着改革的深入、依法治国方略的推进和各级政府依法行政的制度化，地方政府在改革开放中的“先行先试权”和行政自主权逐渐扩大和增强，因而从政府回应的第二种类（地方政府回应中央政府）看，需要重新审视中央和地方之间公共政策统筹配套与协调机制。如2003年"非典"发生后，我国重新建立起地方政府对中央政府的重大疫情快速上报机制和中央政府对地方政府新的督察机制和责任考核机制。二是在政府回应的三种类型中，除典型的下级政府组织对上级政府组织指示、指令的回应，以及行政部门对行政首长指令的回应外，还包括地方政府各职能部门之间的相互回应情况。而在政府各职能部门的相互回应中，需要建立公共政策的统筹协调机制，包括：政府内部各职能部门之间的政策协商机制，如定期的联席会议机制，建立上级政府主管领导协调平衡机制，建立政府政策研究部门的公共政策风险评估机制和风险预警机制，建立政府综合监察部门的控制机制和责任追究机制等。我们注意到，我国省级地方政府已经建立了专门的政策研究部门，但这些专业化的政府政策研究部门还需要进一步明确一类职责和角色，那就是：负责研究各职能部门新公共政策的综合配套，评估各职能部门新公共政策风险，跟踪调研新公共政策的执行情况，扮演并承担公共政策风险预警的角色及责任。

（四）政府回应制度化的社会机制

与政府回应制度化相联系的社会机制建设，核心是政府与社会组织及公众之间同构与互促机制的建立。政府回应制度化是一个过程并具有双重责任，且不能孤立地完成。在政府回应中，当诉求主体（对象）是社会组织及公众时，公众诉求的整合度、公众表达方式的选择、公众作为诉求主体的组织化程度，以及公众诉求表达的机制是否建立和个体的机会成本等，对政府回应的发展特别是政府制度化回应（公共政策）的有效性和及时性有着直接的重要的影响。这要求政府积极培育和支持社会回应的健康发展和推动其走向制度化，要求政府提供必要的公共资源来建立社会回应机制，要求政府通过加强基层民主政治建设（重点是公众的政治民生建设）、社区建设、自治组织建设等来引导与整合公众的利益诉求，提高公众政治参与的组织化程度和有序性等。唯有如此，政府才能提高自身的回应性，并持续地通过与社会多元力量的同构与互促来获得政府回应制度化所需要的社会资源（社会认同、社会参与、社会合作、社会团结，以及分解政府社会管理的成本等）。

第二节 社会回应制度化

政府的制度回应是回应关系发展的"极致"，并为回应关系的发展与演变提供互动结构（建构某种场域）。社会回应制度化过程的展开，有赖于政府回应制度化建立的制度化回应结构和所提供的关系资源。

一、社会回应制度化的特殊性

社会回应制度化的特殊性，源于其主体的多元和差异性，源于社会回应关系中包含没有政府强制力量介入的类型和情形，源于社会回应制度化的方式与政府回应制度化有别，源于社会回应制度化的程度达不到政府回应制度化的程度等。

（一）社会回应制度化主体的特殊性

狭义的社会回应主体指公众，广义包括政府、企业、非政府组织或非营利组织、非正式群体和公民个人等。关于社会回应主体的分类及标准，上文已有论述。但有必要再审视的是社会回应主体的三重社会属性：一是在社会回应关系中，无论是诉求主体还是回应主体，其构成都具有多元性；二是参与社会回应的主体的边界具有开放性；三是在某一社会回应关系中，回应主体具有相对确定性。①

1. 关于"多样性"

回应主体的"多样性"导致了社会回应制度化过程及方式的复

---

① 戚攻、刘冬梅：《论社会回应主体》，载《探索》2007年第3期。

杂性。当政府面对各种直接主体和间接主体(潜在主体)的不同诉求和回应方式时,政府回应的难度增大,及时性与有效性受限。其中,最大的挑战是:用统一的规范、准则约束不同回应主体的差异性诉求和回应方式具有艰巨性。

2. 关于“开放性”

由“开放性”使然,产生了社会回应制度化过程具有较强烈的非确定性甚至易变性。当社会回应结构有新的资源输入或回应关系发展有新的主体介入时,便有三种可能情况发生:促进、延缓、阻碍。一个社区内的单位组织和企业积极参与社区建设时,往往会对社区的发展提供有力的支持;某城市的某个地区要撤迁,在直接主体与政府协商过程中,若有一定组织化程度的潜在主体介入时,往往会延缓协商进程;一些“黑社会”性质的力量、“法轮功”性质的组织,以及某些特殊的家族势力(宗法势力)介入社会自治组织或群体内部的回应关系时,往往会阻碍这些社会自治组织或群体社会回应制度化的进程。

3. 关于“相对确定性”

“相对确定性”意味着为某一特定的社会回应关系的制度化创造了有利的条件,但这类社会回应制度化的结果——社会制度化回应的结构、资源等,往往是非广泛性(指领域)和非普适性(指对象)的,即由此形成的制度化回应结果是有局限性的。

从总体上看,社会回应主体的多样性、开放性和相对确定性,增加了社会回应制度化的复杂性、非确定上性和有限性,但也由此凸显出来,在我国社会转型期积极推进社会回应制度化的必要性和重要性,凸显出各级政府高度重视社会回应制度化是其基本的政治责任。

(二)社会回应制度化类型的特殊性

1. 社会回应第一种类型的制度化

在政府作为诉求主体,社会组织及公众是回应主体的社会回应第一种类型中,典型的关系结构是多元社会主体对政府公共政策的回应。由于不同回应主体所处的社会地位不同、扮演的角色不同，因而他们对公共政策的理解以及理解方式是有差异的，这种差异还因为社会回应主体具有依据社会和自身二维价值准则作出判断的特征。① 不同回应主体自身价值观的博弈，必然要对社会回应制度化的既成关系形成冲击。

社会回应制度化包括内容和形式两个方面。当一部分回应主体的回应内容包含新的诉求，而新的回应性诉求又存在差异，或表达新的回应性诉求的群体又具有一定的组织化程度时，就会对已有的社会回应制度化形式（结构、规范、程序甚至模式等）产生冲击。改革开放以来，一部分社会成员随着自身经济地位的变化和其社会影响力增强，已不再是或者已不满足于对政府诉求（政策或号召）表现出传统的“响应”，而是希望以各种方式介入公共政策的制定过程。随着公众民主政治参与意识的增强和政府推行政务公开，政府公共政策制定开始走向公开“听证”，这为不同社会回应主体表达回应性诉求提供了制度化的条件，但这种制度化回应条件及方式，本身又是对传统的“号召—响应”模式的一种变革。

在互联网时代，一部分社会回应主体在选择回应政府诉求的方式及途径时，有了更大的“空间”和“自由”。然而，现实社会对于这种“空间”的管理和对这种“全新的社会存在方式”②中的“自由”的约束，以及对网络社会中行动者的自律教育等却非常困难。应当说，一部分公众基于网络的回应，已经成为现实社会回应的一种新形式，而且网络社会中的回应制度化问题，既是现实社会回应发展面临的

---

① 戚攻：《论回应范式》，载《社会科学研究》2006 年第 4 期。注：研究者对社会回应（society response 或 societal response——从机制的角度）的界说是：它指在一定社会结构中公众依据社会和自身价值准则对公共政策以及公众之间的诉求的应答、认同、实化及实践的互动过程。

② 童星等：《网络与社会交往》，贵州人民出版社 2002 年版，第 15 页。

新课题,也是政府回应面临的新课题。①

2. 社会回应第二种类型的制度化

在不一定需要政府或国家强制力量介入的社会回应第二种类型中("社会组织及公众之间的内部回应"),由于是多元主体之间对共同利益与诉求的认同、实化和响应及实践的一种互动过程,因而社会回应制度化具有更大的弹性或灵活性,即这类社会回应制度化难以达到政府回应制度化的那种"极致",其制度化的程度及水平,通常表现为各种(单位组织)规章性制度或村规民约等。

在社会回应的第二种类型中,社会回应制度化大体上有五种情况:一是在单位组织与其成员回应关系中,单位组织的规章制度对成员是具有刚性的尤其是在操作层面;在理论层面,单位组织的规章制度及约定俗成的内部规范,仍然达不到政府制度回应的强度。二是在没有或不需要政府或国家强制力量介入的、不同正式群体之间的回应关系中,无论是诉求主体还是回应主体,对回应关系制度化程度的考量和基本方式的选择,主要是公正和平等协商。在这种情况下,制度化的结果既可能是"硬约束",如合同(契约),也可能是"软约束"(口头协议)。三是在非正式群体之间的回应制度化,其结果通常表现为自治章程或村规民约,这类制度化过程或结果,既可能持续发展下去(一种文化),也可能随着各自诉求目标的实现(诉求与回应性诉求)而中断或变更。四是在正式群体与非正式群体的回应关系中,没有政府力量介入时,正式群体可利用的资源通常多于或优于非正式群体,因而回应关系的制度化大体上会朝着有利于正式群体的方向发展。五是发生在部分社会成员之间的回应关系,如邻里之间、班组之间、自治组织内部成员之间、偶发事件中生成的临时性群体之间和临时性群体与个体之间等,其回应制度化过程一般难以持续,且制度化的程度及水平也较低。

---

① 戚攻、邓新民:《网络社会学研究》,四川人民出版社 2001 年版,第 9 页。

3. 社会回应第三种类型的制度化

社会回应的第三种类型主要是指社会个体的自我回应现象及过程。对这类回应关系而言，通常不是行动者（诉求主体与回应主体的交叉扮演者）自身有能力实现制度化，而是需要政府或社会力量推动其制度化，如在社会精英或农民工的流动中——回应自身发展的需要和回应社会发展的需要时，其流动诉求、行为和方式，是难以通过他们自身的努力实现制度化的，而是政府有责任推动其制度化。典型的事例是：重庆市人民政府从 2006 年开始，在组织大规模农民工集体赴新疆生产建设兵团摘棉花时，首先通过培育农民工群体自己的经纪人（俗称"能人"），以提高农民工群体外出务工的组织化程度，进而在此基础上建立"村规民约"，并由农民工经纪人与农民工个体签订"劳动协议"，以提高制度化水平。这一事例说明，提高农民工个体回应的组织化程度，是提高其回应制度化的前提；把社会个体的自我回应转化为群体性回应，是政府回应有效性提高的社会条件。

（三）社会回应制度化在社会制度化中的"地位"

我国转型期的制度化是一个动态的系统过程，并以党的十五大提出并实施依法治国方略为重要标志。随着社会主义市场经济体制的建立和全面建设小康社会进程的展开，新时期新阶段的制度化进程总体上呈现出分层推进的特征，如政府依法行政，市场经济法制化（包括加入 WTO 与国际惯例接轨），社会依法自治。

回应是对一类互动关系及过程的理论规制，回应制度化实质是一类社会互动的结构、关系及过程的制度化。在这个意义上，回应制度化是社会制度化的重要组成部分和具体表现。一个社会发展的有序、规范和可预期，是其良性运行的重要条件，而一个社会的互动结构及关系发展的制度化，是社会良性运行的重要基础。在这个意义上，社会回应制度化是社会制度化极致到社会单位组织、非正式群体以及公民个人的典型表现，换言之，也是衡量一个社会制度化程度及水平的重要标志。

二、转型期社会回应制度化面临的挑战

随着我国市场主体的地位得以确立，以及整个改革发展进程积极稳妥推进政治体制改革，触发了人们思想观念的深刻变化和社会关系的深刻变动。于是，我国回应的发展，在理论上已不再局限于"回应＝政府回应"的研究范式，在实践中突破了计划体制时期"号召—响应"的关系及结构。

（一）社会回应主体的制度化

转型期社会回应主体重新制度化的需求，主要是由市场化的社会关系及结构变迁和"单位人"转向"社会人"两个基本因素使然。前一因素表明，我国新时期新阶段的政府、单位组织的管理结构、模式及方式，已不同于计划体制时期社会个体对单位组织、单位组织对政府、公民个人对政府的依附或依赖关系；后一因素表明，处在社会不同位置的社会回应主体的角色扮演，将依循社会的和自身的双重价值参照对事物作出判断、选择和回应。由此，社会回应主体地位的差异性、与单位组织和政府关系的差异性，以及价值取向的差异性，决定了回应主体的回应性诉求具有分层性和回应方式的不同选择等。要增强社会回应主体的回应性和提高其回应度，就需要社会回应主体重新制度化，以实现主体回应性诉求的制度化整合、回应方式的规范、回应时效的相对统一，以及回应中义务的明确与回应责任的承担。

（二）社会回应方式的制度化

社会回应主体的重新组织化是整合多元主体回应性诉求、规范回应方式的重要条件，加强对社会回应主体的法治教育并促使其组织化，是促进社会回应关系发展方式制度化的基础工作。

社会回应方式的制度化主要包括：一是通过政府回应的发展和完善，为社会回应主体的回应性诉求表达，创造并提供上情下达和下情上达的制度化条件与平台，以此引导和规范社会回应主体的回应

方式走向制度化。2007 年 7 ~8 月,在中共重庆市委和重庆市人民政府开展的关于统筹城乡发展的全球“问计求策”活动中,不仅重庆市各大媒体进行了广泛的宣传,积极引导社会各界力量有序参与,而且重庆市人民政府建立配套的激励机制(设立一等奖 10 名,奖金 10000 元,二等奖 20 名,奖金 5000 元和三等奖 30 名,并由重庆市人民政府对获奖者颁发证书)。同时,为提高社会回应度和增强社会回应的有效性,时任中共重庆市委书记汪洋和市长王鸿举公开了个人电子信箱,接受社会的“献计献策”。在积极引导社会力量参与回应的过程中,重庆市人民政府还专门成立了十二个“统筹城乡发展专题调研组”,深入到全市各行各业和基层社区、农村开展调查研究,为社会力量的广泛参与和有序回应,为社会回应走向制度化、规范化创造了条件。二是通过推进社会回应主体的组织化,来引导和实现社会回应主体回应方式的制度化。实现了组织化的社会回应主体,要受到组织内部规范和权威力量的约束,因而有利于特定群体及成员社会回应方式的制度化。2007 年 6 月 20 日,中共重庆市委党校成立了“统筹城乡中的农民工问题研究”课题组,先后组织了由 46 人组成的调查团队和 8 人的研究团队。调查研究的最终成果——《统筹城乡中的农民工问题研究报告》虽然是共同研究的成果,但采取的是高度组织化的方式,因而任何学者的个人观点、个人希望选择的回应方式等,都必须服从于高度组织化的回应方式。三是通过加强基层民主政治建设和法制教育,促进社会回应主体选择制度化的回应方式或途径,从而引导整个社会的社会回应方式走向制度化。四是通过加强社区建设尤其是社会自治组织建设,提供社区居民回应性诉求表达的正常机制和途径,促进多元回应主体的回应方式走向制度化。

(三)社会回应环境的制度化

环境泛指“围绕着人类的外部世界”。① 促进和实现社会回应制

① 辞海编辑委员会:《辞海》(缩影本),上海辞书出版社 2000 年版,第 1455 页。

度化需要一定的环境,而一定的环境既是事物发展所需的资源,又对事物的发展形成约束。随着社会主义市场经济体制的建立,无论是对政府还是社会、公民个人而言,其互动与发展的环境都发生了变化。由于环境是一种不断变化的客观存在,即一种变量、一种社会发展与演变的社会物质基础和动态的人文条件。① 因而社会回应环境的制度化,是发展社会回应和社会回应制度化的社会条件。

社会环境建设是一个系统,并由各种环境要素亦称环境基质构成。环境的各要素具有相对独立性和存在差异,但各要素的演化却必须服从整体环境的演化规律。所以,社会回应环境的制度化包括多方面的内容,但最重要的是四个方面:一是社会主义政治文明的建设与发展。社会主义政治文明建设作为一种制度安排与实践过程,可以解决两个问题:制度的伦理化和伦理的制度化,②并在此基础上为社会回应制度化提供可持续的环境。二是社会主义法治建设。党的十六届六中全会作出的《中共中央关于构建社会主义和谐社会若干重大问题的决定》,在明确提出 2020 年构建社会主义和谐社会的九大目标和主要任务时,首先强调的是“社会主义民主法制更加完善,依法治国基本方略得到全面落实,人民的权益得到切实尊重和保障”。应当说,社会主义法治建设,是社会回应制度化的制度环境。三是单位组织环境建设。Meyer 和斯科特认为,虽然所有组织是由技术环境和制度环境共同塑造,但有些组织更容易受到技术环境的制约,而另一些组织则更容易受到制度环境的影响。③ 同时,“组织的环境不仅应该定义为是资源的提供系统和产出的目标系统,而且

---

① 戚攻:《执政环境研究》,载曾礼、罗晓梅主编:《加强党的执政能力建设》,人民日报出版社 2005 年版,第 327 页。

② 李克海:《制度的伦理化和伦理的制度化》,载《江海学刊》2004 年第 5 期。

③ Meyer, John W. and W. Richard Soctt. 1983a. “Centralization and the Legitimacy Problems of Local government.” in Organizational Environments: Ritual and Rationality, edited by John W. Meyer and W. Richard Soctt. Beverly Hills, CA: Sage. pp. 199 ~ 215.

应该定义为是组织成员的意义来源”。① 着力培育单位组织环境，将对社会回应制度化提供支持。四是社会依法自治建设。“依法治国”总体进程包括社会“依法自治”，而社会依法自治包括社会回应主体的依法自治和主体回应方式的制度化等。在这个意义上，没有社会及公民个人的依法自治，社会回应制度化就缺失了社会基础和基元。

三、社会回应制度化的机制建设

促进与实现社会回应制度化是社会建设的重要内容，而制度化社会回应是社会建设的重要目标与成果。机制建设既是促进目标实现的重要条件，也是确保目标能够转化为现实生产力的条件。

（一）社会回应制度化的动力机制

促进社会回应制度化的动力机制与社会回应的动力机制相联系，但从制度化的角度看，重点是源于三个层面的机制要素的整合：一是社会主义民主政治制度的稳定发展和国家依法治国总体进程的全面展开，以及贯彻落实科学发展观和构建社会主义和谐社会目标的确立。二是在依法行政进程中，政府通过自身的回应制度化过程实现和形成制度化政府回应结构，从而为社会互动提供制度供给，如中央提出“统筹兼顾”的社会政策（五大“统筹”）所形成的机制要素链，《信访管理条例》的实施、政务公开的推行和各种听证制度的建立（包括各级地方政府创设的“公开电话”、“接待日”）等。三是为促进社会“依法自治”而实行的“厂务公开”、“村务公开”，以及社区基层组织自治建设等提供的动力机制要素。从总体上看，改革开放以来尤其是党的十六大以来提出科学发展观和构建和谐社会，促进了我国社会回应制度化的动力机制及机制链正在形成。

---

① 郭毅、徐莹、陈欣：《新制度主义：理论评述及其对组织研究的贡献》，载《社会》2007 年第 1 期。

(二)社会回应制度化的整合机制

在社会回应关系中,政府是诉求主体,而社会组织及公众是回应主体。社会回应主体的多元性决定了主体的回应性诉求具有差异性、多向度和在回应方式选择上的多元化。要提高社会组织及公众的回应度和回应方式的规范化程度,就需要建立整合机制。

整合是通过各种方式将社会结构的不同构成要素、互动关系及其功能结合为一个有机的整体,从而提高整个社会的一般化程度。但整合并非是要实现绝对统一,而是创造并提供增进社会多元主体和社会异质因素的交往与联系,以及在各种单一的角色关系、差异性诉求中建立多元联系。①

政治整合包括政治权力和社会权力两部分。从一定意义上说,在我国建立社会回应制度化的整合机制,实质是建立一种新的基于基层民主政治发展和完善的政治整合机制,核心是政府力量对社会自治关系及过程的介入是有条件的,重点是与时俱进地保障制度供给。之所以如此,是源于我国新时期新阶段的社会回应制度化的整合需求及方式,不同于计划体制时期的传统政治整合和通过单一的行政机制化整合。在新时期新阶段,随着市场主体地位的重新确立和政府部分公共权利回归社会,刚性的政治整合机制需要结合并体现弹性整合这一新的政治整合机制。弹性整合机制与传统政治整合机制的最主要区别是:并非仅以政府为主和围绕政府、围绕国家意识形态建构互动模式和交换关系。改革开放以来,国家政治整合方向发生重大变化(现代化、市场化),推进"依法治国"方略和实施村(居)委会自治,为我国建立新的弹性整合机制创造了环境和提供了条件。这不仅促进了多元社会力量及公民个人参与国家政治生活、介入政府公共决策和社会自治管理,而且促进了国家保持长期政治

---

① 王彩波、李燕霞:《论制度化政治整合》,载《吉林大学社会科学学报》2003 年第 4 期。

稳定和改革开放以来社会的“总体和谐”。

由此,在新时期新阶段,建立促进社会回应制度化的弹性整合机制,是构建社会主义和谐社会的客观要求,主要包括:一是政府公共服务机制与市场配置资源的基础机制的整合;二是国家主文化发展机制与多元文化互动发展机制的整合;三是单位组织、企业基于市场的重新建立竞合机制并实现整合;四是政府公共产品、公共服务提供机制与非政府组织或非营利组织提供社会服务机制的整合;五是多元社会力量、自治组织、群体内部的自整合机制的再整合等,如农民工经纪人对农民工外出务工的组织化和制度化。这五个方面的整合机制的链接、互促与相互制衡,构成了促进社会回应制度化的整合机制,并提高了整合机制的弹性度与兼容性。

(三)社会回应制度化的引导机制

社会回应制度化的基础条件是政府制度化回应和政府的制度供给。社会回应类型多元和多元回应主体之间的互动具有较强的博弈性(多元主体与政府博弈和多元主体之间的相互博弈),因而促进社会回应制度化需要建立引导机制。引导机制的建立是坚持互惠原则,“互惠”是社会关系维持的重要条件。

随着转型期社会结构及关系的变迁和政府职能转化,政府对社会回应和社会回应制度化的传统控制方式与手段,已发生深刻的变化。控制理论包含“引导”,但事实上政府更侧重于或习惯于“控制”中“管制”方法和手段的运用,而不是“引导”中所包含的平等协商、支持辅助方法及手段的运用。我们提出“引导机制”,以区别“控制机制”。

社会回应制度化的引导机制建设,主要包括:一是审视我国发展的新要求和人民群众的新期待,加强政府公共政策及时供给机制建设,这是有效引导和规范社会回应制度化的重要条件;二是政府公共政策制定的社会参与、协商、听证和公示机制建设,这是有效引导社会回应制度化的重要过程;三是政府积极支持单位组织和企业、社会自治组织等,建立健全各种规章制度和村规民约,建立其成员内部规范表达诉求的机制并坚持普遍受益原则,这是有效引导社会回应制度化的重要途径;四是政府积极推行政务公开和加强公共政策的舆论宣传与解读机制建设,这是有效引导社会回应制度化的重要方法。

第十章 社会回应机制及机制链研究

关于社会回应机制，我们已在回应条件、回应主体、回应制度化等方面作了相关研究，本章是对社会回应机制及机制链作专题研究。

第一节 社会回应机制建设的基础

在服务型政府建设、市场化社会转型中坚持科学发展和构建和谐社会，需要建立一套能够维护和促进社会良性运行的社会回应机制和机制链。社会运行机制是一个系统，狭义的社会回应机制是这个系统中最基础的机制，而广义的社会回应机制即社会回应机制链是这个系统的重要组成部分。

一、社会回应机制建设的指导思想、重要原则和价值向度

建设社会主义和谐社会的社会回应机制是一个长期的实践过程，包含着历史传承性、主题时代性和制度阶级性基元的有机统一。建设社会主义和谐社会的社会回应机制，必须明确其指导思想、重要原则和建设的价值向度。

（一）建设社会回应机制的指导思想

建设促进社会和谐的社会回应机制，是社会建设的一项重要内容，是落实“人民当家作主是社会主义民主政治的本质和核心”的基本要求。社会回应机制建设必须遵循党的十七大报告确立的社会主义民主政治发展的指导思想：要坚持中国特色社会主义政治发展道路，坚持党的领导、人民当家作主、依法治国有机统一，坚持和完善人民代表大会制度、中国共产党领导的多党合作和政治协商制度、民族区域自治制度以及基层群众自治制度，不断推进社会主义政治制度自我完善和发展。

（二）建设社会回应机制的主要原则

无论是重大路线、方针、战略还是新的制度安排及落实，都需要通过一系列的机制设置（结构、功能、作用过程及原理），才能促进其转化为现实生产力。在开创和建设中国特色社会主义事业的不同阶段，中国共产党与时俱进地设计了一系列回应中国经济社会发展基本特征和大趋势的回应机制，如“解放思想，实事求是”，“以经济建设为中心”，“改革开放”，“建立社会主义市场经济体制”，实施“依法治国”方略，推动“科学发展”和“和谐社会”，落实“统筹兼顾”，等等。

社会回应机制是社会运行机制的重要组成部分，由建设社会主义和谐社会的制度规定性使然，建立社会回应机制要坚持四个重要的原则。一是坚持科学与系统有机统一的原则。建设社会回应机制属于人为创设过程，因而尊重科学性和坚持系统性是最基本的原则。二是坚持继承与创新有机统一的原则。我国在新时期新阶段的改革发展及社会运行“总体上是和谐的”，因而需要在继承基础上不断创新，继承是创新的前提，而创新是继承的内在要求。三是坚持统筹与配套建设有机统一的原则。统筹兼顾是落实科学发展观的基本方法，而配套建设是形成社会回应机制链并实现有机整合的重要条件。四是坚持广泛性与普适性有机统一的原则。“广泛性”意指领域和范围,“普适性”指对象。社会回应机制是社会运行机制链的基础机制,因而广泛性与普适性是其重要的原则和特征。

(三)建设社会回应机制的价值向度

在宏观层面,建设社会回应机制要始终坚持科学发展观。科学发展观的第一要义是发展,发展的核心是“以人为本”。建设社会回应机制的最基本价值向度是坚持以人为本;其基本要求是坚持全面协调可持续的科学发展、和谐发展和和平发展;通过统筹兼顾的思维方式和根本方法,确保社会回应机制建设具有坚持和维护“一个中心、两个基本点”的功能。

在中观层面,建设社会回应机制,要遵循把实现好、维护好、发展好最广大人民的根本利益作为党和国家一切工作的出发点和落脚点的价值向度,机制的基本功能要最终体现在“发展为了人民、发展依靠人民、发展成果由人民共享”上。

在微观层面,社会回应机制建设的价值向度表现为五个“有利于”:一是有利于发展基层民主,继续扩大公民有序政治参与,健全民主制度,保证人民依法直接行使民主权利;二是有利于促进政府科学决策、民主决策,完善决策信息和扩大智力支持系统;三是有利于全面落实依法治国基本方略,培育公民意识,弘扬社会的法治精神,维护和促进社会公平正义;四是有利于促进政府行政管理体制改革和职能转化,提高政府公共服务水平和回应力;五是有利于强化和完善社会管理,维护与促进社会安定团结,提高全社会的社会回应度和社会稳定与和谐。

二、社会回应机制建设与社会运行

社会回应机制建设的目标是要维护和促进社会良性运行。社会良性运行的条件包括许多方面,如社会的政治、经济、文化条件,人口、资源和生态环境条件等,但社会运行机制即事物各组成要素的结构、发挥的功能,以及过程和所呈现的运行原理,也是关系社会运行的重要条件。

(一)社会回应机制与社会运行机制

在我国,“社会运行机制是指人类社会在有规律的运动过程中,影响这种运动的各组成要素的结构,功能及其相互联系,以及这些因素产生影响、发挥功能的作用过程和作用原理”。许多学者依据这一界说,又将社会运行机制主要从作用及功能的角度,区分出动力、整合、激励、控制和保障等五个相互联系的二级机制。① 我们认同这样的界说及分析视角,同时,我们认为,社会运行机制作为一个系统,是由多个子系统建构并整合而成,而子系统之间既可能表现为横向的并列关系,也可能表现为纵向的层级关系。所谓纵向关系,是指子系统内部机制的设置具有分层特征,以及逐级提高或深化的递进关系。正如,只有首先建立了社会回应的平等对话与沟通机制,继而才能建立起社会回应的协商机制、合作机制等。

由此,广义的社会回应机制即社会回应机制链,是社会运行机制的重要组成部分,并具有基础机制的特征,它包括:社会回应机制,社会协商机制,社会动员机制,社会控制机制,社会合作机制,社会整合机制和社会团结机制等;同时,狭义的社会回应机制又是社会回应机制链的基础机制。②

(二)社会回应机制链的主要构成

社会回应机制链是社会运行机制系统的基础性机制。这是因为:其一,社会是人们交互作用的产物,一切社会交往都是因人与人、

---

① 郑杭生主编:《社会学概论新修》(第三版),中国人民大学出版社 2003 年版,第 33、37 页。

② 社会回应机制是社会运行机制最基础机制的理论视角:一是社会运行机制系统内部的机制设置具有分层性。社会回应机制系统本身具有分层性,如没有狭义的社会回应机制的建立,就没有社会传播、表达、对话和沟通的基础性平台与条件,因而也难以有更高层次的社会协商、社会动员、社会整合、社会合作和社会团结等机制的建立与链接。二是社会回应机制是社会运行机制的重要组成部分,并具有基础机制的特征。

个人与群体、群体与群体之间的互动产生的,而回应是对一类社会互动现象及过程的理论规制。其二,回应包括政府回应、社会回应和共同回应等三种主要的类型,其中狭义的社会回应主体指社会及公众,而广义的社会回应主体包括政府及政府组织在内。在政府与社会、政府与个人、社会与个人等关系中,社会回应是最基本的关系及互动形式。其三,一个社会的社会回应机制与其政治运行机制是交叉关系。社会回应本身有多种类型,因而社会回应机制并不能为社会的政治运行机制全覆盖。在这个意义上,社会回应机制是社会政治运行机制的基础,在社会回应关系中还有一部分属于"草根"关系,其机制中也有某些"草根"环节。

社会回应机制链是一个系统,并由七个相互联系的子系统构成:社会回应机制(传播、表达、对话与沟通),社会协商机制(参与、第三方监督、利益交换与妥协),社会动员机制(早期整合、同化、内部控制),社会控制机制(风险预警、风险控制),社会合作机制(利益交换、利益实现),社会整合机制("政府之手"、利益协调、价值整合)和社会团结机制(社会认同、组织化、制度化)等。

(三)社会回应机制链的运行结构

在社会回应机制链的各子系统之间,既有横向关系的机制,又有纵向关系的机制;同时,七个子系统又是相对独立的子系统。

从社会回应机制系统具有分层特征和机制运行逐级提高的角度看,社会回应机制链中七个子系统的相互关系如图1所示。

(四)社会回应机制链构成的补充说明

1. 社会回应与社会回应机制链的关系

一是社会回应机制链的运行是一种带规律性的模式,但并非所有社会回应关系的发展或演变都能逐一对应机制链的各个环节。二是社会回应关系的发展是开放的,并面临政府回应关系的嵌入,因而社会回应机制链的运行也会在某些情况下与政府回应机制(行政化机制)发生链接。这种现象通常发生在共同回应关系建构中和政府

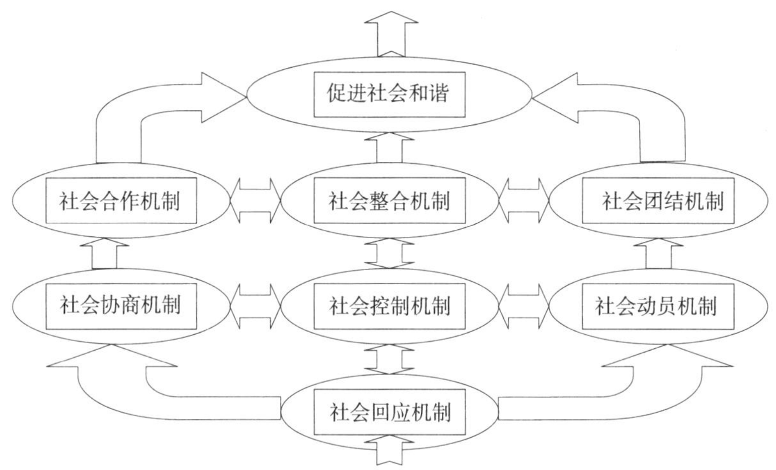

图1 社会回应机制链系统运行结构图

有必要对社会回应关系介入时。当社会回应中的动员机制和内部控制机制潜在或发生某种社会风险,政府回应机制中的行政化机制或硬控制机制就会与之发生链接(一种介入模式)。

2. 社会回应机制链中的控制机制

就社会回应机制链中的社会控制机制而言,没有国家层面的硬控制机制,其主要有两个特点:一是内部控制,二是软控制,特别是当某些社会回应关系的发展没有或不需要政府强制力量介入时。对社会回应关系的硬控制,主要来自政府回应机制链中的控制机制,这对社会回应关系而言,是由外部控制实现的。国家(政府)强制力量能够对社会回应关系的发展实施硬控制,但国家或政府强制力量要实施硬控制是有条件的。

3. 社会回应机制是动态变化的

社会回应与政府回应的发展是动态的同构关系,这决定了社会回应机制与政府回应机制(其中包括行政化机制)也是动态的同构关系。在现实中,随着政府职能转化和基层民主政治建设的加强,社会回应主体的组织化和制度化程度会不断提高，社会回应机制和政府回应机制中的控制机制、合作机制、整合机制等，也会随之发生相应变化和调整。

第二节　共同治理结构与回应机制

服务型政府建设与建立共同治理结构具有内在的联系，并为政府回应和社会回应的共同发展提供了场域——结构，同时，也为政府回应机制和社会回应机制的重构创造了条件和环境。

一、共同治理结构与政府回应和社会回应

在发展为了人民、发展依靠人民、发展成果由人民共享的和谐社会建设中，在我国政治体制改革必须坚持正确的政治方向，必须随着经济社会发展不断推进，努力与我国人民政治参与的积极性不断提高相适应的目标追求中，建立政府与社会的共同治理结构，应是服务型政府建设的合理选择。共同治理结构有五个基本的功能：一是共同治理结构的外显特征是“共同治理”，而且这一共同治理特征应是我们要构建的全体人民共同建设、共同享有的和谐社会的政治条件和社会条件；二是在共同治理结构下将有利于建立政府与公众双向回应、平等协商、合作互动、同构共赢的新关系及互动模式；三是共同治理结构有利于促进政府职能转化，并为建立政府与公众共享权利、分解责任和共担义务的机制提供了条件；四是在共同治理结构中的行政化机制的功能需要显化在公共服务和服务的普遍性、即时性和有效性上，这有利于促进社会的公平、公正，增强社会的稳定与团结；五是共同治理结构有利于提高社会公众的组织化程度和有序政治参与，有利于提高公共政策的公信度和社会认同。①

---

① 戚攻：《政府治理与促进社会和谐》，载《理论学刊》2005 年第 1 期。

二、地方政府建立共同治理结构的意义

在我国，建设服务型政府选择共同治理结构，是重新回归马克思关于工业的历史和工业已经产生的对象性的存在，是一本打开了的关于人的本质力量的书的发展理路。

我们认为，县级地方政府是我国最重要也是最稳定的地方基层政府，并有完整的公共管理机构、直接的公共服务对象和相对独立的财政体制等。在我国建设服务型政府的过程中，我国可选择县级地方政府为基本单元，建立共同治理结构。以我国县级地方政府公共管理辖区为基本单元建立共同治理结构，将有利于县级地方政府的职能转化和增强政府回应性；有利于县级地方政府创新社会管理体制与机制，实现管理理念及行为由政府本位、官本位向社会本位、民本位转变；有利于在政府与社会之间培育共同的政治愿景和建立相互回应机制与新型的和谐关系（传统文化与习俗）；有利于降解政府社会管理成本和增强辖区内的社会微观结构的弹性等。

三、共同治理结构与共同治理机制链

从结构理论看"共同治理"，它是服务型政府建设赖以依托的社会人文环境、基本特征和运行模式；从行动理论看"共同治理"，其主体包括政府、社会组织及公众；从互动理论看"共同治理"，它包括政府回应、社会回应和共同回应；从社会运行看"共同治理"，它包括政府回应机制与社会回应机制等。建立服务型政府的共同治理结构，既需要深化行政管理体制改革和推进政府职能转化，又需要政府回应和社会回应共同发展并走向制度化，还需要以社会回应机制链为基础建立共同治理机制。

在共同治理结构中，政府回应主体与社会回应主体的互动与同构，将建构出共同治理机制链，而共同治理机制链的基础仍然是社会回应机制链。

政府与社会在共同治理结构中相互回应建立的共同治理机制链，如图2所示：①

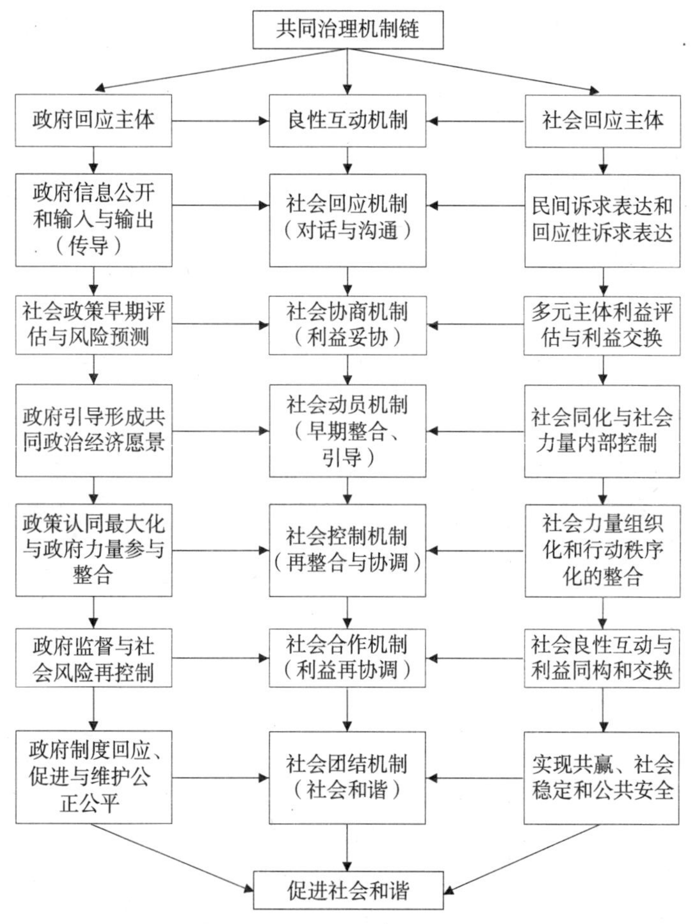

图2　在共同治理结构中的共同治理机制链运行结构图

说明：一是在共同治理结构中，社会回应机制链是建立政府与社

① 戚攻：《社会转型·社会治理·社会回应机制链》，载《西南师范大学学报（人文社会科学版）》2006年第6期。

会共同治理机制链的基础机制，而且社会回应机制链是政府回应主体与社会回应主体建立互动与同构关系的纽带。二是整合是实现社会和谐的条件与过程，并有初级整合、制度整合之分。任何整合本身也是有条件的，需要通过各种机制功能的互补才能实现，因此要提高我国转型期政治整合的水平与质量，政府与社会之间建立共同治理结构及机制链是前提。三是政府回应与社会回应的整合，关键在于各个环节相关机制的对应设置和关联运行。在社会发展的不同阶段，政府回应与社会回应关系的发展变化，将决定关系整合的性质、内容、程度、范围和方式等存在差异，因而整合也必须表现为一个持续的过程并坚持“以人为本”的价值目标。四是在共同治理机制链中的政府与社会，虽然是互动与共构关系，但二者的责任和义务却是不同的，即使是在政府的部分公权力回归社会以后也是不同的。五是共同治理机制链本身也是一个系统，并有多个层级，在不同层级的机制之间，其运行过程表达了递进与逐步深入的关系。

第三节　社会回应机制链建设的主要内容

社会回应机制链建设涉及的具体内容非常多，我们在论述中只能择重和进行理论归纳，并在此基础上提出建设具体机制的思考和建议。

一、狭义社会回应机制建设

狭义的社会回应机制包括信息输入输出机制、表达机制和对话沟通机制，三者有机联系并组成一个子系统。其中，从互动的角度看，对话沟通机制是关键环节。

（一）狭义社会回应机制的运行结构

狭义的社会回应机制建设是社会回应机制链的基础机制和相对

独立的子系统，主要包括：信息输入与输出的传播机制；公众诉求或回应性诉求表达机制；诉求主体与回应主体之间的对话与沟通机制。三者的相互关系如图3所示：

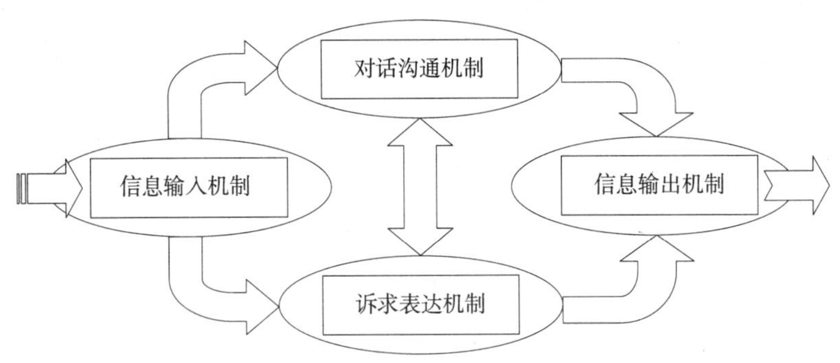

图3 社会回应机制子系统的运行结构图

说明：一是图3是对某一社会回应关系发展最基本结构的解示，而多个基本结构的"共性"，即是狭义社会回应机制的结构要义。二是在狭义社会回应机制中，"诉求表达机制"与"对话沟通机制"是最主要的关联环节，诉求（利益）表达机制是沟通对话机制的基础。从一定意义上说，没有有效的利益表达机制，其他的利益协调机制无从谈起。① "信息传播机制"包括信息输入和输出两个方面，它是回应关系产生的条件，也是诉求表达机制和对话沟通机制链接的条件。三是在诉求表达机制中，"表达"包括诉求主体的表达和回应主体的表达，当回应主体的表达中带有新的诉求内容时，即称为"回应性诉求"。四是有诉求主体和回应主体的"表达"才能产生回应关系，但回应关系的发展需要通过对话沟通机制（促进互动），进而达成新的共识，当回应关系中新的共识形成后，就为建构新的回应关系创造了条件（输出信息）。五是关于信息传播机制的问题，我们在"社会回

① 孙立平：《博弈：断裂社会的利益冲突与和谐》，社会科学文献出版社2006年版，第32～36页。

应度研究”中论述。

(二)转型期社会沟通的新场域和新挑战

社会回应关系中的沟通,是与互动主体之间一定的情境定义相联系的。而一个社会的“社会沟通”,是与这个社会在一定时期形成的场域相联系的,与人们在一定场域中形成的社会地位等多种因素相联系的。布劳的结构理论认为,人们的社会地位是多维度的,而基于社会地位产生的对交往的影响,或多或少地独立于其他的社会地位。①

自改革开放以来,由工业化与市场化使然的社会结构转型和具有现代意义的社会分化凸显,形成了我国转型期新场域的某些特征,并对我国社会回应中居于不同社会地位的多元主体之间的交往与沟通产生着重要的影响。这些影响主要包括:一方面既改变了政府与社会、社会与个人,以及阶层之间和个体之间的累积性关系,又改变了多数社会成员在原有社会结构中所处的“位置”②;另一方面,随着阶层分化,“社会地位维度之间的相关程度和相交程度,体现了社会结构的整合和冲突状况”③;而随着各种社会关系逐渐契约化,如合同关系、雇用关系的发展,以及科层制的重拾和建立各种分层责任制等,又使社会中一部分人及群体之间的交流和交往,开始呈现出分层性和受限性特征④。

同时,随着地区之间、城乡之间和社会成员之间的发展差距拉

---

① 谢文:《布劳的宏观社会结构理论》,载贾春增主编:《外国社会学史》,中国人民大学出版社 2000 年版,第 343～370 页。

② 陆学艺主编:《当代中国社会阶层研究报告》,社会科学文献出版社 2002 年版,第 9 页。

③ 刘精明、李路路:《阶层化:居住空间、生活方式、社会交往与阶层认同》,载《社会学研究》2005 年第 3 期。

④ 乔纳森·特纳:《社会学理论的结构》(下),华夏出版社 2001 年版,第 242 页。作者分析了哈贝马斯关于“随着科层制向更广阔的社会生活领域的进一步扩张,公共领域受到压制”的观点。

大,转型期的社会沟通便面临许多新的挑战。在没有政府参与或政府强制力量介入的社会回应关系中,社会回应主体的沟通面临新的挑战,主要包括:一是社会分化使不同阶层和群体之间的对话沟通"媒介"潜在冲突。如"权力是政治领域的沟通媒介,爱情是家庭的沟通媒介……不同功能领域有不同的沟通媒介"[1],而社会回应关系中的沟通媒介,无论是显化的"共同利益"还是潜在的个人预期(不同组织的实际利益、群体利益、个体利益或某种个体的心理需要),都客观上存在较大的冲突。二是由于开放扩大了人际交往的空间并呈现出复杂性,以及市场化情境中的"单位人"转变为"社会人"或"社区人",于是,在市场化的"复杂系统中感情投入的缺乏给了人们更多的自由、更多的选择和更大的灵活性"[2]的同时,社会成员间的交往也存在沟通中的情感疏离问题。由于"影响行动的不仅有解释性理解,也有收益和成本的策略性的计算",[3]社会回应关系中的沟通主体会基于自身利益和价值准则作出判断和选择,从而增加了不同主体间沟通的困难和潜在冲突。三是在社会回应关系中,沟通对诉求主体和回应主体而言,既是一种能力与需求,又涉及互动者在特定情境中实际享有的权力和参与回应的成本问题。社会回应关系中(主体)的非正式组织内成员的责任和期望都较具弹性,由社会回应建构的关系网络还具有"弛散社会"(loosely structured society)的特征,即结构松弛、内部意见存在分歧。[4] 因此,不同主体是否参与回应和以什么方式进行沟通,以及主体之间对话沟通的深度和频度,并

---

① 乔纳森·特纳:《社会学理论的结构》(上册),华夏出版社 2001 年版,第 69 页。

② 乔纳森·特纳:《社会学理论的结构》(上册),华夏出版社 2001 年版,第 68 页。

③ 乔纳森·特纳:《社会学理论的结构》(上册),华夏出版社 2001 年版,第 52 页。

④ 蔡文辉、李绍嵘编撰:《简明英汉社会学辞典》,中国人民大学出版社 2002 年版,第 115 页。

不仅仅有赖于个人的"努力"，"权力整合于任一个结构的存在之中。当行动者互动时，他们利用资源，当他们利用资源的时候，他们就操作权力以建构别人的行动，"①尤其是对社会中处于相对弱势地位的人及群体而言。

(三)社会回应沟通机制建设

在转型期建构新的社会回应沟通机制，是增进社会交流与理解，促进社会和谐的客观需要。主要包括以下几方面：

第一，逐步建立政府与多元社会主体之间平等的对话沟通机制。如由基层政府及政府有关部门，与社区各类社会回应主体之间建立规范、公开的联席会议制度。

第二，建立政府及政府组织适度介入社会回应沟通过程的机制。如建立政府政务信息向社区全体社会回应主体定期公布制度，建立地方政府及政府组织或部门的主要领导定点联系群众责任制度等。

第三，建立促进社会回应主体权利、机会平等的沟通机制。如由政府及政府有关部门扮演"裁判者"和引导者，在社区多元社会回应主体之间，建立制度化和规范的平等对话与沟通机制，建立社区内部社会回应主体定期沟通制度等。

第四，加强社会管理创新，建立健全社会信息共享机制。如由政府、社区内的单位组织、企业、社团等，建立以社区为"单位"的信息资源共享平台(政府政务信息传导平台、社情民意传导平台和信息反馈平台)及相关制度，建立由社区居委会对各种社情民意进行梳理后的反馈制度(提供必要物质条件，并建议明确为社区居委会职责之一)，建立以社区内各种正式组织共同对社会回应主体的多元诉求进行分类及评估的机制等。

---

①　乔纳森·特纳：《社会学理论的结构》(下册)，华夏出版社2001年版，第171页。

二、社会回应协商机制建设

社会回应协商机制是社会回应机制链的重要组成部分，它以社会回应沟通机制为基础，与社会回应沟通机制是一种递进的关系。有学者认为，协调利益关系的机制包括利益表达机制、利益博弈机制和制度化解决利益冲突的机制等。[①] 除此之外，由于社会回应关系中一部分主体之间的协商或利益协调具有草根特征，还需要建立“第三方监督机制”，以关注和维护弱势群体的权益。

（一）社会回应协商机制的运行结构

社会回应协商机制是一个子系统，主要包括多元主体参与机制，利益交换（博弈、妥协）机制和第三方监督机制。三个方面的相互关系如图 4 所示：

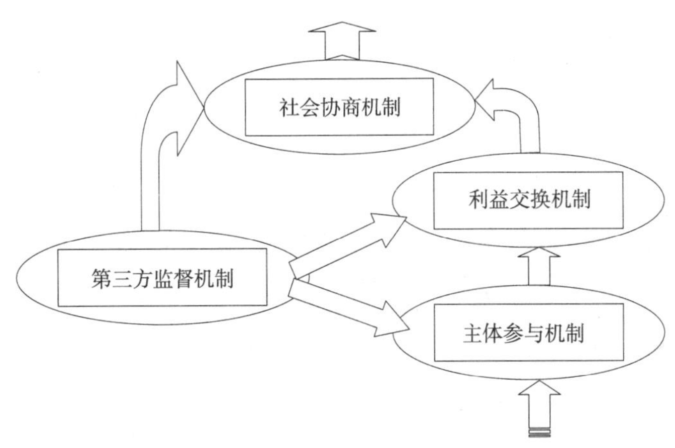

图 4　社会协商机制链的运行结构图

在社会回应协商机制中，内部有机联系的各环节之间是递进与制衡的关系。其中，多元主体的积极参与是协商机制运行的基本条

① 应星：《草根动员与农民利益的表达机制》，载《社会学研究》2007 年第 2 期。

件，参与机制是协商机制链的基础。

协商机制链中的第三方监督机制是一种辅助性机制。社会回应关系是开放的，但在某一特定的社会回应关系中，参与互动的主体本身又涉及是否具备主体资格及相应权力的问题。在没有政府力量参与或介入的社会回应关系中，即社会回应的第二种类型中，细分时便存在两种主要情况：一种是社会组织成员与其组织的相互回应；二是正式组织与非正式组织之间、非正式群体之间、个体与非正式群体之间的相互回应。但无论是前者还是后者，其主体互动的情境都具有某种民间性甚至草根性，这就使确认参与者的资格存在一定的难度，尤其是后一种情况的确认权威性不足，因此，需要建立第三方监督机制，以控制和降解回应关系发展的风险。在现实社会关系发展中，建立第三方监督机制是必要的：如某物业小区的业主讨论他们自身的相关事物时，其他非相关社会成员是没有主体资格参与互动的。当该物业小区的个别成员或少数成员为了谋取自己的某些利益而邀请非相关社会成员参与时，不仅回应关系的发展会面临中断的风险，而且还潜在各种冲突。当政府因城市建设需要对某一地区进行撤迁时，非相关社会成员或力量的介入，往往会使回应关系复杂化。这也由此表明，这类社会回应关系的虽然具有某种民间性甚至草根性，但参与者互动也是有条件的，而忽视"条件"会使回应关系的发展存在潜在风险。

（二）协商机制链中的参与机制

从互动角度看，参与是互动，协商也是互动，参与是协商（互动）的前提，协商作为互动是参与这种互动形式及过程的深入。在社会回应关系中，多元主体的参与是一种回应，没有这种回应，就不可能发展到协商。

1. 协商机制的政治参与机制建设

在社会回应关系话语中讨论"参与"，总体上包括政治参与和非政治参与。前者主要指社会及公众扮演回应主体、政府及政府组织扮演诉求主体的情境;后者主要指没有政府力量介入的社会回应关系中的参与,即指在诉求主体和回应主体中没有政府及政府组织和回应关系不具有政治性的情境。虽然“社会回应”属于政治社会学的研究命题,而且非政治性参与(互动)常常与政治性参与交叉甚至转化为政治性参与,但二者毕竟存在区别。

在公共管理视界中,“参与”主要是指公民政治参与。有学者认为,“公民必须具有足够的政治权力参与选举、决策、管理和监督,才能促使政府关与政府一道共同形成公共权威和公共秩序”①;“公民不仅是各种公共服务的‘消费者’,更是公共服务的监督者,必须在参与管理中实现自己的权利与价值”②;“根据政治参与是否符合法律制度规定的有关程序和步骤,可将政治参与分为制度化政治参与和非制度化政治参与两种类型”;③而“群众进行非制度化政治参与往往是因为其利益受到侵犯或合理要求得不到满足,而最后不得不做出的刺激—回应式的选择”④。但是,在社会学视域中,参与是互动的一种形式和过程,而这种形式及过程并非都具有政治意义。我们作出这类区分的目的在于说明政治参与的机制和非政治参与机制是有区别的。政治参与机制建设,主要包括以下四个方面:

第一,加速推进政务信息公开的制度化进程,为公民政治性参与(回应)提供基本的前提条件。如在网络政府、电子政务建设基础上,以街道办事处或社区居委会为依托进行联网,建立供社区居民查询的政府政务信息公开平台;建立政府对社会公众回应诉求征集和

① 俞可平:《治理理论与公共管理(笔谈)之“治理和善治”:一种新的政治分析框架》,载《南京社会科学》2001 年第 9 期。

② 沈亚平、吴志成编著:《当代西方公共行政》,天津大学出版社 2004 年版,第 280 页。

③ 章荣君:《当前我国农民非制度化政治参与走向制度化的对策思考》,载《云南社会科学》2004 年第 1 期。

④ 肖剑忠、黄宇:《当前我国非制度化政治参与的原因分析及对策》,载《改革与发展》2004 年第 4 期。

反馈平台(机制),培育公众政治参与的责任意识和提供其有序政治参与的途径。

第二,进一步完善地方人大代表和政协委员在联系群众、了解民情和反映普通群众回应诉求中的责任机制建设。如建立地方人大代表和基层政协委员定期、定点联系社区普通群众制度;创立地方人大代表和基层政协委员"接待日"活动、公开电子信箱和群众咨询电话等。

第三,各级党委和政府加强对各类单位组织内部基层民主政治建设,认真执行厂务公开、单位政务公开制度,提高单位组织成员政治参与的积极性和回应能力。

第四,加强对公众政治参与的民主法治教育,正确引导公众政治参与。随着改革开放的不断深入,我国公民的民主意识和政治参与意识不断增强,已经不能用"薄弱"一语来解释。在现实中,普通百姓对自己理解的政治的广泛议论,从一个侧面反映了普通民众的民主意识和自觉意识的形成。虽然普通民众对政治的"津津乐道"常常带有片面性、狭隘性甚至少数还带有负面的色彩,但如果我们作一分析不难发现:政务活动信息的不公开与不对称、普通百姓参政议政的有效途径相对缺失,以及我们对公民民主自觉意识的制度化教育、引导和培养不足等,是重要的影响因素。

2. 协商机制的非政治参与机制建设

在没有和不需要政府及政府组织参与或介入的社会回应关系中,主体参与回应关系的建构,多数是非政治性的。为了使这类非政治性的人际交往活动有序化和规范化,需要建立非政治参与机制。主要包括:

第一,加强和完善社会自治机制建设。重点是社区居委会和村民自治委员会,以及社会各类自治组织等,按照依法自治的要求,加强和完善自治章程、规范、权限的制度建设,以确保处在不同社会位置的主体能够平等享有权利和在参与回应中充分行使自己的权利。

第二,在有条件的地方,建立社会参与扶助机制。如建立专业化、职业化的社会工作服务网络体系和工作者队伍,帮助和扶助社会弱势人群参与回应关系的建构,提高社会普通百姓参与社会回应的能力。

第三,建立与政治参与机制相联系的对接机制。在政府及政府组织指导与引导下,建立确保处于不同社会阶层的主体,能够平等参与协商和表达诉求的机制,如以社区居委会为"单位",对不同主体尤其是弱势人群的诉求或回应性诉求进行必要的整合,通过提高其组织化和诉求表达的规范化,来增强其参与的有效性。

(三)协商机制中的第三方监督机制

社会回应协商机制链中的"第三方"监督机制,是社会协商的辅助性机制和具有利益制衡作用的平衡性机制。

1. 建立第三方监督机制的必要性

在某一特定的社会回应关系中,参与主体的资格及权利是需要确认的。由于"确认"具有排他性,因而除了参与主体之间在协商(利益交换与妥协)中有利益博弈之外,他们还会因为利益博弈的相关性或关联性,而形成某种特定的利益群体。最典型的是:作为一个特定的利益关联群体,其内部的协商结果,潜在着对第三方公共利益造成损害的风险(问题)。如某企业为了扩大生产,与附近农村村委会协商购买或租赁土地,双方可能通过利益交换(吸纳就业)、经济补偿等达成购买和出让土地的协议,但如果购买的土地和出让的土地涉及的是基本农田,或者企业采用租赁的方式但要改变土地的用途,那么,不仅违反了国家有关法律,而且客观上造成了对更大范围的公共利益的损害。在某个社区,社区居委会与某一条街道上的社区居民可能为开办"商业街"达成协议(利益交换与补偿),但如果这条街道是一条交通干线,那么,就会造成对第三方公共利益的损害(交通堵塞)。诸如此类的情况,在现实生活中是比较普遍的。因此,在社会回应协商机制链建设中,建立第三方监督机制具有重要的现实意义。

另外，关于建立第三方监督机制必要性的几点补充：一是社会组织成员与其组织的相互回应关系，也应该建立第三方监督机制。在组织（包括企业）与组织成员的相互回应关系建构中，通常情况下，组织成员个体总是处在不利的或相对弱势的地位。虽然在这类组织内部，大多数都成立了工会、妇代会、职代会、教代会等类似第三方监督机制的实体，但因这样的实体依附于该组织并接受该组织的内部管理，因而很难发挥相对独立的第三方监督职能。二是在正式组织与非正式组织或非正式群体的互动关系中，通常情况下，正式组织一般处于强势地位并具有更好地利用各种社会资源尤其是政策资源和政府权力资源的机会，因而为了保障互动中的互惠和机会的公平，需要建立第三方监督机制。三是在政府力量没有介入社会回应关系的情况下，对于体现公平和维护弱者的权益，设置第三方监督机制也是必要的。

2. 建立第三方监督机制的主要作用

第三方监督机制中的“第三方”是指在某一特定的社会回应关系中，没有直接或间接利益关系的社会主体。在社会回应协商机制链中建立第三方监督机制，主要起三个作用：一是防止某一社会回应关系中相关利益主体的协商与交换损害公共利益；二是保障社会回应关系中不同的参与、协商主体的基本权利，促进参与、协商的公正公平；三是监督和维护社会回应关系中多元主体参与、协商过程的有序和规范化。

3. 建立第三方监督机制的主要内容

社会回应协商机制链中的第三方监督机制建设应具有分层性。基本思路是：根据社会回应关系涉及的范围，动态性地建立第三方监督机制。主要包括：

第一，在社区内建立第三方监督机制。如可以由社区中单位组织推荐的代表和社区各居委会推荐的代表组成监督委员会，对社区中的相关事物发展中形成的回应关系进行监督；在各居委会辖区内，建立以社会精英、离退休社会知名人士组成监督小组。

第二，在街道办事处范围内建立第三方监督机制。主要针对某一社区范围内的社会回应关系作出评估和监督。

第三，在县、区级政府支持下，建立第三方监督机制。主要针对街道办事处辖区内的社会回应关系进行评估和监督。

第四，在区县一级建立"人民监督员"制度与机制，实行公开的民主选举，对区县范围内的社会回应关系进行评估和监督。

（四）协商机制中的利益交换机制

社会回应协商机制中的利益交换有多种层次和类型，需要对协商机制中的交换关系或博弈关系进行分析，以明确利益交换机制建设中需要注意的环节。主要有四种情况：

1. 利益交换关系的相关性与博弈性

在政府是诉求主体的Ⅰ型社会回应关系中，社会回应围绕公共政策"标的"形成的一致性，决定了不同主体回应动机的相关性；另一方面，不同主体回应取向及期望目标的差异，又决定了不同主体在同一回应关系中的动机具有博弈性。当多元主体对政府公共政策的一致性与社会回应主体之间的博弈性同时存在时，前者是第一层次的问题，后者是第二层次的问题。这意味着建立利益交换或利益博弈机制时，应首先针对第一层次设置。

2. 利益交换机制建设的"底线"问题

Ⅰ型社会回应关系中，公共决策是政府代表民众意愿对社会发展作出正确选择和判断的过程，其法理基础是人民把处理或解决公共事物的权力事前让渡于政府。这决定了政府公共决策最大限度地满足人民的需求，是其基本价值取向和决策的"底线"。当社会回应协商机制链中的利益交换机制是科学的、合理的，但仍不能反映绝大多数公众的需求与期望时，就需要重新调整公共政策的"底线"。另外，调整底线不能依靠"人治"，而是要靠制度和由此建立的制度化社会结构来保障。

3. 利益交换机制与第三方监督机制

在没有或不需要政府力量介入的Ⅱ型社会回应中,有两种情况是值得注意的:一是利益交换机制中的不同主体所处的社会地位或位置不同,决定了他们在利益交换中博弈(交换)的权重是不一样的,如个人与单位组织之间的博弈,弱势人群与社会精英群体之间的博弈等,这需要通过第三方监督机制,来维护处于弱势地位的个体或群体的利益。换言之,第三方监督机制还具有堵塞机制的功能,如有学者指出,在协商民主过程中,有必要通过各种制度设计来限制权力和金钱对协商的影响,即通过设计堵塞机制和制度,阻隔或者尽可能减少社会不平等对协商民主的影响。① 二是当某一特定社会回应关系中主体的利益交换能够实现,但却可能损害到更大范围的公共利益时,其协商机制链也需要启动第三方监督机制。

4. 利益交换机制建设中的政府力量介入

在政府扮演诉求主体的社会回应中,政府力量的参与或介入已是一种客观事实。社会回应协商机制链中的利益交换机制建立,必然要为政府所指导和引导。在这种情况下,一些互动主体的利益能否实现,既受制于与其他主体的利益协调或冲突程度,又受制于政府对公共利益最大化的判断。因而协商机制链中的利益交换机制和第三方监督机制的运行,并不能完全满足所有参与回应(互动)者个人的利益。在这个意义上,利益交换机制和第三方监督机制都是弹性的,即社会回应度在通常情况下也是弹性的。

三、社会回应动员机制与控制机制建设

社会回应中的动员机制与控制机制都是社会回应机制链的重要

---

① 何包钢、王春光:《中国乡村协商民主:个案研究》,载《社会学研究》2007 年第 3 期。

组成部分，由于二者联系紧密，因而我们将其合并在一起进行论述。

（一）动员机制与控制机制的运行结构

社会回应的动员机制与控制机制虽有区别，但联系紧密。这与社会动员始终包含互动群体内部控制、整合与同化的过程相联系。同时，社会回应中的动员过程具有复杂性，并包含多种非组织化、制度化、程序化的动员方式，因而在社会回应中建立控制机制有其现实必要性。由此，二者构成了一个联系紧密的子系统，其相互关系如图5所示：

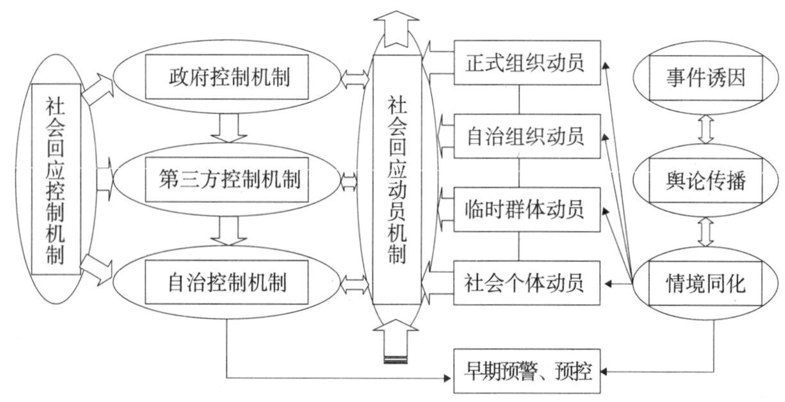

图5 社会回应动员机制与控制机制的运行结构
社会合作机制（利益交换、利益实现），社会整合机制（“政府之手”、利益协调、价值整合）

说明：在社会回应动员机制与控制机制紧密联系的子系统中，社会动员机制居于主导地位，而控制机制是辅助性的。同时，图5中的双向箭头都包含“反馈”。控制机制的三个层次，对应着三类不同的控制主体，划分三类控制主体是基于社会回应关系有三种基本类型。

在社会动员机制中，正式组织、自治组织、临时性群体和社会个体等，既是四类动员主体和方式，又是动员机制运行的四种结构。

（二）社会回应中的社会动员机制

社会回应关系中的这四种结构，都会不同程度地受到事件诱因、舆论传播（公开的或私下的）和情境同化三种主要机制的作用。多数情况下，在事件诱因、舆论传播和情境同化之间存在一种“刺激—反应”关系链，当出现多次或反复的“刺激—反应”过程时，某种动员方式或结构会得到强化，即社会回应关系中的社会动员会呈增强趋势。

1. 建立社会动员控制机制的现实性

在常态下，从实施社会动员的主体看，主要包括两大类：政府作为诉求主体的社会动员和社会力量内部实施或触发的社会动员。对政府而言，在进行社会动员时，大多要依靠和通过各类正式组织载体，借助组织的作用与功能（包括组织内部控制），来实现社会动员过程的有序管理、可控制和提高社会动员的时效。但在社会回应中，存在参与回应的互动者没有统一的组织资源或团体资源可利用的情况，存在一部社会成员因某种突发事件或传言（诱因）而临时触发的社会动员，而且这类社会动员还往往表现出非规范、大规模、突发性和难控制的特征。但无论是前一种情况还是后一种情况，从交换理论的角度看，需要思考回应主体希望交换什么，即他们回应性诉求的指向是什么，或者，他们希望通过回应得到什么报偿的问题。虽然未必回应者的动机都是功利性的，但在市场经济环境中进行社会动员，大多数情况下都是与利益有关的。因此，需要对社会动员中不同主体的利益诉求进行整合与控制。整合为促进利益交换的公平与均衡提供了条件，控制为社会动员的有序和维护社会稳定提供了条件。①

2. 转型期社会动员面临的新情况

在转型期，改革开放的不断深入，促使各种累积性关系嬗变和不可能的关系发生关系，从而使社会回应中社会动员面临新情况：一是转型期社会主体利益实现途径的多元化和利益实现的差异扩大，促使不同主体的价值取向多元甚至潜在冲突；二是不同主体参与回应

① 杰弗里·亚历山大：《社会学二十讲——二战以来的理论发展》，华夏出版社2000年版，第70～71页。

的动机和期望存在较大区别，从而导致社会回应中传统的动员方式面临挑战。正如在市场经济条件下，分化的社会阶层、群体和个体，在参与社会回应中的动机有利他的和利己的、有功利的和非功利的等，于是现实生活中许多单位组织中的领导和群众、社区自治组织中的群体与个体之间都面临“号召”未必“响应”和“响应”（回应）度存在差异的挑战，面临回应主体与诉求主体之间、直接主体和间接主体、回应主体内部、诉求主体内部取向不同利益的博弈。三是在相同政策条件下，多元主体所处社会“位置”不同和其在同一回应关系中作为主体的回应性诉求的权重不同，也会造成回应主体的再分化。正是这些挑战与博弈关系的存在，决定了要在社会互动中基于同一回应关系形成统一的社会动员，将是比较困难的。对社会回应关系中处于相对弱势的主体而言，通过组织化方式实现内部动员，相互借助其组织化网络增加社会资本，能够提高其回应诉求在回应关系中所占的权重。政府应积极引导社会弱势人群加入基层自治组织，并通过基层自治组织维护他们的权利。

3. 社会动员机制建设的条件及重点

社会动员机制建设的条件及重点应针对转型期社会动员的复杂性。主要包括：一是按照党十七大报告的要求，加快建设和完善中国特色的“基层群众自治制度”，并“健全基层党组织领导的充满活力的基层群众自治机制”。二是政府着力解决基本民生问题，逐步完善社会保障体制，培育和增强全体社会成员的“公民意识”，促进其参与回应的自觉性不断提高。三是建立和完善社会回应机制链中的第三方监督机制，并在依法治国、依法自治的基础上，从各个层次、各个领域扩大公民有序政治参与，最广泛地动员和组织人民依法管理国家和社会事务、管理经济和文化事业，以维护和保障不同主体在回应中的基本权益。四是依托社区自治组织广泛吸纳社区成员参与有序回应，依托社区内的正式组织与非正式组织建立的联系，提高和带动各种非正式组织动员。五是地方政府及政府组织通过社区内的正式组织、自治组织引导和规范社会动员，以最大限度地调动和激发社会成员参与回应。六是政府通过加强公共信任建设，社会力量通过提高组织化、制度化程度增强其社会互信，培育良好的社会动员的政治环境和社会环境。

（三）社会回应中的控制机制

把社会回应关系中的社会动员控制在可以为多数互动者接受的范围内，是社会回应关系发展不失序失控和政府不动用强制力量介入的重要条件。与社会动员机制紧密联系的是社会回应中的控制机制建设。社会回应关系发展中的控制主体包含三类：政府及政府组织，社会组织和非正式组织，自治组织、群体及社会个体。

社会控制需要思考空间与对象。在社会回应中，空间与对象相关，并且是建构一种互验关系的两个基本要素。正如在某一社会回应关系中，在对象性不变的情况下，空间的变化将使对象的数量增加和同质性特征更加突出。当这一过程又潜在地从量变到质变基元及过程时，对象的复杂性开始显现，对象回应性诉求的差异加深和扩大，并最终使社会控制变得困难。

1. 社会回应中的政府控制机制

对社会回应关系而言，政府控制机制有两种类型：一类是政府的直接控制或硬控制机制，另一类是政府的软控制机制或称为"寻机介入机制"。前者是指在政府作为诉求主体的Ⅰ型社会回应关系中政府有直接控制机制，如政府可对回应对象、回应方式、回应时序、回应过程等设置明确的条件，以规范回应主体行为、控制非制度化的社会动员。后者是指在没有政府参与或暂时不需要政府力量介入的社会回应中的政府软控制机制或寻机介入机制。如在社区内部主体之间的相互回应或对参与回应者进行社会动员时，在不危及回应关系正常发展和不损害公共利益的情况下，政府力量原则上不介入，只能采用引导的方式，尤其是在我国"基层群众自治制度"的建立和"基层党组织领导的充满活力的基层群众自治机制"不断完善的情况下。

政府作为诉求主体建立的控制机制，与社会回应中的社会力量自治机制应是有机衔接的，随着我国基层群众自治制度的发展和完善，对社会回应关系中社会动员的控制，应以社会力量自治机制为主。

2. 社会回应中的社会控制机制

社会回应中的社会控制机制，是指主要由多元社会力量内部控制集合而成的机制，主要包括三个层级。一是社区内的各类正式组织内部的控制机制，包括各种组织规章、制度和纪律等构成的控制机制。这类控制机制是社会回应关系中的社会动员进行有效控制的主体机制。二是社区自治组织内部的自治规章、民约、临时性协议等构成的控制机制。这类控制机制对其内部的社会动员的控制，总体上属于"软控制"。三是建立社会回应中的第三方控制机制。

对于政府而言，如何提高社区内各类单位组织的自治能力，如何积极支持和引导社区内自治组织的建设，提高其组织化、制度化和规范化程度，应是服务型政府建设和政府职能转变中需要认真思考的课题。

3. 社会回应中的自治控制机制

社会回应中的自治控制机制有两个层级。一是社区不同群体内部形成的民间权威、民俗约定、趣缘文化等构成的软控制机制。对此，政府力量、社区内的单位组织和社区自治组织可通过积极引导，使其发挥正向功能。二是社会成员自我约束机制。可通过对社会成员开展"公民意识教育"和法治教育，通过培育社会成员自我的法治意识、道德伦理来建构约束机制。

四、社会回应合作机制与整合机制建设

社会回应中的合作机制与整合机制是社会回应机制链的重要组成部分。在社会回应中，合作是整合的前提条件，也是整合的结果。

由于两类机制相互嵌入、交叉运行且联系紧密，我们将其合并在一起进行论述。

（一）合作机制与整合机制的运行结构

社会回应中的社会合作是在社会参与、沟通、协商、动员基础上发展起来的，并经过了初期的或初步的、局部的利益整合、文化整合（价值取向）和社会心理（认同）整合。在这个意义上，社会合作是社会回应关系持续发展的结果，而社会合作机制的建设也是以相关机制建设为基础的。整合过程在社会回应关系发展的几乎每个阶段都存在，但程度不同，因而我们把整合机制建设与社会回应合作机制建设链接在一起。由此，二者的相互关系如图6所示：

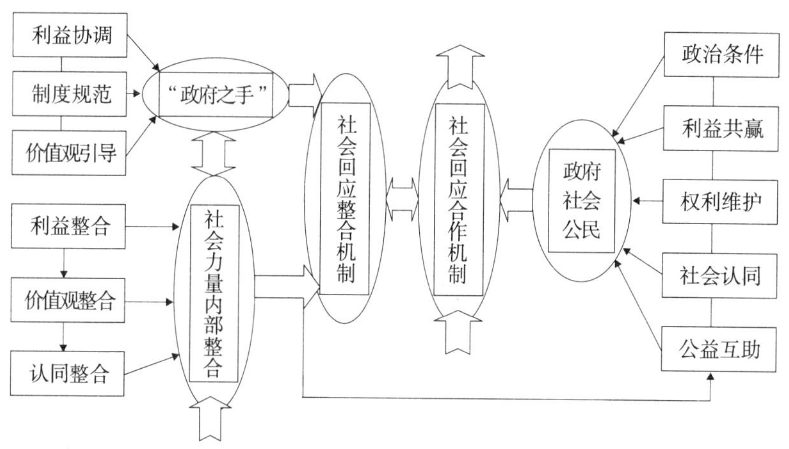

图6　合作机制与整合机制的运行结构图

说明：党的十七大报告指出：人民当家作主是社会主义民主政治的本质和核心。参与社会整合的主体包括政府和社会力量，政府作为诉求主体与社会回应主体之间是一种合作关系，而不仅仅是一种领导与被领导、号召与服从的互动关系。

（二）社会回应合作机制建设

社会回应合作机制建设的主体，包括政府、社会及公民个人；条件包括政治、经济、文化和社会等。条件是机制建设的要素，也是机制建设的基本内容。

转型期社会回应中的合作,从互动主体的角度看,主要包括:多元社会力量与政府的合作,社会力量中正式组织与自治组织、正式组织与非正式组织、群体与个体、个体与个体之间的合作等。虽然合作主体及关系不同决定了主体参与合作的条件存在差异,但是,合作机制建设的基本条件或共性条件以下包括四个方面:

1. 政治条件(机制)

政治条件的核心是主体政治权利的平等和公共信任问题。这涉及国家宪法和有关法律赋予所有主体的基本权利及权利的落实,还包括创造不同主体参与回应的机会平等、规则平等和过程平等的体制机制环境,政府公共信任建设为社会互信机制的发展创造的条件或培育的环境问题。有学者从农民上访与政治信任的关系的角度,检视了现实中公共信任流失的问题,提出不仅要建立有效的表达机制,而且要有健全的制度保障其权力和利益。①

2. 利益共赢机制

利益共赢的核心是政府与社会、社会主体内部通过合作共建,实现共同享有合作发展成果。其中,政府的责任在于创造公平公正的竞争环境和维护机制,建立利益调节机制,以保障合作者能够共同享有合作发展的成果。共同享有合作发展的成果,既不是平均享有,也不是部分主体的享有包含其他主体发生利益受损的情况。当一部分社会主体(单位组织)或成员在合作发展中处于或长期处于利益受损的状态时,受损者通常情况下会有三种选择。一是重新修改合作规则或互动机制,即迫使回应关系的建构重新转入到协商阶段,这种情况主要是在各类社会组织之间。二是合作者放弃继续合作,即让造成自身利益受损的回应关系解构(社会组织之间)或采取规避这类回应关系的方式(主要指个体)。三是不得以维持合作关系,即现实中的弱势人群在一段较长时间内自身无力改变合作关系的现

① 胡荣:《农民上访与政治信任的流失》,载《社会学研究》2007 年第 3 期。

状而不得以继续维持合作，如前些年我国农民群体的状况，但是，回应者会选择相对有利于自身发展和利益实现的方式与途径，如农民工。

3. 权利维护机制

权利维护的核心是整合机制、合作机制的设计要有利于参与合作者的权利维护，尤其是政府公共政策要体现和维护社会公平公正。如调节高收入，社会再分配更加注重公平、维护低收入人群的利益，建立确保弱势人群合作中的利益实现机制（农民工维权、最低生活保障金的按时足额发放）等。

4. 社会认同机制

这里的认同主要是指社会组织及成员和社会个体的社会心理认同问题。在社会学视域中，认同同化是相联系的，并具有特定的含义。[①] 这里对"认同"概念借助，不包括同化。认同既是社会互动的条件，更是社会合作的重要基础。促进社会认同的机制，既包括政治权利公正公平机制、利益共赢机制、利益维护机制等，还包括社会文化教育机制、公民责任培育和分解机制，以及社会公益互助与合作机制等。

5. 公益互助的合作机制

公益性互助的合作有赖于社会成员间非功利的联合行动（joint action），即社会成员间通过调适、再调适其行为行动的一种不间断的过程，来助长彼此间的合作。[②] 社会组织与社会成员、社会成员之间的公益性互助与合作机制主要包括：慈善救助机制、社会救灾互助机制、社会治安联防机制、公共卫生防疫及环境保护机制等。

---

① 蔡文辉、李绍嵘编撰：《简明英汉社会学辞典》，中国人民大学出版社 2002 年版，第 91 页。

② 蔡文辉、李绍嵘编撰：《简明英汉社会学辞典》，中国人民大学出版社 2002 年版，第 106 页。

(三)社会回应整合机制建设

"当人们进行交往行动(互动)时,他们会使用并同时创造着通常的情境定义……一旦这些定义通过交往行动而被创造和再创造,它们就成了一个社会的合理且具有非压迫性的整合的基础"。① 社会回应具有这一特征。在此基础上,建立社会回应的整合机制,要以制度建设为基础,社会回应关系的发展是一个连续统过程,而在这一过程中,"制度是社会当中跨越时空的互动系统"。②

1. "政府之手"

"政府之手"作为社会回应整合机制的一部分,它本身包括三个必要条件和由此构成的机制链:利益协调机制、制度规范机制和价值观引导机制。这三个必要条件是政府作为合作者(诉求主体)的责任体现且相互联系。"政府之手"的三个必要条件与社会力量内部整合的三个条件的重要区别在于:前者具有权威性、指导性甚至刚性的特征;后者体现的是博弈性的平衡取向和目标,是非刚性与部分刚性的结合。正如社会正式组织内部的利益整合与协调机制,通常因组织制度及行动规范化而表现为刚性,而非正式组织、群体或个体之间的整合一般是非刚性的。

2. "政府之手"与"社会力量内部整合"的关系

党的十七大报告指出,"人民民主是社会主义的生命",而"人民当家作主是社会主义民主政治的本质和核心"。由此,"政府之手"既作用于社会力量内部整合过程,但又受到社会力量的牵制,二者之间发生联系时是一种互动、协调与合作关系,并由此构成了社会回应整合机制。另外,在社会回应关系发展中,社会力量的内部整合过程并非随时或一定要与"政府之手"发生链接。

---

① 乔纳森·特纳:《社会学理论的结构》(下册),华夏出版社 2001 年版,第 254 页。

② 乔纳森·特纳:《社会学理论的结构》(下册),华夏出版社 2001 年版,第 173 页。

3. 社会力量内部整合机制

社会力量内部整合机制建设包括利益整合、价值观整合和认同整合三个方面。三个方面的具体内容,在我们已经论述的相关机制建设中已有涉及。但有必要说明的是,虽然"'整合'(Integration)代表由导向团结的内推力形成的力量"①,但社会力量内部整合机制的建设有三个重要的特点:一是社会回应关系内部整合机制的建设,需要政府积极推进社会制度化的支持,即党的十七大报告提出的"推进社会主义民主政治制度化、规范化、程序化"的条件及环境支撑。二是参与社会回应内部整合的各种力量,会因为社会回应关系的发展而发生变化,有新的回应主体加入或新的回应性诉求嵌入时,意味着社会力量内部整合过程是动态的和开放的。三是社会力量内部整合机制是"刚性"与"非刚性"的统一。由此,社会力量的内部整合过程也是社会多元力量之间反复协商的过程。这也同时意味着社会力量的内部整合,不仅仅在社会回应关系发展的合作阶段,而是在社会回应关系发展的各个阶段或环节都存在。社会回应协商机制链中的第三方监督机制,就具有整合功能或发挥着整合的作用。

五、社会回应团结机制建设

社会回应中的社会团结是其关系发展的最高层次,因而社会团结机制在社会回应机制链中也是最高层次的机制。"团结是在群体内部发展出的被称为我们的情感,因为它是一种特殊的群体,它受规范而不是更广泛的价值观所支配"。② 在这个意义上,对于由社会回应关系持续发展而形成的社会团结,不仅具有这一特点,而且"团结"的程度(紧密度),并不如由政治行动及价值观催生的团结。

---

① 杰弗里·亚历山大:《社会学二十讲——二战以来的理论发展》,华夏出版社2000年版,第68页。

② 杰弗里·亚历山大:《社会学二十讲——二战以来的理论发展》,华夏出版社2000年版,第68页。

(一)社会团结机制的运行结构

社会回应团结机制建设是在社会回应相关机制建设基础建构的,尤其是在整合机制基础上。社会回应团结机制建设也包括外部机制如公共政策引导机制和内部机制两个部分,内部主要包括同化机制、组织化机制和制度化机制等。由此,社会回应团结机制的运行结构如图7所示:

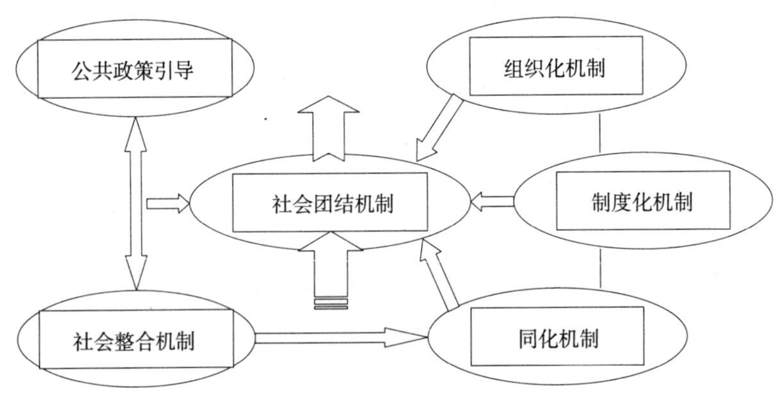

图7

说明:在特定的社会回应关系中形成的社会团结,由于并非一定在更广泛的价值观基础上建构,因而在其动态性中潜在一定程度的狭隘性。但是,社会回应团结机制总体上应是开放的和普适性的,至少对某一特定社会回应关系涉及的所有主体而言。

在社会团结机制建构中,公共政策引导机制起着重要的作用,而且这种作用在所有社会回应类型中都表现出来,并对社会回应关系发展的方向产生重要影响。在社会回应关系发展中,无论是诉求主体还是回应主体,不仅会把公共政策作为互动行动重要的价值参照,而且会因为公共政策的权威性而对其行为产生约束力。公共政策是否符合经济社会发展的实际,是否真实地反映和维护了最广大人民群众的根本利益,是否正确引导和积极促进了社会团结,在这个意义上,公共政策引导机制对社会整合机制作用的发挥及功能的显化产生影响。

（二）社会团结组织化与制度化机制

社会团结机制的内部运行机制包括组织化机制、制度化机制和社会同化机制。其中，组织化、制度化是社会同化机制的基础和条件。

社会回应主体的组织化和社会回应关系发展的制度化，是促进社会回应主体社会团结的重要机制。社会回应组织化机制与制度化机制联系紧密，但其功能有所不同。从制度化角度看，社会回应制度化进程虽然有“社会的”微观特征，如自治章程、村规民约等，但它必须与整个国家依法治国、依法自治进程有机联系，并受制于国家制度化总体进程，如在微观层面受公共政策机制的约束。在这个意义上，社会回应组织化过程及机制建设，将受制于制度化过程及机制建设，即社会回应组织化是依托其制度化而得以持续和健康发展。从组织化角度看，社会回应主体的组织化、社会回应方式及途径的组织化，以及社区内正式组织与非正式组织关系的组织化，自治组织与非正式组织关系的组织化等，是社会回应制度化的载体。在这个意义上，没有社会回应组织化，就没有社会回应制度化进程的有效展开。

在组织化过程中，社区内正式组织与非正式组织、自治组织与非正式组织关系的组织化，有利于整合社会回应中不同组织的组织资源，但整合的有序与公平，要通过制度化机制来保障；组织化有利于引导非正式组织和各种临时性群体甚至公民个人的回应行为，但规范其行为要通过制度化才能实现；通过组织化形成的组织内部规范，能够对其成员产生约束力，能够培育成员的集体意识、责任意识和提高其回应度与促进其团结。但是，促进和保障组织内部成员平等表达诉求的权利和在协商等初级整合中体现公正公平（社会认同、社会团结的基础），却有赖于与国家制度化相联系的社会回应制度化机制的建立。

（三）社会团结同化机制

在大多数社会回应关系中，都包含着不同主体之间的利益交换和博弈。在社会回应关系能够维持和发展的前提下,不同主体间的利益交换和博弈所显示的,一方面交换总体上能保持或体现公平公正,另一方面是关系发展中必然存在的冲突是可控制的。

社会回应中组织化和制度化机制是其同化机制的基础。同化是指一个团体或种族采纳社会主流文化,而成为该文化之一部分的过程。通过有序的组织化过程吸纳非组织化的成员和通过制度化整合不同成员的诉求或回应性诉求,如社区内各种组织最广泛地吸纳(联系)社区内的成员包括处于社会弱势地位的成员,并尽可能地反映和维护其利益需求,就能够促使社区组织之外的群体或个体逐步加入组织并接受组织规范及主文化,进而为实现社会团结创造条件。

多元主体在组织化、制度化基础上实现的整合,也是诉求主体与回应主体、诉求主体之间或回应主体之间实现社会渗透的过程,即人们在一种人际关系中逐渐变为亲密关系的过程。但这种关系的发展有前提条件,那就是:基于社会交换理论,互动者之间的交换所换得的酬赏要体现公平公正原则,以及包括在这一过程中获得他人的认同与容纳。其中还包括如何抑制回应关系中支配团体或强势主体扩张既得利益的期望与诉求问题,包括如何促进和引导回应关系中的团体和少数对支配团体或众数产生认同感,逐步实现自愿的和非自愿的认同同化和行为同化的问题。

由此,社会团结机制链中的同化机制建设,有三个主要的方面:一是结合组织化进程,增进社会成员间的交流、对话和沟通,如通过专业化的社会工作者促进不同利益主体之间的沟通与协商,促使不同成员对自己的意见、态度、信仰或行为进行修正,以吻合团体的形态,达成共识。这既是社会存在的必要条件,也是促进社会团结的必要条件。① 二是通过第三方监督机制、公共政策引导,以及政府力量

① 蔡文辉、李绍嵘编撰:《简明英汉社会学辞典》,中国人民大学出版社 2002 年版,第 34、35 页。

在特定条件下的必要介入,来实现交换的公平公正,抑制和控制支配团体或强势主体既得利益的扩张,保障处于弱势地位的参与者的权利。三是通过基层党组织、党员和社区自治组织、地方人大代表和政协委员,开展广泛深入的思想政治工作,积极反映不同群体和公民个体的诉求,进而培育公民意识。同时,大力提倡团结、互助、友爱、协作精神,促进社会成员间的认同同化和行为同化。

第十一章　社会回应度研究①

研究回应度是研究回应范式的理论深入，而与回应范式相对应的是回应度范式。回应度作为一种研究范式，包括政府回应度、社会回应度和共同回应度三个相关范畴；包括四重内生性关系和三个基本特征，以及六个相互关联的技术维度。

第一节　回应度

回应作为多元主体（包括政府在内）之间的一类互动关系和状态的观察与描述，与社会学互动理论相联系，互动理论考察的"深度、向度"等理论概念，是分析和描述"回应"关系的重要理论维度。回应与互动既有相似又有区别②，因而我们提出"回应度"这个理论概念。

一、回应与信息的关系

信息论奠基人美国数学家 C. E. Shannon 认为，从数学上度量信

① 戚攻、刘卫红：《论回应度及研究范式》，载《理论学刊》2007 年第 6 期。

② 关于"回应"与"互动"的区别，参见本书第一章。

息,可把信息解释为用来消除随机事件不定性的东西,即“信息是组织程度,能使物质系统有序性增强,减少破坏、混乱和噪音”。控制论创始人 N. Wiener 认为,“信息是有序的度量”,并“意味着人与外界相互作用的过程中所交换的内容”。①

一切社会交往都是以信息的传播和交流为基础的。人们是在相互回应中以信息交流来实现资源及情感的交换,继而形成共识和产生共同行动。这里的“资源”涵盖了权利、情感、信息、价值认同等互动者所需的物质和精神的一切具有价值属性的东西。

(一)从信息传递与回应

从系统的角度审视回应,它是具有共同价值取向及特征的行动主体,通过一定的互动平台(相互回应关系的建构形成一种环境),实现“信息”的交流和达到“信息”的互纳与互容后,以资源和情感的互换实现同态输出的过程。在这一过程中,回应关系中的“信息”是指一切可以让互动双方或多方感知的各种意识和行为的输出。而“信息的互纳与互容”是指参与回应的双方与多方输出信息的互为吸纳、调整与触发过程,它反映了行动者的相互依赖性,如在现实的回应关系中,某一特定的诉求,既限定回应对象的数量、范围,又限制着回应者回应方式的选择;反之,回应信息又促进或限制着诉求主体对诉求的调整或改变。所谓“资源互换”,是指互动主体之间的利益交换或权利让渡,而“同态输出”是指回应关系中的双方或多方对回应(互动)客体基本认同后,发生和进行的相互依赖的实践活动。另外,“一定的信息平台”是指在某种社会场域中的多元主体,可以实现信息交流和互容的社会机制及社会条件的总和。

与传统政府管理自上而下的垂直性、单向度的信息传输方式不同,在共同建设、共同治理环境中,回应关系强调多元主体间双向或多向度的信息互递、互纳和互容。回应关系中特定的诉求主体,是通

① 编委会:《简明社会科学词典》,上海辞书出版社 1984 年版,第 762 页。

过各种信息输出渠道(方式)来表达利益诉求,而任意主体是通过对其他主体,其中也包括诉求主体的信息的收集和整理后输出对应信息。这一过程既可能表现为响应、部分响应,也可能表现为扭曲和消解,还可能随着任意主体的分化或从潜在主体走向显化主体而嵌入新的回应性诉求。特定的回应主体是通过特定诉求主体和任意主体的信息互换,"挖掘"出多元主体可能达成共识的潜在利益域以后,以制度化或"半制度化"的形式,来实现不同主体之间都能接受的公共产品或公共利益的分配(社会回应过程也是同理)。由此,健康的和可持续的回应关系建构,有赖于信息的流通和信息在传递中的不失真。

(二)回应关系中的信息流程

在回应关系的产生和发展中,需要多元主体之间实现信息的互传、互纳与互容,而信息的互传、互纳与互容,是以他们的互动来实现和表征的。在现实社会中的互动,通常表现出行动主体网络共生、信息输出互为对应和相互触发与相互制约的共同特征,并在回应过程中构成基于共同利益或期望的、以利益分配为节点的共生体。因此"共生"与"同构"是其重要的特征。基于治理的视角,在共生关系中(这里的"共生"首先强调"联系"①),当政府以主体之一的身份参与时,是与多元主体结成星状的扁平网络形关系结构,而并非完全是垂直的上下层级或主副体型的关系。信息输出与输入的对应性和相互触发性,是指回应过程发生的前提是主体间的"信息"的输入与输出,即不同主体依据回应关系的性质维持、修正或抵制诉求,继而选择回应或不回应(噪声)。由此,回应关系持续递进所需的量能平衡,是以回应过程能有效维持信息输入与输出为前提的。

要维持回应关系中信息输入与输出的量能平衡,不同主体间的

① 蔡文辉、李绍嵘编撰:《简明英汉社会学辞典》,中国人民大学出版社 2002 年版,第 229 页。

共生一般要体现强相关关系，而失去量能平衡的回应关系将逐渐消解或发生回应过程的中断。基于此，我们设计出回应关系中主体间互动信息的流程图。如图1所示。

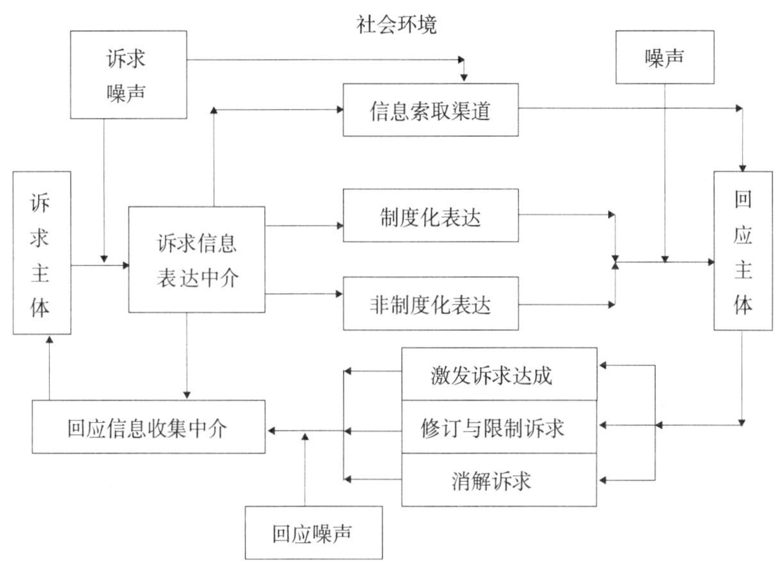

图1　回应过程的互动信息流程图

由于回应关系的发生及发展，存在多元主体间对公共利益分配进行信息交换和博弈的性质，并希望通过利益交换来实现公共利益分配的相对合理化（非量上的等值）。因此，基于图1中包含两个假设：一是回应关系中每个主体诉求目标的实现，都受制于其他主体的利益需求，即使在"政府回应"这类公益性回应关系中也是如此，如政府通过公共资源的再分配，回应了弱势群体的生存需求（如建立最低生活保障制度）后，才客观上获得了社会稳定与社会和谐这一公益性的"结果"和提高了公众对政府的认同度。二是回应主体的每次回应本身，也是其回应性诉求的一次表达，但回应主体通过回应表达的回应性诉求，与回应关系中首先提出诉求的诉求主体不同，即"回应性诉求"要获得某种"结果"，更带有博弈（参与）的特征。在回应关系中,对诉求主体而言,是希望通过诉求信息形成的"压力"来限定回应对象(客体)、限制回应主体的类型、限制回应主体对回应方式的选择,以及对回应主体的回应时效、回应刚度等形成要求。与此同时,回应主体将依据资源交换的基点——自身利益的"底线"和参与回应的可能性与机会成本,以及回应的时效、诉求"压力"所容许的弹性范围等,来确定回应意愿并输出回应信息。在这个意义上,回应主体输出回应信息的过程,也是回应主体通过回应来表达诉求的一种博弈过程,即也是回应主体通过响应、部分响应或减弱、限制诉求信息等方式来降解诉求压力的过程。

二、回应度界说

"度"既是衡量某种或某类事物的一种标准,也是衡量事物发展和维持该事物发展所需场域的条件,它体现着事物自身发展中质与量的统一关系及关系的和谐程度。

(一)度与回应度

"度"是计量长短的标准,但其理论意蕴又非常广泛:一是以此描述和表明事物的大小、强弱、高低等特征和限度;二是指"事物保持自己的质的稳定性的数量界限,或某种质所能容纳的量的活动范围";①三是指是维持某种关系的基本条件和限度。在社会回应中,回应关系能否持续和有序发展,既与回应关系中诉求主体的诉求压力的强弱相联系,又与回应主体的方式选择是否遵循有关规则相关联。当政府扮演诉求主体的诉求(公共政策)形成的压力过大时,会制约社会主体的回应及方式的选择,甚至会导致回应关系的中断,如一些地方政府非依法行政时所遭遇的尴尬。在政府回应中,信访工作机制的作用与功能要正常发挥,公众作为诉求主体和政府扮演回应主体都必须共同遵循《信访条例》,以此才能使回应关系得以持续

---

① 夏征农主编:《辞海》(缩影本),上海辞书出版社 1999 年版,第 1032 页。

和有序。还有一种情况是:当政府作为诉求主体提出“建设和谐社会”诉求时,公众的回应是以政府能否和在多大程度上有效解决现实社会中存在的突出矛盾和问题(限度问题)为前提条件的——回应度高或回应度低。

于尔根·哈贝马斯(Jüergen Habermas,1929—)在其《关于沟通行动的理论》中曾认为,社会行为相互协调的基本机制无非是“同意”(Einverstaendnis)和“影响”(Einflussnahme)两种。他说,“我把一种认同称为共识,指的是由它建构起同意,由此在各个主体之间才终于赞同可以进行批判的那些有效性要求”。① 在这个意义上,回应是多元主体通过互动信息的相互吸纳后触发某种共同行动的过程,而“回应度”是对回应过程中参与回应的多元主体间互动信息的相互吸纳和其行为相互影响程度的总体判断和描述。② 在这一界说中,“吸纳”表示主体在互动中对某个(类)诉求或期望信息辨识后的认同和接纳,并且隐含着某种“同意”的共识,“影响”指诉求主体输出的信息对回应主体形成的压力,以及回应主体信息吸纳后的输出,对诉求主体和相关潜在主体持续互动构成的约束。

(二)与回应度关联的四种情行

在回应度中,“吸纳”与“影响”是一对互为因果的关系。“吸纳”有响应、过滤、扭曲和抵触四种情行,而“影响”也有四种情形:激发、调适、限制和消解。因此,在回应关系中,把回应主体对诉求的吸纳程度同回应主体的回应对诉求主体的影响程度相联系,便内生出以下四对相关范畴和情形:

1. 响应与激发

响应与激发是指参与回应的多元主体完全认同某个期望与诉求

① (Habermas,J. 1989),转引自高宣扬:《当代社会理论》,中国人民大学出版社2005年版,第1020~1021页。

② 戚攻、刘卫红:《论回应度及研究范式》,载《理论学刊》2007年第6期。

时，行动者通常会在共识基础上采取相互配合的行动，以积极促成共同期望或诉求的实现。如在我国改革开放之初（1978～1981年），当政府修正了支边青年和上山下乡知识青年返城政策时，全社会表现出了极高的社会回应度和采取了积极配合的行动。

2. 过滤与调适

过滤与调适之间包括三种情况：一是回应主体有选择地认同诉求内容，然后输出相应的信息以影响和促使诉求主体调整诉求来保持回应关系。如在政府举行的关于某些公共产品价格听证会中，当多元主体的社会回应与政府诉求之间存在巨大反差时，政府理应对其诉求作重新审定和思考。二是回应主体在回应关系发展的某个时期有选择地认同诉求的某些内容，而随着回应关系的发展调适自我，从而保持参与回应的机会。如建立社会主义市场经济体制的过程，即是多元社会主体逐渐调适自我进而积极参与的过程。三是参与回应的多元主体中只有部分主体认同诉求，如在某个地方政府为发展而做出某种撤迁安排中，往往会发生只有一部分直接回应主体对政府诉求持肯定态度的情况，不同取向的直接回应主体需要通过过滤与调适，来彼此协调出新的共识域，从而使回应关系得以持续发展，并为提高自身作为一个群体或临时性群体的回应度。

3. 扭曲与限制

扭曲是指参与回应的主体按照自己的意愿及价值取向，以限制或解构诉求主体诉求的方式来吸纳诉求信息的过程。这一过程在方式上，回应主体一般是通过嵌入新的回应性诉求（内容）来限制或改变原有诉求主体的诉求。可能产生的结果是：回应主体以突破原有诉求维持的“度”的方式来调整回应关系，或者回应主体完全偏离诉求主体的原有诉求的目标和方向而建构新的回应关系。

4. 抵触与消解

抵触与消解是指参与回应的主体不仅不吸纳诉求信息，并且以各种“噪声”来掩盖或消除诉求信息，最终促使诉求主体的诉求消解和回应关系过程中断。如少数地方政府做出的某些政策安排,由于社会回应主体的不认同和抵触,而最终导致其政策回收或"自然"消解的情况。重庆市政府在20世纪80年代初曾经出台过城市环境卫生管理的有关文件,文件规定:公民个人若在公共场所乱丢烟头或吐痰,将处以罚款,为执行这一规定,政府聘用了大量的"社会监督员"。在当时的历史条件下,一次性处罚最低限度为人民币5元的规定,在1985年全国性工资改革以前已经属于"重罚",但这一规定试行后不久即"自然"消解,而且至今未恢复执行。这一事例反映出:政府诉求(公共政策)与公众回应度是与一定的经济社会发展条件是相联系的。当公众对政府公共政策形成的是低回应度时,会影响公共政策的实施甚至导致公共政策的失败。

另外,在回应关系中,影响多元主体彼此间接纳和处理信息程度的因素,存在上述四种回应信息互动的情形,而且在同一回应关系中既可能多个回应主体采取不同的信息处理方式进行回应,也可能某些主体在回应关系发展中采取不同的信息处理方式。这种现象说明:回应是一个具有连续统特征的社会互动过程,考察回应度需要对主体互动关系的建构过程进行分层、分类和分时段。

三、回应度的基本特征

简言之,回应度是对一种回应关系、性状的量及程度的描述,并具有客观实在性、判断的主观性和发展的动态性三个基本特征。

(一)回应度的客观实在性

虽然回应主体的回应意愿和方式的选择具有强烈的主观性,但回应度是对回应关系中主体信息交流状态和互动程度的客观描述,而这些描述是由一些可以观察到并能够被表述出来的客观事实及事实产生的情景所组成。2004年温家宝总理为农民工"讨工资"的事情发生后,从中央政府到各级地方政府均出台了相关政策,从而在全国范围内形成了一种特定的社会情景,于是多元社会主体开始积极回应,并最终形成了全国性的社会回应。在这一过程中,要测定社会回应度可选择多种方式进行,如可以测定当年全国农民工被拖欠工资的状况与上年同期的数量比,测定全国新闻媒介、互联网等对该问题的关注程度(报道频次,以及该事件被评为当年“中国十大新闻事件”和当事人被评为“2005 年度中国经济人物”),如可以通过调查方法统计出有多少省、自治区、直辖市政府在当年出台了有关政策等。回应度的客观实在性要求人们以科学的方法对事实进行准确的采集。

(二)判断回应度的主观性

观测回应度源自对客观事实和情景的观察,但对它的判断与感知却受制于人们的认知、能力和价值取向。在社会回应中,无论是公众还是单位组织,依据的价值准则都是双重的,即社会的和自身的,因而回应主体的价值取向本身就存在某种冲突。同时,不同回应主体对同一诉求的感受(压力)和认知(差异)不同,因而对同一回应关系及“结果”的满意度也存在区别,尤其是在市场经济条件下。有学者指出:“我们可能会分享相同的数据,至少我们相信我们分享相同的数据,但这一事实并不意味着我们看到同一件事。价值观、信仰、意识形态、利益以及偏见等都塑造我们对事实的感知。”①所以从一定意义上讲,回应度是人们主观判断的产物,它不能脱离试图界定它的属性和价值的利害关系人。

(三)回应度发展的动态性

回应既可能是围绕某个主体多次的相互回应,又可能在持续的互动中嵌入新的回应内容和形式。随着回应关系中诉求的变化,无论是诉求主体还是回应主体都既可能增加也可能减少,进而影响到回应关系发展的频次、深度、刚度等。因此,具体分析回应度,必须审

---

① Wayne Parsons, Public Policy: An Introduction to the Theory and Practice of Policy Analysis, Cheltenham: Edward Elgar Publishing limited, 1997, p. 88.

视其时间、空间、对象和方式，需要考察回应关系发展的性状、特征及变化，并坚持系统的发展观来分析回应度。

第二节　研究回应度的视域

把自然科学成果及研究方法引入社会学，是社会学研究的重要趣向，尤其是在政治社会学研究中，政治沟通理论与系统论、控制论和信息论的研究密切相关。

一、回应度研究的学科拓展

美国政治学家卡尔·多伊奇(Karl W. Deutsch)在1966年发表的《政府的神经》一书中认为，政治系统和其他诸系统一样，是通过信息的获取、传送、处理、利用控制而实现自我维持的目的。[①] 而当代社会系统理论代表人物鲁曼(Niklas Luhmann，1927～1998)在现代信息科学和生物科学高速发展的背景下，又将社会沟通系统纳入到了系统性的信息处理过程中去。[②] 我国学者俞可平认为，政治沟通是"政治系统进行输入—输出的工具。与此相一致，这种'政治沟通分析'就是运用控制论和信息论的原理对政治系统输送、获取、存储和处理信息的过程进行解释的研究方法"[③]。同样，学者林伯海也认为，政治沟通就是通过一定的沟通媒介，不同政治主体之间关于政治消息、思想、态度的有效交流和传递的过程。[④] 由此可见，政治沟

---

① Karl W. Deutsch, The Nerves of Government: Models of Political Communication and Control, New York: Free Press , 1966, p. 145.

② 高宣扬：《当代社会理论》(下册)，中国人民大学出版社2005年版，第596～597页。

③ 俞可平：《权利政治与公益政治——当代西方政治哲学评析》，社会科学文献出版社2003年版，第57页。

④ 林伯海：《思想政治工作的政治沟通功能新探》，载《学校党建与思想教育》2001年第6期。

通理论对回应度研究是有支持作用的。在现实中，政治沟通本身包含着回应，而且政治系统与其他系统之间沟通、交流的有效性及方法的科学性，既对政府回应度产生影响，又对社会回应度构成某种制约。

系统具有多重特质，①并对回应度研究有支持作用。在现实中，回应关系持续发展的条件是，主体间的信息匹配和量能平衡提供了相互依赖的场域，否则回应关系就可能中断。从控制理论审视系统稳定度的概念，是可以作为分析回应关系中主体稳定的、不间断的回应信息输出程度的描述量，如控制理论中关于反馈的研究，实际就是回应研究（科学意义上的），即基于反馈对系统进行循环修正式的引导和控制来实现系统的总体发展目标的研究理念及方法，可借助来研究回应度的提高和回应机制问题。基于信息论中如何实现信息的高效传递同时又避免信息超载的理论，对提高回应度的研究和回应机制的构建等也是有借鉴意义的。

另外，研究回应主体的回应成本、效率与回应度的关系时，可以将经济学的利益分析方法纳入研究视野尤其是在社会回应研究中。同时，反映回应度的各类事实的采集和分析，还需要应用统计学和社会调查研究的原理及方法等。

二、研究回应度的三个说明

回应度的研究既是一个理论问题，也是一个实践问题。

（一）政府回应度与社会回应度

根据回应范式，我们把回应度区分为：政府回应度、社会回应度和共同回应度三个分析概念。其中，政府回应与社会回应研究是相

① 张文焕：《控制论·信息论·系统论与现代管理》，人民出版社 1990 年版，第 12～18 页。作者认为，系统的多重特质包括：完整性和相互依赖性、等级关系、自我管理和控制、与外部环境交流、平衡、变化和适应性，以及同等终极性。

互参照并相互联系的，而共同回应由政府回应和社会回应互嵌互换形成。因此，基于社会回应和政府回应相互对应的视角，我们把社会回应度和政府回应度视为可以相互参照的量，而把共同回应度视为社会回应度和政府回应度叠加的分析量。

（二）回应度分析中的概念转化

对回应度的分析，需要就一个具体的回应关系进行分段分析和叠加综合分析。在本章中，我们不对共同回应度作详细分析，是因为我们把共同回应视为社会回应和政府回应有机耦合的形式。换言之，当社会回应或政府回应最终发展为共同回应时，我们就将共同回应视为某个社会回应或政府回应中回应度最高的形式。

（三）社会回应度研究中的侧重

社会回应包含三种类型。在"社会组织及公众回应政府"的第一种类型中，研究社会回应度，实质是研究社会多元主体的响应度（认同）、参与度和合作程度，而与之相对应的政府回应，实质是研究政府对公众诉求接纳后的公共政策对民众价值偏好的反映度和时效。政府对公众诉求的接纳与反应程度，直接影响着"社会组织及公众回应政府"的社会回应度。在社会回应的"社会组织及公众之间的内部回应"类型中，由于存在没有政府参与的情形，其回应度研究的重点是考察影响部分主体回应度的社会基元，而与之相对应的政府回应度研究，是考察政府作为互动资源提供者、裁判者和服务者的介入程度，即运用行政化机制实现制度整合的度。对于社会回应中的第三种类型——"社会成员的自我回应现象及过程"，不作为我们研究的重点。

第三节　回应度的分析维度

回应度反映了参与互动的主体们对彼此信息输出的吸纳和对互动的影响及程度。互动理论提供了如深度、向度、广度等一组参考维度，但结合社会回应的三种类型，我们研究的视角有新的拓展（借鉴与创新）：一是我们借助“向度”考察不同主体之间互为响应或限制的关系；借助“广度”研究参与回应的主体的数量和种类；借助“深度”研究回应关系的属性、层次和结果的影响。二是我们提出“频度”（包括频次）来考察回应关系的发生与发展；提出“弹性度”来分析回应关系中互动行为目标的相互制约度和激发度；提出“稳定度”来研究回应关系及互动行为的可持续发展。

一、向度

向度是判断回应主体对诉求信息的认同程度和对其发展方向的牵制程度。它反映回应主体输出的信息与诉求主体的诉求在方向上是否一致，回应主体对诉求是否接纳等。

回应主体对诉求信息的响应、过滤、偏离、消解是回应关系中四种常见的向度形式。诉求是否体现和满足回应主体的利益与价值需求，是影响甚至决定回应向度的主因。具体而言，“响应”表明回应主体完全赞同诉求目标，其行动方向与方式在于促使诉求目标的达到；“过滤”是回应主体大体认同诉求目标，但仍然有不愿意回应的部分，其回应的方向与行动方式与诉求目标之间存在一定的差距，但期望诉求主体调整诉求目标；“偏离”表明回应主体基本不认同诉求目标，但又不具备驳回诉求的能力或不能驳回诉求，所以其回应的方向是朝偏离诉求目标的方向累积，并潜在着最终消解诉求的取向；“消解”表明回应主体不认同诉求目标，同时具有解构诉求的可能选择，其回应的方向与诉求完全相反，并以此来减弱或消除诉求。

另外，如果某些回应主体的回应具有社会危害性，即违法的或侵犯人权的，那么，无论这些回应主体的回应方式及行动是否有利于诉求目标的达到，我们都将其归为“负向度”。

二、广度

广度是反映参与回应关系的主体的数量、类型，主体归属的阶层、地域分布和回应关系所涉及的利益域等的量度。如果回应关系涉及的主体数量大、类型多，阶层构成多元、地域分布广和涉及的利益域大，我们则称为广度广（广与狭只是相对概念）。如回应主体包括两个以上阶层的成员并涉及多重利益关系，原则上即为广度广回应。如公众围绕政府医疗体制改革诉求所形成的回应关系，就是一个广广度的社会回应关系。

三、深度

深度是反映回应主体信息输出的规范程度、持续时间和回应结果对所有参与回应过程的多元主体的影响程度的量度。若在一个回应关系中，回应主体需要输出的信息越规范、持续时间越长、回应结果所产生的影响就可能越深远，即深度深。在这个意义上，制度化是社会回应关系持续和良性发展的重要条件。

判断政府回应“深度”有两个视角：制度回应和非制度回应。前者属于深度回应，后者属于非深度回应，而非深度回应的形式多元，如图 2 所示：

从回应度的角度看，社会回应的初级形式是知情性回应，即对政府各种政务、决策信息了解和知晓后的应答或不应答的回应；中级形式包括协商式回应与合作性回应：前者指社会主体之间在自主协商基础上形成共识或对政府诉求的修正性协商等；后者指多元主体在认同政府诉求基础上，对公共政策采取合作态度。社会回应的高级形式有参与决策回应，如政策提案、社会监督、公民投票表决等。由于制度回应不是社会回应的主要特征，因而中级和高级形式的回应属于社会回应的深度回应。

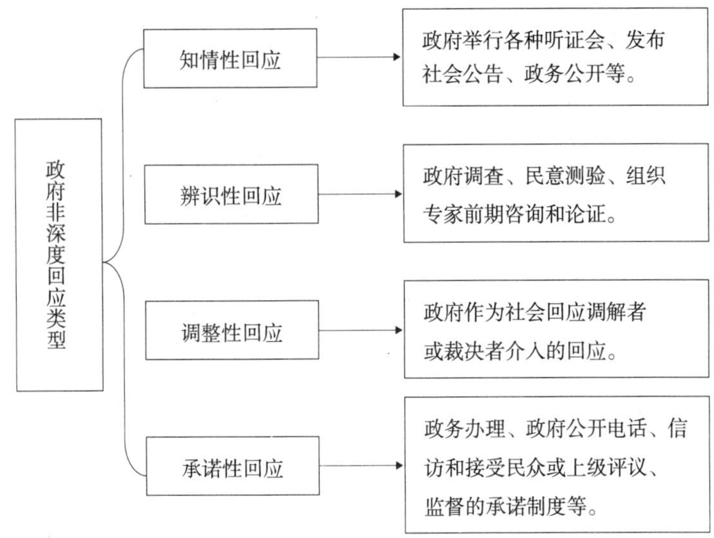

图 2 政府非深度回应的类型

四、频度

频度是衡量回应过程中回应主体与诉求主体相互输出、输入信息次数的量度。它与回应关系中的向度、深度相联系。当回应关系中的双方围绕某个诉求多次信息输出、输入和互动，并推动回应关系持续发展时，表明主体间互动频次高，信息量大和回应主体参与回应的主动性高。

五、弹性度

"弹性"有两层含义：一是指物体受外力作用变形后，除去作用力时能恢复原来形状的性质；二是比喻事物可多可少，可大可小的伸缩性。① 前者揭示了具有弹性的受力物体对外界压力的敏感度和根

---

① 中国社会科学院语言研究所词典编辑室：《现代汉语词典》，商务印书馆1979年版，第1104页。

据外力以相应的形变产生的作用力来抗击压力和恢复自身稳定的形态。它反映出回应主体对诉求信息的敏感程度和在诉求“压力”下回应主体回应“压力”所输出信息的适宜程度。后者反映出回应主体在信息处理基础上的输出对诉求的限制刚度。若回应主体能及时并准确地捕捉诉求主体发出的诉求信息，并有能力及时、高效、灵活地回应诉求，我们称之为弹性度高。

六、稳定度

系统的稳定指“系统的结构与功能在涨落作用下的恒定性，亦即系统状态或状态序列或输入—输出关系在涨落作用下的恒定性，换言之，说一个系统是稳定的，是指该系统具有自身量度的规定维持自己的质的规定性的统一，使涨落引起的量度不会引起质变的界限”。①

系统的稳定性主要包括两方面：一是系统本身结构的稳定性，即在无外力作用下系统各组织和各成员之间具有相对固定的角色和持续的动力来维护自身输入—输出的良性循环；二是在有扰动和噪声情况时，系统暂时偏离平衡状态后能调整回到新平衡状态的能力，即抗干扰和克服噪音的能力。稳定度就是从“稳定”含义的两个方面来描述回应关系及性状，并反映回应关系持续发展的可能程度。从一定意义上讲，回应关系链是诉求输入和回应输出的信息互纳、互容的系统。回应过程及性状的稳定源自于信息输入与输出的量能平衡。在社会实践中，若政府的诉求得不到公众的响应、拥护与合作，而政府诉求又缺乏一定的弹性时，回应关系就可能中断，这同时也意味着政府诉求难以转化为现实生产力。

“稳定性”问题有两种特殊情况：一是系统结构的稳定性在一定条件下会逐渐丧失，即系统在一定条件下会逐渐消解。当系统的各

---

① 朴昌根：《系统学基础》，四川教育出版社1994年版，第245页。

元素随着时间的延长而输出减弱或动力丧失，系统逐渐由一个整体变为各元素独立的状态时，系统就会失去原有的稳定结构和统一的规定性。这种不稳定的状态会导致诉求主体与回应主体信息交互的相关性衰减。二是系统结构的稳定性是系统状态稳定的基础条件，但在现实中的回应关系是一个发展的过程，回应主体间的回应是相互触发和相互制约的，即使在结构稳定的情况下，主体间信息的不平衡和不对称情况也时常出现，因而系统的稳定与波动都是相对的。但系统具有自我调节、抗扰和修复能力，这是系统稳定性的重要体现，也是回应度中关于弹性考察的重要标志。

综上所述，判定回应度的六个指标是一个综合体系。但对不同回应类型或某一具体的回应关系的考察，其维度的选择和侧重不同：在社会组织及公众回应政府的类型中，考察向度、广度、频度是重点；在政府回应社会组织及公众的类型中，向度、深度、弹性度、稳定度是考察的重点。

另外，通常情况下，在同一回应关系发展的不同阶段，对六个指标的应用也是有所择重的，如在社会回应关系的发展初期，向度是第一位的；在中期，频度的考察则成为重点；在政府回应中，深度、稳定度的考察是关键等。

第四节　影响回应度的因素分析

在现实社会中，影响社会回应度的因素多元且复杂，而且一定时期的政治体制及公共政策、一个地区的经济文化发展水平及社会转型速率、一个地区的社会控制方式与社会稳定程度，以及人们在一定时期的社会心理和公共信任环境等，都将影响社会回应度。我们不选择这种影响源进行分析，而是选择在一个相对完整的社会回应关系中，考察其主体（诉求主体和回应主体）、互动内容、回应平台（机制、通道、中介）和回应形式四个相互关联的基本要素进行分析，或许这样更具有普遍意义。

一、影响“社会组织及公众回应政府”的回应度因素分析

主体、互动内容、回应平台及回应形式四个要素都对回应度产生着影响。其中,主体诉求及诉求质量、互动平台(机制、通道的数量与有效荷载度)等是影响回应主体回应度的外部因素。而回应主体的回应意愿、回应主体的社会特征及能力(资源占有)、主体回应方式及途径的选择等则是回应度的内部决定因素。

(一)对影响回应度因素的微观分析

1. 外部因素之诉求质量及层次

社会回应的第一种类型是指多元社会主体围绕各种公共政策形成的回应关系,其中政府扮演诉求主体的角色,即“社会组织及公众回应政府”。为便于做典型分析,我们把政府诉求限定为“公共政策”。

公共政策的质量是激发和限制回应主体的类型、数量,以及是否参与回应的前提。公共政策质量包括三个方面:一是公共政策的效益质量;二是政策的价值取向,即政策公平性;三是公共政策的结构质量,即政策的连贯性、操作性、普适性和较高的稳定性。

第一,公共政策的效益质量问题。公共政策与回应主体意愿的重合度,是影响回应有效性的重要因素,也是测定公共政策效益质量的因素。在通常情况下,公共政策的向度与回应主体意愿(向度)的吻合度有三种情况。一是两者具有高度的一致性,在这种情况下,回应度为正向度,如关于“建设社会主义新农村”、“坚持五个统筹”等形成的社会回应。二是社会主体的愿望高于或超越公共政策限度,或者一些地方政府基于资源和治理成本而降低诉求的层次和涉及的范围所形成的差距,如社会主体期望尽快解决社会公平问题,而政府受制于一定经济社会发展水平和体制、机制及法治建设不完善等因素,只能逐步解决(阶段和范围)。三是公共政策超越一定的经济社会发展条件或违背绝大多数社会主体的意愿,如“铁本事件”、“嘉禾

事件”等形成的负向度回应。

在三种回应向度中,复杂的是第二种情况。在第二种情况中,社会主体总体上是愿意参与回应的,但又有所保留。保留是指其中一部分社会主体采取非正面回应——回避或者只是形式上的回应、短期回应。例如,在我国,由于腐败案件的查处存在较高时滞度的问题,即腐败案件查处的平均时限为5.2年,如表1所示。导致腐败案件查处存在较高时滞度的原因是多方面的,但有效保护举证人的法治机制的缺失,以及公民、新闻媒介是否有条件参与对社会腐败现象和行为的监督以及监督的深度(有效性与可能性)等,是影响社会回应向度的重要因素。

表1 部分腐败案件查处时滞表①

腐败人物	原任职务	案由及始发期	查处期	查处时滞
李效时	国家科委副主任	索贿受贿,1992年	1994年	3
郭正文	中国煤炭销售运输总公司总经理	贪贿,1993年	1993年	1
阎健宏	贵州计委副主任,贵州国投董事长	贪污受贿,1992年	1995年	4
郭政民	贵州省公安厅厅长	数罪,1992年	1995年	4
欧阳德	广东省人大副主任	贪贿,1993年	1996年	4
铁英	北京市人大副主任	严重违规违法乱纪,1992年	1995年	4
胡健学	山东省泰安市委书记	收贿,1992年	1995年	6
陈水文	湖北省副省长	收贿,1992年	1994年	3
莫妙荣	浙江省萧山市市长	收贿,1992年	1996年	5
靳建辉	陕西省民政厅厅长	贪贿,1992年	1997年	6

① 王传利:《1990年至1999年中国社会的腐败频度分析》,载《政治学研究》2001年第1期。

腐败人物	原任职务	案由及始发期	查处期	查处时滞
朱胜文	哈尔滨常务副市长	贪贿,1992 年	1998 年	7
孙小虹	云南省高级法院院长	违纪,设小金库,1992 年	1999 年通报	8
杨文宽	中国银行南通分行行长	违规贷款,1992 年	1998 年宣判	7
王建章	建行山东分行行长	非法贷款与贪贿,1992 年	1998 年判刑	7
于　飞	广东省人大副主任	非法牟利,1992 年	1999 年	8
鹿崇友	江苏省连云港市副市长	非法牟利,1992 年	1999 年	8
李连维	甘肃省机械工业厅厅长	贪贿,1992 年	1995 年	4
王大森	浙江省化工厂厂长	贪贿,1993 年	1997 年判刑	6
孙立荣	青海省经委主任	贪贿,1992 年	1997 年宣判	6
张德元	湖南省国际信托投资公司总经理	受贿,1991 年	1997 年	8
圣金玉	上海市总工会副主席	受贿,1992 年	1995 年被公诉	4
郑茂亭	河南省投资银行行长	受贿,1992 年	1995 年立案	6
王新民	河南省清江市市长	受贿,1991 年	1996 年判刑	6

资料来源:王传立:《1990 年至 1999 年中国社会的腐败频度分析》。

第三种情况是诉求主体与回应主体向度相悖或相反而形成的负向回应。在这种情况下,由于公共政策具有较高的社会控制刚度,因而回应主体要么极力规避回应,要么在无法规避时往往会倾向于制度外行为来回应政府。当达到一定数量的社会主体不得不选择制度外的方式或途径回应政府时,就有可能发生群体性突发事件。在这个意义上,政策评估是“政府政策制定过程中的一个重要环节”,它是指政府“努力‘用多种质询和辩论的方法来产生和形成与政策相关的信息，使之有可能用于解决特定政治背景下的公共问题'"。①虽然这一方法具有西方"专家治国论者"以经验主义为基础的技术方法评估公共政策的特征，②但也有借鉴的意义。我们可以通过"从群众中来，到群体中去"的群众路线进行互验。

第二，公共政策价值取向的公平性问题。公共政策的公平性反映着公共政策的价值质量。基于权威理论，政府是公共政策的制定者。但我们的政府更是人民的政府。公共政策作为对社会公共利益、公共产品进行权威分配的一种机制，它的产生及形成过程，应是政府与多元社会主体相互回应的结果。而在这一过程中，政府与社会主体之间相互回应的向度、频度和深度，以及政府在与社会力量互动中的对象及方式选择等，会对公共政策的公平性产生重要的影响。值得注意的是：在现实中，由于社会回应主体客观上存在分化、分层的情况，因而政府即使采用征求"公开的意见"的方式，对处于社会弱势地位的个体或群体而言，也是难以参与回应的。我们了解到：社区中靠最低生活保障制度生活的弱势人群，对国家日常政治生活和地方政府的政务活动没有兴趣或者几乎完全不了解，因而也根本谈不上（参与）回应，而且他们中的多数人认为，自己"人微言轻"，"不知道怎么参与"，以及"参与也没有用"等。

第三，公共政策的结构质量，即连贯性、可操作性、普适性和较高稳定性问题。回应关系中主体之间的信息公开、透明和相对而言的对等，是提高回应度的重要条件。诉求主体提供信息的一致性表现为前后政策的连贯性和与之相关的其他政策的配套性和没有内在的结构性矛盾。"可操作性"是指政策对回应主体的权利和义务边界界定清楚，回应主体可以明确自己应该采取哪些与诉求相匹配的回

---

① 弗兰克·费希尔：《公共政策评估》，中国人民大学出版社 2003 年版，第 1～2 页。弗兰克·费希尔引用了威廉·邓肯（Willian Dunn）关于公共政策评估的概念。

② 弗兰克·费希尔：《公共政策评估》，中国人民大学出版社 2003 年版，第 11 页。

应行为。"普适性"指回应主体较少受地域、经济等因素影响而参与回应的广泛性。公共政策的结构质量反映着政府社会治理的能力及水平。脱离实际的、低质量的公共政策往往无法有效执行,而且还容易导致负向的社会回应。

2. 外部因素之互动平台

在回应关系中,主体间相互回应(互动)的平台包括相关的回应机制设置、信息通道的数量与通道的有效荷载度等方面。

在我国,政治信息的输出信道主要有三种(途径、载体)。一是党和政府的政治输出机构。二是大众传媒组织和机构,如以党报为代表的中国报业系统、以中央电视台为代表的电视传媒系统、以中央人民广播电台为核心的中国广播信息系统、以互联网为代表的网络咨询信息系统。三是各种社团组织传递系统,包括工会、共青团、妇联、各种学术组织、各种行业协会、各种民间团体和草根组织等。目前,我国社会回应信息的输出信道主要有:一是各级人大、政协,社会咨询机构或组织等的信息回馈。二是大众传媒。三是各类社团组织、社区自治组织的回应。四是部分政府的政治输出机构也担负了部分回应输入的功能与责任,如各地信访办。

从总体上讲,信道的质量即通道的性能和有效性,是影响回应度的重要外部条件。而影响信道质量及有效性的主要因素包括:信道的数量和性质,信道的有效荷载度等。

第一,信道的数量和性质对社会回应的影响。信道一般分为单通道、双通道、输入输出相独立的多通道。目前我国总体上还是单通道主控下的多通道信道。正如有学者指出,"虽然存在着许多沟通干系,但唯有一个沟通干系对国家的决策具有决定意义,其他沟通干系都从属于它",①那就是政府的信息传输系统。在社会回应的信道

① 俞可平:《当代中国政治的分析框架》,载《转变中的中国政治》,社会科学文献出版社 2003 年版,第 109 页。

中,人大、政协、信访办、大众传媒、政府性社团(工会、妇联等)是从属于同级政府的干系;而民间团体、非营利组织和各种草根组织等,由于缺乏相应的法定空间和制度化的回应通道,因而有时难以发挥有效信道的作用。当回应关系中的信息传递具有某种单向度(发布、告知的单通道传递)时,信息输入与输出的非均衡,客观上将导致低回应度现象的产生。当政策(指令)信息远大于社会回应信息时,社会回应信息的不足会导致政策在执行中积蓄结构风险和价值风险。当政策风险积蓄到一定程度时,对社会回应主体而言要么不参与回应,要么采取非制度化的负向回应方式,如采取群体事件方式迫使政策修改或终止。

第二,信道的有效荷载度对社会回应的影响。噪声、信息超载、信息冗余等都是降低信道有效荷载度的重要因素。目前,我国政策信息传送中信道的有效荷载度比较低,并存在一定的噪声和部分失真的问题。如现实中一些地方政府、单位组织在政策信息传递中的“各取所需”现象,“上有政策、下有对策”现象等。虽然我国政策信息传送后的反馈信道有四条(反馈信道的有效载荷与基层民主政治建设相联系),但这四条社会回应信道的有效荷载度都比较低,并且还存在噪声和部分失真的情况。我们在问卷调查中发现:多数社区居民不知道“谁”是该地区的人大代表或政协委员,甚至在一些以某个大型单位组织为主体的“单位社区”中,其社区成员的素质虽然较高,但多数成员也不知道“谁”是该地区的人大代表或政协委员。这反映出一些基层人大代表和政协委员因各种主客原因而接触社区群众较少,其作为社会回应代言人所掌握的信息就可能存在不准确的情况。

从一定意义上讲,政治信息输出中的噪声和部分失真,会直接影响社会回应信息的质量。当前,影响我国政治信息向基层输出质量的原因,主要有四个:一是一些基层党、政机构的职责和权力划分不清,影响了政治信息输出的质量;二是政策信息传递过程的多环节和多层次,难免信息遗漏和部分失真;三是一些基层政府或政府组织基于自身利益而存在信息占有、截留和延滞的情况；四是一些政府部门和领导对政策信息的理解角度和深度不一，以及所谓“传达主要精神”的主观选择，客观上存在主观过滤而难免发生曲解的情况。

政治信息输出中的噪声和部分失真，对社会回应主体的影响主要有四个方面：一是政治信息输出的差异性（政治信息本身的差异性）会影响回应主体的判断；二是政治信息的非公开性（指少数占有、截留和延滞信息的情况），会影响回应信息的准确性和时效性；三是政治信息输出的非系统性（输出者的主观选择）会影响回应主体的判断；四是重复信息多，会造成回应主体认知的“疲倦”，从而降低社会回应主体的回应热情。

（二）“社会组织及公众回应政府”中的主体因素

在外部因素相对确定的情况下，回应度与回应主体的社会特征、动机和目的，以及回应主体调控社会资源的能力等相联系。

1. 社会回应主体在回应中的收益与成本

由于公共政策具有对社会成员未来预期收益作事前分配和分割的功能，因而回应主体的回应动机和目的必然与之相关联。表现在：一是回应中预期的“收益”与“付出”的比值。“收益”包括经济利益和社会价值两方面，“付出”是指参与社会回应需要承担的经济社会成本，包括获得必要政治信息的信息成本、需要花费的时间和精力的机会成本、回应的制度风险成本和回应信息整合的组织化成本。二是由于社会回应主体具有多元特征，因而不同社会回应主体的动机、目的的实现，要受制于同其他回应主体动机和与其他主体回应目的的差距异。当不同主体的“动机差”和“目标差”达到一定程度（冲突）时，社会回应度就会下降、转向甚至分裂。

我们在研究中注意到：在利益相关的社会回应者对某一现实政策的回应中，先期政策获益者参与回应的底线是：“收益≥成本”，而先期政策受损者参与回应的底线是：“成本 < 利益补偿 + 利益增长预期”。这样，回应度才可能提高，社会才会呈现和谐。如在征地拆

迁、下岗分流中形成的利益受损群体，他们之所以往往形成强烈的负向回应（选择非制度化的方式就是“群体性突发事件”），与他们认为受损利益远大于“利益补偿”和“利益增长预期”之“和”。同时，我们于2007年4月为该项研究所做的“重庆市人口和计划生育工作现状与‘倒挂机制’”补充调查，也证明了我们提出的基本观点。

对经济利益相关度较低的回应主体而言，参与回应的底线是：“社会价值收益 > 回应成本”。“社会价值”主要指回应主体对决策影响力的满足感或同感反应（“利他主义”的一种心理表现，即对他人的苦乐产生同感，以感情共鸣和感情移入为表现形式）。[①] 如一些社会精英不计个人得失参与公益官司，一些利益无关群体和获利群体参与受损群体的非制度化回应等。

社会回应的向度、频度、弹性度、稳定度等取决于回应主体在回应过程的“收益”与“付出”的差值。差值为正值的数额越大，正向回应度越高；差值为正值的数额越小，正向回应度越低；当差值为负值的数额越大时，产生负向回应的概率越高，并且回应关系中断的可能性也大。一种例外是：若某个或某类回应主体的预期收益小于现实付出却仍然参与正向回应时，则说明该回应主体或该类回应主体前期的收益已大大超过新公共政策提供的预期收益。

2. 社会回应主体的社会特征对回应度的影响

社会回应主体调度社会资源回应公共政策的能力，是回应主体拥有一定社会资本的表征，也是影响回应深度、频度和弹性度的重要主体变量。

公民在社会结构中所处位置（地位、身份）和在特定关系中所扮演的角色，是他或他们的社会特征。社会主体在现实中所处的经济地位和在经济关系（交换和分配）中所扮演的角色是其最重要的社会特

① 王佃利、曹现强：《公共决策导论》，中国人民大学出版社2003年版，第76页。

征，而且是影响社会回应主体角色扮演最重要的变量，与之相关的变量是主体的受教育程度、职业身份、社会地位和声望等社会因素。

在通常情况下，某一社会回应主体或群体在社会经济生活中的经济地位愈高（指经济资源与经济收益的控制力和分配权利等），意味着对相关社会资源调动的能力愈强，也意味着个人或群体发展的条件愈充分（包括受教育）。因而他或他们参与公共政策回应的能力愈强和回应的深度愈深。现实中许多地方政府都曾经为私营企业家们专门召开过各种听取意见或建议有关会议就是一种例证。

我国学界的许多研究都已经证明，社会个体或某类社会回应群体的受教育程度高，其职业身份和社会声望也会相对较高。[①] 这类回应主体会因为受教育程度和职业地位高而具有较强烈的主体意识（明确自身的责、权、利），并能够在相对及时获取相关政治信息的基础上，掌握有效的回应方法或更快地找到最佳的回应途径。因而这类回应主体的回应能动性和回应有效性都比较高。

另外，回应主体的政治责任感、政府提供的公共信任机制及舆论环境建设和回应主体的组织化程度等，也是影响其社会回应度的重要因素。

（三）对“社会组织及公众回应政府”因素的宏观分析

关于宏观环境问题，我们课题组在“社会回应条件通说”和“政府建设与社会回应研究”中已有论述，这里只作必要补充。

1. 市场环境

随着我国社会主义市场经济体制建设的逐步完善，市场主体的地位和权利有了更加充分的落实和保障。在这一过程中，市场经济不仅培育了市场主体的主体意识和平等竞争意识，而且激发了多元

---

① 陆学艺主编：《当代中国社会阶层研究报告》，社会科学文献出版社 2002 年版；陆学艺主编：《当代中国社会流动》，社会科学文献出版社 2004 年版；李培林、李强、孙立平等：《中国社会分层》，社会科学文献出版社 2004 年版等。

主体平等参与利益分配的意识与诉求。于是,一方面随着社会成员经济和社会地位的分化与分层,原来高度离散的、原子化的利益诉求,开始基于阶层的、群体的共同价值认同而整合,从而形成强回应关系;另一方面多元利益群体对公共政策的评价与回应呈现出多向度,这既促使政府必须关注不同利益群体的回应诉求,又要求政府通过制度整合来提高政策的权威性、合法性与社会认同度,即以政府提高回应度来提升社会回应度。

2. 政治制度环境

社会主义基层民主政治的建设与发展、政治体制改革、政府职能转化和国家"依法治国"制度化的推进,为多元主体的政治参与创造了新的场域。改革开放以来,我国政治环境的转良以及市场化的结构转型,不仅提供了社会主体参与回应和回应方式选择的空间与机会,而且社会回应主体对公共政策已不再是被动地响应和遵守执行,而是希望通过提高社会回应的深度来表达自身的利益诉求和维护自身的权益。当社会主体的回应意愿增强和回应方式多元时,我国现实社会回应的发展便面临了制度供给不足的问题。于是,社会回应主体的发展和社会回应的发展都潜在着一定的风险——非组织化和非制度化的问题。

3. 社会转型环境

随着社会转型成为推动我国社会发展的"另一只看不见的手"并对我国社会发展形成变革压力①时,我国的阶层分化和分层开始②,

---

① 李培林:《另一只看不见的手:社会结构转型》,社会科学文献出版社2005年版。

② 陆学艺主编:《当代中国社会阶层研究报告》,社会科学文献出版社2002年版。研究者以社会学的实证方法研究了我国改革开放以来社会阶层的变化,并作了"十大社会阶层"的划分。相关研究成果在我国学界是很多的:如李培林、李强、孙立平等:《中国社会分层》,社会科学文献出版社2004年版;张宛丽:《中国社会阶级阶层研究二十年》,载《社会学研究》2000年第1期,文章通过对中国社会阶级阶层研究二十年的有关文献的述评,揭示了我国学界对中国社会阶级阶层发生分化的共性认知和研究旨向。

我国转型期社会流动呈现出加速状态①特别是结构性流动速率提高等。这既促成了我国社会开始由身份社会向契约社会过渡,又推动着我国社会关系持续嬗变和各种不可能的关系发生关系②。当新的社会环境生成时,传统的城乡差别、职业差别等,开始转入更为广阔的和多元的经济地位差别、社会地位差别和文化及价值取向差异,继而在社会回应中开始显现出强势回应群体和弱势回应群体之分。

二、对影响社会组织及公众之间内部回应度的因素分析

"社会组织及公众之间内部回应"属于社会回应的第二种类型。这一类型由于存在不需要或暂不需要政府力量介入的情形,以及不同社会主体之间的自整合过程,因而具有复杂性。

(一)社会组织及公众之间内部回应的基本特征

社会组织及公众之间内部回应的基本特征包括五个方面:一是回应关系中的诉求主体和回应主体一般不包括政府或政府组织;二是回应关系中的诉求主体和回应主体之间存在较高的交叉度和转化度;三是回应关系中的诉求主体与回应主体之间的关系链接,具有松散性和易变性;四是回应关系中无论是诉求主体还是回应主体理论上都不能利用国家公器独占资源和信息传递信道;五是回应关系中的政府力量在通常情况下是处于一种隐性状态,如政府扮演提供互动平台(制度规则)的角色,政府作为需要介入时的"裁判",政府委托形成的间接回应关系。

(二)判断社会组织及公众之间内部回应关系的维度差异

在"社会组织及公众之间内部回应"类型中,主体之间的关系是

---

① 陆学艺主编:《当代中国社会流动》,社会科学文献出版社2004年版;参见戚攻:《我国社会转型时期社会流动探析》,载《学海》2003年第3期;参见戚攻:《转型期流动文化嬗变探源》,载《甘肃社会科学》2004年第3期。

② 戚攻:《嬗变中的全球化与中国社会关系嬗变》,载《重庆邮电学院学报(社会科学版)》2004年第1期。

多元的网状关系，因而判断其回应度的 6 个维度指标的应用，与判断社会组织及公众回应政府类型时有所不同。“向度”不仅表示回应主体对诉求信息的接纳是否与诉求一致，还包含对主体在回应关系中位置的描述，这对社会组织及公众之间内部回应类型而言，侧重在横向回应和内部回应，而对于社会组织及公众回应政府类型，侧重于纵向回应、外部回应等。在“弹性度”判断中，对社会组织及公众之间内部回应类型而言，由于主体间的控制与被控制的刚度，不是研究其重点，而是以灵敏度作为重要的观察指标等。

另外，在社会组织及公众之间内部回应的类型中，尽管存在社会个体之间的回应关系，但组织（包括正式组织和非正式组织）是社会多元主体自整合的载体，且组织规范是社会自整合的机制。因此，非营利组织①、自组织、临时性群体等是研究的重点。

（三）对社会组织及公众之间内部回应分析维度的试析

1. 向度

在向度分析中，回应关系的疏密是情感向度观察的重要指标，并能够通过横向回应与纵向回应的视角区分。

横向回应包括几种情形：一是组织内部成员之间的互动，以及组织成员个体与组织关系的疏密，与组织所能提供服务的深度和频度相联系。二是组织与组织之间基于互惠互利原则的相互回应，如企业通过捐款给民间组织向社会弱势群体的救助，民间组织协助企业品牌形象的打造等。三是民间组织之间的相互回应与合作。在这类

---

① 关于非营利组织（民间组织）概念的使用，参考了王名、刘国翰、何建宇：《中国社团改革——从政府选择到社会选择》，社会科学文献出版社 2001 年版；贾西津：《第三次革命——中国非营利部门战略研究》，清华大学出版社 2005 年版。这两部著作的有关论述我们已在研究中多次引用。另外，还参考了俞可平：《中国公民社会：概念分类和制度环境》一文中的界说，载《中国社会科学》2006 年第 1 期。这类组织主要包括：“公民的维权组织、各种业协会、民间的公益组织、社区组织、利益团体、同人团体互助组织、兴趣组织和公民的某种自发组合等等；具有非政府性、非营利性、相对独立性、自愿性等特征。”

回应关系中，民间组织之间既存在竞争，又存在因服务对象的同质或诉求目标的一致而进行合作两种情况。

纵向回应主要有两种情形：一是组织同其内部成员之间的相互回应，这并非等同于政府行政管理中纵向关系，而是以自愿为基础的互动；二是基于中国国情的民间组织内部上下层级之间的纵向回应，如各级地方性的工、青、妇等组织系统内部的上下回应关系。

2. 广度

在广度的分析运用，主要是观察横向回应中参与回应的民间组织数量、种类，以及回应主体的数量、种类、地域分布、阶层等情况。若某个回应关系参与的民间组织种类多、数量大，且回应所涉及的主体数量多、分布广，则为广广度，反之则为狭（窄）广度。在纵向回应关系中主要观察参与回应的成员或会员数量、地方性民间组织的数量与种类等。

3. 深度

深度是对回应双方情感和利益相互满足和相互依赖程度的反映。在横向回应中，重点是观察接受和依赖民间组织服务的对象的数量和民间组织之间的互动结果对双方利益的影响。在纵向回应中，主要是观察民间组织对内部成员或下级组织的利益整合程度，并以回应双方或多方是否达成某种规范利益整合的协议、合约为深度的重要标志。

另外，“频度”、“弹性度”和“稳定度”的应用，与“社会组织及公众回应政府”类型基本相同。

（四）影响“社会组织及公众之间内部回应”的因素分析

在社会组织及公众之间内部回应类型中，非营利性组织（民间组织）的发展和社会主体自我回应作用的发挥是影响这类社会回应的关键性因素。

1. 关于非营利组织（民间组织）发展的再认识

俞可平先生对我国非营利性组织（民间组织）发展的基本性状

曾作过精致的归纳：一是政府对民间组织的主导是现时公民社会的特点；二是中国民间组织正在形成之中，具有某种过渡性；三是民间组织还极不规范，各种性质的民间组织交错并存；四是民间组织的发展不平衡，不同民间组织在政治经济影响和地位方面差距很大。[①]我们认为，关于我国非营利性组织（民间组织）发展中存在的问题，还需要做三点补充：一是我国"对民间组织的管理实行'一体制三原则'的做法，即双重管理体制、分级管理原则、非竞争性原则和限制分支原则"，[②]这些原则对加强管理有积极作用，但也在一定程度上制约其发展；二是我国对非营利性组织（民间组织）管理的制度体系还存在不完善尤其是缺乏分类管理的、针对性的专业性法规；三是非营利性组织（民间组织）支持社会回应的信息资源不足，即在全社会范围的公共信息共享机制尚在建立。

从一定意义上说，我国非营利组织（民间组织）的发展对社会回应度的提高具有重要的作用和意义，而政府的权利让渡（边界）、信息提供（资源、机会）、新的制度安排（获取资源的数量和质量）等，又是影响对我国非营利组织（民间组织）的发展的重要因素。

2. *影响社会回应度强弱、正负转换的时空基元*

社会回应度的提高是动态过程，而影响社会回应度强弱转换的有四个主要因素：一是回应议题的性质；二是回应主体的范围；三是政府和社会对回应关系的制导（控制和引导）方式（力度）；四是回应关系发展的阶段。这四个要素的相互作用存在协同、不协同、部分协同和部分不协同等四种可能性。

从总体上讲，如果四个要素的相互作用是协同的，会产生某种耦合作用并形成共振效应，其回应度呈现出转强振荡。转强振荡意味

---

① 俞可平：《中国公民社会：概念分类和制度环境》，载《中国社会科学》2006年第1期。

② 王晨：《中国民间组织发展的三大不利性制度因素分析》，载《社会科学》2006年第1期。

着某项或某些公共政策的社会执行环境发生重大变化,意味着新的"政策窗"开启,如"孙志刚事件"引起的强社会回应度,开启了新的社会救助政策的实施;"温总理为民工讨工资"形成的强社会回应度,促成了各级地方政府出台新的政策和全社会的共同回应(首先是全社会的高度关注)。如果四个要素的相互作用不协同,回应关系内部会产生某种消减或制约作用,回应度呈转弱趋势,即回应向度分离(分裂)、时效降低,以及回应度呈现出消退状态。

(1)关于回应议题。回应议题的性质主要分为两类:象征性的和实质性的。象征性议题主要是有关价值理念、国家认同、民族情感等议题。实质性议题涉及政府对社会资源的分配(切身利益)。象征性议题是否反映现实社会发展的基本性状,以及是否与现实社会成员的期待相吻合,是影响回应度的主要因素。议题与社会发展和社会期待的吻合度越高,对回应度的影响越大。如开展社会主义荣辱观教育的议题。实质性回应议题对回应度的影响,主要取决于议题需要调整的公共利益的深度和对社会资源重新分配的广度。如建立农村公共财政支持体系的议题。

(2)关于回应主体。回应主体的范围指参与回应关系建构的主体数量(人员)、主体分布的阶层、主体类型(组织、群体、个体)和主体分布的地域等。如果参与某个回应的主体数量多、构成复杂、地域分布广,说明该回应关系涉及的"问题"具有普遍性,即"公共性"。

(3)关于政府和社会制导方式。政府制导方式及力度总体上分为强控制与弱控制。政府制导主要包括:通过公共政策界定回应主体权限、对回应所需资源与信息的分配和控制、对公民参与回应的领域及渠道的开放与监管等。社会制导主要包括:社会道德观念和法制意识、村规民俗、自治规范、互助性协商、合同等。

(4)关于回应关系发展的阶段。回应关系的发展包括开端、传播与放大或消减、影响决策或回应中止三个基本阶段及过程,并具有三个特点:一是随着回应议题的变化(包括时间变化)而呈现不同发展阶段;二是回应关系的不同发展阶段意味着诉求主体和回应主体的预期会发生一定变化;三是在同一回应关系中,主体预期的变化原则上有“迹”可循。一般而言,在社会回应关系发展的开端,“关系”具有“局部”和“弱幅”特征。当多元主体(包括政府)随着回应关系的变化而介入时,就会引起更大范围的关注和讨论。

综上所述,虽然社会回应度的强弱或正负转化是由上述四个因素共同或相互作用的,并具有连续统的特征和可以考察到,但是,在某些特殊情形下,回应度会产生激变或跃变。触发回应度产生激变或跃变的可能情况主要包括:某类公共危机(自然的或非自然的)的发生,某种科学技术的重大突破和发现,某一重大理论的与时俱进,国际性事件及因素等。在对回应度进行测评的时候,引起社会回应度激变或跃变的触发因子,是需要我们高度关注的问题。

第五节　提高社会回应度的途径

社会回应过程是多元主体权利、地位重新获得和确立的过程,同时也是多元社会力量实现相互认同、整合、同构的过程。社会回应度是多元社会力量实现同构、共赢过程的表征量。因而提高社会回应度是构建和谐社会的需要。

一、增强政府回应性,促进社会回应度的提高

政府既是多元社会主体之一,又是主导和引导的角色。政府的双重角色和身份决定了政府回应性及回应度的提高是社会回应发展及社会回应度提高的前提和基础。提高政府回应度包括三个方面:一是强化政府回应意愿和责任;二是增强政府回应技能;三是提高政府回应素养。

(一)强化政府回应意愿及责任

强化政府回应意愿及责任的关键在于加强政府回应的动力机制

建设(主要针对各级地方政府)。包括:一是政府维护自身合法性(执政为民、依法行政)的责任机制建设;二是政府促进经济、社会全面协调发展的动力机制建设;三是政府维护社会公平、公正及人权的社会共享机制建设;四是政府促进社会和谐与维护社会稳定的公共安全保障机制建设。

这一系列机制建设的目的在于:促进各级政府及各级官员承担起相应的责任,从而增强政府回应性和提高其回应意愿,并对社会回应起到引导、示范、带动和促进作用。

(二)增强政府回应技能

增强政府回应技能是提高政府回应度和有效性的关键,也是规范社会回应和提高社会回应度的关键。主要包括:一是政府快速并有效整合多元社会主体回应性诉求的技能;二是正确引导和规范社会主体回应方向的技能,即化解社会矛盾和控制负向回应的技能;三是为社会提供及时有效的公共服务和公共产品的技能。

政府回应技能的增强,既是提高社会回应有效性的外在机制,又是提高社会回应度的重要社会条件。

(三)提高政府回应素养

政府回应素养的提高是服务型政府的责任意识、回应性和回应技能有机统一的外显。主要包括:一是对公众需求快速反应的政治责任素养;二是对公共服务项目合理配置和优化的专业素养;三是提供性价比最优公共产品的管理素养;四是政府及政府官员、依法行政、廉洁奉公的法治素养和道德素养。

建立一支高素质的公务员队伍、一个科学合理的管理结构、一套切实可行的管理和监督机制,是政府提高自身回应素养的关键,并将对社会回应的发展产生积极的示范效应。

二、建立政府与社会合作的共同治理结构

如同“依法治国”包括政府“依法行政”和社会“依法自治”两个

方面一样，共同治理结构包括“政府治理”和“社会治理”两个方面。建立共同治理结构是发展社会回应的重要条件和社会机制。基于“依法治国”和社会主义基层民主政治制度的发展与完善，建立共同治理的社会结构，既是体现社会主义制度优越性的内在要求——国家和人民的根本利益具有一致性和执政党的“执政为民”，又是促进社会和谐、构建和谐社会的重要条件和标志。在共同治理关系结构中，“共同”强调包括政府在内的多元主体之间同构关系的平等；“治理”强调一种新的多元主体互动的方式及过程；共同治理结构表达的是：政府与社会之间相互回应、合作共建、共赢的新型关系的总和。

在共同治理中，政府职能改革是其应然需求，其改革的重要内容是行政审批制度（权力让渡），即政府通过改革和职能转化重新确定政府与市场的权力边界，以支持公共服务型政府建设和通过市场实现政府治理成本的分解与转移，通过划分政府与社会的权力边界，提高政府公共服务水平和公共产品提供的时效性，以支持社会自治力量发展和社会治理目标的实现。与此同时，随着政府权力让渡和职能转化，还需要通过发展社会回应作为政府职能转变后提高政府行政绩效的外部协调机制，即在共同治理中，民间组织和力量需要把政府让渡的权力转化为自身的责任，需要努力提高社会回应度（组织化和制度化）并把“社会回应”作为增强共同治理社会绩效的内在机制来建设。①

① 戚攻：《论“共同治理”中的社会回应》，载《探索》2004 年第 3 期。

第十二章 社会回应度测评的实证研究

社会回应度量的测定,包括测评目的、对象选择、测评指标,以及测评指标下的观测点和测评技术路线选择等几个方面。在目的性明确的前提下,测评对象的明确,对测量范围、测评指标筛选和观测点的选择具有重要意义,并将影响到测量的精度和评价结果的科学性。

一、调查主题的选择与回应类型的确定

课题组设计的调查主题是:"在国家助学贷款新旧政策下(机制)的社会回应度。"社会公众对国家助学贷款政策的回应,属于社会回应中典型的"社会组织及公众回应政府"类型。由于在这一类型的回应主体、回应方式多元,因而需要首先明确测评指标、技术路径和确定观测点。同时,在该类社会回应中,还嵌入了其他类型的回应:如地方政府对助学贷款政策的回应;银行、高校的回应关系,以及同一类回应主体中不同群体之间存在的相互回应关系等。我们在考察某个回应类型的回应度时,将把嵌入的各种回应作为主回应关系的表征量和影响因素来研究。

(一)国家助学贷款新旧政策机制的变化

国家助学贷款政策的基本价值取向及目标是:"不让一个大学

生因贫困而失学。”从 1999 年 9 月 1 日起，国家助学贷款在北京、上海、重庆等 8 个省、自治区、直辖市开展了试点工作，继而于 2000 年在全国范围内执行国家助学贷款政策。该政策作为政府回应社会的一项制度安排，经过几年的发展和完善，为降解社会分化的异质性、不平等，帮助贫困家庭子女享有平等接受高等教育机会提供了经济保障，并已成为国家助学资助体系的主渠道，受到了全社会的好评和贫困学子的欢迎。

1999 年开始实行的国家助学贷款政策，其发展大致上经历了两个阶段：第一阶段是 1999 年 1 月至 2004 年 6 月；第二阶段是 2004 年 6 月至今。划分两个阶段的标志是：2004 年 6 月，国家教育部、财政部、中国人民银行、银监会等联合出台《关于进一步完善国家助学贷款工作的若干意见》。对第一阶段，我们以“国家助学贷款旧政策机制”统称；对第二阶段，我们以“国家助学贷款新政策机制”表述。两个发展阶段的政策机制存在着明显的差异，如表 1 所示；而政策机制的差异对社会回应主体的行为选择及回应度有重要的影响。

表 1　国家助学贷款新旧政策机制主要内容变化对照表

项目	旧政策机制	新政策机制
贴息办法	整个大学阶段学生自己承担 0%，国家财政贴息 50%	学生在校期间全部由国家贴息，毕业以后由学生自行负责
还贷年限、还款起始时间	毕业之日开始偿还本金及利息，毕业后 4 年内还清	毕业后可视就业情况在 1 至 2 年内开始还款，毕业后 6 年内还清
还款付息方式	毕业后按签订的还款计划（合同书）还款	还本还款付息方式多样，可一次性或分次提前还贷；亦可通过入选国家代偿计划，到艰苦地区、艰苦行业工作满一定年限的方式，由国家偿付贷款本息
操作机制	学生申请、银行审批	学校负责学生前期申报材料审核，银行负责按校审批发放
经办银行	国家指定	通过招标确立

项目	旧政策机制	新政策机制
贷款风险	防范措施模糊，银行成为助学贷款风险的主要承担者	建立由国家和学校对等出资的风险补偿金制度，银行中标补偿率向银行发放补偿金
组织机构	机构设置不明确	国家成立部际协调小组，各省、自治区、直辖市成立相应的协调机构，各高校成立助学贷款中心并确定专门人员负责

注：该表根据2006年7月5日国家教育部全国学生资助管理中心主任崔邦彦在2006年第16次新闻发布会上《关于进一步完善国家助学贷款工作的若干意见》的文字实录和国家教育部历年发布的关于国家助学贷款的文本文件整理而来。文字实录文本和历年政策文本均来自国家教育部网站。

（二）不同政策机制下的回应主体的回应方式选择

围绕国家助学贷款政策所形成的社会回应具有社会利益与资源再分配性质，属于实质性回应议题。围绕这实质性议题形成的回应主体包括三类：政策获益主体、政策风险承担主体和无风险主体。同时，测评的视角包括：旧政策机制下的回应主体和新政策机制下的回应主体，如表2所示；另外，不同主体在新旧政策机制下的回应方式是不同的，如表3所示。

表2　新旧政策下的社会回应主体分类

	旧政策机制	新政策机制
政策获益主体	贫困大学生（主要获益主体） 高校（间接获益主体） 贫困大学生家庭（间接获益主体）	贫困大学生（主要获益主体） 高校（间接获益主体） 贫困大学生家庭（间接获益主体）
政策风险承担主体	承办助学贷款的银行	承办助学贷款的银行、高校、政府
无风险主体	公共媒体、研究国家助学贷款政策的学者、对国家助学贷款政策的关注者（单位、组织、群体或个人）	公共媒体、研究国家助学贷款政策的学者、对国家助学贷款政策的关注者（单位、组织、群体或个人）

注：资料来源同表1。

表3 不同政策机制下对回应主体的回应方式的限制

回应主体	旧机制下的回应方式	新机制下的回应方式
贫困学生	个人申贷材料准备、申贷手续办理(签协议)、还贷手续办理、按时本息偿还	基本无变化
银　　行	审核学生个人申贷材料、审批贷款、本息收缴	在学校包干额度内的集中贷款审批、本息收缴
高　　校	政策宣传、学生基本信息的提供	政策宣传、设立专门的管理机构、配齐工作人员、学生个人申贷材料审核、学生的诚信教育、承担50%的风险补偿金
学生家长	相关信息提供、申贷材料的协助准备	无变化
地方政府	不明确	要求建立专门管理机构(省级学生贷款管理中心)、招标确定提供助学贷款银行、承担一定风险补偿金

注:资料来源同上。

二、调查的基本情况

此次调查得到重庆大学招生办公室和重庆大学人文艺术学院的大力支持。在重庆大学全国招生过程中,我们研究组选择了九个省的报名考试学生作为调查对象。

(一)资料收集和样本构成

2006年1~3月,我们选取甘肃、黑龙江、湖北、湖南、云南、四川、福建、山东、河南九个省当年参加全国统一高考的高三学生进行了问卷调查。共发放调查问卷计8000份,收回6252份;其中有效问卷5188份。从样本居住地的构成来看,来自大、中城市的有1842人,占35.5%,县城1316人,占25.4%,乡镇908人,占17.5%,农村1122人,占21.6%。其家庭年收入水平在五千元以下的有928人,占17.9%,五千至一万的有1432人,占27.6%,一万至二万元的有

1437 人，占 27.7%，两万至三万元的有 793 人，占 15.3%，三万元以上的有 598 人，占 11.5%。

对问卷进行审核编码后，用 sppss11.5 进行了统计分析。同时，为求证和检验观测的科学性，我们采用了文献法和社会调查法相结合的方式。历史资料查询的数据和客观事实资料的收集，全部来自 2000 年至 2007 年 5 月的中国教育部网站、中国人民银行网站和中国国内各种公共媒体所公布的数据。

（二）关于测评的维度指标和变量测量的说明

调查目的是通过问卷调查，了解调查对象对国家高等教育贫困生资助体系的认知。重点是调查他们对国家助学贷款政策的认知，并以此分析影响各类社会回应主体对国家助学贷款政策回应度。因此，结合前文对回应度的理论思考，即测评回应度共有 6 个维度指标：向度、广度、深度、频度、弹性度、稳定度。在本回应关系中，由于频度与深度、广度相联系且观测点重叠，即频度不作为本回应关系的维度指标外，我们注重选择向度、广度、深度、弹性度、稳定度等 5 个维度指标作为测量本回应关系的一级指标。

以 5 个维度指标为基础设计的二级指标和观测点，是我们确定的本回应关系的回应度的特征指标。围绕国家助学贷款所形成的社会回应度测定的二级特征指标和观测点筛选，如表 4 所示：

表 4　国家助学贷款社会回应度测评指标和观测点

维度指标	二级特征指标	观测点
向度	1. 获益主体的响应程度	（1）年均申贷人数的增长 （2）申贷合同金额的年均增长率 （3）开展助学贷款工作的高校比例
	2. 主要风险承担主体的响应	（4）申请人数及金额的满足率
广度	参与回应关系主体类型、数量、地域分布	（5）大学生申贷总人数 （6）参与申贷工作的银行和高校类型 （7）获贷学生类型 （8）开展申贷工作的地方政府的数量

维度指标	二级特征指标	观测点
深度	1. 获益主体对政策的依赖程度	(9)在校贫困生人数与获贷人数占在校生人数比例 (10)选择助学贷款解决学费不足的人数
	2. 风险承担主体回应的发展深度	(11)申贷人数和金额的满足率 (12)参与回应关系的主体间的合作情况
	3. 无风险主体的关注深度	(13)主流媒体的关注密度 (14)学者研究评价的关注度
弹性度	风险承担主体对诉求目标满足方式的灵活程度或限制程度	(15)风险主体提供的可选择的助学贷款的种类 (16)要求的还款期限、方式、时间的灵活程度
稳定度	1. 回应关系的结构稳定程度	(17)政府的诉求形式与协调力度 (18)银行风险化解程度 (19)高校的获益与成本 (20)贫困学生还款违约率
	2. 回应关系的抗扰动性能	(21)政策运行的社会基础、法律基础 (22)主体间信息对称情况 (23)诉求主体与回应主体间的互纳互容情况

三、对助学贷款新旧政策机制下的社会回应度分析

(一)向度分析

我们采取了两个特征指标来研究向度:其一,获益主体的响应程度。由于我们的调查对象为即将进入大学的高三学生,因此我们重点了解他们申请国家助学贷款的意愿,因为这一意愿将直接影响和决定其未来对助学贷款政策的响应程度。在回答“如果家庭经济困难,是否选择国家助学贷款作为求助途径”时,有占受调查总人数73.1%的高三考生,选择了肯定回答:“是”。但是,针对“如果可以选择,您更愿意选择哪种资助方式来完成学业”的提问,只有19.2%

的学生选择了“国家助学贷款”，而选择比例最高的是“勤工俭学”，占受调查人数的60%；在同属国家高等教育贫困生资助体系的重要组成部分的“政府奖学金”的选择人数比为15.3%（如表5所示）。可见，国家助学贷款政策机制的主要获益主体对国家助学政策体系的响应度，还是比较高的。

表5　学生对完成学业资助形式的选择

资助形式	政府奖学金	国家助学贷款	勤工俭学	亲友资助	社会慈善捐助	其他
选择比例（%）	15.3	19.2	60	2.7	1.1	1.7

文献研究数据也表明，新政策机制中的主要获益主体——贫困大学生年均申请国家助学贷款的人数和申请的合同金额均有较大的增长和提高。在新机制下，两年的申贷人数和申请贷款金额分别是过去旧机制5年总和的1.15倍和1.79倍（见表6）；间接获益主体——普通高校响应程度，2003年6月，在全国应开办国家助学贷款的1367所普通高校中，占28%的高校未开办助学贷款。[①] 到2005年年底，在全国应开办国家助学贷款的1714所普通高校中，有248所未启动（实施），未启动率下降为14.5%。[②]

其二，风险承担主体的响应程度和对诉求主体的牵制情况。从（表6）中可以看出，在助学贷款申请人数和金额的满足率方面，新政策机制与旧政策机制相比，分别增加了26.27%和24.57%。当国家层面的制度回应，即通过制度再生产提高其有效性时，就为社会回应的发展创造了新的互动结构，进而增加了社会回应关系中多元主体

① 李文利：《国家助学贷款的理论探讨和实证分析》，载《教育与经济》2004年第2期。

② 数据来源：教育部网站，2006年3月7日教育部2006年第四次新闻发布会文字实录，发布会主题是：“国家助学贷款目前的进展情况、存在的主要问题和下一步拟采取的措施。”

利用资源的量和改善了回应主体利用资源的条件,从而促进多元回应主体的回应能力提高。

表 6 新旧政策机制下的学生申贷和获贷情况比较

比较项目	旧机制 (1999 年至 2004 年 6 月)	新机制 (2004 年 6 月至 2006 年 6 月)	新机制相对旧机制的增长倍数
申请贷款的人数	184.1 万人	211.1 万人	1.15 倍
银行审批的人数	86.2 万人	154.3 万人	1.79 倍
阶段申贷金额	133.8 亿元	171.8 亿元	1.28 倍
银行审批金额	69.7 亿元	131.7 亿元	1.89 倍
申贷人数满足率	46.82%	73.09%	1.56 倍
申贷金额满足率	52.09%	76.66%	1.47 倍
申贷人数年均增长	36.8 万	105.5 万	2.86 倍
银行审批年均增长	17.24 万人	77.15 万人	4.48 倍
申贷金额年均增长	26.76 亿元	85.9 亿元	3.2 倍
银行审批金额年均增长	13.94 亿元	68.85 亿元	4.93 倍

资料来源:据根 2006 年 7 月 25 日教育部 2006 年第 16 次新闻发布会散发的材料《我国高校贫困家庭资助政策体系介绍》中的数据整理而来。材料文本来源为教育部网站。

从总体上看,随着国家助学贷款政策机制的发展与不断完善,无论是获益主体还是风险主体,对国家助学贷款政策的响应程度都有较大幅度的提高,而且回应向度的正向趋势也得到扩大和增强。

(二)广度分析

从表 6 中可以看到,随着国家助学贷款政策机制的调整,提高了社会回应的广度,表现在:一是贫困大学生申请贷款人数和申贷金额总数,在新政策机制下的两年超过了旧政策机制条件下 5 年的总和(211.1 万人 > 184.1 万人,131.7 亿元 > 69.7 亿元)。二是参与国家助学贷款工作的银行(既是社会回应主体,又是风险主体),由旧政策机制下国家指定的中国工商银行、中国建设银行、中国农业银行和中国银行四家商业银行，发展到新政策机制条件下（通过招标确定）的多种类型的银行，如商业银行、商业股份制银行、国家政策性银行（国家开发银行）等。三是获得助学贷款的学生，也由原来旧政策机制以公办高校生为主，扩大到民办高校的学生和高、中等职业技术院校的学生。[①] 四是开展助学贷款由部分不落实的省、自治区，改变为到2005年下半年的全面推开。正是由于国家助学贷款政策机制的调整，提高了社会回应关系发展的广度，因而参与社会回应关系建构的主体数量、类型和主体的地域分布等都有明显的增加和拓展。

（三）深度分析

回应深度分析有三个二级特征指标。其一，主要获益主体对政策的依赖程度。国家助学贷款政策的主要获益主体是家庭贫困的大学生。我们的调查显示，家庭年收入水平在一万元以下的占到了调查对象的45.5%；从地域分布来看，家庭年收入在一万元的家庭，各地均在40%左右（表7）。这不仅反映出国家助学贷款政策的调整，对于社会诉求教育公平的回应具有积极的意义和作用，而且反映出这些家庭贫困的准大学生，客观上也有赖于国家助学贷款政策的调整来提高其回应度。

表7　不同生源地学生的家庭年收入水平

地区＼金额	甘肃	黑龙江	湖北	云南	四川	湖南	福建	山东	河南
10000以下	49.9%	49.5%	42%	47.9%	41.3%	40.4%	40.7%	40.9%	49.1%
10000—20000	28%	25.7%	27%	32.6%	32.2%	31.1%	19.5%	28.4%	24.7%
20000—30000	16.1%	13.9%	17%	14%	14.4%	15.2%	16.3%	18.1%	14.4%
30000以上	6%	10.9%	14%	5.5%	12.1%	13.3%	23.5%	12.6%	11.8%

① 2007年5月21日，国家教育部在2007年举行的第七次新闻发布会上，财政部副部长张少春表示：无论公办还是民办学校都可以纳入日前国务院公布的《国务院关于建立健全普通本科高校高等职业学校和中等职业学校家庭经济困难学生资助政策体系的意见》的新的资助体系。

文献资料研究显示，从全国范围来，2003年年底普通高校在校生人数接近1200万，其中，家庭经济困难的学生为240万，约占在校生人数的20%。[①] 到2005年，全国公办高校在校生人数为1450万，其中贫困家庭学生约为294万，也占在校生总数的20%。[②] 2005年与2003年相比，贫困学生数量增加了54万人，增长率为22.5%。在2002年，国家助学贷款总金额为206070万元，占国家资助总金额的29.34%；[③]2005年国家助学贷款审批总金额为76.32亿元，占资助总金额的43%。我们在前文的分析中已提到，有近半数的贫困学生把国家助学贷款作为完成其学业的主要求助途径（见表5）。在贫困大学生增加的情况下，国家助学贷款越来越成为资助困难学生完成学业的主渠道。同时，更多的经济有困难学生倾向选择国家助学贷款作为主要救助方式。

其二，主要风险承担主体回应发展的深度。观测风险回应主体的回应发展深度有两个视点：一是申贷人数和申请贷款金额满足率。如表6反映出，在新政策机制推动下，申贷人数和申请贷款金额满足率均有较大增长，尤其是银行审批金额增长倍数超过了申请金额增长倍数（1.89倍>1.28倍）。二是参与回应关系的主体间的合作情况。在旧政策机制下，诉求主体（国家）以制度方式（发文）对独立市场主体（社会回应主体之一）进行约束，因而地方政府、银行、高校之间的合作情况，不同于新政策机制作用下的情况。在新政策机制下，诉求主体开始谋求与回应主体的协商与合作，如国家通过招标方式扩大了多元、独立的市场主体参与回应的条件（机会平等），国家在

---

① 数据来源：2004年8月31日，国家教育部副部长张保庆在国务院新闻发布会上向媒体公布的数据。

② 数据来源：2006年9月14日，在国家教育部2006年第20次新闻发布会上，教育部全国学生资助管理中心副主任马文华向新闻媒体公布的数据。发布会主题："介绍高校资助家庭经济困难学生工作有关情况和国家助学贷款代偿资助办法"。

③ 温红彦：《去年资助大学生逾七十亿元》，载2003年8月30日《人民日报》。

确认承办银行、银行风险补偿率、补偿金建立方式以及风险承担比例等技术环节，在招标中由风险主体自行协商和确定，即在社会回应关系发展中，允许多元社会回应主体自行协商和确定，这不仅标志着国家权力的部分让渡，而且标志着在关于国家助学贷款的社会回应主体的回应关系建构中，又嵌入了多元社会主体平等协商的新回应关系和这种关系建构的机制。在这样的情形下，多元风险承担主体之间基于新的制度结构开始了新的分工与合作，即多元主体之间平等协商机制的逐步建立，促进了社会回应度的提高。如一些地方政府成立专门机构协调管理和实施招标；高校与银行签订全面合作协议，即将学校大部分金融业务交与承办银行并承担 50% 的风险补偿金，双方联合设立专门机构负责此项工作开展，同时，高校还负责政策宣传、申贷材料审核、学生诚信教育等工作。

其三，无风险主体的关注深度问题。新政策机制实施后，我国无风险主体（无论是公共媒体还是学术界的研究学者）的关注程度都明显提高、关注密度也明显增大。如表 8 所示。

表 8　中国主要报刊在新旧政策机制前后以国家助学贷款为主题的文章数目比较

比较项目	2003 年	2004 年
重要报纸相关报道	298 篇	416 篇
公开出版期刊相关文章	343 篇	417 篇
核心期刊相关文章	96 篇	109 篇

资料来源：2007 年 5 月，课题组根据 CNKI 网：《全国重要报纸全文数据库》和《中国期刊全文数据库》查询和整理。

从深度来看，参与回应关系的主体之间的合作和相互依赖，在新机制实施后都有较大幅度的加深和增强，如相互间的回应制度化，签订各类合作协议、建立分工明确的责任机制、建立补偿金制度等。同时，该类社会回应关系的发展呈现长期化趋势，如各类高校设置了专门机构和建立了专人负责机制等。

（四）弹性度分析

对弹性度的分析，重点是风险承担主体对诉求目标的满足方式的灵活程度或限制程度。由此我们选择了两个观测点：一是风险主体提供的助学贷款的种类；二是风险承担主体要求还款期限、还款方式、还款时间的灵活程度。在旧机制下，国家助学贷款主要是高校所在地贷款；在新机制下，除了高校所在地贷款之外，生源地贷款也发展迅猛，并已成为一种新的助学贷款形式。2007 年 5 月 22 日，中国人民银行副行长项俊波在参加甘肃省生源地贷款启动仪式上的讲话中称，截至 2007 年 3 月，全国已有 24 个省、自治区开展了生源地助学贷款业务。① 还款期限和方式由旧机制下的毕业后 4 年还清延长至 6 年；还款方式也由原来的毕业后即开始按银行指定方式还款到毕业后可视就业情况在 1 至 2 年内开始还款，并且还可以以代偿方式进行还款。从弹性度来看，新机制的弹性度明显好于旧机制。但与各国的助学贷款相比较，我国助学贷款的回应关系的弹性度仍显得不够，如还款年限过短（国际通行为 10 年还款期），还款负担过重，还款形式单一等。②

（五）稳定度分析

关于稳定度分析，我们选择了两个特征指标：一是回应关系的结构稳定情况；二是回应关系的抗扰动性能。在围绕国家助学贷款形成的回应关系中有四个主要的利益主体：政府、银行、高校和贫困学生。由于每个利益主体回应性诉求（利益）的实现要受到其他利益主体的制约，而且不同主体在同一回应结构中的相互制约关系背后的资源利用与能力存在差异，因此对于回应关系的结构稳定考察，就

---

① 资料来源：中国人民银行网站 http://www.pbc.gov.cn 5 月新闻栏目登载。

② 沈华、沈红等：《学生贷款偿还负担的国际比较及我国的实证研究》，载《比较教育研究》2004 年第 10 期。

需要分别审视四个利益主体的利益均衡点是否稳定，以及他们相互间制约关系发展的平衡性问题。具体的观测点包括四个：政府诉求的形式与协调力度，银行风险成本的化解程度；高校的获益与成本和贫困学生的还款违约率。

无论在旧机制或新机制下，政府都是以文件的形式作为其诉求的表达形式，但新政策机制与旧政策机制相比，政策从机制的内部、局部调整转向了多政策相互支撑的格局。如 2006 年 9 月国家颁布《高等学校毕业生国家助学贷款代偿资助暂行办法》，2007 年 8 月中国人民银行下发《关于进一步加强助学贷款工作的通知》，以引导金融组织积极开展生源地助学贷款工作。新政策机制的最大不同在于，诉求主体开始主动承担政策风险，从而打破了原有回应关系中的利益僵局。正如，在银行风险成本的化解方面，新机制建立了风险补偿金制度，而且 2006 年 1 月开始启用的个人信用信息基础数据库也降低了银行的风险。正如，高校由旧机制下的获益者到新机制下获益者和风险承担者双重身份的转变，体现了利益与风险的统一。然而，未改变的现象是毕业生的违约率，即无论在新机制还是旧机制下，毕业生的还款违约率都呈增长趋势。据教育部全国学生贷款管理中心和中国工商银行总行对 2005 年最早开办国家助学贷款的 8 个城市的 234 所高校的调查显示，按照金融部门现行的不良贷款考核标准，国家助学贷款不良贷款违约率为 12.88%，相对于 2003 年年底和 2004 年年底都呈增长趋势。① 从助学贷款回应关系的利益均衡点的角度来看，毕业生的违约率和政府的风险承担度是该项政策结构稳定的重要支撑量。虽然新政策机制增强了政府、银行、高校三大主体在回应关系中的稳定性，但由于毕业生违约率的增长，又使回应关系结构的稳定性（利益均点）面临高风险，即回应关系解构的

---

① 《重点抓好还款，努力降低违约率，国家助学贷款继续增加发放额》，载 2006 年 3 月 11 日《中国教育报》。

风险。

从利益主体相互制约的关系看,无论是新机制还是旧机制,由于缺乏相应的法律保障,政府作为诉求主体对市场独立主体的制约手段是有限的,因而具有独立市场主体资格的回应主体随时都有可能单方退出回应关系,从而使回应关系中断,如在旧机制下,2004 年春的银行大面积停贷①和在新机制建立后的部分省份的承办银行在招标中发生的"流标"②现象。

审视助学贷款回应关系的抗扰动性能,包括回应关系所处的社会基础、制度基础,回应关系中主体间的信息对称、信息互纳和互容等观测点。回应关系所处的社会基础包括:政府缩小贫富差距,提供公平教育机会等一系列建设社会主义和谐社会的目标的实现程度,以及全社会诚实守信的道德约束等;而制度基础包括相关的法律法规、信用制度建设、信息披露制度、其他相互支撑的基础制度等。对比新旧政策机制所处的社会历史阶段,新机制所处"环境"的各项指标总体上好于旧机制阶段,如国家经济持续增长、教育投入加大、建设和谐社会成为社会共识、个人信用信息基础数据库的使用、定期的信息披露逐渐成为制度等。从回应关系的信息对称情况看,新机制建立了回应主体间的信息互通平台,如贷款人信息由学校提供进入全国个人征信系统,教育部定期公布开展助学贷款的省市和高校各项情况的排名,学校定期向学校隶属关系的地方或中央行政部门上报助学贷款的有关数据(教育部直属高校须定期向教育部学生资助管理中心上报数据),国家教育部举行定期发布会(仅 2004 年 7 ~ 9 月,教育部就关于贫困学生资助和国家助学贷款的开展情况连续举行了 5 次新闻发布会),各参与回应关系的主体尤其是各地高校、各

---

① 杨立新:《国家助学贷款政策为何执行难》,载 2005 年 9 月 1 日《人民日报》。

② 教育部 2006 年第 20 次新闻发布会散发材料之三:《国家开发银行获准正式开展国家助学贷款业务》中说,河南省 2005 年国家助学贷款承办银行招标流标。散发材料来源:教育部网站。

省市学生资助管理中心纷纷建立相应网站、宣传助学贷款政策、披露有关政策信息等。正是由于以上种种制度的建立和措施的实施，回应主体之间的信息不对称情况得到了极大的改善。而这种改善又对回应关系的健康发展和社会回应度的提高，起到了积极的推动作用。从诉求主体与回应主体信息互纳互容的情况看，新政策机制修订的速度和吸纳回应主体的回应性诉求的速度大大加快，如关于风险主体（银行、高校）诉求成本分摊机制的建立，回应广大贫困学生要求提高申贷的时效，如建立高校与银行分工合作的工作机制反映了新政策机制的高度灵敏性等。从总体上讲，基于国家助学贷款新机制建立的社会回应结构的抗扰动性能有了较大的提高，但由于系统性的社会回应机制的制度化尚不完善，因而现实国家助学贷款社会回应关系的稳定发展还存在风险。

四、影响社会回应度的相关外部因素分析

（一）政策（诉求）信息的质量问题

助学贷款回应关系的政策质量，是决定回应度变化的主要因素。在调查中我们发现，在新机制实行前，助学贷款政策设计存在较大缺陷，以致由此建立的社会回应关系的回应度逐渐低下并濒临中断。主要表现在：一是缺乏风险分担和防范机制。如对于受政策影响的三个利益主体而言，银行属于获利最小而风险最大的回应主体，因而银行的政策响应程度低，回应的向度正向度也不高。二是政策结构不完善，以及还贷的机制缺乏灵活性等，是造成获益主体违约的客观因素。如合同开始执行后就要求学生交纳50%的利息，虽说钱的数额不多，但对于吃饭都成问题的贫困生而言是一笔不小的负担，而且要求学生在没有还贷能力时即要付钱还贷是不合理的；同时，由于近年来大学生就业形势不容乐观，未找到工作的借贷学生不具备还贷能力，处于生病、工伤等状态的毕业学生也不具备还贷能力，然而政策结构却是固化的——本息归还的时间限定为4年，而且对处于特

殊情况的学生缺乏特殊的救济机制。

从总体上看，政策对回应主体责、权、利边界划定的明确，对回应关系的深度和弹性度有重要的意义。旧政策机制条件下，对参与回应关系主体的恶意违约缺乏有效的约束、对不促进助学贷款政策宣传和服务工作的高校没有处罚措施、对随意按照银行行规自行决定终止回应的银行无法约束等。在新政策机制中，银行的贷款风险得到有效控制（建立了风险补偿金制度）、学生申请范围扩大和还贷方式的可选择性、申报审批实效得以加强（银校的分工合作机制建立），使得政策回应度大幅度提高、广度加大、深度加深、弹性度增加、稳定度增强。

诉求信息的表现形式为公共政策。诉求信息形式的深度表现是制度回应。在新机制实施前，信息形式单一、配套措施少、缺乏约束机制、操作性差。新机制中除了《关于进一步完善国家助学贷款工作的若干意见》以外，还有一系列的配套措施，如公布全国投诉热线电话、建立个人信用系统、建立代偿机制等。这些新的配套措施极大地丰富和完善了《关于进一步完善国家助学贷款工作的若干意见》的内容，扩大了操作空间，对回应的深度、弹性度和稳定度产生了重要影响。在新政策机制的引导下，新的回应主体和新的回应方式也不断地产生——保险公司加入到回应关系中来——提供助学贷款险种。①

（二）互动信息通道数量及有效荷载度

信道的数量和有效荷载度是决定回应度高低的重要因素。信道的数量和质量的提高对回应主体的回应意愿的增强、诉求主体诉求目标的及时修订、回应互动行为的匹配协调具有重要的作用。从助学贷款政策社会回应度的变化来看，变化与信道数量的增加和有效

---

① 据2007年1月31日《重庆晨报》报道，华安财产保险重庆分公司提供的国家助学贷款信用保险于2007年2月在重庆面市。此险种将为三类还款违约提供保险责任：借款学生身故、部分或全部丧失劳动力、连续12月未履行还款义务。

荷载度的提高关系密切。在2004年新机制实行之前,多元主体间的互动信息通道数量少、单向度为主和信道有效荷载度低。当诉求主体——政府以文件形式下发通知,而媒体对政策进行单向或作"热点"解读时,作为回应主体之一的贫困高三毕业生,既难以系统获取政策信息,又不可能正确解读政策信息。在对重庆市部分高校的学生贷款管理中心进行调查和访谈时了解到,多数需要申贷的大学新生尤其是从农村来的新生,由于对政策要求提供的材料证明不齐全、或材料证明不符合高校或银行要求,而被延迟贷款。管理中心的教师们普遍注意到:许多来自边远、贫困地区的贫困大学生,由于家庭经济的限制和当地传媒网络发展的局限,以及学习任务重等原因,他们难以获取完整的政策信息,从而影响到他们的回应意愿,削弱了他们的回应能力。

回应信息的反馈通道缺乏,也让政府难以监控回应主体的回应度,并使得银行、高校、地方政府的回应能力和意愿被削弱。曾经发生的银行大面积停贷,8个省、自治区、直辖市和400所高校在助学贷款政策的执行方面无作为。新机制实行以后,信息通道数量明显增加、尤其是信息反馈通道增强。从2005年起国家教育部、财政部要求印制以漫画加文字说明的《国家助学贷款指南》,并要求各高校随录取通知书寄达各位新生。2005年8月教育部开通高校学生资助热线,并要求各高校在招生简章中必须写明关于贫困生的资助措施。文献研究也显示:在2006年8月15日至9月15日的"资助热线"开通期间,接到反映没有做好助学资助政策宣传和落实的投诉电话1296个,其中反映助学贷款政策宣传、落实问题的电话802个,占了总投诉电话的62%,截至2006年9月20日,1296个投诉电话中已有705个投诉电话明确反馈了处理结果。①

① 数据来源:2006年9月25日,教育部2006年第22次新闻发布会散发材料。资料来源:教育部网站。

在理论上，信道数量和有效荷载度的提高，为回应度的提高打下了良好的基础。在实践中，我们的问卷调查数据显示，国家助学政策体系中的“贫困生绿色通道入学”、“国家奖学金”、“国家助学贷款”等形式都已经被准大学生们广泛认知和了解，选择知道这些资助形式的被调查者的比例分别为41.6%、50.5%和44.1%，而且，有61.9%的被调查者是通过媒体（电视、报纸、网络）提供的信息。

另外，随着新机制下新的宣传渠道的开辟，有25.2%的学生通过高校的书面宣传资料或招生人员的宣传介绍获得了相关的国家资助体系信息。然而，我们的问卷调查也显示：在不愿意申请国家助学贷款的主要原因的选择中，认为“贷款程序可能很复杂”的占11.5%，认为“很难申请到”的占39.1%，这也从一定程度上反映了政策信息的宣传力度与有效度都有待加强和提高。

五、影响回应主体的相关内部因素分析

（一）回应方式与回应向度、弹性度、稳定度的相关性

回应主体回应方式的选择在很大程度上取决于主体的回应意愿和主体的社会特征。回应意愿与回应动力密切相关。主要动力来自于利益交换中预期的“收益”与“付出”的比值成正比。用公式表示如下：

$$动力=\frac{收益}{付出成本}$$

这里的“利益”包括经济利益和社会价值两个方面，“付出”则是指参与回应需要承担的回应成本。成本包括：获得必要的政治信息的信息成本、需要花费的时间和精力的机会成本、回应的制度风险成本和回应信息整合的组织化成本。对于经济利益相关的回应者而言，政策获益者参与回应的底线是“‘收益’>‘回应成本’”。公共政策利益受损者参与回应的底线是“‘受损利益’<‘利益补偿’+

‘远期利益增长预计’”。

在旧机制下，由于缺乏风险分担机制，银行作为回应主体的积极性不高，而且回应方式表现为扭曲与限制，如用缺乏灵活性的服务方式和较低的审批效率来限制贷款规模。据有关媒体报道：中国工商银行贵阳中西支行拟订的与贷款学生签订的合同中，因关于本息归还方式、归还地点、归还时间的相关规定过于死板，从而制约了回应关系的正常发展。① 同时，在新机制下，也存在由于效益不明显而缺乏积极性的情况，如 2005 年河南省在建立了 15% 的风险补偿机制的条件下，仍然得不到一些商业银行的回应。②

在利益驱动不明显的情况下，回应的动力还来自于政策的监督约束机制的效力和公共舆论的监督。旧机制由于缺乏对银行退出回应关系、学生违约等负向回应的约束机制，于是 2004 年一些银行根据行业规定和学生违约比例高而停贷。在新机制实行以后，由于个人征信系统的启用、曝光机制的建立、风险分担机制的执行、定期公布各项工作排名信息，以及政府、高校和银行三方合作协议的签订等一系列监督约束机制的建立，强化了回应主体的被动回应意愿，增加了国家助学贷款政策的社会回应的稳定性。

在一定意义上，以风险、成本分担为核心的新机制给国家助学贷款回应关系的发展注入了强大的活力。河南省还创造出了一套银行、政府、高校、学生之间利益共享、风险共担的国家助学贷款的新机制，使得 2004 ~ 2006 年两年间，河南省共发放国家助学贷款 5.7 亿元，资助家庭困难学生 12.3 万人；2006 年按新模式获得助学贷款的大学毕业生已有 4000 多人多次提前归还助学贷款 2000 多万元，至

---

① 数据来源：教育部网站，2006 年 3 月 7 日教育部 2006 年第四次新闻发布会文字实录，发布会主题是“国家助学贷款目前的进展情况、存在的主要问题和下一步拟采取的措施”。

② 肖新生：《谈谈国家助学贷款的“河南模式”》，载 2007 年 1 月 12 日《中国教育报》。

2006年11月底,提前还款率达42%,被媒体誉为"河南模式"。①

(二)回应主体的社会特征对回应意愿和回应方式的影响

银行在助学贷款政策的回应关系中,由于所占有的经济和社会资本呈现出强势特征,是该回应关系中的关键社会回应主体,其回应方式的选择对回应度具有决定性的作用。高校作为具有强大社会资本的回应主体,其积极或是消极的回应方式对回应度的提高具有重要影响。在"河南模式"中,高校在助学贷款管理和学生诚信教育方面发挥了积极的作用,从而降解了银行的工作风险与管理责任,这对河南省国家助学贷款回应度的提高起了关键作用。大学生的回应度同样受到其社会特征的影响。调查显示:高考生的回应意愿与考生家庭经济收入明显相关。在回答"如果你可以选择,你更愿意选择哪种资助方式完成大学学业"的问题时,家庭年收入在一万元以下的考生中,有20%以上的人选择助学贷款的资助方式;而家庭收入在一万至两万元的考生的选择比例下降到18%左右,而家庭收入在三万元以上的则下降到14%左右。如表9所示:

表9 不同家庭收入水平的学生对完成学业资助方式的选择(%)

	政府奖学金	助学贷款	勤工俭学	亲友资助	社会慈善团体捐助	其他
5000以下	14.2	21.4	59.1	2.5	1.1	1.7
5000—10000	14.7	21.8	58	2.4	1.5	1.7
10000—20000	13.2	18.1	63.7	2.7	0.6	1.7
20000—30000	18.5	17.8	57.9	3.3	0.8	1.8
30000以上	19.6	14.2	60	3.0	1.7	1.5

从表9还可以看出,不论是哪种家庭收入水平的学生,对勤工俭

① 肖新生:《谈谈国家助学贷款的"河南模式"》,载2007年11月12日《中国教育报》。

学的选择比例都是最高的，表明自强自立这一价值理念深入人心，这也从侧面反映出贷款上学在考生心理接受程度上并不高。当然，如前文所述，选择助学贷款的意愿与考生对助学贷款政策的了解程度相关，而其社会特征又对考生了解政策信息的途径也有一定的影响。如表10所示，相对大中城市的考生来说，边远贫困地区特别是农村考生对信息的了解主要是通过熟人关系（在读大学生）和其他一些非正式途径，这在一定程度上影响到了他们对信息掌握的准确性和系统性。

表10　不同居住地的学生了解贫困生资助政策的信息途径（%）

	媒体信息（电视、网络）	高校招生宣传资料	高校招生宣传工作人员介绍	在读大学生的介绍	其他
大中城市	69.7	16.6	3.9	3.7	6.2
县城	65	17.8	5.9	5.9	5.3
乡镇	54.3	24.1	7.8	7.6	6.2
农村	51.5	21.7	7.7	10.8	8.3

（三）毕业大学生的还款违约率影响着回应关系的稳定度

回应意愿决定回应主体的回应方式的选择。有关学者的研究表明，在未能如约偿还国家助学贷款的诸多原因中，“就业困难和就业处境不佳”高居榜首。[①] 同时，我们的问卷调查也表明（表11），有26.1%的人因为“就业压力大”而不愿意申请国家助学贷款；对于偿还贷款的年限预期，选择两年之内的占25.3%，选择5年以上的也占25.3%，可见多数学生对就业的期望不高。而就业预期和就业质量（收入高低）是影响毕业生回应意愿的重要因素。事实上，从2000

① 郭荣华等：《新视角透视国家助学贷款违约原因》，载《教育科学》2006年第6期。

年至2007年，大学生就业率偏低（见表12），客观上降低了大学毕业生还款意愿，增高了毕业生的违约率，这给回应关系的稳定发展造成了负面影响。

表11　不愿意申请国家助学贷款的原因（%）

就业压力大	贷款额度不高	贷款程序复杂	能贷的人少，很难申请	其他
26.1	16.8	11.5	39.1	6.4

表12　中国普通高等学校大学生初次就业率

年份	2005年	2004年	2003年	2002年	2001年	2000年
就业率	72.6%	73%	70%	67%	80%	77%

资料来源：国家教育部网站公布数据。

参考文献

李建华、范定九主编:《社会学简明词典》,兰州:甘肃人民出版社 1984 年版。

袁方主编:《社会学百科词典》,北京:中国广播电视出版社 1990 年版。

蔡文辉、李绍嵘编撰:《简明英汉社会学辞典》,北京:中国人民大学出版社 2002 年版。

夏征农主编:《辞海》(缩影本),上海:上海辞书出版社 2000 年版。

中国社会科学语言研究所编:《现代汉语词典》,上海:商务印书馆 1979 年版。

编辑组:《简明政治学词典》,长春:吉林人民出版社 1985 年版。

宋原放主编:《简明社会科学词典》,上海:上海辞书出版社 1984 年版。

刘建明主编:《宣传舆论学大辞典》,北京:经济日报出版社 1993 年版。

《文明和文化》,北京:求实出版社 1982 年版。

斯蒂尔编著,严维明等译:《牛津中阶英汉双解词典》,上海:商务印书馆、牛津大学出版社 2005 年版。

霍恩比著,石孝殊等译:《牛津高阶英汉双解词典》(第 6 版),上海:商务印书馆、牛津大学出版社(中国)有限公司 2005 年版。

《朗文当代高级英语辞典》,北京:外语教学与研究出版社 2004 年版。

费孝通、王同惠:《花蓝瑶社会组织》,南京:江苏人民出版社 1988 年版。

费孝通:《乡土中国　生育制度》,北京:北京大学出版社 1998 年版。

陆学艺主编:《当代中国社会流动》,北京:社会科学文献出版社 2004 年版。

陆学艺主编:《当代中国社会阶层研究报告》,北京:社会科学文献出版社 2002 年版。

郑杭生主编:《社会学概论新修》(第三编),北京:中国人民大学出版社 2003 年版。

李培林、李强、孙立平等:《中国社会分层》,北京:社会科学文献出版社 2004 年版。

李培林:《另一只看不见的手:社会结构转型》,北京:社会科学文献出版社 2005 年版。

童星等:《网络时代的社会交往》,贵阳:贵州人民出版社 2002 年版。

李汉林:《中国单位社会》,上海:上海人民出版社 2004 年版。

风笑天:《简明社会学研究方法》,北京:华文出版社 2005 年版。

朱学勤:《书斋里的革命》,昆明:云南人民出版社 2006 年版。

林语堂:《吾国与吾民》,北京:宝文堂书店 1988 年版。

邓正来:《哈耶克的社会理论》(代译序),见弗里德利希·冯·哈耶克著,邓正来译:《自由秩序原理》,上海:三联书店 1997 年版。

邓正来、杰弗里·亚历山大主编:《一种社会理论研究的路径:国家与市民社会》(增订本),上海:上海人民出版社2006年版。

孙立平:《博弈:断裂社会的利益冲突与和谐》,北京:社会科学文献出版社2006年版。

孙立平:《90年代中期以来中国社会结构演变的新趋势》,载《转型与断裂:改革以来中国社会结构的变迁》,北京:清华大学出版社2004年版。

朱力:《社会学原理》,北京:中国社会科学出版社2003年版。

侯钧生主编:《西方社会学理论教程》,天津:南开大学出版社2001年版。

高宣扬:《当代社会理论》(下册),北京:中国人民大学出版社2005年版。

贾春增主编:《外国社会学史》,北京:中国人民大学出版社2000年版。

袁亚愚、詹一之:《社会学——历史·理论·方法》,成都:四川大学出版社1989年版。

梁树发主编:《社会与社会建设》,北京:人民出版社2007年版。

张静:《法团主义》,北京:中国社会科学出版社2005年版。

汪晖、陈燕谷主编:《文化与公共性》,上海:三联书店2005年版。

李惠斌、杨雪冬主编:《社会资本与社会发展》,北京:社会科学文献出版社2000年版。

贾高建:《社会发展理论与社会发展战略》,北京:中共中央党校出版社2005年版。

曾峻:《公共秩序的制度安排——国家与社会关系的框架及其运用》,上海:学林出版社2005年版。

张敏杰:《中国弱势群体研究》,长春:长春出版社2003年版。

谢立中主编:《西方社会学名著提要》,南昌:江西人民出版社

1998 年版。

戚攻、邓新民:《网络社会学》,成都:四川人民出版社 2001 年版。

黄少华、陈文汇主编:《重塑自我的游戏——网络空间的人际交往》,兰州:兰州大学出版社 2002 年版。

托马斯·博特莫尔:《马克思主义社会学》,长春:吉林人民出版社 1985 年版。

马克思:《1844 年经济学哲学手稿》(单行本),北京:人民出版社 1985 年版。

乔纳森·特纳:《社会学理论的结构》(上册),北京:华夏出版社 2001 年版。

乔纳森·特纳:《社会学理论的结构》(下册),北京:华夏出版社 2001 年版。

杰弗里·亚历山大:《社会学二十讲》,北京:华夏出版社 2000 年版。

安东尼·吉登斯:《社会的构成》,上海:三联书店 1998 年版。

安东尼·吉登斯:《现代性的后果》,南京:译林出版社 2000 年版。

雷蒙·阿隆:《社会学主要思潮》,北京:华夏出版社 2000 年版。

彼得·M. 布劳:《社会生活中的交换与权力》,北京:华夏出版社 1987 年版。

文森特·帕里罗等:《当代社会问题》,北京:华夏出版社 2002 年版。

青井和夫:《社会学原理》,北京:华夏出版社 2002 年版。

戴维·波普诺:《社会学》,北京:中国人民大学出版社 2005 年版。

布尔迪厄:《文化资本与社会炼金术》,上海:上海人民出版社 1997 年版。

麦克·布洛维:《公共社会学》,北京:社会科学文献出版社 2007 年版。

埃瑟·戴森:《2.0 版数字化时代的生活设计》,海口:海南出版社 1998 年版。

詹姆斯·S. 科尔曼:《社会理论的基础》(上册),北京:社会科学文献出版社 1999 年版。

杰西·洛佩兹、约翰·斯科特:《社会结构》,长春:吉林人民出版社 2007 年版。

威廉·奥格本:《社会变迁:关于文化和先天的本质》,杭州:浙江人民出版社 1989 年版。

Д. Ф. 科兹洛夫主编:《社会学研究的方法论问题》,天津:南开大学出版社 1986 年版。

弗兰西斯·福山:《信任——社会美德与创造经济繁荣》,海口:海南出版社 2001 年版。

特伦斯·K. 霍普金斯、伊曼纽尔·沃勒斯坦等:《转型时代,世界体系的发展轨迹:1945 ~ 2025》,北京:高等教育出版社 2002 年版。

弗里德利希·冯·哈耶克:《法律、立法与自由》(第一卷),北京:中国大百科全书出版社 2000 年版。

郭济主编:《政府社会管理与公共服务改革》,重庆:重庆出版社 2005 年版。

俞可平:《转变中的中国政治》,北京:社会科学文献出版社 2003 年版。

俞可平:《权利政治与公益政治——当代西方政治哲学评析》,北京:社会科学文献出版社 2003 年版。

俞可平主编:《中国公民社会的兴起与治理的变迁》,见《治理与善治》,北京:社会科学文献出版社 2000 年版。

张康之:《寻找公共行政的伦理视角》,北京:中国人民大学出版社 2002 年版。

陈振明主编:《政策科学》(第二版),北京:中国人民大学出版社2003年版。

陈振明主编:《公共管理学原理》,北京:中国人民大学出版社2003年版。

王名、刘国翰、何建宇:《中国社团改革:从政府选择到社会选择》,北京:社会科学文献出版社2002年版。

王名:《非营利组织管理概论》,北京:中国人民大学出版社2002年版。

贾西津:《第三次改革——中国非营利部门战略研究》,北京:清华大学出版社2005年版。

龚禄根主编:《中国社会中介组织发展研究》,北京:中国经济出版社2006年版。

何增科主编:《公民社会与第三部门》,北京:中国社会科学出版社2000年版。

毛寿龙、李梅、陈幽泓:《西方政府的治道变革》,北京:中国人民大学出版社1998年版。

沈亚平、吴志成编:《当代西方公共行政》,天津:天津大学出版社2004年版。

丁煌:《西方公共行政管理理论精要》,北京:中国人民大学出版社2005年版。

张国庆:《现代公共政策导论》,北京:北京大学出版社2000年版。

黎民主编:《公共管理学》,北京:高等教育出版社2003年版。

王佃利、曹现强:《公共决策导论》,北京:中国人民大学出版社2003年版。

杨光斌:《中国经济转型中的国家权力》,北京:当代世界出版社2003年版。

杨光斌:《制度变迁与国家治理》,北京:人民出版社2006年版。

彭和平:《公共行政管理》,北京:中国人民大学出版社 1995 年版。

杨冠琼:《政府治理体系创新》,北京:经济管理出版社 2000 年版。

罗德刚:《服务型政府行政模式研究》,重庆:重庆出版社 2005 年版。

李伟权:《政府回应论》,北京:中国社会科学出版社 2005 年版。

唐娟:《政府治理论》,北京:中国社会科学出版社 2006 年版。

张静:《利益组织化单位:企业职代会案例研究》,北京:社会科学出版社 2001 年版。

柯武刚、史漫飞:《制度经济学:社会秩序与公共政策》,北京:商务印书馆 2001 年版。

曾明德、戚攻主编:《重庆"移民经济"研究》,重庆:重庆出版社 2002 年版。

戚攻主编:《重庆全面建设小康社会与人口和计划生育政府治理研究》,重庆:重庆出版社 2004 年版。

伊诺泽姆采夫:《后工业社会与可持续发展问题研究》,北京:中国人民大学出版社 2004 年版。

詹姆士·N.罗西瑙:《没有政府统治的治理》,南昌:江西人民出版社 2001 年版。

盖伊·彼得斯:《政府未来的治理模式》,北京:中国人民大学出版社 2003 年版。

安东·尼哈尔、詹姆斯·梅志里:《发展型社会政策》,北京:社会科学文献出版社 2006 年版。

弗兰克·费希尔:《公共政策评估》,北京:中国人民大学出版社 2003 年版。

塞缪尔·亨廷顿:《变化社会中的政治秩序》,上海:三联书店 1989 年版。

罗伯特·帕特南:《使民主运转起来》,南昌:江西人民出版社 2001 年版。

莱斯特·M. 萨拉蒙等:《全球公民社会——非营利部门视界》,北京:社会科学文献出版社 2002 年版。

理查德·C. 博克斯:《公民治理:引领 21 世纪的美国社区》,北京:中国人民大学出版社 2005 年版。

约翰·克莱顿·托马斯:《公共决策中的公民参与:公共管理者的新技能与新策略》,北京:中国人民大学出版社 2005 年版。

戴维·杜鲁门:《政治过程论:政治利益与公共舆论》,天津:天津人民出版社 2005 年版。

道格拉斯·诺斯:《制度、制度变迁与经济绩效》,上海:三联书店 1994 年版。

文森特·奥斯特罗姆等编:《制度分析与发展的反思》,上海:商务印书馆 1992 年版。

科斯、阿尔钦、诺思等:《财产权利与制度变迁》,上海:三联书店 1994 年版。

康芒斯:《制度经济学》(上册),北京:商务印书馆 1962 年版。

戴维·奥斯本、特德·盖布勒:《改革政府——企业精神如何改革公营部门》,上海:上海译文出版社 1996 年版。

格罗弗·斯塔林:《公共部门管理》,上海:上海译文出版社 2003 年版。

罗伯特·丹哈特:《公共组织理论》,北京:华夏出版社 2002 年版。

詹姆斯·E. 安德森:《公共决策》,北京:华夏出版社 1990 年版。

范若愚、江流主编:《科学社会主义概论》,南京:江苏人民出版社 1983 年版。

高原主编:《科学社会主义》(修订本),武汉:湖北人民出版社

1983 年版。

李君如主编:《社会主义和谐社会论》,北京:人民出版社 2005 年版。

赖邦凡主编:《依法治理与构建和谐社会》,重庆:重庆出版社 2005 年版。

何世忠、李景瑞主编:《构建和谐社会,建设和谐文化》,北京:光明日报出版社 2006 年版。

刘德喜等:《全球化背景下的中国民主建设》,重庆:重庆出版社 2005 年版。

刘杰主编:《2004 中国政治发展进程》,北京:时事出版社 2004 年版。

曾礼、罗晓梅主编:《加强党的执政能力建设》,北京:人民日报出版社 2005 年版。

吴俊杰、张红等编:《中国构建和谐社会问题报告》,北京:中国发展出版社 2005 年版。

沈国明、朱敏彦主编:《国外社会科学前沿 1999》,上海:上海社会科学院出版社 1999 年版。

金观涛、华国凡:《控制论和科学方法论》,北京:科学普及出版社 1983 年版。

张文焕:《控制论·信息论·系统论与现代管理》,北京:北京出版社 1990 年版。

朴昌根:《系统学基础》,成都:四川教育出版社 1994 年版。

《马克思恩格斯选集》第 1 卷,北京:人民出版社 1995 年版。

《马克思恩格斯选集》第 2 卷,北京:人民出版社 1995 年版。

《马克思恩格斯选集》第 3 卷,北京:人民出版社 1995 年版。

《马克思恩格斯选集》第 4 卷,北京:人民出版社 1995 年版。

《马克思恩格斯全集》第 13 卷,北京:人民出版社 1962 年版。

《马克思恩格斯全集》第 20 卷,北京:人民出版社 1971 年版。

《马克思恩格斯全集》第23卷,北京:人民出版社1972年版。

《马克思恩格斯全集》第36卷,北京:人民出版社1975年版。

《马克思恩格斯全集》第42卷,北京:人民出版社1979年版。

《列宁选集》第4卷,北京:人民出版社1995年版。

《毛泽东选集》第1卷,北京:人民出版社1991年版。

《毛泽东选集》第2卷,北京:人民出版社1991年版。

《邓小平文选》第3卷,北京:人民出版社1993年版。

《江泽民文选》第1卷,北京:人民出版社2006年版。

《江泽民文选》第2卷,北京:人民出版社2006年版。

《中华人民共和国宪法》(第4版),北京:法律出版社2004年版。

戚攻:《论回应范式》,载《社会科学研究》2006年第4期。

戚攻:《社会转型·社会治理·社会回应机制链》,载《西南师范大学学报(人文社会科学版)》2006年第6期。

戚攻:《关于和谐社会基础理论研究的思考》,载《中共福建省委党校学报》2006年第4期。

戚攻、刘冬梅:《论社会回应主体》,载《探索》2007年第4期。

戚攻、刘卫红:《论"回应度"及其研究范式》,载《理论学刊》2007年第6期。

戚攻、郭勤:《论我国社会转型的同源性与非同源性》,载《重庆大学学报(社会科学版)》2006年第4期。

陈建先:《和谐社会建设中的政府行为框架分析》,载《探索》2005年第5期。

戚序:《论建设社会主义和谐文化》,载《理论学刊》2006年第3期。

戚攻:《论"共同治理"中的社会回应》,载《探索》2004年第

3 期。

戚攻:《政府治理与促进社会和谐》,载《理论学刊》2005 年第 1 期。

戚攻:《政府改革的社会制约》,载《学术论坛》2004 年第 5 期。

戚攻:《制约地方政府改革的十大社会基元》,载《探索》2005 年第 3 期。

戚攻:《论社会关系嬗变与民政工作转型》,载《西南师范大学学报(人文社会科学版)》2002 年第 6 期。

戚攻:《发展理论与马克思主义逻辑传统》,载《重庆大学学报(社会科学版)》2004 年第 5 期。

戚攻:《关于“和谐”的讨论》,载《重庆行政》2004 年第 6 期。

戚攻:《对“和谐”命题研究的十二个方面拓展》,载《河北学刊》2005 年第 2 期。

戚攻:《和谐社会理论命题的价值维度》,载 2005 年 12 月 26 日《重庆日报》。

戚攻:《和谐社会基础理论研究的九个问题》,见《构建和谐社会、建设和谐文化》,北京:光明日报出版社 2006 年版,第 37 ~ 43 页。

戚攻:《我国转型期社会分化的动力机制》,载《社会科学研究》2003 年第 3 期。

戚攻:《我国社会转型时期社会流动探析》,载《学海》2003 年第 3 期。

戚攻:《论转型期“社会遮蔽”》,载《社会科学研究》2005 年第 1 期。

戚攻:《中国社会转型五重性与西部城市化》,载《中国城市化》2005 年第 1 期。

戚攻:《嬗变中的全球化与中国社会关系嬗变》,载《重庆邮电大学学报(社会科学版)》2004 年第 1 期。

戚攻:《对转型期“信任”的社会学分析》,载《探索》2003 年第

5 期。

戚攻:《论中国社会转型的发展叠加性》,载《西南师范大学学报(人文社会科学版)》2001 年第 3 期。

戚攻:《论社会转型中的"边缘化"》,载《西南师范大学学报(人文社会科学版)》2004 年第 1 期。

戚攻:《析转型期边缘化趋势渐成的社会机制》,载《理论学刊》2004 年第 2 期。

戚攻:《网络社会——社会学研究的新课题》,载《探索》2000 年第 4 期。

戚攻:《网络社会的本质:一种数字化社会关系结构》,载《重庆大学学报(社会科学版)》2003 年第 1 期。

戚攻:《网络社会在社会结构中的"位置"》,载《社会》2004 年第 2 期。

戚攻:《网络文化对我国现实文化的影响》,载《探求》2001 年第 4 期。

戚攻:《从社会学理论域考察网络社会群体》,载《探索》2001 年第 2 期。

戚攻:《我国人口和计生综合改革面临的八个问题》,载《人口和计划生育》2004 年第 7 期。

编辑部:《2003,中国社会学学术前沿报告》,载《社会学研究》2004 年第 2 期。

孙立平:《社会转型:发展社会学的新议题》,载《社会学研究》2005 年第 1 期。

孙立平:《利益关系形成与社会结构变迁》,载《社会》2008 年第 3 期。

李汉林:《变迁中的中国单位组织》,载《社会》2008 年第 3 期。

胡荣:《农民上访与政治信任的流失》,载《社会学研究》2007 年第 3 期。

胡荣:《社会资本与中国农村居民的地域性自主参与——影响村民在村级选举中参与的各因素分析》,载《社会学研究》2006 年第 2 期。

梁玉成:《渐进转型与激进转型在初职进入和代内流动上的不同模式》,载《社会学研究》2006 年第 4 期。

郭毅、徐莹、陈欣:《新制度主义:理论评述及其对组织研究的贡献》,载《社会》2007 年第 1 期。

课题组:《建立我国社会信用体系政策研究》,载《经济研究参考》2002 年第 17 期。

蔡禾、王进:《"农民工"永久迁移意愿研究》,载《社会学研究》2007 年第 6 期。

杨育民:《略论"制度化"》,载《社会科学辑刊》2001 年第 6 期。

应星:《草根动员与农民利益的表达机制——四个个案的比较研究》,载《社会学研究》2007 年第 2 期。

陶传进:《草根志愿组织与村民自治困境的破解:从村庄社会的双层结构中看问题》,载《社会学研究》2007 年第 5 期。

张紧跟、庄文嘉:《非正式政治:一个草根 NGO 的行动策略——以广州业主委员会联谊会筹备委员会为例》,载《社会学研究》2008 年第 2 期。

陶庆:《合法性的时空转换:以南方市福街草根民间商会为例》,载《社会》2008 年第 4 期。

沈原:《社会转型与工人阶级的再形成》,载《社会学研究》2006 年第 2 期。

刘平、王汉生、张笑会:《变动的单位制与体制内的分化》,载《社会学研究》2008 年第 3 期。

刘欣:《中国城市的阶层结构和中阶阶层的定位》,载《社会学研究》2007 年第 6 期。

陈映芳:《行动力与制度限制:都市运动中的中产阶层》,载《社会学研究》2006 年第 4 期。

李路路、李升:《"殊途异类":当代中国城镇中产阶级的类型化分析》,载《社会学研究》2007 年第 6 期。

刘精明、李路路:《阶层化:居住空间、生活方式、社会交往与阶层认同》,载《社会学研究》2005 年第 3 期。

范明林、程金:《核心组织的架空:强政府下社团运作分析——对 H 市 Y 社团的个案分析》,载《社会》2007 年第 5 期。

康晓光、韩恒:《分类控制:当前中国大陆国家与社会关系研究》,载《社会学研究》2005 年第 6 期。

何包钢、王春光:《中国乡村协商民主:个案研究》,载《社会学研究》2007 年第 3 期。

朱旭峰:《中国政策精英群体的社会资本:基于结构主义视角的分析》,载《社会学研究》2006 年第 4 期。

朱旭峰:《政策决策转型与精英优势》,载《社会学研究》2008 年第 2 期。

毕向阳:《制度与参与:下岗失业人员缴纳基本养老保险行为研究》,载《社会学研究》2005 年第 2 期。

顾昕、王旭:《从国家主义到法团主义——中国市场转型过程中国家与专业团体关系的演变》,载《社会学研究》2005 年第 2 期。

朱力:《脆弱群体与社会支持》,载《江苏社会科学》1995 年第 6 期。

王晓霞、乐国安:《当代中国人际关系中的文化嬗变》,载《社会科学研究》2001 年第 2 期。

陶传进:《草根自愿组织与村民自治困境:从村庄社会的双层结构中看问题》,载《社会学研究》2007 年第 5 期。

王传利:《1990 年至 1999 年中国社会的腐败频度分析》,载《政治学研究》2001 年第 1 期。

曲天军:《非政府组织对中国扶贫成果的贡献分析及其发展建

议》,载《农业经济问题》2002 年第 9 期。

刘占锋:《关注并认真解决社会弱势群体问题》,载《前进》2003 年第 2 期。

陈伟东、李雪萍:《社区治理主体:利益相关者》,载《当代世界与社会主义》2004 年第 2 期。

王晨:《中国民间组织发展的三大不利性制度因素分析》,载《社会科学》2006 年第 1 期。

范明林、程金:《核心组织的架空:强政府下社团运作分析》,载《社会》2007 年第 5 期。

章荣君:《当前我国农民非制度化政治参与走向制度化的对策思考》,载《云南社会科学》2004 年第 1 期。

李金:《中国社会转型过程中的制度推进:显性制度化与隐性制度化》,载《探索》2001 年第 1 期。

马俊峰、袁祖社:《中国公民社会的生成与民众公共精神品质的培养与化育》,载《人文杂志》2006 年第 1 期。

桑景艺:《浅议“机关大院社区”》,载《重庆师范学院学报(哲学社会科学版)》2003 年 6 月(增刊)。

李克海:《制度的伦理化和伦理的制度化》,载《江海学刊》2004 年第 5 期。

马力、刘卫东:《弱势群体概念的界定及其能力建设》,载《学术交流》2006 年第 2 期。

王彩波、李燕霞:《论制度化政治整合》,载《吉林大学社会科学学报》2003 年第 4 期。

邓新民:《网络经济为何更经济》,载《探索》2001 年第 6 期。

M. 卡斯特利斯:《现代社会学》,转引自《国外社会学》2001 年第 3 期。

程杞国:《从管理到治理:观念、逻辑、方法》,载《南京社会科学》2001 年第 9 期。

俞可平:《中国公民社会:概念分类和制度环境》,载《中国社会科学》2006 年第 1 期。

俞可平:《治理和善治:一种新的政治分析框架》,载《新华文摘》2001 年第 12 期。

王绽蕾等:《论我国 NGO 的合法性建构》,载《云南行政学院学报》2004 年第 6 期。

王绍光、何建宇:《中国的社团革命——中国人的版图结构》,载《浙江学刊》2004 年第 6 期。

王名、贾西津:《关于中国 NGO 法律政策的若干问题》,载《清华大学学报(哲学社会科学版)》2003 年第 1 期。

毛寿龙:《现代治理与治理变革》,载《新华文摘》2001 年第 12 期。

赵景来:《关于治理理论若干问题讨论综述》,载《世界经济与政治》2002 年第 3 期。

格里·斯托克:《作为理论的治理:五个论点》,载《国际社会科学杂志》1999 年第 2 期。

何祖坤:《关注政府回应》,载《中国行政管理》2000 年第 7 期。

胡仙芝:《从善政向善治的转变》,载《中国行政管理》2001 年第 9 期。

陈建先:《政府责任的多维度》,载《广州大学学报》2006 年第 6 期。

陈建先:《再议政府责任与责任政府》,载《重庆行政》2006 年第 3 期。

肖剑忠、黄宇:《当前我国非制度化政治参与的原因分析及对策》,载《改革与发展》2004 年第 4 期。

谢岳:《后现代国家"第三部门"运动评析》,载《复旦大学学报(社会科学版)》2000 年第 4 期。

洪毅生:《第三部门与政府行政关系探析》,载《求实》2005 年第

1 期。

何增科:《公民社会与第三部门研究引论》,载《马克思主义与现实》2000 年第 1 期。

谢岳:《后现代国家"第三部门"运动评析》,载《复旦学报(社会科学版)》2000 年第 4 期。

Peter Crampton, listair Woodward, nthony Dowell:《第三部门在提供初级照看服务中的角色——理论及政策问题》,载《社会政策》(新西兰)2001 年 12 月第 17 期。

张璋:《公共行政的新理念》,载中国人民大学书报资料中心:《公共行政》2004 年第 1 期。

李伟权:《政府公共决策的回应机制建设》,载《探索》2002 年第 3 期。

谭亦玲:《浅析政府回应性及中国政府回应面临的挑战》,载《社科纵横》2004 年第 2 期。

王巍:《论"政府回应"的内涵和主导模式转型》,载《探索》2005 第 1 期。

钱海梅:《审视与反思:公共治理的风险及其挑战》,载《学术界》2006 年第 2 期。

尹贻林、陈伟珂:《公共政策风险评价与控制系统》,载《天津大学学报》2000 年第 1 期。

蔡昉:《中国"人口红利"只剩十年开发利用的最后机会》,载《财经杂志》2005 年第 5 期。

杨亮才、杨育民:《论制度化机制及其缺陷的价值补偿》,载《学术交流》2003 年第 3 期。

袁丽娟、赵可金:《当代美国利益集团的内在运行机制——质疑奥尔森的集体行动逻辑》,载《上海行政学院学报》2005 年第 4 期。

高军、赵黎明:《社会系统组织化研究》,载《系统辩证学学报》2002 年第 4 期。

赵兴伟:《社会舆论形成机制的哲学分析》,载《攀枝花学院学报》2005 年第 3 期。

黄梓良:《关于推进我国政府信息化的措施探讨》,载《图书工作与研究》2003 年第 4 期。

储流杰:《对“文献资源建设”的思考——兼与王春生、张婧同志商榷》,载《图书情报工作》1999 年第 4 期。

李习彬:《社会系统的复杂性研究》,载《科技进步与对策》2001 年第 2 期。

林伯海:《思想政治工作的政治沟通功能新探》,载《学校党建与思想教育》2001 年第 6 期。

李文利:《国家助学贷款的理论探讨和实证分析》,载《教育与经济》2004 年第 2 期。

沈华、沈红等:《学生贷款偿还负担的国际比较及我国的实证研究》,载《比较教育研究》2004 年第 10 期。

郭荣华等:《新视角透视国家助学贷款违约原因》,载《教育科学》2006 年第 6 期。

胡锦涛:《坚定不移走中国特色社会主义伟大道路 为夺取全面建设小康社会新胜利而奋斗》,人民出版社 2007 年版。

戚攻:《四大制度创新促进农民工有序转移》,载 2007 年 11 月 29 日《重庆日报》(理论版)。

戚攻:《关于“解放思想、扩大开放”的几点认识》,载 2008 年 4 月 3 日《重庆日报》(理论版)。

陈建先、谢菊等:《大部门体制》,载 2008 年 1 月 7 日《重庆日报》(理论版)。

曾庆红:《关于国内形势和构建社会主义和谐社会》,载 2005 年 3 月 7 日《学习时报》。

邵柏、田申:《回应力与号召力》,载 2000 年 11 月 2 日《人民日报》。

李向平、李琼:《传统中国"和谐"理念何以再生》,载2004年12月9日《社会科学报》。

秦德君:《公共舆论促进和谐社会建设》,载2007年2月7日《学习时报》。

李军鹏:《行政管理体制改革理论与实践的九大热点问题》,载2007年11月5日《学习时报》。

王琳:《健全信用体系应从政府信用抓起》,载2007年4月28日《北京青年报》。

温红彦:《去年资助大学生逾七十亿元》,载2003年8月30日《人民日报》。

杨立新:《国家助学贷款政策为何执行难》,载2005年9月1日《人民日报》。

肖新生:《谈谈国家助学贷款的"河南模式"》,载2007年1月12日《中国教育报》。

李春喜:《新疆启动全区政府信息化建设,总结抗SARS经验》,载2003年6月13日《国际金融报》。

《重点抓好还款,努力降低违约率,国家助学贷款继续增加发放额》,载2006年3月11日《中国教育报》。

中国共产党第十六届中央委员会第五次全体会议通过:《中共中央关于制定国民经济和社会发展第十一个五年规划的建议》。

教育部网站:2006年第16次新闻发布会:《关于进一步完善国家助学贷款工作的若干意见》。

教育部网站:2006年3月7日教育部2006年第4次新闻发布会:《国家助学贷款目前的进展情况、存在的主要问题和下一步拟采取的措施》。

教育部网站:教育部2006年第20次新闻发布会散发会:《国家开发银行获准正式开展国家助学贷款业务》。

教育部网站:教育部在2007年第7次新闻发布会:《国务院关于

建立健全普通本科高校高等职业学校和中等职业学校家庭经济困难学生资助政策体系的意见》。

《公共政策——政府与管理者怎样制定与执行政策》,www. mlr. gov. cn/pub/gtzyb/wskt_dqkt/t20051101_70856. htm.

陈娟:《构建政府企业个人 3 大信用体系 "信用昆明"8 年建成》,载 2005 年 12 月 19 日人民网。

郭站君、张春鹏、郭宇:《浅析对政府信息化建设认识的一些误区》,mie168. com/E-Gov/2005—03/33078. htm.

唐钧:《如何定位政府信息化建设的本质》,www. enet. com. cn/article/2006/0605/A20060605538467. shtml.

中国民间组织网 2005 年统计资料,载 http://www. chinanpo. gov. cn.

刘伟:《中国部分农村农民组织化程度低的成因分析》,www. ushu. net/wen/liuwei/lw1. htm.

杜钢建:《公众参与政策制定的方式和程序》,www. jcrb. com/zyw/n6/ca12179. htm.

World Bank: Governance and Development, Washington, D. C.: World Band, 1992.

Sheldon Stryker, "Symbolic Interaction as an Approach to Family Research", Marriage and Family Living 2, (May 1959) , pp. 111 - 119.

Graver Starling: "managing in the public sector", "The Dorsey Press", 1986, pp. 115 - 125.

Kees Jansen , "Agribusiness and Society: Corporate Responses to Environmentalism", Market Opportunities and Public Regulation , November 2004.

Marcus F Franda , "Societal responses to population change in India ", The Wingspread Conference , American Universities Field

Staff, 1975.

RH Haynes , "Suicide and social response in Fiji: a historical survey", "The British Journal of Psychiatry", 1987, 151: 21 - 26.

Thomas F. McMahon , "From Social Irresponsibility to Social Responsiveness: The Chrysler/Kenosha Plant Closing", "Journal of Business Ethics", pp. 101 - 111 , June 1999.

Barbara Beliveau , Melville Cottrill and Hugh M. O"Neill , "Predicting corporate social responsiveness: A model drawn from three perspectives", "Journal of Business Ethics (Historical Archive)" , Volume 13 , Number 9 , pp. 731 - 738 , September 1994.

John Angelidis ; Nabil Ibrahim , "An Exploratory Study of the Impact of Degree of Religiousness Upon an Individual's Corporate Social Responsiveness Orientation", "Journal of Business Ethics", Volume 51, Number 2 , pp. 119 - 128, May 2004.

Nail , Paul R. ; MacDonald , Geoff ; Levy , David A. "Proposal of a four-dimensional model of social response", "Psychological Bulletin", 2000 May Vol 126 , pp. 454 - 470.

Cappon P , Watson D. , "Improving the social responsiveness of medical schools: lessons from the Canadian experience" , Acad Med , 1999 Aug ; 74(8 Suppl): pp. 81 - 90.

Bemardin , H. J. & Beatty , R. W. , Performance Appraisal : Assessing Human Behavior at Work , Boston : Kent Publishers , 1984.

Campbell, J. P. , McCloy , R. A. , Oppler, S. H. & Sager, C. E. , A Theory of Performance , In N. Schmitt & W. C. Bormon(Eds) , Personnel Selection in Organizations. Ssn Francisco : Jossey-Bass , 1993.

Luhmann, The Differentiation of Society , trans. S. Holmes and C. Larmore (New York : Columbia University Press , p. 79, 1982) .

Behn, Robert D: Rethinking Democratic Accountability. Washington

DC: Brookings Institution Press, 2001, p. 64.

Ostwme, Davrd, and Ted Gaebler. How the Entrepreneurial Spirit Is Transforming the Publm Sector. Reading. MA: Mills , C. Wright 1959, The Power Elite. New York: Oxford University Press.

John Dewey: Reconstruction in Philosophy (Boston : Beacon , 1957) , p. 200.

Meyer, John W. and W. Richard Soctt. 1983a. "Centralization and the Legitimacy Problems of Local government." in Organizational Environments: Ritual and Rationality, edited by John W. Meyer and W. Richard Soctt. Beverly Hills.

Wayne Parsons, Public Policy: An Introduction to the Theory and Practice of Policy Analysis, Cheltenham: Edward Elgar Publishing limited, 1997, p. 88.

Karl W. Deutsch, , The Nerves of Government: Models of Political Communication and Control, New York: Free Press , 1966, p. 145.

后　记

2005年6月，我有幸争取到国家哲学社会科学基金的资助，主持“构建社会主义和谐社会的社会回应机制”项目的研究。在研究中我们提出：“回应”既是政治学（公共管理学）研究的范畴，也是政治社会学研究的范畴，并因此突破了政治学（公共管理学）研究“回应”的传统理论及实践界域。对我们来说，从政治社会学的理论视域研究回应、政府回应、社会回应和共同回应等一组理论及实践命题，是在理论上把政治学、公共管理学和社会学理论作比较研究，并在此基础上提出和建构促进社会和谐的社会回应机制链。这既是政治社会学研究的一次拓展，又是探索社会建设的一次尝试，但我们的研究更侧重于政治社会学理论的探索与创新。除已公开发表的一系列中期阶段性研究成果外（共有7篇学术论文发表在核心期刊上），奉献在读者面前的这本书，就是本课题研究的结项成果。

该书的基本观点和研究的结构框架，以及对本项目的最后修改、统稿和定稿都是由我完成的，如有不妥之处，概由我本人负责。参与本课题的人员及研究分工是：戚攻（第一、二、三、十章），陈建先（第四章），戚序（第八、九章），吴小渝（第五章），刘卫红（第十一、十二章），刘冬梅（第六、七章），李颖参与了第三章的写作。

从政治社会学理论域研究“回应”并提出“社会回应”理论范式和构建促进社会和谐的社会回应机制链是一次理论创新，但由于我们理论视域的局限和事物的不断发展，我们已有的研究存在不足，在此，恳请专家和读者批评指正。

戚　攻

2007 年 12 月

图书在版编目(CIP)数据

社会回应机制研究/戚攻　等著. -北京:人民出版社,2009.2
ISBN 978-7-01-007617-1

Ⅰ.社…　Ⅱ.戚…　Ⅲ.社会管理-研究-中国　Ⅳ.D63

中国版本图书馆CIP数据核字(2009)第000017号

社会回应机制研究

SHEHUI HUIYING JIZHI YANJIU

戚　攻　等著

人民出版社 出版发行
(100706　北京朝阳门内大街166号)

北京瑞古冠中印刷厂印刷　新华书店经销

2009年2月第1版　2009年2月北京第1次印刷
开本:880毫米×1230毫米 1/32　印张:13
字数:338千字

ISBN 978-7-01-007617-1　定价:28.00元

邮购地址 100706　北京朝阳门内大街166号
人民东方图书销售中心　电话 (010)65250042　65289539